Reiseführer

Ober-**Allgäu**

Kleinwalsertal, Tannheimer Tal Außerfern

Südliches Ober-Allgäu:

Oberstdorf, Fischen, Obermaiselstein, Balderschwang, Bolsterlang, Ofterschwang, Sonthofen, Bad Hindelang, Altstädten, Blaichach, Gunzesried, Gunzesrieder Säge, Bad Oberdorf, Oberjoch, Unterjoch, Missen-Wilhams, Weitnau, Rettenberg, Burgberg, Oberstaufen, Immenstadt.

Nördliches Ober-Allgäu – Kempten

Altusried, Betzigau, Lauben, Buchenberg, Dietmannsried, Durach, Haldenwang, Lauben, Oy-Mittelberg, Wildpoldsried, Sulzberg, Waltenhofen, Weitnau, Wertach, Wiggensbach.

Kleinwalsertal, Jungholz-Tannheimer Tal Außerfern

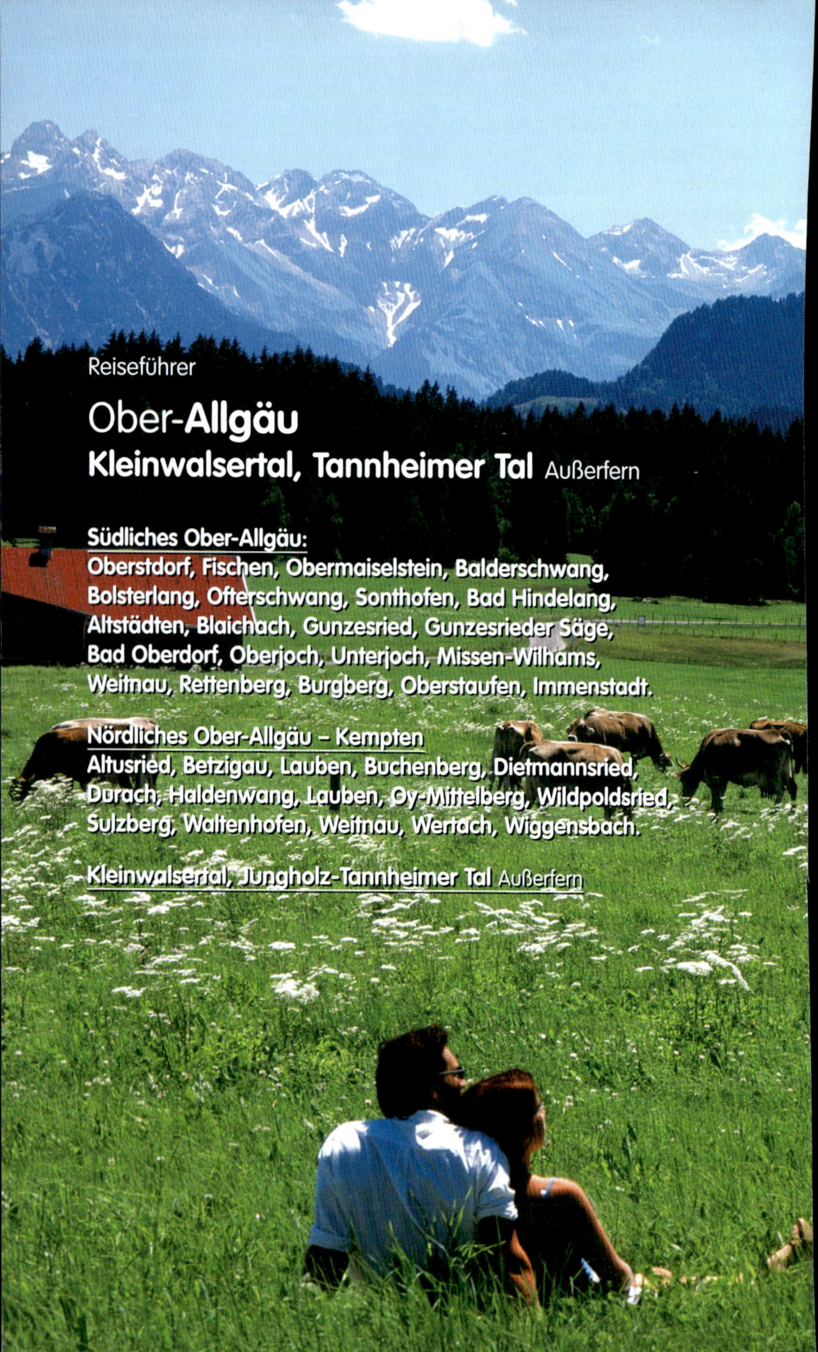

Reiseführer

Ober-**Allgäu**

Kleinwalsertal, Tannheimer Tal Außerfern

Südliches Ober-Allgäu:
Oberstdorf, Fischen, Obermaiselstein, Balderschwang, Bolsterlang, Ofterschwang, Sonthofen, Bad Hindelang, Altstädten, Blaichach, Gunzesried, Gunzesrieder Säge, Bad Oberdorf, Oberjoch, Unterjoch, Missen-Wilhams, Weitnau, Rettenberg, Burgberg, Oberstaufen, Immenstadt.

Nördliches Ober-Allgäu – Kempten
Altusried, Betzigau, Lauben, Buchenberg, Dietmannsried, Durach, Haldenwang, Lauben, Oy-Mittelberg, Wildpoldsried, Sulzberg, Waltenhofen, Weitnau, Wertach, Wiggensbach.

Kleinwalsertal, Jungholz-Tannheimer Tal Außerfern

Die Autorin

Brigitte Günther, geboren 1948 in Kempten (Allgäu), hat schon als Kind ihre Liebe zum Erzählen und Schreiben entdeckt. Später kam die große Leidenschaft fürs Reisen dazu. Kanada und China standen auf der Liste ganz oben. Eine Radtour führte sie sogar zum Schwarzen Meer. Ihre Reiseberichte wurden in zahlreichen einschlägigen Büchern und Zeitschriften veröffentlicht. Doch in all ihrem Erlebnisdrang verlor sie nie den Blick für die unbeschreiblichen Reize ihrer Allgäuer Heimat, in der sie sich stark verwurzelt fühlt, wo es immer wieder aufs Neue Schönheiten zu entdekken gilt.

Brigitte Günther ließ sich nach ihrer Schulzeit zur Fachlehrerin ausbilden. Sie lebt heute in Sonthofen im Allgäu.

Brigitte Günther

Ober-Allgäu

erschienen im:
Reise-Idee Verlag
Jens Wächtler
Klostersteige 15
D-87435 Kempten
Tel: +49/831/9907815 o. 5406433
Fax: +49/831/5406435
Mobil: +49/179/7076429

Tel CH: +41/765269794
Tel A: +43/6642791170

Internet: www.reise-idee.de
E-Mail: redaktion@reise-idee.de

Redaktionelle Koordination:
Roland Dreyer

Anzeigengestaltung, Umbruch und Layout:
Claus Helmbrecht

Gesamtherstellung:
Holzer Druck und Medien GmbH + Co. KG · D-88171 Weiler im Allgäu

Kartenübersichten auf den Seiten 6/7/8/9/10/11/12/13

ISBN 3-934739-25-3
Printed in Germany Sommer 2006
3. Auflage

Inhaltsverzeichnis

Einleitung

Herstellerverkauf

Südliches Oberallgäu

Nördliches Oberallgäu

Kleinwalsertal

Jungholz

Tannheimer Tal

Ausflugsziele

Wolfegg
Sankt Katharinen
Holdenreute
Oberreute
Rötsee
Sonthofen
Köpfingen
Fuchsenloch
Schlegelsberg
Maierhof
Weitershofen
Reipertshofen
Erbisreute
Oppenreute
Brenden
Matzenweiler
Wiggenreute
Rempertshofen
Menzlings
Haslach
Hintermoos
Grund
Boschers
Hollenbach
Obersee
Unterankenreute
Oberankenreute
Unterhalden
Rotenbach
Untertiefental
Kißlegg
Emmelhofen
Katzheim
Moser
Staig
Obertiefental
Krumbach
Sankt Anna
Sankt Gallus
Bremberg
Oberrot
Dietenbach
Waldeck
Speck
Unterriedgarten
Oberriedgarten
Wetzisreute
Blöden
Boschen
Forst
Siggen
Argensee
Schlier
Heißen
Höfen
Vogt
Stocken
Reute
Bärenweiler
Unterhaid
Zaisenhofen
Greut
Reich
Aich
Furtmühle
Lautersee
Goppertshofen
Mühlenreute
Unterholz
Oberhaid
Sigrazhofen
Sieberatsreute
Waldburg
Schloß Waldburg
Berg
Neuhaus
Bietenweiler
Bayums
Schurtannen
Oberhorgen
Waltershofen
Richlisreute
Endersen
Unterhorgen
Frankenberg
Kesenweiler
Mosisgreut
Karsee
Leupolz
Waffenried
Wolfgelts
Ried
Berg
Wallmusried
Zaun
Egg
Schafmaier
Hannober
Grenis
Sommersried
Arrisried
Untere Argen
Kofeld
Niggel
Maderhof
Eggenreute
Englisweiler
Kaibach
Megg
Majertal
Kammersteig
Maierhof
Lerchensang
Reischmann
Schwenden
Rotheidlen
Kammerhof
Ungerhaus
Wangen-N
Dürren
Buchen
Berfallen
Ruine Ansberg
Wollmarshofen
Reibeisen
Oberhelbler
Burkhardtshaus
Großweiher
Artisberg
Ratzenried
Dietenweiler
Korb
Niemandsfreund
Goppertshäusern
Wangen-West
Neu-Whr.
Felben
Sankt Joh.
Untermatzen
Käferhofen
Amtzell
Pfärrich
Herfatz
Offings
Aufreute
Spiesberg
Schattbuch
Bimisdorf
Sechshöf
Kerlenmoos
Bruderhof
Geiselharz
WANGEN
im Allgäu
Schliechten
Willatz
Oberbach
Rembrechts
Deuchelried
Watt
Argenbühl
Raihen
Ruine Ebersberg
Ettensweiler
Humbrechts
Windhäusern
Schnaidt
Hinteressach
Schomburg
Niederwangen
Epplings
Aschen
Haslach
Feld
Elitz
Schwarzenberg
Zellers
Reute
Hofs
Vorderessach
Gunzenweiler
Primisweiler
Rhein
Welbrechts
Engelitz
Hergatz
Obertschwäbische Barockstraße
Interrussenried
Mehetsweiler
Matzenweiler
Jussenweiler
Wohmbrechts
Eglofs
Bernried
Uhetsweiler
Wolfatz
Itzlings
Maria-Thann
Schloß Syrgenstein
Wildpoltsweiler
Neukirch
Goppertsweiler
Mindbuch
Hiltensweiler
Obermooweiler
Hergatz
Lengatz
Harratried
Wittenberg
Lustensbach
Untermooweiler
Wigratz
Mapprechts
Wolfertshof
Oberlangensee
Obere Argen
Neuravensburg
Myweiler
Zwiesele
Oberhäuser
Summerau
Siberatsweiler
Schloß Achberg
Baindt
Neuravensee
See
Engetsweiler
Göritz
Meckatz
Heimenkirch
Volklings
Roggenzell
Dabetsweiler
Ruhlands
Opfenbach
Mellatz
Rudenweiler
Duznau
Achberg
Esseratsweiler
Rupolz
Stockenweiler
Litzis
Engenberg
Riedhirsch
Heimen
Goßholz
Oberhäuser
Dentenweiler
Hergensweiler
Waisenhort
Auers
Pechtensweiler
LINDENBERG
im Allgäu
Hotel Bavaria
Deutsche Alpenstraße
Höhenreute
Doberats
Weißensberg
Sauters
Niederstaufen
Kinbach
Lötz
Ellgassen
Rothkreuz
Sigmarszell
Ruppen
Simmerberg
Weißensberg
Schlachters
Hohenweiler
Rickenbach
Haus
Weiler
Rehlings
Sigmarszell
Scheidegg
Böserscheidegg
Langried
Schönau
Thumen
Zeisertsweiler
Weienried
Bremenried
Hoyren
Tobel
Bösenreutin
Maria Stern
Ablers
Oberreute
Reutin
Rickenbach
Aeschach
Berg
Möggers
Häuslings
Krähnberg
Untertrogen
Hörbranz
Daxenberg
Oberstein
Siebers
Lindau
Hagspiel
Lindenau
Dressen
Obertrogen
Unterstein
Sankt Stephan
Blackenreute
Lutzenreute
Scheffau
Hinterschweinhöf
Vorderschweinhöf
Hörbranz-Lochau
Hagen
Zellers

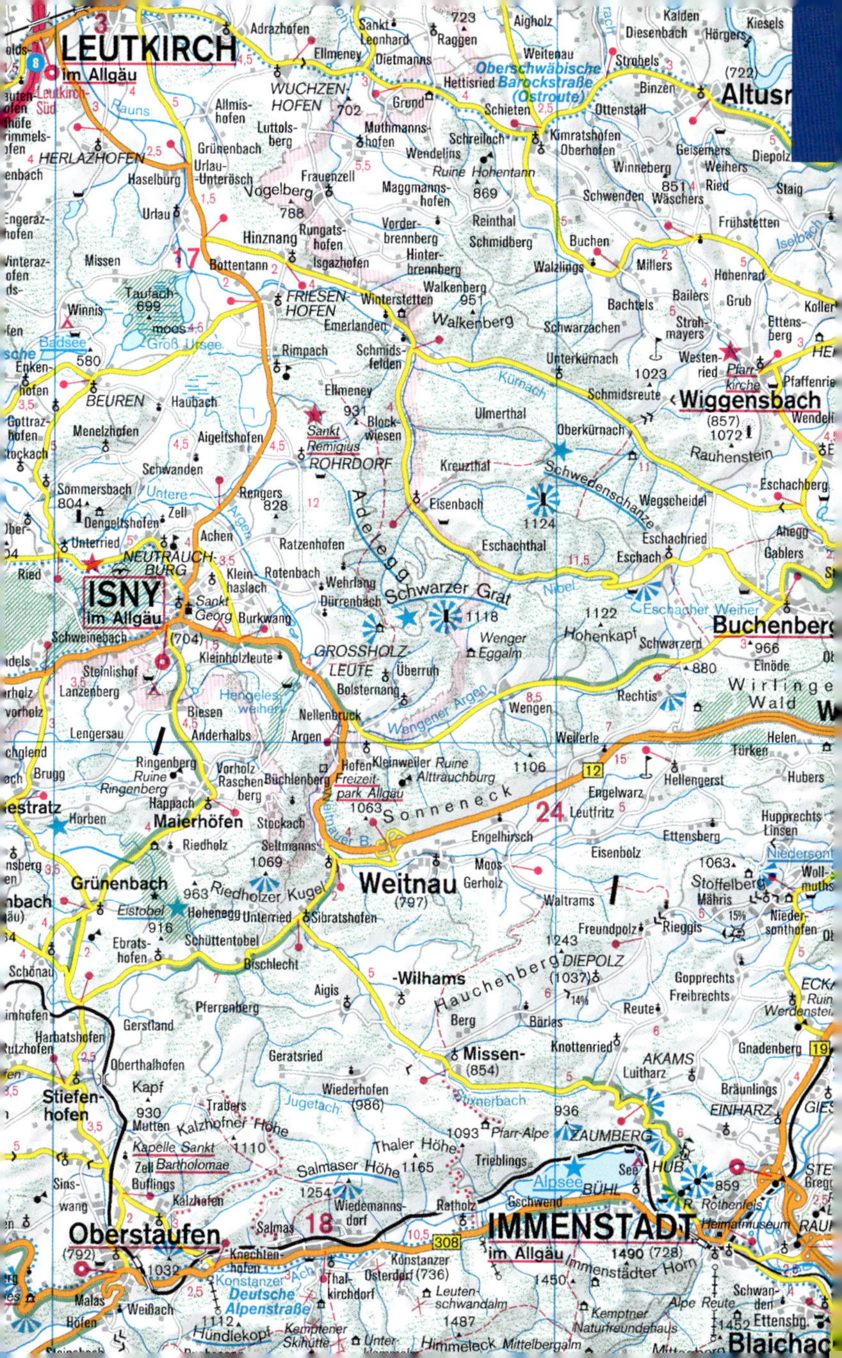

LEUTKIRCH
im Allgäu
Adrazhofen
Ellmeney
Sankt Leonhard
Dietmanns
723
Raggen
Aigholz
Weitenau
Kalden
Diesenbach
Hörgers
Kiesels
Oberschwäbische Barockstraße (Ostroute)
Strobels
(722)
Altusr
Binzen
Ottenstall
Hettisried
Schieten
Kimratshofen
Oberhofen
WUCHZEN-HOFEN
702
Grund
Allmis-hofen
Luttols-berg
Mothmanns-hofen
Schreiloch
Wendelins
Ruine Hohentann
869
Geisemers
Weihers
Diepolz
Winneberg
851
Wäschers
Ried
Staig
Schwenden
HERLAZHOFEN
Haselburg
Grünenbach
Urlau-Unterösch
Vogelberg
788
Frauenzell
Maggmanns-hofen
Urlau
Hinznang
Rungats-hofen
Isgazhofen
Vorder-brennberg
Hinter-brennberg
Reinthal
Schmidberg
Buchen
Walzlings
Millers
Frühstetten
Iselbach
Hohenrad
Missen
Bottentann
17
FRIESEN-HOFEN
Winterstetten
Walkenberg
951
Bailers
Grub
Koller
Taufach
699
Winnis
moos
Groß Ursee
Badsee
580
Emerlanden
Bachtels
Stroh-mayers
Schwarzachen
Ettens-berg
Rimpach
Schmids-felden
Unterkürnach
1023
Westen-ried
Pfarrkirche
Pfaffenrie
Enken-hofen
BEUREN
Haubach
Ellmeney
931
Kürnach
Schmidsreute
Wiggensbach
(857)
1072
Wendeli
Gottraz-hofen
Menelzhofen
Aigeltshofen
Sankt Remigius
ROHRDORF
Block-wiesen
Ulmerthal
Oberkürnach
Rauhenstein
Stockach
Schwanden
Kreuzthal
Schwedenschanze
Eschachberg
Sommersbach
804
Dengeltshofen
Untere Argen
Zell
Rengers
828
Adelegg
Eisenbach
1124
Wegscheidel
Ahegg
Unterried
Achen
Ratzenhofen
Eschachthal
Eschachried
Gabbers
NEUTRAUCHBURG
Klein-haslach
Rotenbach
Wehrlang
Dürrenbach
Schwarzer Grat
1118
Eschach
Nibel
Eschacher Weiher
ISNY
im Allgäu
Sankt Georg
Burkwang
1122
Hohenkapf
Schwarzerd
Buchenberg
966
Einöde
Schweinebach
(704)
Kleinholzleute
GROSSHOLZ-LEUTE
Wenger Eggalm
880
Steinlishof
Lanzenberg
Überruh
Bolsternang
Rechtis
Wirlinger Wald
Hengeles-weiher
Wengener Argen
Wengen
Biesen
Anderhalbs
Nellenbruck
Lengersau
Argen
Weilerle
Helen
Türken
Ringenberg
Ruine Ringenberg
Vorholz
Raschenberg
Büchlenberg
Hofen
Freizeitpark Allgäu
Kleinweiler
Ruine Alttrauchburg
1106
12
Hellengerst
Hubers
Brugg
Horben
Happach
Maierhöfen
1063
Sonneneck
24
Engelwarz
Leutfritz
Hupprechts
Linsen
Riedholz
Stockach
Seltmanns
Engelhirsch
Ettensberg
Niedersonth
Grünenbach
1069
Weitnau
(797)
Moos
Gerholz
Eisenbolz
1063
Stoffelberg
Mähris
Wollmuths
963
Riedholzer Kugel
Eistobel
Hoheneggl
Unterried
Sibratshofen
916
Schüttentobel
Waltrams
Rieggis
Nieder-sonthofen
Ebrats-hofen
1243
Freundpolz
DIEPOLZ
(1037)
Schönau
Bischlecht
Wilhams
Hauchenberg
Gopprechts
Freibrechts
Aigis
Reute
Werdenstein
Pferrenberg
Gerstland
Berg
Börlas
Harbatshofen
Geratsried
Missen-
(854)
Knottenried
AKAMS
Luitharz
Gnadenberg
19
Oberthalhofen
Stiefen-hofen
Kapf
Wiederhofen
(986)
Jugetach
Stixnerbach
Bräunlings
EINHARZ
930
Mutten
Trabers
Kalzhofner Höhe
1093
Pfarr-Alpe
936
ZAUMBERG
Kapelle Sankt Bartholomae
1110
Thaler Höhe
1165
Trieblings
Zell
Buflings
Salmaser Höhe
Alpsee
BÜHL
See
HUB
859
Sins-wang
Kalzhofen
1254
Wiedemanns-dorf
Ratholz
Gschwend
R. Rothenfels
Oberstaufen
(792)
Salmas
18
10,5
308
IMMENSTADT
im Allgäu
Heimatmuseum
1490 (728)
1032
Knechten-hofen
Konstanzer
Osterdorf (736)
Immenstädter Horn
Konstanzer Ach
Deutsche Alpenstraße
Thal-kirchdorf
Leuten-schwandalm
1450
Schwan-den
Ettensbg.
Malas
Weißach
Höfen
Kemptner Naturfreundehaus
Alpe Reute
1487
1112
1452
Hündlekopf
Kemptener Skihütte
Himmeleck
Mittelbergalm
Blaichach

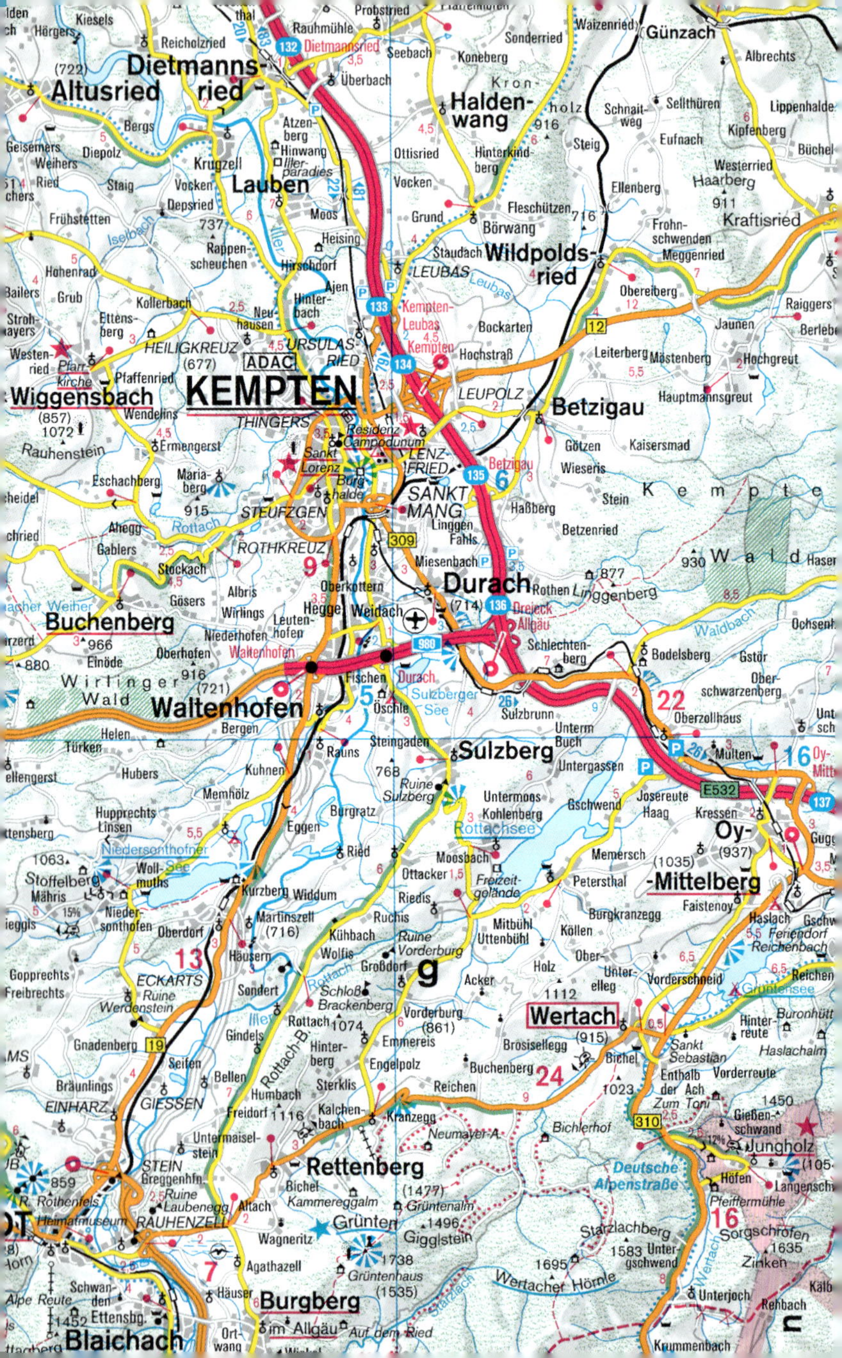

Dietmannsried
Altusried
Haldenwang
Lauben
Wildpoldsried
KEMPTEN
Wiggensbach
Betzigau
Durach
Buchenberg
Waltenhofen
Sulzberg
Oy-Mittelberg
Wertach
Rettenberg
Burgberg im Allgäu
Blaichach
Jungholz
Günzach
Kraftisried
Kempter Wald
Wirlinger Wald
Niedersonthofner See
Rottachsee
Grüntensee
Grünten
Deutsche Alpenstraße
Wertacher Hörnle
Dietmannsried
Kempten-Leubas
Kempten
Betzigau
Dreieck Allgäu
Durach
E532
ADAC

Aitrang
Ruderats-hofen
Altdorf
Immenhofen
Kreen
Langweid
Kalvarien-berg
Ingenried
875
Geislatsried
Krottenhill
Elbsee
Geisen-hofen
766
789
Hausen
Ob
Etzlensberg
Heuwang
809
Haugen
ENNENHOFEN
HATTEN-HOFEN
Weiblets-hofen
Heilig Kreuz und Sankt Martin
BERTOLDSHOFEN
Sankt Michael
Selbensberg
Gehren
Unter-löchlers
Frankau
967
THALHOFEN
MARKT-OBERDORF
Burk
Hagmoos
Ober-löchlers
Rettenbach am Auerberg
GEISENRIED
Muckenberg
786
Engratsried
(758)
Riedhof
Echt
903
Mösten
Buchen-berg
Remnatsried
Kienberg
Reisgang
Haslach
Haslacher See
768
KOHLHUNDEN
Heiland
Settele
Dattenried
LEUTERSCHACH
Ettwiesen
Geltach
Kollmanns-hof
Riedhof
Schwenden
RONRIED
FECHSEN
RIEDER
Osterried
Wies
Buchen
Reinharden
Auerberg
Prachtsried
Eichelschwang
Weißen
Hummeratsried
Stötten am Auerberg
Burgleiten
Bichel
Hofen
1055
Günther
Salchenried
Birngschwend
Kippach
Balteratsried
SULZSCHNEID
Pracht
Mark
Eschach
Straß
Hintertharren
Ried
Wald
Heggen
Loxhub
Seehof
Berk
Hafegg
Holzmanns
Herings Hofen
Wetzlers
Außer-Tengenwang
760
Steinbach
Echele
Barnstein
Sigratsbold
Nachsee
Hinterholz
(736)
Häusern
Albisried
Ried
Kippach
Lengenwang
(806)
Lechbruck
Kaufmanns
Bichel
Fröden-berg
30
Forsthof
Reuthen
Klosterhof
Luttenried
Enisried
Engelbolz
Lobach
Freßlesreute
Sameister-weiher
Sameister
Helmens
Kaltenbrunn
Eiterberg
Kirchthal
Lobacher-viehweide
Buchach
(831)
Geltnach
Bischofswang
Langenwald
Holzleuten
Treffisried
Aleuthen
Hitzle-ried
Schmutter-weiher
Wertach
Albatsried
Lobach
Trollen
Troll-weiher
Zwerenberg
Kurzenhof
Rückholz
Batzen-gschwenden
Seeweiler
Seeger See
Burk
Ried
Vorder-sulzberg
Roßhaupten
(816)
Tiefenbruck
Helfenwang
Hollen
Holz
Gugge-moosen
Sankt Ulrich
Schwalten-weiher
Riedegg
Seeg
(854)
Sulzberg
Rieder
Illasberg
855
Thal
Schnarren
Hinter-zwieselberg
Hack
Dederles
Anwanden
Unter-reuten
16
Schwarzen-bach
138
Lachen
Attlesee
Enzenstetten
Roßfallen
1047
Langegg
Ussenburg
Dietringen
Greith
Nesselwang
Thal
(867)
Rindegg
Schweinegg
Lieben
Oberdill
Heimen
Hopferwald
Rieden am Forggensee
Osterreinen
Hergrats-ried
Bayern
Wank
Schicken
Schwarzenbach
R. Hohenfreybg.
R. Eisenbg.
22
Hopferau
ENZENS-BERG
Hertingen
9
Schweinegg
Eisenberg
Speiden
Oster-reuten
Vilser
HOPFEN
Sankt Urban
Kappel
Zell
Unter-dolden
Lehern
Rehbichel
Hopfen-see
Ehrwang
Forggensee
Böck
Weißbach
Holz
Unterreuten
Wiedemen
Fischerbichl
Kreuzegg
Hopferried
Hafenegg
Brunnen
Pfronten
16
Unter-deusch
Deutsche Alpenstraße
Achmühle
Waltenhofen
ESCHACH
Röfleuten
Berg
310
Thal
Gunzenberg
Romantische Straße
Ried
Meilingen
Wiedmar
SCHWARZEN-BACH
FÜSSEN
(803)
Heitlern
Ösch
Benken
ROSS-MOOS
Moos
Kloster-K.
Sankt Mang
Horn
Sankt Koloman
Schwangau
Tegelberg
Dorf
1268
OBER-KIRCH
Weißensee
Alter-schrofen
1536
Vils
Falkenstein
Steinach
Weißensee
Hohes Schloß
Tegelberghaus
Steinacher Achen
309
Bad Faulenbach
Lechfall
Schwansee
Hohen-schwangau
Schloß Neuschwanstein
Breitenberg
314
Vilsegg
Alatsee
Ziegelhütte
5
1838
Ostlerhütte
Hochalphütte
Angerwies
12
VILS
(828)
Zum hlg. Ulrich
Schluxen
Unterpinswang
Alpsee
Ulrichs-brücke
Aggenstein
Kotbachfall
1987
Pfrontnerhütte
Brentenjoch
Vilser Kegel
Musau
Pinswang
Oberpinswang
Säulinghaus
2047
Säuling

Hörbranz
Sankt Stephan
Lindau
848
Blackenreute
Lutzenreute
Daxenberg
1024
Unterstein
Oberstein
Hagspiel
Lindenau
Dressen
Obertrogen
Scheffau
Hinterschweinhöf
Vorderschweinhöf
1041
Zelle
Hörbranz-Lochau
Eichenberg
Hirschbergsau
Hagen
Fehren
Lochau
1044
Hinteregg
Hinterhub
BREGENZ
(396)
Pfändertunnel
6719 m
Hirschberg
1095
Hintergschwend
Sulzberg
(1013)
Obersimlisgschwend
Schönenbühl
Eschau
530
Hompmann
Stocker
Tannenbach
Grasreute
Ahornach
1062
Langen
Rieteren
Rotach
Stollen
RIEDEN
Seebühne
Martinsturm
Pfänder
VORKLOSTER
Marienberg
Gebhardsberg
870
Kirchdorf
Huban
Hasen
24
Zwing
Nellenburg
Brenden
Doren
Weißach
Au
Krumbach
Mittelweiherburg
Kennelbach
Bregenzerach
Buch
Bozenau
Roßbad
748
Glatzegg
Wolfbühl
Heimen
202
Lauterach
(412)
12
Kirchdorf
Gitzen
Schneiderspitze
971
Fischbach
Reute
Weitloch
Langenegg
Kirchdorf
Wolfurt
20
Oberbildstein
Bildstein
Nannen
Vorholz
Müselbach
Wolfurt-Lauterbach
Schweizer Ried
Hohe Brücke
Schwarzach
Farnach
200
Krönele
205
Lingenau
Sankt Anna
Kleimat
Schwarzach Bach
Alberschwende
1182
Brüggelekopf
Dornb.-N.
14
Lustenau
Maltach
15
Hof
Egg
(561)
Großdorf
Ammenegg
Geißkopf
1198
Bruggan
Maien
ÖAMTC
HASELSTAUDEN
Fallenberg
Rickatschwende
Meisten
Unterbach
5
Rheintal-Binnenkanal
Stadion
Sankt Martin
DORNBIRN
WATZENEGG
Weißtanne
Heuberg
Schwarzenberg
Schwarzen
Hof
Andelsbuch
(613)
204
3
18
Dornb. Süd
Messe
Bad Kehlegg
Hochälpele
Hochälpelehütte
1464
Loch
Au
Bühel
Bersbuch
Wälderschanze
A14
Oberschwäb. Barockstraße (Südroute)
HATLERDORF
KEHLEGG
GÜTLE
Lustenauer Hütte
1182
Sattel
Bezau
(650)
Sonnalp
Gschwendtalpe
Bezegg
Karren
971
Dornbirnerach
Rappenlochschlucht
Klausberg Hütte
Weißenfluh Hütte
Oberbezau
417
190
Hof
203
Unterklien
Landhaus
Schloß
Nauems
Ruine Altems
Breiterberg
1105
Staufen
1465
11
Alplochschlucht
Ellenbogen
Reuthe
Hilkat
Bizau
Emser Reute
1475
Schihütte
708
Rudach
Baien
Sankt Jakob
Hinterreuthe
Rohralpe
Vorderreuthe
Ranzenberghütte
1461
HOHENEMS
Obersehrenalpe
Hangspitze
1746
Klaus
Gopfberg
1316
Hinter Schnepfegg
Emser Hütte
1088
Ebnit
Mellau
(688)
27
Hirschau
1106
Platz
Döseggalm
Dösvorsäß
Stahlbad
Bregenzerach
1830
Mörzelspitze
Waldalpe
Oberfeld
Enge
Hohe Kugel
1645
Ebniter Tal
First
Vorarlberg
Holenke
2044
Meschach
Staffelalpe
1656
Vorderhörnle
Altenhofalpe
1252
Alpenfrieden
Roßstelle
Hofstättenhaus
Kaisfluh
(817)
Fraxern
Haslachalpe
Mellenbach
Edelweiß
(879)
Viktorsberg
Valorsalpe
1302
Hauseralpe
Damülser Mittagspitze
2095
2066
Mittelargenalpe
Hinterried
Frödischbach
Hoher Freschen
2004
Sünser Spitze
2061
Schönenbuchhütte
Vordermellenalpe
Sünser See
Freschenhaus
1840
1997
Matona
Ragazalm
Walisgaden
193
Lindenbodenhütte
1059
2010
Damüls
Oberdamüls
Schwende
Zwischenwasser
1483
Madlens
Furx
1150
Göfisalpe
Portla-alpe
Sonnenheim
Pfarrkirche
Kirchdorf
(1428)
Argenbach
Alpwegkopfhütte
Alpwegkopf
1437
1793
Gapfohl
1929
Faschinajoch
1486
Zaferaalpe

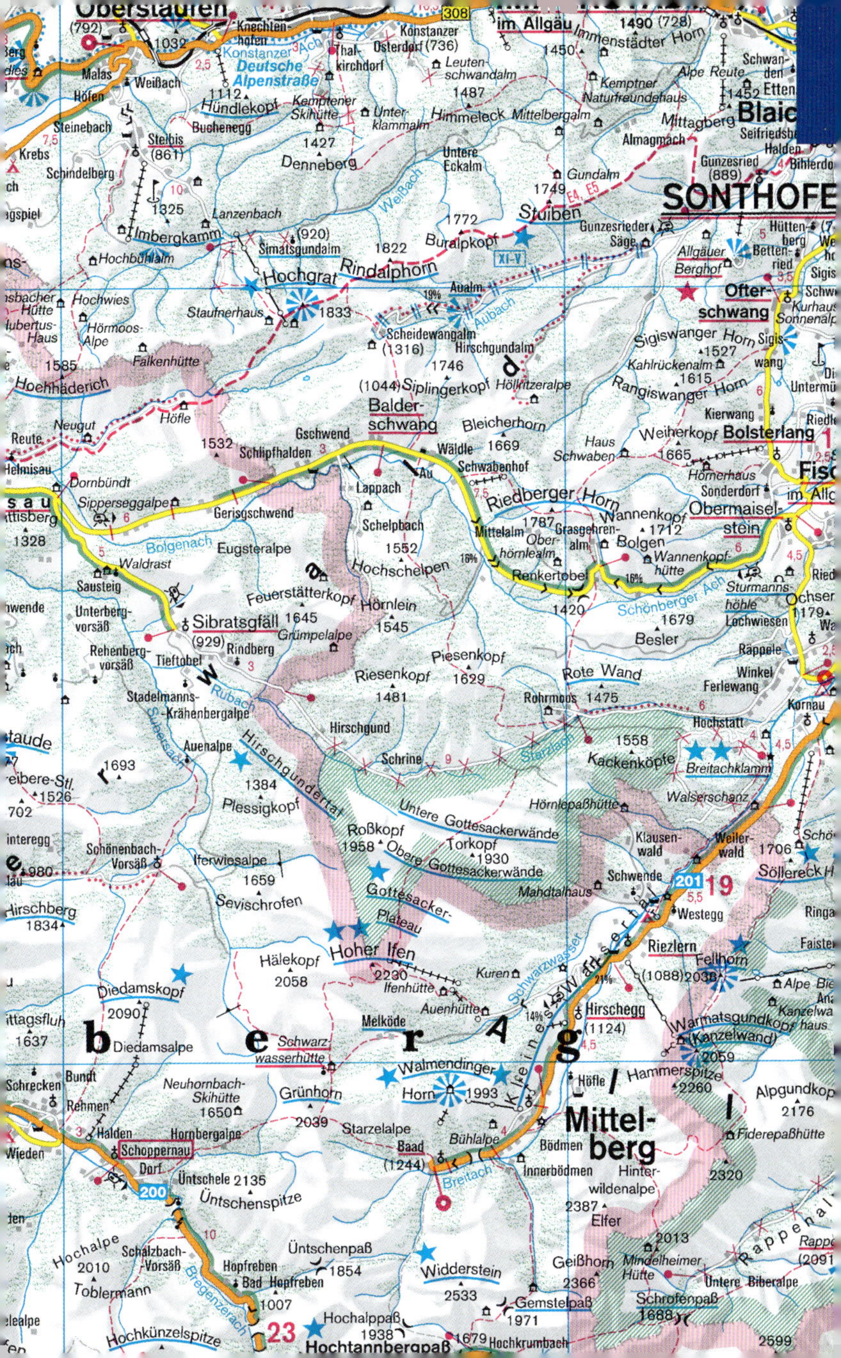

Oberstaufen
Konstanzer Ach
Deutsche Alpenstraße
Thalkirchdorf
Konstanzer
Osterdorf (736)
im Allgäu
Immenstädter Horn
1490 (728)
1450
Knechtenhofen
1032
Malas
Weißach
Höfen
Steinebach
Krebs
Schindelberg
Steibis (861)
1112
Hündlekopf
Buchenegg
Kemptener Skihütte
Unterklammalm
Leutenschwandalm
1487
Himmeleck
Mittelbergalm
Kemptner Naturfreundehaus
Alpe Reute
Mittagberg
Almagmach
Schwanden
Etten
1452
Blaichach
Seifriedsberg
Halden
Bihlerdorf
Gunzesried (889)
1427
Denneberg
Untere Eckalm
Gundalm
1749
SONTHOFEN
1325
Lanzenbach
Weißbach
1772
Stuiben
Gunzesrieder Säge
Hüttenberg
Imbergkamm
(920)
Simatsgundalm
1822
Buralpkopf
Hochbühlalm
Allgäuer Berghof
Bettenried
Hochgrat
Rindalphorn
Aualm
Ofterschwang
Sigiswang
Hochwies
Staufnerhaus
1833
Aubach
Hörmoos-Alpe
Scheidewangalm (1316)
Hirschgundalm
Sigiswanger Horn
1527
Kahlrückenalm
1615
Falkenhütte
1585
Hochhäderich
1746
(1044) Siplingerkopf
Hölltritzeralpe
Rangiswanger Horn
Untermühlegg
Kierwang
Balderschwang
Bleicherhorn
Neugut
Höfle
Gschwend
Weiherkopf
Bolsterlang
Reute
1532
Schlipfhalden
Wäldle
1669
Haus Schwaben
1665
Helmisau
Dornbündt
Lappach
Au
Schwabenhof
Hörnerhaus
Sonderdorf
Riedberger Horn
Sipperseggalpe
Gerisgschwend
Schelpbach
Mittelalm
1787
Oberhörnlealm
Grasgehrenalm
Wannenkopf
1712
Bolgen
Wannenkopfhütte
Obermaiselstein
1328
Bolgenach
Eugsteralpe
1552
Hochschelpen
Renkertobel
Sturmannshöhle
Waldrast
Sausteig
Feuerstätterkopf
Hörnlein
1420
Schönberger Ach
1679
Lochwiesen
Unterberg-vorsäß
Sibratsgfäll
1645
Grümpelalpe
1545
Besler
Räppele
(929)
Rindberg
Rehenberg-vorsäß
Tieftobel
Piesenkopf
1629
Winkel
Ferlewang
Riesenkopf
1481
Rote Wand
Rohrmoos
1475
Kornau
Stadelmanns-Krähenbergalpe
Rubach
Subersach
Hirschgund
Hochstatt
1558
Kackenköpfe
Breitachklamm
Auenalpe
Hirschgundertal
Schrine
Starzlach
1693
1384
Plessigkopf
Untere Gottesackerwände
Hörnlepaßhütte
Walserschanz
1526
Roßkopf
1958
Torkopf
1930
Obere Gottesackerwände
Klausenwald
Weilerwald
1706
Söllereck
Schönenbach-Vorsäß
Iferwiesalpe
1659
Schwende
Mahdtalhaus
201
19
1980
Sevischrofen
Gottesacker-Plateau
Westegg
Hirschberg
1834
Hoher Ifen
Riezlern
Fellhorn
Hälekopf
2058
2230
Kuren
(1088)
2038
Alpe Bierenwang
Diedamskopf
Ifenhütte
Auenhütte
Schwarzwasser
Kleines Walsertal
Hirschegg
(1124)
Warmatsgundkopf
(Kanzelwand)
2059
Kanzelwandhaus
2090
1637
Diedamsalpe
Melköde
Schwarzwasserhütte
Walmendinger Horn
1993
Höfle
Hammerspitze
2260
Alpgundkopf
2176
Bundt
Schrecken
Rehmen
Neuhornbach-Skihütte
1650
Grünhorn
2039
Fiderepaßhütte
Halden
Hornbergalpe
Starzelalpe
Bühlalpe
Mittelberg
Bödmen
Wieden
Schoppernau
Baad
(1244)
Innerbödmen
Hinterwildenalpe
2320
Dorf
Üntschele 2135
Üntschenspitze
200
Breitach
2387
Elfer
Üntschenpaß
1854
Widderstein
2533
Geißhorn
2366
Mindelheimer Hütte
Untere Biberalpe
Rappenalpe
(2091)
Hochalpe
2010
Schalzbach-Vorsäß
Hopfreben
Bad Hopfreben
Bregenzerach
1007
Toblermann
Gemstelpaß
1971
Schrofenpaß
1688
Hochkünzelspitze
23
Hochalppaß
1938
1679
Hochtannbergpaß
Hochkrumbach
2599
Vorarlberg
Allgäu

Wagneritz
Gigglstein
1738
Grüntenhaus
(1535)
1695
1583 Unter-
gschwend
1635
Zinken
Agathazell
Schwan-
den
Ettensbg.
Häuser
Burgberg
im Allgäu
Wertacher Hörnle
Unterjoch
Rehbach
1452
Blaichach
Ort-
wang
Winkel
Auf dem Ried
Krummenbach
Seifriedsberg
Halden
Bihlerdorf
Ostrach
Starzlach
Vilsfall
Gunzesried
(889)
Tiefenbacher Eck
1649
Spieser
1178
Moorbad
Oberjoch-Paß
BERGHOFEN
Ruine Fluhenstein
1525
Haus Ingeburg
ONTHOFEN
Kappl
Walten
TIEFEN-
BACH
Hindelang
Oberjoch
(1136)
Schattwald
Hütten-
berg
(742)
Wester-
hofen
Betten-
ried
BINS-
WANGEN
308
Reckenberg
Vorder-
hindelang
Luitp.-Bad
Kühgundkopf
1876
1906
Katzensteig
Sigishofen
IMBERG
Bad Oberdorf
Ofter-
schwang
Schweineberg
Kurhaus
Sonnenalp
Margarethen
Beilenberg
14
Iseler
Stuibenalpe
19
Hornalm
Bruck
Sigis-
wang
1527
Tiefen-
berg
ALTSTÄDTEN
Imberger Horn
1656
Hinter-
stein
Ponten
2044
Dietrichs
Untermühlegg
Sonthofner Hof
Hochweiler
Willersalm
Kierwang
Riedle
Weiler
HINANG
Altstädtner Hof
1893
Gaisho
Bolsterlang
12
Berg
Unterthalhofen
Oberthalhofen
Breitenberg
Älpealm
Hinterbachhof
St. Verena
Au
Mitterhausalm
Hörnerhaus
Sonderdorf
Fischen
im Allgäu
Burgegg
Schöllang
(854)
Sonnenkopf
1713
2033
Rotspitz
Wiesloher Hütte
Obermaisel-
stein
Maderhalm
Bei den Ställen
(1128)
2280
2025
Pfannenhölzer
Vorderer
Erzberghof
Oberdorf
Reichenbach
Niederdorf
Großer Daumen
Engerats-
gundsee
Alpelekopf
Langen-
wang
Iller
Entschenkopf
2043
Hinterer
Erzberghof
2023
Sturmanns-
höhle
Ried
Gaisalpe
Schwarzenberghütte
2185
Ochsenberg
1179
Rubi
Gaisalpsee
Kastenko
Lochwiesen
Wasach
1957
Nebelhorn
Langenfeld-
hütte
Engeratsgundhof
Räppele
Rubihorn
2224
Giebelhaus
Winkel
Ferlewang
Jauchen
Reute
Oberstdorf
(815)
Wengenalm
Probsthaus
Giebel
2097
Sattelkopf
1949
Kornau
Vorderseealm
2084
Großer Seekopf
Hochstätt
Schatten-
berg-Sch.
1845
Schattenberg
Seealpsee
Pointhütte
Untere
Lichtalp
Breitachklamm
Pfarrkirche
Sankt Loretta
2100
Moorbad
Gruben
Oytalhaus
Schochen
2177
Prinz-
Luitpoldhaus
Kluppenkarko
Naturschutz
gebiet
Oybach
Oytal
2355
Weiler-
wald
Schönblick
Freiberg-
see
Dietersberg
2593
1706
Söllereck
Hochleite
Heini-Klopfer-
Schanze
2381
Hochvogel
19
Schwand
Gerstruben
Großer Wilder
Schwabegghütte
Gottenried
2258
Dietersbachtal
Bärenbadalpe
Ringang
1791
Höllentobel
Höfats
Jochbachalphütten
Faistenoy
Himmelschrofen
Bretterhof
Hinter
Kegelkopf
1961
Welschewald-
hütte
Fellhorn
2038
Alpe Bierenwang
Anatswald
Kanzelwand-
haus
Stillachtal
Trettach
Spielmannsau
Rauheck
2385
Drähütten
Kaufbeurer Haus
(2007)
Hinterer
1954
Wildgundkopf
2376
Petersberg-
hütten
Urbeleskars
(Kanzelwand)
2059
Birgsau
Kreuzeck
Schreierkopf
2632
Fürschießer
2271
Schönegger-
hütte
2200
Noppenspitze
T
Alpgundkopf
2176
g
ä
2596
Ilfenspitzen
2552
Söllerkopf
2390
Fiderepaßhütte
Einödsbach
(1114)
Kemptner Haus
Krottenkopf
2657
Häse
2320
Kratzer
2428
Barthhütte
(2131)
Rappenalpental
52
Schönau
Waltenberger
Haus
Mädelegabel
2645
2609
Großmähder
Elbigenalp
Köglen
Rappenseehütte
(2091)
Bockkarkopf
Hintere
Vordere
Schochen-
alpe
Rothornspitze
2392
Bernhardsbach
Bernhards-
eck
Unter-
giblen
Zum hlg.
Nikolaus
Untere Biberalpe
Rappensee
Schochenalpe
2171
Hohes Licht
2651
Rotnase
Wartegg
Windegg
Untergrünau
Wiesen
Seesumpf
Obergrünau
Obergiblen
2599
Obere Hochalpe
Mutte
Schingen

Breitenberg
1838
Ostlerhütte
Aggenstein
1987
Pfrontnerhütte
Hochalphütte
Kotbachfall
Brentenjoch
2001
Vilser Alpe
Vilser Kegel
1831
314
Vilsegg
Angerwies
12
VILS
(828)
Alatsee
Faulenbach
Ziegelhütte
Ulrichs-
brücke
Zum hlg.
Ulrich
Lechfall
5
Hohen-
schwangau
Schloß
Neuschw
Alpsee
Schluxen
Unterpinswang
Pinswang
Oberpinswang
Säulinghaus
2047
Säuling
Musau
Brandstatt
Klemmtalalpe
Unterletzen
13
Pflach
(840)
Höllmühle
Roßschläg-
Paß
Wiesbichl
Oberletzen
Hüttenbichl
Sankt Ulrichs-
kapelle
Tannheimer
2060
Große Schlicke
Sefenspitze
1950
Berge
nsteinhütte
1867
Einstein
Enge
10%
5,5
Lumberg
O.-Mayr-Hütte
W.-Merkl.-Ged.-H.
Musaueralm
Gimpel
2176
Köllenspitze
2240
Gehrenspitze
2164
Hinterbichl
Lech
Mühl
Urisee
Pfarrkirche
mer Tal
Berg
Innergschwend
Grän
(1134)
2,5
Zum hlg.
Wendelin
Haller
Tannhmr.-H.
Gehrenalpe
Lechaschau
ÖAMTC
Niederwängle
Breitenwang
14%
Großs
Klein
Haldensee
199
26
Gimpelhaus
Nesselwängle
(1147)
Hahnenkamm
Winkl
Holz
R. Ertl
Schanze
Reutte
Wängle
Platten
Bad
Kreckelmoos
Neunerkopf
1864
1881
Vogelhörnle
Krinnenalpe
1940
Höfener Alpe
Ehen-
bichl
Katzenmühle
Lähn
Tauern
1871
Usseralpe
(1633)
Edenbach-
alpe
2002
Krinnenspitze
Gaichtspitze
Höfen
Hornberg
Ruine
Ehrenberg
Ruine
Hochschanz
Klause
Sulzspitze
2085
Rauth
Gaicht
1988
10
1284
Schloßberg
5,5
Untere
Traualpe
Birkental
Weißenbach
1093
Gaichtpaß
Engpaß
Fischer
Heiterwang
(992)
Traualpsee
Untergaicht
198
Weißenbach
(887) am Lech
Rieden
1542
2126
Kienbichlhütte
2274
Leilachspitze
Stuibenhütte
1522
Thaneller
2341
3,5
314
Heiterwanger
Hochalpe
Zum
Forchach
Vorhammermühle
Feldele
Rotlech
Berwang
(1336)
Schwarzwassertal
Schwarzwasserbach
Rinnen
Zum hlg.
Jakob
12%
Sieglhütte
Schwarzhanskarspitze
Hochstanzer
Alpe
2228
Glöbwald-
Galtalpe
Reuttener-Hütte
Raazalpe
Rauth
Kögelehütte
Gröben
Saldeiner Spitze
2037
Galtjoch
2109
Rotbach
Anrauth
Brand
Stanzach
(940)
Bauth
Namloser Tal
Namloser Bach
Raazgaltalpe
Mitteregg
Roter
Oberlahnen
Vorder-
hornbach
(973)
1199
Knittelkarspitze
2378
Kelmen
20%
Hornbach
Martinau
Elmer Muttekopf
2350
Brunnenkopf
2155
17%
Namlos
(1263)
1828
Schlierewand
2217
Seelakopf
2368
Loreak
2471
Elmer
2482
Kreuzspitze
Schritzer
Stablalpe
Fallerschein-
alpe
Gamplespitze
2325
Klimm
Elmen
Rotwand
2434
Rudiger
2383
198
Habichegg
Gräben
Namloser Wetterspitze
2553
Tarrentonspitze
2608
2480
Alples
Raut
Gutschau
Bschlaber Tal
Sack
Egg
Zwieslen
Taschach
Bschlabs
Häternach
15%
Taja
Durrach
Lichtspitze
2357
Rauchberg
Anhalterhütte
Heiterwand
Falschkogel
2387
Maldonalpe
Streimbach
Spitzkopf
2346
Gramaiser Tal
Pfafflar
Hahntennjoch
15%
Salvesenbach
13
XI-V
Gebratstein
Obtarrenz
(1029)
Altstarkenberg
Riefen
Boden
2590
Angerlehütte
(1445)
2723
Vordere
2562
Linserhof
Lechtaler Alpen

Inhaltsverzeichnis

Fürstabtliche
Brautradition seit 1394
Teutsch Pils
ALLGÄUER
EXPORT
ALLGÄUER BRAUHAUS
Teutsch Pils
ALLGÄUER BRAUHAUS
Fürstabt
ALLGÄUER BRAUHAUS
Seit 1394
EHEMALS
FÜRSTÄBTLICHE BRAUEREI ZU KEMPTEN
ALLGÄUER
BRAUHAUS
IN DER TRADITION BERÜHMTESTER STIFTSBRAUEREIEN
SEIT ÜBER 600 JAHREN EIN STÜCK DEUTSCHER BIERKULTUR
87435 Kempten, Beethovenstraße 7, Telefon: 08 31/20 50-0, Fax: 08 31/20 50-114, www.allgaeuer-brauhaus.de, E-Mail: info@allgaeuer-brauhaus.de

Kein Ruhetag
3 Top Adressen!
Einzigartig im Allgäu und in Nürnberg!
WELCO
KOMMEN
NON STOP EROTIC SHOW
Internationale Top-Girls laden Sie herzlich ein!
J's No1 Show-Girls-Bar
J's No2 Show-Girls-Bar
Caribic Bar
Table Dance · Striptease-Show
J's No1 Show-Girls-Bar
87509 Immenstadt · Im Engelfeld 14
Tel.: 0 83 23 / 76 48 · Fax: 96 87 69
www.js-no1bar.com
e-mail: manager@js-no1bar.com
Öffnungszeiten:
Täglich von 21 - 5 Uhr
J's No2 und Caribic Bar
90402 Nürnberg · Luitpoldstr. 12
Tel.: 0911 / 2 40 57 39 · Fax: 2 44 82 73
www.js-no2bar.com · www.caribicbar.com
e-mail: manager@js-no2bar.com
e-mail: manager@caribicbar.com
Öffnungszeiten:
Täglich von 12 - 5 Uhr
Sonn- u. Feiertags ab 17 Uhr

Allgäuer Seenland
erfrischend natürlich
Südlich der Allgäu-Metropole Kempten hat die einst so rauhe Eiszeit eine der sanftesten Landschaften der Alpen geschaffen.
Ob beim gemütlichen Spaziergang um den See oder bei einer Radtour, im Allgäuer Seenland kann jeder so richtig vom Alltag entspannen.
Die zentrale Lage bietet Ihnen nicht nur die Möglichkeit die umliegende Bergwelt zu erobern, sondern ebenso zahlreiche Ausflüge zu unternehmen.
Auch bei den „kleinen" Gästen sorgt das vielseitige Angebot für spannende und unvergessliche Ferientage.
240 km Wanderwege
2 Minigolf Anlagen
95 km Loipen
2 Burgruinen
3 Museen
9 Skilifte
6 Seen
Bayern®
Allgäuer Seenland
Rathaussteige 2, 87474 Buchenberg
Tel.: 08378/9202-22, Fax.: 9202-23
E-Mail: info@allgaeuerseenland.de
Internet: www.allgaeuerseenland.de
www.allgaeuerseenland.de · info@allgaeuerseenland.de

Das Allgäu – ein Überblick

Die Urlaubsregion Allgäu ist eines der schönsten Gebiete des klassischen Urlaubslands Bayern. Zwischen der Iller im Westen, dem Lech im Osten, dem Allgäuer Alpenhauptkamm und dem Bodensee im Süden und dem durch einen Meteoriteneinschlag vor rund 15 Mio. Jahren entstandenen Ries-Kessel im Norden gelegen ist es ein exzellentes Ganzjahres-Ferienland. Die Vielfalt der Landschaft vom Hochgebirge über die Voralpenlandschaft bis zum mittel- und nordschwäbischen Hügelland trägt dazu bei, dass hier jeder Gast den Urlaub machen kann, den er sich wünscht.

Allgäuer Seenland – erfrischend natürlich

Buchenberg – Waltenhofen – Sulzberg

Erholsam und abwechslungsreich gestaltet sich der Aufenthalt im Allgäuer Seenland mit den Gemeinden Buchenberg, Sulzberg und Waltenhofen. Hier werden Familienferien zum unvergesslichen Erlebnis. Mit einheimischen Wanderführern lassen sich die schönsten Ecken der Region entdekken. Die Kindernachmittage mit anschließendem Grillfest sind der Hit. Auch die Segelschnupperfahrt gehört zum attraktiven Ferienprogramm.

Sommertraum

Als **Quelle für gesunde Fitness** oder einfach für ein riesiges Badevergnügen laden die sechs Seen und Weiher im Allgäuer Seenland zum Schwimmen, Rudern, Angeln, Segeln und Surfen ein.
Wanderfreunde finden hier eine Vielzahl von Wanderwegen. Egal, ob Sie nun einen gemütlichen Spaziergang durch ausgedehnte Wälder oder lieber eine Wanderung in höhere Regionen vorziehen: die große Palette der **Wandermöglichkeiten** lässt jedem Naturgenießer das Herz höher schlagen. Die Berge im Hintergrund bieten eine traumhafte Kulisse beim Wandern, Radfahren oder Nordic-Walking.

Winterzauber

Das Allgäuer Seenland ist nicht nur zur Sommerzeit eine attraktive Ferienregion. Gerade im Winter genießt man hier bei einer Schneeschuhwanderung durch die Märchenlandschaft die wohltuende Ruhe oder beim Skifahren die sportliche Herausforderung. Zugefrorene Seen faszinieren mit ihrer bizarren Schönheit und laden zum Eislaufen ein. Die verschneiten Wiesen und Wälder haben in der kalten Jahreszeit ihren ganz besonde-

ren Reiz. Auf den zahlreichen Loipen findet der Langläufer und Skater viel Abwechslung. Die Ausblicke auf das Panorama der Allgäuer Alpen sind immer wieder ganz besondere Highlights. Zahlreiche Gaststätten bieten ausreichend Gelegenheit zur gemütlichen Einkehr. Erleben Sie Skispaß pur. Anspruchsvolle Abfahrten für geübte Fahrer stehen ebenso zur Verfügung wie einfache Pisten für die ersten Rutschversuche. Wer es bequemer möchte, gleitet im Pferdeschlitten durch die märchenhafte Winterlandschaft, dick eingepackt in warme Decken, von innen gewärmt mit einem Glas Glühwein. Diese Eindrücke wird man nicht so schnell vergessen.

Allgäuer Seenland – das Seelina Kinderland

Nicht nur die hübsche kleine Nixe mit dem Namen Seelina fühlt sich hier so richtig wohl, auch Kinder werden begeistert sein. Das Allgäuer Seenland ist ein wahres Kinderparadies. Familien mit Kindern sind jederzeit herzlich willkommen. Ob im

Sommer oder im Winter – hier ist viel Abwechslung geboten, so dass die Ferien unvergesslich bleiben. Die natürlichen Gegebenheiten dieser schönen Landschaft kommen dem Bewegungsdrang und der kreativen Neugier der jungen Gäste sehr entgegen. Familien schätzen neben den zahlreichen Aktivitäten insbesondere das sehr gute Preis-Leistungs-Verhältnis.

Verlockende Angebote in der Nebensaison

Erleben Sie das Frühlingserwachen bei der Löwenzahnblüte Anfang bis Mitte Mai. Oder nutzen Sie die Angebote im „Goldenen Herbst". Mit dem Ende der Badesaison wird es ruhig an den Seen. Aufmerksame Beobachter freuen sich am Farbenrausch der Natur und an den Zugvögeln, die sich sammeln. Beim Spaziergang trifft man Pilz- und Beerensucher, Kinder sammeln Kastanien. Besonders schön ist die Stimmung am Morgen, wenn die ersten Sonnenstrahlen den Nebel über den Illerauen vertreiben. Im Allgäuer Seenland werden Sie den „Altweibersommer" so richtig genießen.
Allgäuer Seenland, Rathaussteige 2, 87474 Buchenberg, Tel. 0 83 78/ 92 02-22, Fax: 0 83 78/92 02-23; E-Mail: info@allgaeuerseenland.de, Internet: www.allgaeuerseenland.de

Anreise

Tipps und Infos für den Urlaubsgast

Mit dem Auto

Das Oberallgäu ist aus allen Richtungen gut erreichbar. Die A 7 führt von Flensburg bis Füssen und ist damit Deutschlands längste Autobahn. Die wichtigsten Bundesstraßen sind die B 12 München – Lindau (Bodensee), die B 19 Ulm – Oberstdorf und die B 309 Kempten – Füssen.

Mit der Bahn

Durch IC-, EC- und Interregio-Anschluss ist das Allgäu bequem mit der Bahn zu erreichen. In Kempten kreuzen sich drei Eisenbahnstrecken: zum einen die Strecke München – Lindau, zum anderen die Linie Ulm – Oberstdorf und schließlich die Strekke Kempten – Reutte/Tirol. Zugauskunft bekommt man über die Service-Nummer der Bahn: 0180/ 5996633.

Mit dem Flugzeug

Die nächsten internationalen Flugplätze befinden sich in Friedrichshafen, München, Zürich und Augsburg.

Sonthofen

Abholservice

Der Tipp für alle Allgäu-Urlauber, die ihren fahrbaren Untersatz in der Garage lassen wollen und eine Alternative zur Bundesbahn suchen: Die Busprofis der Firma „Komm mit" holen den Feriengast vor der Haustüre ab, bringen ihn direkt in sein Urlaubs-

quartier und natürlich auch wieder zurück. Dieses Angebot gilt von Weihnachten bis Ostern und von Mai bis Oktober vom Ruhrgebiet bis Ludwigshafen, von Hamburg über Bremen, Hannover, Hildesheim, Göttingen, Kassel, Fulda bis Würzburg und von Berlin bis Nürnberg sowie von Dresden, Chemnitz und Leipzig.
Die Abfahrt erfolgt jeweils sonntags, die Rückfahrten sind jeweils samstags. Hin- und Rückfahrt kosten ca. 129 Euro, eine Einzelfahrt ca. 74 Euro. Dieser Pauschalpreis beinhaltet: Transfer von der Haustüre zum Busabfahrtsplatz und wieder zurück, Transfer mit einem 4-Sterne-Reisebus mit Schlafsesseln, Kühlbar, Küche und WC ins Urlaubsdomizil und wieder zurück sowie den kostenlosen Gepäcktransport.
„Komm mit“, Sigishofen 29, Telefon 0 83 21/67 10 22 (www.komm-mit-reisen.de)

Reisen

Die Firma **„Komm mit“** (Sigishofen 29, Telefon 08321 67100) steht seit über 50 Jahren im Dienste des Reisegastes, das bedeutet langjährige Erfahrung zum Wohle des Reisenden. Die Suche nach einem besonderen Tipp für ein reizvolles Hotel, nach kulturellen und gastronomischen Höhepunkten Europas, die Sehnsucht nach der Ferne: Mit dem engagierten, fachkompetenten Team fängt der Urlaub bereits bei der Planung an. So richtig Lust auf Reisen bekommt man spätestens, wenn man den Katalog durchblättert. Breit gefächert ist das Angebot: Sei es das Revue-Theater in Berlin oder die Oper im romantischen Wien, der Aufenthalt am traumhaften Strand oder Wellness und Kur, die Badereise nach Ischia oder der Besuch der Highlandgames in Schottland, das antike Griechenland oder die Weinreise nach Ungarn: Für jeden ist das richtige Reiseziel dabei. Ausflugsziele auf Weltniveau gehören bei der Firma „Komm mit“ zum Standardprogramm: Die märchenhaften bayerischen Königsschlösser, Deutschlands höchster Berg, die Zugspitze, die Insel Mainau, die Gletscherwelt des Ötztals und das mediterrane Flair des „Lago Maggiore“ rücken mit „Komm mit“ in greifbare Nähe. Musikalische Leckerbissen wie das König-Ludwig-Musical in Füssen oder die „Bregenzer Festspiele“ im Bodensee sind in kurzer Zeit erreichbar, autofreies Kulturerlebnis.
Selbstverständlich haben alle Reisebusse bequeme, verstellbare Sitzen mit mindestens 83 cm Abstand. Hygienische Bordtoilette für ein beruhigendes Reisegefühl auf allen Strecken, Klimaanlage für die richtige Reisetemperatur auch an heißen Tagen und Bordküche für den kleinen Hunger und Durst gehören schon lange zum Standard.
Für eine entspannte Unterhaltung mit Musik und Spielfilmen sorgen die Audio- und Videoanlagen.
Die BISTRO-Luxusbusse sind eine Besonderheit auf Europas Straßen und haben schon viel Bewunderung und Anerkennung hervorgerufen! Im oberen Stock befinden sich 50 bequeme Sitzplätze. Unten steht ein voll

bewirtetes Bistro zur Verfügung. **„Komm mit“** lässt keine Wünsche offen. **Komm mit**, Sigishofen 29, Telefon 0 83 21/6 71 00

Mit regionalen Verkehrsmitteln unterwegs

Die Stadt Sonthofen verfügt über ein ausgesprochen gut ausgebautes **Nahverkehrsnetz**, sowohl im **Stadt-** als auch im **Regionalbereich**. Insgesamt sechs Stadtbuslinien verbinden die verschiedenen Ortsteile und leisten so einen wertvollen Beitrag, die einmalige Oberallgäuer Natur auch für kommende Generationen nutz- und erlebbar zu machen.
Zentraler Orientierungspunkt ist der Sonthofener Bahnhof – von hier aus kommt man mit den Stadtbussen in alle Ecken der Oberallgäuer Kreisstadt (eingeschränkte Verkehrszeiten am Wochenende und während der bayerischen Schulferien).
Der Stadtverkehr verbindet die nachfolgenden Stadtteile mit der Innenstadt: Rieden (Mo–Sa), Staig/Hotel Allgäu Stern (Mo–Sa), Illersiedlung (Mo–Fr), Imberg – Tiefenbach (Mo–Fr an Schultagen), Ostrachstraße – Burgsiedlung (Mo–Sa), Altstädten – Hinang (täglich, Firma Komm mit). Die Verbindungen können der abgedruckten Übersicht der Stadtbuslinien entnommen werden.
Vom Bahnhof hat man zudem Anschluss zu den verschiedenen Regionallinien, die den Gast bequem zu den schönsten Ausflugs- und Wanderzielen des Oberallgäus bringen.
Der Landkreis bietet spezielle Sondertarife für Gäste an, die neben dem Stadtverkehr auch auf allen anderen Bus- und Bahnlinien des südlichen Landkreises gültig sind: Tageskarte EUR 7,50 (mit Bahncard, einer gültigen Bahnfahrkarte oder AllgäuWalser-Card (Gästekarte) EUR 6,00), Urlauberkarte gültig für 7 Tage: EUR 17,00 und 14 Tage für EUR 25,00 (Tarifstand Mai 2006). Die Tageskarte gibt es beim Busfahrer, an den Verkaufsstellen und Nahverkehrsautomaten der Bahnen, die Urlauberkarte nur gegen Vorlage der AllgäuWalserCard (Gästekarte) in den Gästeämtern.
Bei allen Fragen rund um den Busverkehr gerne behilflich ist die Firma Alpenvogel in Sonthofen (Bahnhofstraße 21, Telefon 08321 5095, e-mail: info@alpenvogel.de).

Im Allgäu haben auch
die Autos Urlaub –

Bahn und Bus im Oberallgäu

Das Allgäu ist eine der schönsten Landschaften Deutschlands. Das wissen nicht nur die Einheimischen zu schätzen – auch Millionen Urlaubsgäste und

Tagesausflügler erfreuen sich jedes Jahr an der guten Luft und am prächtigen Alpenpanorama im Oberallgäu.
Der Tourismus als wichtigster Wirtschaftszweig beruht in entscheidendem Maße auf der intakten Umwelt. Diese gilt es zu schonen und auch für weitere Generationen erlebbar zu machen. Einen wichtigen Beitrag leistet in diesem Zusammenhang der öffentliche Personennahverkehr im Oberallgäu. Mit Taktverkehr, direkten Anschlüssen zur Bahn sowie günstigen Tarifen im ganzen Landkreis bietet er eine zuverlässige und umweltgerechte Alternative zum Auto.
So kostet beispielsweise eine Tageskarte für das gesamte Bahn- und Busnetz (nicht IC-Züge) im Oberallgäu – nicht im Kleinwalsertal – einschließlich der Stadt Kempten nur EUR 10,50 (mit Bahncard, einer gültigen Bahnfahrkarte oder AllgäuWalserCard/Gästekarte EUR 8,50).
Wenn man sich auf das südliche oder nördliche Oberallgäu beschränkt, ist man schon mit EUR 7,50 (mit Bahncard, einer gültigen Bahnfahrkarte oder AllgäuWalserCard /Gästekarte EUR 6,00) dabei (gilt nicht im Kleinwalsertal).
Ein besonderer Hit ist die wahlweise 7 oder 14 Tage gültige Urlaubskarte (nur in Verbindung mit AllgäuWalserCard/Gästekarte). Für 17,00 bzw. 25,00 EUR kann man damit beliebig oft alle Bus- und Bahnlinien (nicht IC-Züge) im südlichen Landkreis sowie im Kleinwalsertal benutzen.
Übrigens: Kinder unter 15 Jahren fahren bei allen Angeboten in Begleitung eines Elternteils gratis.
Weitere Informationen: Landratsamt Oberallgäu, Nahverkehr, 87527 Sonthofen, Telefon 0 83 21/612-238 sowie im Internet unter www.oberallgaeu. org.
Ein Tipp am Rande: Im gesamten Allgäu (Landkreise Oberallgäu, Ostallgäu, Unterallgäu und Lindau/Städte Kaufbeuren, Kempten und Memmingen) ist in fast allen Zügen des Nahverkehrs das Mitnehmen eines Fahrrads kostenlos!

Die Allgäu-Walser-Card

– viel Urlaub aus einer Karte

Die Allgäu-Walser-Card erhalten alle Gäste der Ferienregion Oberallgäu und Kleinwalsertal gratis bei ihrem Gastgeber. Die elektronisch aufladbare Chip-Karte ersetzt die sonst bisher übliche Gästekarte und bietet dem Gast attraktive Urlaubserlebnisse zum günstigen Tarif mit viel Komfort. Eben viel Urlaub aus einer Karte.
Dem Partnerverbund aus Bergbahnen, Liften, Erlebnisbädern, Museen, Naturdenkmälern, Wildparks, Flugschulen, Ausstellungen und vielem mehr gehören schon über 70 Freizeiteinrichtungen im Allgäu-Walser-Land an. Mit dabei sind auch eine große Anzahl an Einzelhandelsgeschäften, Bistros und Cafés.
Das Besondere an der Allgäu-Walser-Card ist, dass der Gast praktisch nur noch eine Karte während des Urlaubs braucht, eben die Allgäu-Walser-Card. Sie ist der Schlüssel für zahlreiche Vergünstigungen oder Gratisangebote in der Ferienregion. Darüber hinaus können an den Verkaufsstellen Zusatzleistungen gekauft und direkt

auf die Karte gebucht werden, z. B. attraktive Erlebnis-Arrangements für Sommer und Winter oder elektronische Fahrscheine für Bus und Bahn. Manche Hotels verwenden die Allgäu-Walser-Card auch direkt als Zimmerschlüssel. Autorisierte Verkaufsstellen sind Vermieter und Hotels, die örtlichen Gästeinformationen und viele der angeschlossenen Freizeiteinrichtungen. Viele Vermieter bieten ihren Gästen bereits den Service, Skipässe oder andere Angebote direkt an der Rezeption auf die Karte zu buchen. Das spart z. B. Wartezeit am Lift oder schafft Transparenz in der Urlaubskasse. Denn bezahlt wird ebenfalls an der Hotelrezeption.
Wie bereits erwähnt, können die günstigen Urlaubertickets für Bus und Bahn direkt von der Verkaufsstelle auf die Karte gebucht werden. Für den Gast bedeutet dies: im Urlaub ohne Auto zum günstigen Preis mobil sein. Urlauber im Kleinwalsertal fahren mit der Kleinwalsertaler „Allgäu-Walser-Card" auf sämtlichen öffentlichen Linien gratis (40 km).
Und wer im Urlaub nicht auf sein Auto verzichten möchte, kann ebenfalls von der Allgäu-Walser-Card profitieren. Auf mehreren ausgeschilderten Plätzen und in einigen Tiefgaragen ist das Parken gratis oder stark ermäßigt. Besonders die verlockenden und interessanten Urlaubsschmankerl sind bei den Gästen sehr begehrt. An der Rezeption oder bei der Gästeinformation wird nur einmal bezahlt, das Urlaubsarrangement auf die Karte gebucht und dann können ausgewählte Attraktionen beliebig oft genutzt werden. Damit wird die Urlaubsplanung noch einfacher und das Urlaubsvergnügen steigt enorm.
Der Partner-Verbund der Allgäu-Walser-Card bietet wirklich für jeden Allgäu-Urlauber etwas: Outdoor-Angebote, kulturelle Highlights, Familien-Spaß, Naturerlebnisse und noch viel mehr.
Alle Angebote sind ausführlich in der praktischen Broschüre zur Allgäu-Walser-Card beschrieben, die beim Gastgeber oder der Gästeinformation gratis erhältlich ist. Diese Broschüre ist ein praktischer Ratgeber und Wegweiser mit vielen Tipps zur Urlaubsgestaltung und damit die ideale Ergänzung zum Reiseführer.
Fazit: Die Allgäu-Walser-Card ist gratis, lädt zum Entdecken der Ferienregion Oberallgäu/Kleinwalsertal ein und bietet ein ganz besonderes Urlaubserlebnis – individuell, preiswert und mit viel Komfort!

Einige Feste und events im Jahreslauf

In der **Fasnacht** (im Fasching) gibt es in vielen Allgäuer Orten lebhafte Fasnachtsumzüge.
Der Sonntag nach Fasching, d. h. der erste Fastensonntag, ist der **„Funkensonntag"**. Junge Burschen schichten mit Holzstämmen riesige Scheiterhaufen auf, die dann abends entzündet werden. Diese Feuer sollen den Winter austreiben.
In den Städten Immenstadt und Kempten gibt es im **April** den Jazz-Frühling, Anziehungspunkt für die ganze Region.Ein kulturelles Highlight im **Mai** sind u. a. die **Fischinger** Kultur- und Brauchtumstage.

Das **Seenachtsfest** am Großen Alpsee bei Bühl (Immenstadt) lockt im Juli mit seinem Feuerwerk alljährlich die Gäste an. Der **September** steht ganz im Zeichen der **Viehscheid**: Der Bergsommer dauert, je nach Witterung, ungefähr von Mai/Juni bis September. Das „gesömmerte" Jungvieh wird dann Mitte September von der Alpe wieder hinunter ins Tal getrieben und voneinander geschieden, d. h. die Rinder werden wieder dem Bauern zugeführt. Nach einem unfallfreien Sommer ist das Vieh mit Kränzen und Gebinden geschmückt, die Hirten tragen ihre Tracht. Das Geläute der Kuhglocken ist weithin zu hören. Am 1. Sonntag im **November** ist der St.-Martins-Ritt in Blaichach eine Attraktion. In der **Adventszeit** werden vielerorts Christkindlesmärkte abgehalten.
Vom 4. bis 6. **Dezember** sind unter anderem die Orte Oberstdorf, Fischen und Sonthofen die Hochburgen fürs **Klausentreiben**. Man muss es einmal erlebt haben.

Freizeit und Sport

Bergschule Oberallgäu

Immer auf der Höhe! Unter diesem Motto stehen die Bergerlebnisse mit der **Bergschule Oberallgäu** in **Burgberg**, die zu den renommiertesten und führenden Bergsteigerschulen im Alpenraum zählt. Den Berg hautnah spüren: 30 Jahre Erfahrung, sorgfältige Organisation, ausgesuchte Routen und Wege sowie erfahrene Bergführer und modernste Technik lassen Touren im In- und Ausland unvergesslich werden. Sei es die Gipfeltour im Allgäuer Raum, die Wanderung entlang der Grenze zwischen Bayern und Tirol oder das Ski-/ Snowboard Tourenwochenende, die Silvretta Skitourenwoche oder die Klettersteigwoche Gardasee, die Alpenüberquerung oder Klettersteige in den Dolomiten, Korsika, „die Insel der Vielfalt und der Schönheit" oder Graubünden, Gran Paradiso oder Mont Blanc, Blumenreichtum und Gipfelglück: Das Angebot lässt Sommer wie Winter kontrastreiche Abwechslung erleben. Ein prickelndes Bergabenteuer, die Atmo-

sphäre eines Hüttenabends, Teamgeist und Kameradschaft am Berg verbunden mit faszinierenden Eindrükken – die Bergschule Oberallgäu vermittelt Momente, die unter die Haut gehen, die in der reizvollen Vielfalt der Natur kaum noch zu überbieten sind. Elbrus, Kilimanjaro, Nepal-Trekking, Peru-Bergexpedition – auch Fernziele werden mit der Oberallgäuer Bergschule zum bleibenden Erlebnis.
Bergschule Oberallgäu, Edelweißstraße 5, 87545 **Burgberg**, Tel. 0 83 21/4953, Fax 0 83 21/8 19 56, E-Mail:info@alpinschule.de, www.alpinschule.de

Fußballschule Uwe Wegmann – trainieren wie die Profis

Die Topadresse in Sachen Jugendfußball im Oberallgäu bietet jungen Feriengästen ein abwechslungsreiches Trainingsprogramm inmitten der Allgäuer Bergwelt am Ortsrand von

Burgberg. In den dreitätigen Trainingscamps, täglich von 9.30 bis 16.00 Uhr, trainiert der ehemalige

Bundesliga-Profi, der selbst 350 Bundesligaspiele bestritt, die kleinen Nachwuchskicker mit einem professionellen und altersgerechten Trainingsprogramm. Kreativ, vielseitig und abwechslungsreich sind die Trainingsmethoden, damit die jungen Kicker Technik, Koordination und taktische Grundlagen spielerisch erlernen. Besondere Höhepunkte sind die Trainingseinheiten, zu denen Wegmann immer wieder mal seine Bundesligakollegen als Co-Trainer einlädt, die ihre Tricks und Kniffe gerne an die Hoffnungen von morgen vermitteln. So werden Talente und Teamgeist in kurzweiliger Atmosphäre gefördert. Fußballschule Uwe Wegmann – alle Tricks der Meister – mit Spaß zum Erfolg!

Fußballschule Uwe Wegmann, Am Sonnenhang 12, 87545 Burgberg, Tel. 0 83 21/78 64 94, Fax 0 83 21/ 78 64 93; e-mail: uwegmann@t-online.de, Internet: www.uwewegmann.de

Fahren Sie mit uns!

Sie wollen einen autofreien Urlaub verbringen?

Bei uns kein Problem!
Viele Einrichtungen sind bequem mit Bus und Bahn erreichbar.
Machen Sie schon die Fahrt zur Erholung.

„Sightseeing" stressfrei! Ob in die Stadt oder aufs Land… ob zum Berg oder an den See… zu Sport und Spaß…
Wir fahren Sie überall hin!
Info-Hotline: (08321)612-238
Internet: www.oberallgaeu.org

Tageskarten	Spar-Tarif	Super-Spar-Tarif*
Tageskarte **Oberallgäu/Kempten** Gültig auf allen Bus- und Bahnlinien (nicht IC-Züge) im ganzen Landkreis und in der Stadt Kempten, nicht im Kleinwalsertal.	10,50 €	**8,50 €**
Tageskarte **Südliches Oberallgäu** Gültig auf allen Bus- und Bahnlinien (nicht IC-Züge) im südlichen Landkreis, nicht im Kleinwalsertal.	7,50 €	**6,00 €**
Tageskarte **Nördliches Oberallgäu/Kempten** Gültig auf allen Bus- und Bahnlinien (nicht IC-Züge) im nördlichen Landkreis und in Kempten.	7,50 €	**6,00 €**

*Der Super-Spar-Tarif gilt für Inhaber einer BahnCard, einer gültigen Bahnfahrkarte oder einer gültigen „AllgäuWalserCard" (Gästekarte).

Tageskarten und **Urlaubskarten** berechtigen zu beliebig vielen Fahrten in allen Bahnen (nicht IC-Züge) und Bussen im jeweiligen Geltungsbereich. Kinder unter 15 Jahren dürfen in Begleitung eines Elternteils umsonst mitfahren.

Tageskarten erhalten Sie in allen Bussen, an den Verkaufsstellen und Nahverkehrsautomaten der Bahnen.

Die Urlaubskarte wird direkt auf Ihrer „AllgäuWalserCard" gespeichert. Urlaubskarten und Informationen erhalten Sie bei Ihrem Gastgeber oder in Ihrem Gästeamt im südlichen Oberallgäu und im Kleinwalsertal.

Urlaubskarten
nur gültig in Verbindung mit „AllgäuWalserCard" (Gästekarte) für Feriengäste im südlichen Oberallgäu und im Kleinwalsertal.

7 Tage gültig **17,00 €, 14 Tage** gültig **25,00 €**

Bahn und Bus – die intelligente Umweltverbindung !

Tarifstand 03/06 · Änderungen vorbehalten

Canyoning Team Allgäu

canyoning team allgäu – hinter diesem Namen steht ein erfahrenes Team von Canyoningführern und Outdoortrainern.
In den warmen Monaten hat sich das **canyoning team allgäu** auf Führungen durch Schluchten und Klammen im Allgäu und dem benachbarten Ausland spezialisiert.
Im Bach wandern, abwärts klettern und über ausgewaschene Felsen rutschen, das bringt echtes Canyoningfeeling. Den Lauf und die Kraft des Wassers der vergangenen Jahrtausende erforschen, Sprünge in glasklare Becken, das Abseilen in erfrischende Fluten, unglaubliche Wasserfälle in der Schlucht – das sind Eindrücke, die unter die Haut gehen.
Begleitet werden Sie dabei von den erfahrensten Führern aus dem Allgäu, die auch Ihren Tag mit Ihnen zu einem unvergesslichen Erlebnis machen. Regelmäßige Weiterbildungen und Trainings sorgen für den hohen Standard der Führer, die auch das Gebiet schon seit vielen Jahren kennen.
Auch im Allgäu gibt es Schluchten zu entdecken, die den Canyons im Ausland in nichts nachstehen. Canyoning – das bedeutet Natur hautnah, verbunden mit Teamerfahrung und körperlichem Einsatz.
Daher stellt auch der Bereich Erlebnispädagogik ein wichtiges Element der Arbeit des **canyoning team allgäu** dar.
Canyoning Team Allgäu, Mariabergstraße 24, 87487 Wiggensbach
Telefon: +49 (0)8370 92 176 92, Fax: +49 (0)8370 92 176 90
Mail: info@canyoning-team.de. Internet : www.canyoning-team.de

Ronsberger Schuh-Sport-Haus Schindele

Große Auswahl, fachkundige Beratung und vernünftige Preise – dafür ist das Ronsberger Schuh-Sport-Haus Schindele (Marktplatz 4, Tel. 0 83 06/97 59 40) bekannt. Auf 2300 qm Verkaufsfläche findet der Kunde hier alle namhaften Marken und Anbieter aus den Bereichen Schuh und Sport. Das Sortiment reicht von Skisport, Inlineskating, Berg- und Sportschuhen über Rucksäcke, Schlafsäcke und Zelte bis hin zu Klettern, Radsport und Nordic Walking. Spezielle Trainingsgeräte, Funktionstextilien und Sportuhren runden das Angebot ab. Im Winter kann man beim Skitestzentrum am Grünten (Grüntenlifte Kranzegg) Skiausrüstungen leihen und testen.

Original Allgäuer Produkte

Sonthofen

Die **Frischdienst Allgäu GmbH** – ein Erfolg der Natur. Hier haben sich die traditionsreichen Spezialitätenkäsereien im Allgäu zu einem marktführenden Unternehmen zusammengeschlossen. Durch kurze Wege von der Produktion aus echter Allgäuer Milch direkt zum Verbraucher wird zudem ein wichtiger Beitrag zur Erhaltung der Allgäuer Kulturlandschaft geleistet. Über zwei Frischdienst-Lager – in Sonthofen und Augsburg – sowie acht Bertriebsverkaufsstellen werden vorwiegend Produkte der Marken Allgäuland und Bergbauern vertrieben.

Dazu gehören u. a. die Naturkäsespezialitäten Urtaler, Roviner und Grüntener und alles Gute aus Milch von Butter bis hin zu Joghurt und Quark. Allgäuland Bio ist die Bio-Marke, die schmeckt. Die Milch für diese Bio-Spezialitäten stammt von ökologischen Bauernhöfen, die von Bioland kontrolliert werden. Das garantiert vollwertige Milch- und Käseprodukte, die schmecken. Neben regionalen Molkereifrischprodukten und Käsespezialitäten wird das Programm durch weitere Allgäuer, bayerische und ausländische Marken und Spezialitäten ergänzt. In dem angegliederten **Verkaufsgeschäft** kann man auswählen aus der reichhaltigen Produktpalette.

Öffnungszeiten: Montag bis Freitag 9–12.30 Uhr und 14–18 Uhr, Mittwochnachmittag geschlossen, Samstag 9–12 Uhr. **Frischdienst Allgäu GmbH**, Theodor-Aufsberg-Str. 10, 87527 Sonthofen, Tel. 0 83 21/80 80, Fax 0 83 21/8 08 40; Internet: www.frischdienst-allgaeu.de

Die Schäfflerbrauerei in Missen

1868 wurde das Brauhaus zu Missen von Johann Baptist Schäffler gebaut und wird heute bereits in der fünften Generation geführt. Die **Schäffler-Brauerei** kann jeden Donnerstag um 10 Uhr im Rahmen einer Führung besichtigt werden (Treffpunkt im Brauereihof, mindestens 8 Personen, Anmeldung im Tourismusbüro Missen-Wilhams, Telefon 0 83 20/4 56 oder direkt in der Brauerei, Telefon 0 83 20 /9 20-0). Im Gespräch mit dem Braumeister bekommt der Ausdruck „gepflegte Biere“ eine ganz neue Dimension: Wasser, Malz, Hopfen und Hefe sind seit dem Bayerischen Reinheitsgebot von 1516 die einzigen Ingredienzen. Das **Wasser** der Schäffler Brauerei kommt aus der eigenen Quelle in 1000 m Höhe. **Vermälzt** wird deutscher Brauweizen oder Gerste und der Hopfen stammt aus der Hallertau und aus Tettnang, den weltbesten Anbaugebieten.

10 000 hl Bier und 8 000 hl Limonaden werden jährlich in der Schäffler Brauerei produziert. Die verschiedenen Biersorten bieten sicher für jeden Geschmack den passenden Gerstensaft: **untergärige Biere** wie **Premium Gold**, feinwürziges Exportbier, **Premium Pils**, feingehopft – spritzig, **Zwickl**, die naturtrübe Bierspezialität; **obergärige Biere** wie **Hefe-Weißbier**, der urbayerische Trinkgenuss – spritzig, mit der runden Hefenote, die bekömmliche Dunkle Weiße, original Flaschengärung, charakterstark, malzaromatisch, der saisonal angebraute **Weiße Bock** von kräftiger dunkler Farbe und die beliebte **Leichte Weiße**, die auf dem Gaumen ein prickelndes Wohlgefühl hinterlässt – die Alternative für den durstigen Autofahrer.

Alt und kalt: Auf diesen Nenner lässt sich das Geheimnis gepflegter Bierbraukunst bringen: kalt vergoren und lange gelagert ist Bier als bayerisches Grundnahrungsmittel gesund und bekömmlich. Hopfen und Malz – Gott erhalt's!

Gasthof, Übernachtung, Bierbrände und Minibrauerei siehe unter Missen, (Tel. 0 83 20/9 20-15)

Privat-Brauerei Zötler

Ältestes Familien-Unternehmen im deutschsprachigen Raum

Die **Privat-Brauerei Zötler** ist das älteste Familien-Unternehmen im deutschsprachigen Raum und wird von Herbert Zötler jun. in der 20. Generation geführt. Das harmonische Verhältnis gegenüber Kunden und Mitarbeitern hat dabei immer eine tragende Rolle gespielt. Seit der Gründung 1447 zieht sich folgender Leitsatz durch die Geschichte der Bräu-Generationen: Aufmerksamkeit schenken, Wertschätzung entgegenbringen und Freundschaften pflegen.

Zötler Bier – gebraut mit Liebe und Leidenschaft

Die sechzig Mitarbeiter der Brauerei Zötler setzen sich persönlich für einen hohen Qualitätsstandard ein. Ihre langjährige Erfahrung und modernste Technik schaffen beste Bierspezialitäten. Frisches Bergwasser aus den tiefen Quellen der Allgäuer Berge stellt die Grundlage für das besondere Geschmackserlebnis aller Zötler Biere dar und Malz und Hopfen bezieht die Privat-Brauerei seit Jahrzehnten von den gleichen Bauernfamilien. Die für die Gärung notwendige Hefe wird selbst gezüchtet. So entsteht ein außergewöhnliches Naturprodukt nach dem bayerischen Reinheitsgebot von 1516. Nach 5-wöchiger Reifeprüfung erhalten die Biere ihren runden Geschmack und ihre Bekömmlichkeit. Der regionale Vertrieb mit eigener LKW-Flotte garantiert, dass dieser goldene Hopfentrunk unvergleichlich frisch ins Glas kommt.

Zötler Bier – eine Marke mit Vitalität und Lebensfreude

Man kann die Familien-Brauerei besichtigen und schauen – fühlen – riechen – schmecken, wie diese Biere gebraut werden. Im neuen Besucher-Zentrum können die Freunde des Zötlerbiers nach der Erlebnis-Besichtigung in einem außergewöhnlichen Umfeld die Biere unter fachkundiger Erklärung des Braumeisters verkosten. Öffentliche Führungen finden am Dienstag um 10.30 Uhr, am Mittwoch (von April bis September) um 18.00 Uhr und am Donnerstag um 14.00 Uhr ab einer Mindestteilnehmerzahl von 12 Personen statt. Anmeldung erforderlich bis 16.00 Uhr am Vortag der Besichtigung unter Tel. 0 83 27/9 21-28 oder 0 83 27/92 10. Gruppenführungen ab 12 Personen ebenfalls nach telefonischer Absprache. Im Brauerei-Laden findet der Besucher noch ein originelles Mitbringsel.

Etwas ganz Besonderes ist das **„Zötler Vollmond-Fest“**, wenn sich einmal im Monat bei Vollmond im wahrsten Sinne des Wortes etwas zusammenbraut. Man muss dabei gewesen sein. Mehr unter **www.zoetler.de**

Sellhürner Käsküche

Nach alter Tradition wird der Rohmilchkäse in der Sellhürner Käsküche in Günzach hergestellt (Tel. 0 83 72/ 28 64). Die hervorragende Qualität der Milch wird bestimmt durch optimale Tierhaltung, gute Weidebedingungen und den Verzicht auf Silofutter. Lange Erfahrung der Senner lässt ein hochwertiges Produkt entstehen, ein Stück unverfälschte Natur. Eine Reihe von Urkunden bestätigt die hohe Güteklasse der Käsesorten. Sei es mildwürziger, gereifter Bergkäse, vollmundiger Emmentaler, herzhaft pikanter Kümmelkäse oder aromatischer Allgäuer Brie: ein Stück Allgäu, Qualität, die man schmeckt! – Jeden Donnerstag um 11.00 Uhr Käsereibesichtigung mit Käseprobe

Feneberg

Lebensmittel/Delikatessen

Einer der größten Lebensmittelanbieter im Allgäu und in Oberschwaben ist die „Feneberg Lebensmittel GmbH" (Ursulasrieder Straße 2, Telefon 08 31/5 71 70) mit Verwaltungssitz in Kempten. Insgesamt garantieren 64 Feneberg-Märkte und 12 Kaufmärkte eine flächendeckende Versorgung.
Zum Unternehmen gehört die Feneberg-Metzgerei. Der hohe Qualitätsstandard der Erzeugnisse macht Feneberg zur ersten Metzgerei-Adresse.

Bei den jährlichen strengen Qualitätsprüfungen der Deutschen Landwirtschaftsgesellschaft (DLG) ist Feneberg seit Jahren einer der erfolgreichsten Betriebe (ca. 150 prämierte Wurstsorten werden ausschließlich an die eigenen Märkte geliefert).

Die unternehmenseigene, bei den DLG-Prüfungen ebenfalls sehr erfolgreiche Landbäckerei beliefert die Feneberg- und Kaufmärkte täglich zweimal mit frischem Brot und Backwaren.

Mit der regionalen Bio-Marke „VonHier“ wird ein bedeutendes Marktsegment abgedeckt: Rindfleisch, Eier, Käse, Molkereiprodukte, Obst und Gemüse, Brot und vieles mehr reiht sich hier ein – alles ökologisch kontrolliert und garantiert aus der Region.

In diesem Zusammenhang spielen die Unterstützung der heimischen Landwirtschaft und die Sicherung von Arbeitsplätzen eine äußerst wichtige Rolle.

Allgäuer Brauhaus – ein Stück deutsche Bierkultur

Die Biere des Allgäuer Brauhauses, der Spezialitätenbrauerei im Allgäu, können auf eine 600-jährige Brautradition zurückblicken. Erfahrene Braukunst, modernste Technik und hohe Ansprüche an den Geschmack der verschiedenen Biere stehen hinter diesem Namen. Jedes Glas ist ein echter Genuss!

Allgäuer Brauhaus – ein starkes Sortiment

Mit bekannten Marken wie Altenmünster Brauer Bier, Büble Bier, Fürstabt Weizen oder Teutsch Pils setzt das Allgäuer Brauhaus auf Markenvielfalt. Überlieferte Original-Rezepturen und beste Zutaten, streng nach dem Reinheitsgebot gebraut, garantieren höchste Qualität bei jeder Sorte. Allgäuer Brauhaus, ein Markennamen, der für sich spricht.

Allgäuer Brauhaus – Qualität ist oberstes Gebot

In die Sudpfanne kommt das Beste, was die Natur zu bieten hat. Das strenge Qualitätsreglement des Allgäuer Brauhauses sorgt von der Anlieferung ausgewählter Rohstoffe über den Brauprozess bis zur Abfüllung für echten Biergenuss. Prost!

Ein echter „Baldauf" entsteht mit viel Liebe und ganzem Können!

Für ein „himmlisches Stück Allgäu" – einen Laib Baldauf Alpkäse – braucht man 300 Liter bester, naturbelassener und silagefreier Rohmilch. Mit dem Milch-

sammelwagen wird die frische Milch von den Bauernhöfen abgeholt und jeden Morgen zur Sennerei geliefert.

Die Rohmilch wird nicht entrahmt, sondern sofort in einen Kupferkessel eingebracht, dort vorsichtig erwärmt und langsam eingedickt. Hierzu verwendet man Kälberlab, ein Ferment aus dem Kälbermagen, welches die Milch zur „süßen Gerinnung" bringt. Außerdem werden der Milch noch Milchsäurebakterien beigefügt, die die Aufgabe haben, den Milchzucker abzubauen. Bei diesem Prozess entstehen Gase, die aus dem festen Käseteig nicht mehr entweichen können

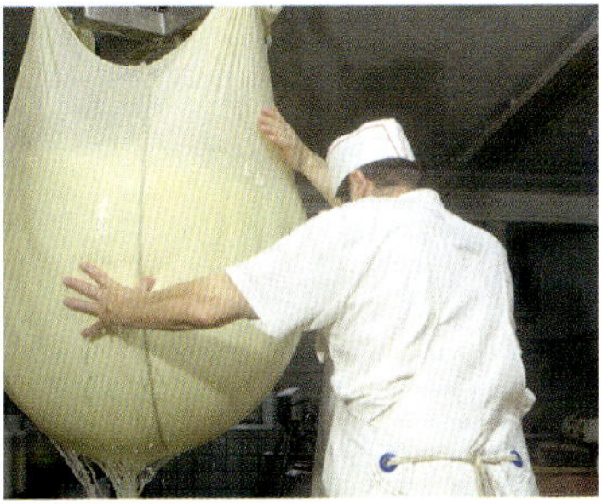

und so die berühmten Löcher im Käse entstehen lassen.

Die eingedickte Milch wird mit der Käseharfe gleichmäßig zerteilt und gerührt, so dass sich der Käsebruch von der Molke trennt. Diese Masse wird nun mit einem feinmaschigen Kästuch aus dem Kessel gehoben und in runde Laib-Formen gepresst.

Während der nächsten 48 Stunden baden die Laibe in gesättigter Kochsalzlösung, was die Rindenbildung unterstützt.

Nun kommt der junge Käse in den Gärkeller, um dort eine viermonatige Reifezeit bei ausgewogener Pflege zu genießen. Wöchentlich mit Salzwasser abgerieben, entwickelt er seinen feinwürzigen Geschmack und eine goldgelbe Rinde. Baldauf Käse schmeckt, wie Käse schmecken muss – fein würzig und gut ausgereift.

Wichtige regionale Dienstleister

Der Zweckverband für Abfallwirtschaft Kempten (ZAK)

Das Verbandsgebiet des ZAK umfasst neben der Stadt Kempten die Landkreise Oberallgäu und Westallgäu mit einer Fläche von ca. 2 000 km^2 mit ca. 288 000 Einwohner. Außerdem kommen hier noch ca. 30 000 Touristen mit 10 Mio. Übernachtungen da-

zu. Darüber hinaus hat der ZAK Entsorgungsverträge mit dem Außerfern, dem Kleinen Walsertal sowie dem Landkreis Ravensburg.
Für die Wertstoffe bietet der ZAK dem Bürger flächendeckend Wertstoffinseln (555 Stück) für die Fraktionen Glas (weiß, grün, braun), Blech/Alu, Papier/Pappe und Kartonverbunde. Zusätzlich betreibt der ZAK 38 Wertstoffhöfe, an denen kostenlos fast alles abgegeben werden kann, was im Haushalt anfällt, z. B. Schrott, Bauschutt, Grünmüll, Elektro-Schrott, Kühlschränke, Fernseher, Kunststoff, Papier, Kartonagen, Sperrmüll usw.
Für die Verwertung des Biomülls betreibt der ZAK zwei Kompostwerke. In Kempten-Schlatt wird der Biomüll herkömmlich zu Kompost verarbeitet, während in der Bio-Vergärungsanlage in Burgberg-Rauhenzell neben Kompost auch Strom und Wärme erzeugt werden. Der Strom wird ins öffentliche Netz eingespeist.
Der anfallende Restmüll von ca. 70 000 Tonnen pro Jahr wird in einem der modernsten Müllheizkraftwerke Europas zum Energielieferanten. Das MHKW erzeugt bei der Verbrennung ca. 7,5 Megawatt Strom, der ebenfalls in das öffentliche Netz eingespeist wird. Die anfallende Wärme wird in das mittlerweile ca. 26 km lange Fernwärmenetz des ZAK eingespeist.
Neben dem MHKW betreibt der ZAK zusätzlich ein Holzheizkraftwerk (HHKW). Dort werden jährlich ca. 37 000 Tonnen Altholz aus den Wertstoffhöfen und 12 000 Wald- und Forstreste entsorgt. Der anfallende Strom sowie die Wärme werden wie beim MHKW in das Strom- und Fernwärmenetz eingespeist. Beide Anlagen erzeugen zusammen Strom für umgerechnet 18 000 Haushalte und Wärme für ca. 8 600 Haushalte. Das entspricht einer Energieeinsparung von 26 Mio. Litern Heizöl oder 26 Mio. m^2 Erdgas. Außerdem werden dabei rund 29 000 t CO^2 jährlich eingespart. Das sind 4 % des Gesamtauf-

kommens der Stadt Kempten.
Ein neues Ziel hat sich der ZAK mit der verstärkten Nutzung von Biomasse gesetzt. Möglichst viele Städte und Gemeinden sollen davon überzeugt werden, Holzheizkraftwerke zur Energiegewinnung zu bauen und so die knapper werdenden fossilen Brennstoffe wie Öl und Gas zu ersetzen.
Das beste Abfallwirtschaftskonzept ist jedoch wertlos, wenn es nicht gelingt, den Bürger einzubinden. Dass dies beim ZAK der Fall ist, beweist seine Erfolgsbilanz. Jeder einzelne muss mithelfen, die einzigartige, herrliche Allgäuer Landschaft in ihrer Schönheit zu erhalten, damit auch unsere Kinder etwas davon haben.

ZAK
Innovative Kreislaufwirtschaft!
Der ZAK steht nicht nur für ein bundesweit beispielhaftes Abfallwirtschaftskonzept. Er nutzt auch die anfallende Energie in seinen modernen High-Tech-Anlagen umweltgerecht zur Strom- und Fernwärmeerzeugung. Der Region wird dadurch der Einsatz von mehr als 26 Mio. Liter Heizöl oder mehr als 26 Mio. Kubikmeter Erdgas erspart.
Umweltschutz – wir tun´s!
ZAK – Zweckverband für Abfallwirtschaft Kempten
www.zak-kempten.de
ZAK

Familienland Allgäu

Sonthofen/Hinang

Traumhaft schlafen

Wer das ländlich gemütliche Feriendomizil in der Ruhe der Natur sucht, ist im Berghotel Sonnenklause an der richtigen Adresse. Die liebevoll eingerichteten Komfortzimmern sind alle mit Dusche/WC, Fön, Sat-TV, Radiowecker, Selbstwahltelefon, Safe und Balkon oder Terrasse ausgestattet. Im Hallenbad mit Panorama-Ruheraum, Sauna, Dampfbad und Solarium findet man Erholung und Entspannung. Auf die jüngeren und jung gebliebenen Gäste wartet die Spiel- und Liegewiese mit Tischtennisplatte. Die Kleinen können sich auf dem Kinderspielplatz austoben.

Berghotel Sonnenklause, Hinang 48, 87527 Sonthofen, Tel. 0 83 21/ 36 14, Fax 0 83 21/ 22 7 05, e-mail: info@ sonnenklause.de, www.sonnenklause.de

Ein Unternehmen der
KVO
Kur- und Verkehrsbetriebe Oberstdorf
Ganz modern nach oben...
Söllereck Bahn
Oberstdorf
Sommer- und Winterfreuden
für die ganze Familie
einzigartiges Wander- und Skigebiet mit vielen Möglichkeiten
viele erlebnisreiche Wanderwege, z. B. ins Kleinwalsertal und auch zur
Skiflug Schanze
Oberstdorf
„Alpine Coaster" - die neue Attraktion „Sommerrodelbahn" mit Winterbetrieb
Söllereck Rodel
Oberstdorf
Einfach nur schön...
www.soellereckbahn.de • Info-Telefon 08322 / 5757

Die **SöllereckBahn** bei **Oberstdorf** erschließt ein herrliches Ski- und Wandergebiet und verspricht mit **Sommerrodelbahn**, Wandererlebnis und **„Alpin Coaster"** Sommer wie Winter Ferienvergnügen pur.
www.soellereckbahn.de, S. 201

„Alpsee Bergwelt" mit der längsten Rodelbahn Deutschlands und dem größten Kletterwald Bayerns mit Hochseilgarten ist am Großen Alpsee in **Ratholz** ein faszinierendes Freizeitdorado für die ganze Familie.
www.alpsee-berg-welt.de, S. 152

Die **Erzgruben-Erlebniswelt am Grünten** oberhalb **Burgberg** zeigt in einem Museumsdorf auf eindrückliche Art die Geschichte des Bergbaus und die Geologie des Allgäus.
www.burgberg.de, S. 131

Die 8er-Gondelbahn in **Bad Hindelang** erschließt ein wahres Wander- und Winterparadies und ist zudem im Winter an der Bergstation Ausgangspunkt für drei **Naturrodelbahnen**.
www.bad-hindelang.info, S. 90

Naturliebhaber finden im **Alpenwildpark „Berghof Schwarzenberg"** in **Obermaiselstein** (Steinböcken, Hirschen, seltenen Greifvögel u. v. m.) ein echtes Kleinod.
www.alpenwild-park.de, S. 171

Ein äußerst beeindruckendes Erlebnis für die ganze Familie ist der Besuch in der **Breitachklamm** zwischen **Oberstdorf** und Tiefenbach.
www.oberstdorf.de, S. 198

Der Gang durch die wildromantische **Starzlachklamm** in **Sonthofen** im Ortsteil Winkel ist ein ganz besonderes Erlebnis.
www.starzlachklamm.de, S. 243

Für jeden Besucher von **Oberstaufen** lohnt sich auch der Weg zur **Miniwelt** Oberstaufen, faszinierende Flusslandschaften um Rhein und Mosel im Maßstab HO (1 : 87).
www.miniwelt-allgaeu.de, S. 186

Die Stadt **Kempten** bietet u. a. kostenlose Stadtführungen für Familien oder speziell für Kinder an. www.kempten.de, S. 251

Seit 1879 haben die **Freilichtspiele** in **Altusried** ihren festen Platz und haben sich traditionellen Freiheitshelden verschrieben.
www.altusried.de, S. 274

Der **Große Alpsee in Bühl** und das **Freibad Kleiner Alpsee** sind für Eltern und Kinder ein wahres Freizeit-Dorado.
www.immenstadt.de, S. 151

Die **Hörnertouren** bei **Bolsterlang** mit ihren Panorama-Höhenwegen hoch über dem Illertal gehören unbestritten zu den schönsten Bergerlebnissen im Allgäu. Die Hörnerbahn ermöglicht es auch Familien und Senioren, eine unvergessliche Wanderung zu erleben.
www.hoernerbahn.de, S. 120

An der A8 zwischen München und Stuttgart gibt es ein Land, in dem Kinder die Könige sind und Erwachsene sich wieder in ihre Kindheit zurückversetzt fühlen – das **LEGOLAND®** Deutschland im bayerischen Günzburg.
www.LEGOLAND.de, www.LEGOLAND-tours.de, S. 412

Kulinarisches

Sei es die deftige Brotzeit oder Kuchen und Eisbecher: Das **Berghotel Sonnenklause** ist stets ein beliebtes Ausflugsziel. Die Räumlichkeiten bieten sich auch an für Betriebs- und Familienfeiern. **Öffnungszeiten:** täglich von 10.00 bis 22.00 Uhr, Küche von 11.30 bis 14.00 Uhr und 17.30 bis 20.00 Uhr, Ruhetag ist am Mittwoch. **Berghotel Sonnenklause**, Hinang 48, 87527 Sonthofen, Tel. 0 83 21/36 14, Fax 0 83 21/2 27 05, e-mail: info@ sonnenklause.de, www.sonnenklause.de

Rettenberg

Ferienhof

Der **Ferienhof Dengel** in **Rettenberg** ist der ideale Ausgangspunkt für Aktivitäten in der Natur oder Ausflüge in die reizvolle Umgebung. Darüber hinaus trägt auch die Gastgeberfamilie zu einem abwechslungsreichen Aufenthalt bei, sei es beim gemeinsamen Musizieren, bei der Viehscheid oder an geselligen Grillabenden. Der Tag beginnt im neuen Aufenthaltsraum mit einem reichhaltigen Frühstück. Die gemütlich ländlich eingerichteten Ferienwohnungen (2 bis 6 Personen) sind mit Dusche/WC, Wohnküche und z. T. mit Balkon ausgestattet. Gerade für Familien mit Kindern ist der Aufenthalt auf dem Dengelhof mit seinen Streicheltieren ein besonderes Erlebnis. Das Haus wurde für seine Familienfreundlichkeit durch Bayern Tourismus mit 4 Bärchen ausgezeichnet. – Auch Gruppen sind stets willkommen. Wer gerne einmal die Ruhe und Romantik in den Bergen genießen möchte, kann auch die hauseigene Alpe anmieten (4 Betten).
Ferienhof Dengel, Kranzegger Straße 1, 87549 Rettenberg, Tel. u. Fax 0 83 27/3 90, e-mail: daniela-dengel@gmx.de, Internet: www.dengelhof.de

Immenstadt

Ferienhof

In idyllischer Lage inmitten ursprünglicher Natur liegt der **Ferienhof Mair** in **Dietzen**. Hier findet der Gast in freundlich-familiärer Atmosphäre alles, was zu einem erholsamen Urlaub in reizvoller Umgebung gehört. Die liebevoll eingerichteten Ferienwohnungen lassen keine Wünsche offen und bieten die ideale Voraussetzung für einen angenehmen Aufenthalt im herrlichen Allgäu. Der Umgang mit Tieren und die Lage abseits des Touristenstroms bedeuten gerade für Familien mit Kindern ein richtiges Wohlfühl-Paradies.
Ferienhof Mair, Dietzen 5, 87509 Immenstadt, Tel. 08379/1266, Fax: 0 83 79/72 86 35, e-mail: ferienhof. mair@t-online.de

Blaichach

Ferienhof

Auf dem **Ferienhof Kühberg** genießt der Gast in familiärer Atmosphäre ein ganz besonderes Erholungsparadies. Das Haus in ruhiger und sonniger

Hanglage oberhalb von Blaichach ist von Wiesen und Wäldern umgeben und bietet auch für Kinder ein kleines Paradies mit Spielplatz und Streicheltieren inmitten der schönen Natur. Die vier Zimmer sind standardmäßig mit Dusche/WC ausgestattet. Vom Balkon aus hat man einen herrlichen Blick in die Berge. Die 45 qm große 3-Sterne-Ferienwohnung für 5 Personen bietet alles, was sich der Gast für gemütliche Ferientage wünscht. Im Aufenthaltsraum trifft man sich zur geselligen Runde oder zum Fernsehen.
Etwas ganz Besonderes ist die eigene Käserei. Ein reichhaltiges Frühstück - Milch, Käse und Butter aus eigener Produktion – besser kann ein erlebnisreicher Urlaubstag nicht beginnen. Käserei-Besichtigungen sind nach Vereinbarung möglich.
Ferienhof Kühberg, Familie Knisel, Kühberg 3, 87544 Blaichach, Tel.: 0 83 21/8 42 78, Fax: 0 83 21/8 42 78, E-Mail: info@ferienhof-kuehberg.de

Immenstadt

Ferienhof

Urlaub vom Bauernhof – für Familien etwas ganz Besonderes. Auf dem **Ferienhof Haslach** in Flecken, ausgezeichnet mit vier Bärchen von Kinderland Bayern, genießen die kleinen Gäste den Abenteuerspielplatz, Spielfahrzeuge, das Trampolin, Ponys zum Reiten und Kleintiere zum Streicheln. Das Gartenhaus mit Bergblick und Grillplatz lädt zu gemütlichen Stunden ein. Ein Ausflug zur hauseigenen Alpe macht jeden Urlaub zu einem unvergesslichen Erlebnis. Der Radweg unmittelbar ab Hof ermöglicht Ausflugsziele im gesamten Oberallgäu. In den beiden gemütlich eingerichteten Ferienwohnungen (65 qm) mit Balkon finden Familien alles, was den Aufenthalt mit Kindern erleichtert und angenehmer macht.
Ferienhof Haslach, Flecken 18, 87509 Immenstadt, Tel. 0 83 23/ 51320, Fax 0 83 23/35 19; e-mail: ferienhof-haslach@web.de, Internet: www.ferienhof-haslach.de

Immenstadt-Bräunlings

Ferienhof

Erholsamen Urlaub in familiärem Umfeld genießt man im **Ferienhof Metzeler**, ausgezeichnet mit vier Bärchen von Kinderland Bayern. Die kleinen Gäste erwartet ein Spielplatz am Hof, ein Trampolin, Tiere und viel Platz zum Spielen, Toben und Rad-Trike fahren. Tischtennis ist ebenfalls vorhanden. Auch Familien mit kleinen Kindern sind willkommen und finden hier alles, was den Aufenthalt erleichtert. Die beiden komfortabel ausgestatteten Ferienwohnungen (90 und 70 qm) sind im gemütlichen Landhausstil eingerichtet. Der Einzelhof in 780 m ü. NN. bietet zudem eine herrliche Aussicht in die Allgäuer Bergwelt.
Ferienhof Metzeler, Bergstättstraße 21, 87509 Immenstadt-Bräunlings, Tel.: 0 83 23/65 07, Fax: 0 83 23/ 96 95 64; e-mail: info@ferienhof-metzeler.de, Internet: www.ferienhof-metzeler.de

FERIEN MIT KINDERN
Ferienhaus Viktor
Am Illerdamm 18, 87527 Sonthofen
Postadr. Rungatshofen 4, 87452 Frauenzell
Tel. 08373/8349, Fax 8175
info@viktor-einrichtungen.de
www.oberallgaeu.cc/ferienhaus-viktor.de
Ferienhof Metzeler
Bergstättstr. 21, 87509 Immenstadt
Tel. 08323/6507, Fax 969564
info@ferienhof-metzeler.de
www.ferienhof-metzeler.de
Berghotel Sonnenklause
Hinang 48, 87527 Sonthofen
Tel. 08321/3614, Fax 22705
info@sonnenklause.de
www.sonnenklause.de
Ferienhof Mair
Dietzen 5, 87509 Immenstadt
Tel. 08379/1266, Fax 728635
ferienhof.mair@t-online.de,
www.ferienhof-mair.de
Ferienhof Dengel
Kranzeggerstr. 1, 87549 Rettenberg
Telefon + Fax 08327/390
daniela-dengel@gmx.de
www.dengelhof.de
Ferienhotel Haslac
Flecken 18, 87509 Immensta
Tel. 08323/51320, Fax 35
ferienhof-haslach@web
www.ferienhof-haslach
KINDERFREUNDLICHE GASTGEBER
Detaillierte Beschreibung siehe S. 55–60

Herstellerdirektverkauf

RÖSLE

Seit der Gründung des Unternehmens 1888 gilt bei RÖSLE GmbH in Marktoberdorf die Betriebsphilosophie: Bewährtes fortführen, Innovationen vorantreiben.
Kontinuierlich wuchsen Produktpalette, Mitarbeiterzahl und Umsatz, was immer wieder Fabrikerweiterungen notwendig machte. In Werk I, dem alten Stammsitz, werden seit 1993 ausschließlich Haushalts- und Küchengeräte unter der Handelsmarke RÖSLE gefertigt. Neben dem Profi-Programm für den Gastro-Bereich bietet RÖSLE heute auch ein umfassendes Sortiment an hochwertigen Küchengeräten für den anspruchsvollen Privathaushalt. Der Kunde wählt aus einer Produktpalette von rund 900 verschiedenen Artikeln. Meilensteine innovativer Küchenausrüstung von RÖSLE waren z. B. 1990 die Einführung des revolutionären Ordnungssystems „Offene Küche", des Einhandwiegemessers und der Edelstahltopfserien im Jahr 1992.

Mit den formvollendeten Produkten von höchster Qualität wurden neue Maßstäbe gesetzt. Es ist daher nicht verwunderlich, dass der Firma RÖSLE 1998 zum vierten Mal in Folge der Designpreis und die Auszeichnung als Deutschlands „Fachhandelspartner Nr. 1" auf dem Sektor Hausrat zuerkannt wurde.
RÖSLE GmbH, Johann-Georg-Fendt-Straße 38, 87616 Marktoberdorf, Postfach 1263, 87610 Marktoberdorf, Tel. 0 83 42/9 12-0, Fax 0 83 42/9 12-190; e-mail: info@roesle.de, Internet: www.roesle.de

Allgäuer Keramik
Hans Rebstock

Die Produktion von Keramik gehört zu den ältesten Kulturtechniken der Menschheit. Das Ausgangsmaterial Ton bot schon sehr früh auch Anreize zu künstlerischer Gestaltung.

Aufbereitung der Rohstoffe, Formgebung, Trocknen und Brennen, Glasur und Bemalung: Bei der „Allgäuer Keramik" wird jeder einzelne Vorgang von Meisterhand ausgeführt. Erfahrung von Generationen steht hinter diesem Namen. Die Liebe zu traditionellem Handwerk lässt Kunstwerke entstehen, die jedem Heim eine individuelle Note verleihen. Sei es der Eierbecher oder die Bodenvase, der Brottopf und die Butterdose, Obstschale und Kässpatzenschüssel, das Speiseservice oder die Sonderanfertigung zum besonderen Anlass: Keramik ist zeitlos und bringt Wohnlichkeit in jedes Zuhause. Türkenbund und Silberdistel, Frauenschuh und Edelweiß – auf Wandtellern und Krügen behalten diese Blumen ihre Faszination und unvergängliche Schönheit, jedes Stück ein Unikat.

Auf über 1500 m² Ausstellungsfläche wird in Altstädten, gleich neben dem Bahnhof, zeitgemäße und traditionelle Keramik präsentiert. Allgäuer Geschirr, liebevoll gestaltet, handgefertigt und bemalt für einen schön gedeckten Tisch. Allgäuer Keramik – in Form und Farbe so vielseitig wie das Allgäu selbst.

Im Glashaus findet der Kunde handgeformte Gartenkeramik von höchster Qualität. Beste Glasuren garantieren dafür, dass man auch noch in zwanzig Jahren Freude hat an dem hochwertigen Pflanzkübel oder dem Blumenkasten. Verkauf geöffnet: Montag bis Freitag von 09.00 bis 18.00 Uhr, 1. Nov. bis 1. Mai 10.00 bis 18.00 Uhr, Samstag immer von 09.00 bis 13.00 Uhr; Offene Werkstatt: in den Ferienmonaten jeweils Dienstag 10.00 bis 12.00 Uhr und Freitag 14.00 bis 17.00 Uhr

(siehe Altstädten Besonderes und Einzigartiges)

Töpferweg 16, 87527 Altstädten
Tel. 0 83 21/34 54, Fax: 0 83 21/24 71
e-mail: allgaeuer-keramik@t-online.de
Internet: www.allgaeuer-keramik.de

Allgäuer Handwebereien

Unbehandelte Wolle aus Neuseeland, Jute, Baumwolle aus ökologischem Anbau, klappernde Holzwebstühle und viel Liebe zu traditioneller Handwerkskunst – das schafft die Voraussetzungen für pflegeleichte, langlebige Handwebteppiche aus den Allgäuer Handwebereien Thalkirchdorf.

Die naturbelassenen Rohstoffe, frei von Pestiziden, beugen Allergien vor und garantieren ein gesundes Raumklima. Gediegene Farben und überlieferte Muster bringen in jedes Haus Gemütlichkeit mit Charme und Stil, verleihen jedem Raum eine besondere Note.

Von der geschorenen Wolle bis zum fertigen Teppich oder Möbelstoff werden auch heute noch alle Arbeitsschritte der Handweberkunst unter einem Dach ausgeführt. Für den Kunden entsteht von der Bestellung bis zur Fertigung ein speziell für ihn gefertigtes wertvolles Unikat. Wer einmal einen Hense-Teppich gekauft hat, kauft ihn wieder! Dabei ist es selbstverständlich kein Problem, Farbzusammenstellung und Größe auf individuelle Sonderwünsche abzustimmen. In der Handweb-Tenne kann der Kunde so manches „Schnäppchen" finden. Außerdem geben alte Gerätschaften und zahlreiche schöne Teppiche Einblick in diese jahrhundertealte Kunst des Teppichwebens. Außerdem haben sich die Tennen-Konzerte mit ihrem vielseitigen Programm längst einen Namen gemacht.

Das Webstüble bietet mit seinem behaglichen Ambiente den richtigen Rahmen für Familien- und Betriebsfeiern (bis zu 120 Personen). Und die Chefin persönlich serviert Allgäuer Schmankerl (Reservierung erbeten).

Geöffnet: täglich außer Mittwoch

Allgäuer Handwebereien Thalkirchdorf, Salzstraße 7–11, 87534 Oberstaufen, Telefon 0 83 25/9 22-0, Fax 0 83 25/9 22-44; Internet: www.aht-teppiche.de

Töpfer

Wohlfühlprodukte aus dem Allgäu – im Töpfer Direktverkauf

Dietmannsried

Dietmannsried im Oberallgäu kann nicht nur als Tor zum Allgäu, sondern auch als Tor zu mehr Wohlbefinden bezeichnet werden. Das liegt zu einem erheblichen Teil an der Töpfer GmbH, die seit mehr als 80 Jahren im Ort ansässig ist. Tief verwurzelt mit dem Allgäu entwickelt und produziert das Traditionsunternehmen hier hochwertige, ausschließlich auf ausgewählten Naturstoffen basierende Pflegeprodukte für Babys und Kinder, Babynahrung sowie spezielle Körperpflegeprodukte und Nahrungsergänzungen für Erwachsene.

Auf dem Firmengelände in der Heisinger Straße 6 betreibt Töpfer auch seinen Direktverkauf. Hier findet der Kunde ein umfangreiches Sortiment, zu dem unter anderem das legendäre Kleie-Kinderbad, Produkte zur Babypflege, Lactana Bio-Säuglingsmilchnahrung, Spezialnahrung bei Durchfallerkrankungen von Kindern und Erwachsenen, Kleiepflegeprodukte, naturnahe Kosmetik, Pflegebäder, Nahrungsergänzungen sowie pro- und prebiotische Molke Drinks gehören.

Der Töpfer Direktverkauf ist Montag bis Freitag von 8.00 bis 12.00 Uhr sowie Dienstag- und Freitagnachmittag von 13.00 bis 16.00 Uhr geöffnet.

Die Töpfer-Produkte sind im Allgäu auch in einer Vielzahl von Drogerie- und Lebensmittelgeschäften sowie in Apotheken erhältlich. Eine Bestellung von zu Hause ist per Katalog oder direkt im Internet unter www.toepfer-shop.de möglich.

Töpfer GmbH, Heisinger Str. 6, 87463 Dietmannsried, Tel. 0 83 74/ 9 34-0, Fax 0 83 74/9 34-11, Internet: www.toepfer-gmbh.de

Edelweiss

Edelweiss Factory Outlet Center – Qualität zum kleinen Preis!

Gleich an der Stadtgrenze von Kempten erwartet den preis- und qualitätsbewussten Kunden das Einkaufserlebnis der besonderen Art. Etwas versteckt, hinter dem Edelweiss -Werk, befindet sich das Factory Outlet Center – der Edelweiss Werksverkauf.
Seit mehr als 114 Jahren steht der Name Edelweiss für beste Qualität, wenn es um Käse und Brotaufstrich geht.
Der Mitarbeiterparkplatz am Adelharzer Weg bietet genügend kostenlose Stellplätze. Nur kurz die Straße überquert und schon betritt man die etwas andere Einkaufswelt. Von außen nüchterner Zweckbau, im Inneren auf rund 240 Quadratmetern eine große Auswahl bekannter Markenprodukte zum kleinen Preis. Neben dem reichhaltigen Angebot aus dem eigenen Haus gibt's ein breit gefächertes Sortiment von vertrauten Klassikern wie Langnese, Bi-Fi und Knorr über Bio-Produkte der Andechser Molkerei Scheitz bis hin zu frischer Ware aus der Region! Zeitlich begrenzte Sonder-Verkäufe sorgen zusätzlich für eine abwechslungsreiche Produktpalette und auf die (ganz) kleinen Kunden wartet das ganze Jahr immer eine Überraschung.
Öffnungszeiten: Mi. und Do. 14.00 bis 18.00 Uhr, Fr. 12.00 bis 18.00 Uhr, Sa. 9.00 bis 12.00 Uhr.
Edelweiss GmbH & Co. KG, Oberstdorfer Str. 7, 87435 Kempten, Tel. 08 31/25 39-0

Brennerei und Weinkellerei Steinhauser

Brennerei und Weinkellerei Steinhauser, Kressbronn

„Der Wein ist unter den Getränken das nützlichste, unter den Arzneien die schmackhafteste, unter den Nahrungsmitteln das angenehmste.“ Dies wusste schon Plutarch, und so ist es unter diesem Aspekt ein ganz besonderes Erlebnis, die alte Bodensee-Hausbrennerei und –Weinkellerei Steinhauser in Kressbronn zu besuchen. Der Name steht seit 1828 für einzigartige Weine und Destillate. Überlieferte Rezepturen werden zukunftsorientiert weiterentwickelt in der modernsten Brennereianlage Europas. „Steinhauser“, weit über die Grenzen bekannt, hat seit über 175 Jahren sein Domizil im südlichsten Obstanbaugebiet Deutschlands, wo mildes Klima für das Gedeihen vieler heimischer Obstsorten (Äpfel, Birnen, Kirschen etc.) sorgt. Auf den idyllischen Sonnenterrassen des Seeufers reifen auch die Reben und Früchte, die Familie Steinhauser zu einmaligen Weinen und prämierten Bränden veredelt. Am 9. Okt. 2005 wurde der Hausbrennerei Steinhauser von der Deutschen Landwirtschafts-Gesellschaft e. V. dafür der „Preis der Besten“ verliehen. Auch wer dem Kellermeister und dem Destillateur einmal über die Schulter schauen oder mit einem Gläschen Müller-Thurgau, Kerner oder Grauburgunder anstoßen möchte, ist bei Steinhausers ein willkommener Besucher. Ein internationales Weinsortiment sowie eine große Auswahl an Sekt, Champagner und Spirituosen gehört ebenfalls zum Angebot.

Öffnungszeiten: Montag bis Freitag 8 bis 12 Uhr und 14 bis 18 Uhr, Samstag 8.30 bis 12.30 Uhr

Brennerei und Weinkellerei Steinhauser, Raiffeisenstraße 23, 88079 Kressbronn, Tel. 0 75 43/80 61, Fax 0 75 43/ 57 12; E-Mail: mail@weinkellerei-steinhauser.de, Internet: www.weinkellerei-steinhauser.de

RAPUNZEL NATURKOST

Die RAPUNZEL NATURKOST AG mit Sitz in Legau (Allgäu) ist einer der führenden Erzeuger, Hersteller und Ver-

treiber von biologischen Lebensmitteln. In über 30 Jahren hat sich aus einem Naturkostladen ein Unternehmen mit 250 Mitarbeitern und einem Umsatz von rund 73 Millionen Euro entwickelt. RAPUNZEL Produkte findet man bundesweit in über 2.000 Naturkostläden und Reformhäusern. Für das reichhaltige Angebot mit über 400 Produkten bezieht Rapunzel Bio-Rohstoffe aus über 30 Ländern weltweit. In ebenso viele Länder werden RAPUNZEL Produkte exportiert. RAPUNZEL ist sowohl die Qualität der Lebensmittel als auch die Lebensqualität der anbauenden Bauern wichtig. Dies zeigt sich zum Beispiel in den HAND IN HAND-Produkten, die außer der hohen Produktqualität auch den fairen Handel beinhalten.

Von den Klassikern Müsli und Nussmuse über Original Schweizer Schokolade bis hin zu Naturkost Kaufladen Artikeln bietet RAPUNZEL für jeden Geschmack etwas und erfüllt höchste Bio-Ansprüche. Für Allergiker und Menschen mit Nahrungsmittel-Unverträglichkeiten steht eine RAPUNZEL Produktliste mit aktuellen Zutatenangaben zur Verfügung, die man jederzeit auf der homepage einsehen kann.

Wer RAPUNZEL näher kennen lernen möchte, hat dazu Gelegenheit im Rahmen einer umfassenden Firmenpräsentation mit Film und Produktverkostung. Dabei sollte man nicht versäumen, das Firmenmuseum zu besuchen und die Einkaufsmöglichkeit im Naturkostladen auf dem Firmengelände zu nutzen. Sehr zu empfehlen ist auch das biologische Mittagessen im RAPUNZEL-Casino.

RAPUNZEL NATURKOST AG, Rapunzelstr. 1, 87764 Legau, Tel. 0 83 30/5 29-0, Fax: 0 83 30/5 29-1188; E-Mail: info@rapunzel.de, Internet: www.rapunzel.de

Mittagstisch im RAPUNZEL-Casino, Montag bis Freitag 12.00 - 13.00 Uhr, Öffnungszeiten RAPUNZEL Laden, Montag bis Freitag 09.00 - 13.00 und 14.30–18.00 Uhr, Samstag 08.30–12.30 Uhr

Baldauf Käse

Ein echter „Baldauf" entsteht mit viel Liebe und ganzem Können!

Für ein „himmlisches Stück Allgäu" – einen Laib Baldauf Alpkäse – braucht man

300 Liter bester, naturbelassener und silagefreier Rohmilch. Mit dem Milchsammelwagen wird die frische Milch von den Bauernhöfen abgeholt und jeden Morgen zur Sennerei geliefert.

Die Rohmilch wird nicht entrahmt, sondern sofort in einen Kupferkessel eingebracht, dort vorsichtig erwärmt und langsam eingedickt. Hierzu verwendet man Kälberlab, ein Ferment aus dem Kälbermagen, welches die Milch zur „süßen Gerinnung" bringt.

Außerdem werden der Milch noch Milchsäurebakterien beigefügt, die die Aufgabe haben, den Milchzucker abzubauen. Bei diesem Prozess entstehen Gase, die aus dem festen Käseteig nicht mehr entweichen können und so die berühmten Löcher im Käse entstehen lassen.

Die eingedickte Milch wird mit der Käseharfe gleichmäßig zerteilt und gerührt, so dass sich der Käsebruch von der Molke trennt. Diese Masse wird nun mit einem feinmaschigen Kästuch aus dem Kessel gehoben und in runde Laib-Formen gepresst.
Während der nächsten 48 Stunden baden die Laibe in gesättigter Kochsalzlösung, was die Rindenbildung unterstützt.
Nun kommt der junge Käse in den Gärkeller, um dort eine viermonatige Reifezeit bei ausgewogener Pflege zu genießen. Wöchentlich mit Salzwasser abgerieben, entwickelt er seinen feinwürzigen Geschmack und eine goldgelbe Rinde. Baldauf Käse schmeckt, wie Käse schmecken muss – fein würzig und gut ausgereift.
Baldauf Käse, Goßholz 5, 88161 Lindenberg, Telefon 0 83 81/89 02 16, Fax 0 83 81/89 02-55, www.baldauf-kaese.de

Frischdienst Allgäu

Die Frischdienst Allgäu GmbH – ein Erfolg der Natur. Hier haben sich die traditionsreichen Spezialitätenkäsereien im Allgäu zu einem marktfüh-

renden Unternehmen zusammengeschlossen. Durch kurze Wege von der Produktion aus echter Allgäuer Milch direkt zum Verbraucher wird zudem ein wichtiger Beitrag zur Erhaltung der Allgäuer Kulturlandschaft geleistet.Über zwei Frischdienst-Lager – in Sonthofen und Augsburg – sowie acht Bertriebsverkaufsstellen werden vorwiegend Produkte der Marken Allgäuland und Bergbauern vertrieben. Dazu gehören u. a. die Naturkäsespezialitäten Urtaler, Roviner und Grüntener und alles Gute aus Milch von Butter bis hin zu Joghurt und Quark. Allgäuland Bio ist die Bio-Marke, die schmeckt. Die Milch für diese Bio-Spezialitäten stammt von ökologischen Bauernhöfen, die von Bioland kontrolliert werden. Das garantiert vollwertige Milch- und Käseprodukte, die schmecken. Neben regionalen Molkereifrischprodukten und Käsespezialitäten wird das Programm durch weitere Allgäuer, bayerische und ausländische Marken und Spezialitäten ergänzt. In dem angegliederten Verkaufsgeschäft kann man auswählen aus der reichhaltigen Produktpalette.

Öffnungszeiten: Montag bis Freitag 9– 12.30 Uhr und 14–18 Uhr, Mittwochnachmittag geschlossen, Samstag 9–12 Uhr.

Frischdienst Allgäu GmbH, Theodor-Aufsberg-Str. 10, 87527 Sonthofen, Tel. 0 83 21/80 80, Fax 0 83 21/ 8 08 40; Internet: www.frischdienst-allgaeu.de

Held Handschuh

Von Bikern für Biker

Der Held-Shop in der Rettenberger Straße 7 in Burgberg hat eine Verkaufsfläche von ca. 850 qm auf zwei Etagen. Im Erdgeschoss findet der Biker ein äußerst umfangreiches Komplettangebot von Motorradbekleidung und –zubehör, d. h. Held kleidet den Biker von Kopf bis Fuß. Neben Produkten der Eigenmarke HELD sind auch die Marken Arai, Schwabenleder (Maßanfertigung Lederkombis), Stadler, Schuberth, Nolan, Daytona im Angebot. Günstige Musterteile und Auslaufmodelle findet der Kunde in einem ständigen II.-Wahl-Sortiment.

Die Verkaufsfläche auf der ersten Etage gehört vorrangig dem Komplett-Angebot eines Lederwaren-Fachgeschäfts mit modischen Handtaschen, Börsen, Handschuhen (größte Auswahl in Süddeutschland). Beachtenswert ist die Auswahl „Koffer und Reisegepäck" der namhaften Marken Samsonite und Stratic sowie das Schulranzenprogramm der Firmen Scout, For You und eastpak.

Die Firma Held beschäftigt 90 Mitarbeiter in Verwaltung, Produktion und Vertrieb. Bei Ausarbeitung der Held-Produkte wird ein besonderes Augenmerk auf Artikel in bestem Preis-Leistungs-Verhältnis mit professioneller Sicherheits-Ausstattung gerichtet. Allem voran hat sich in diesem Bereich der Held-Handschuh weltweit einen Namen damit gemacht.

Held Handschuh GmbH, Rettenberger Str. 7, 87545 Burgberg, Tel. 0 83 21/66 46-31, Fax 0 83 21/66 46-39; Internet: www.held-shop.de

Kunert Immenstadt

Der Herstellerverkauf der Kunert AG, direkt an der B 308 von Immenstadt nach Oberstaufen, bietet auf zwei Etagen ein äußerst reichhaltiges attraktives Angebot. Auf einer Verkaufsfläche von 2300 qm findet der Kunde eine reiche Auswahl an Sommer- und Winterartikeln. Der Preisvorteil bei Ware II. Wahl und Auslaufartikeln beträgt bis zu 70 %.
In den großen Räumen ist die breite Produktpalette übersichtlich dargeboten. Zum interessanten Sortiment gehören Strumpfwaren jeglicher Art der Marken Kunert, Hudson, Burlington und Mexx. Außerdem findet man Oberbekleidung und Wäsche von Schiesser, Burlington und Kunert. Auch die Marken venice beach, Dockers und Levi's, größter Jeansanbieter der Welt, gehören zum Sortiment. Neu im Herstellerverkauf ist der Outdoorspezialist Helly Hansen. Auf über 600 m² Verkaufsfläche im 1.OG finden eine Riesenauswahl an Damen-, Herren- und Kinder-, Ski- und Snowboardbekleidung, Funktionswäsche, Fleecepullis, Wanderartikel, Segel- und Regenbekleidung und vieles mehr zu absoluten Tiefstpreisen.
Verkaufszeiten: Montag bis Freitag 10 Uhr bis 18.30 Uhr, Samstag 10 Uhr bis 16.00 Uhr Herstellerverkauf Kunert AG, Julius-Kunert-Str. 49, 87509 Immenstadt, Tel. 0 83 23/ 1 22 75, Fax 0 83 23/1 24 03

Fashion-Sports-Company

Die Firma Fashion-Sports-Company ist Lizenz-Hersteller von textiler Sportbekleidung und vertreibt ihre Artikel im eigenen Outletcenter. Der Herstellerverkauf in Sonthofen-Sigishofen, direkt an der B 19, bietet ein überaus vielfältiges attraktives Angebot der Marken Disney, Mistral, F2, K2, Kamik, Dachstein, aem'kei und Duffs. Im übersichtlichen Verkaufsraum findet der Kunde eine reiche Auswahl an modischer saisonaler Damen-, Herren- und Kindersportswear zu absoluten Tiefstpreisen. Hier ist sicher für jeden Geschmack etwas dabei. Ein Besuch lohnt sich immer. Öffnungszeiten: Montag bis Freitag 9.00 bis 18.30 Uhr, Samstag 9.00 bis 17.00 Uhr
Firma Fashion-Sports-Company, direkt an der B 19, Ausfahrt Sonthofen, Sigishofen, Richtung Weltcup Express, Tel. 0 83 21/6 75 58 70

Authentic Klein

Authentic Klein Sportswear in Sonthofen wurde bereits 1949 als Familienunternehmen gegründet. Schwerpunkt ist die Fertigung von Sport- und Freizeitkleidung in optimalem Tragekomfort. Das Erkennen von modischen Tendenzen ist wesentlicher Faktor der Firmenphilosophie. Ein über 50-jähriges Erfahrungspotential wird hierbei in den Dienst der Geschäftspartner gestellt. Saisonabhängige und funktionelle Sportbekleidung gehören zur umfangreichen Programmpalette. Dabei steht immer der Gedanke im Vordergrund, mit Qualität und Preis den Ansprüchen der Kunden gerecht zu werden. Ein überdurchschnittlicher Teamgeist unter den langjährigen Mitarbeitern, unermüdliches Engagement und Realisation von Sonderwünschen (z. B. Übergrößen) blieben zum Vorteil der Kunden stets wichtige Ziele.

Authentic Klein GmbH & Co. KG, Imberger Str. 17, 87527 Sonthofen, Tel. 0 83 21/6 72 44-0, Fax 0 83 21/6 72 44 44; www.authentic-klein.de

Comazo

Dein Freund in Wäsche

Als erster europäischer Wäscheproduzent geht das schwäbische Textilunternehmen Comazo konsequent den Weg der Direktvermarktung. Wäsche aus der eigenen Produktion kommt ohne Umwege in die Verkaufsregale der mittlerweile 30 Herstellerverkäufe.
Die Endverbraucherinnen und Endverbraucher profitieren dabei von einem phantastischen Preis- Leistungs-Verhältnis. Qualität zum günstigen Preis – diesem Anspruch werden die Herstellerverkäufe absolut gerecht.

Comazo ist ein echter Wäschespezialist mit einem breiten Sortiment. Es umfasst Damen-, Herren und Kinder-Unterwäsche ab Gr. 104, Dessous, BHs, Nachtwäsche und Sport-Funktionswäsche. Von günstigen Basics bis hin zu hochwertigsten Dessous, von flippig extravagant bis konservativ gepflegt, von farbenfroh bis dezent weiß – die breit gefächerte Produktpalette im Comazo Herstellerverkauf lässt keine Wünsche offen.

Comazo legt nicht nur Wert auf Mode, Preiswürdigkeit und Qualität, sondern auch auf Offenheit, soziale und ökologische Verantwortung. In allen Produktionsstätten Comazo's in Deutschland, Kroatien und Rumänien wird nach höchsten Standards gefertigt. Jedes Produkt des Hauses Comazo trägt das Label „Textiles Vertrauen/Ökotex 100".

Ein freundlicher und hilfsbereiter Service ist für Comazo ebenso selbstverständlich wie hohe textiltechnische Kompetenz, erworben in über 120-jähriger Erfahrung. Comazo – da kauft man gerne ein.
Comazo-Herstellerverkauf, Bahnhofstr. 22, 87527 Sonthofen, Tel. 0 83 21/61 96 50, Öffnungszeiten: Mo bis Fr 09.00–18.30 Uhr, Sa 09.00 bis 14.00 Uhr

Allgäu Outlet

Das ehemalige Kaufhaus HAGER wurde zu neuem Leben erweckt, ist wieder attraktiver Anziehungspunkt für Kunden aus der ganzen Region, seit das Allgäu Outlet, der Fabrikverkauf für die ganze Familie, in die Räume eingezogen ist: Sport-, Mode- und Kinderkleidung, Socken, Wäsche, Schuhe und Accessoires gehören zum breit gefächerten Sortiment. Mit den Marken Arena, Anvil, Brunotti, Fila, Helly Hansen, Oakley, Puma, Calvin Klein, Hitec und Kunert wird hier ein breites Spektrum abgedeckt. Bis Jahresende 2006 soll der Betrieb auf 3700 Quadratmeter Handelsfläche ausgedehnt, die Produktpalette in der 1. Etage noch um Haushaltstextilien ergänzt werden. Dann können auch die Kunden wieder nach ihrem Einkauf im renovier ten modernen Restaurant eine Pause einlegen.

Allgäu Outlet, Immenstädter Str. 11, 87527 Sonthofen, Tel. 0 83 21/ 6 74 14 54, Fax 0 83 21/6 74 14 56; e-mail: info@outletpartners.de, Internet: www.outletpartners.de

Ergee Sonthofen

Der Werksverkauf der ERGEE GmbH in Sonthofen im SONTRA-Technologiezentrum liegt direkt an der B 308 Richtung Bad Hindelang,. Mit einer über 100-jährigen Geschichte als Strumpfhersteller zählt Ergee zu den Marktführern im Bereich der Beinbekleidung. Auf einer Verkaufsfläche von 320 qm werden Produkte aus allen Sortimentsbereichen zu sehr günstigen Preisen angeboten.

Neben der großen Auswahl an Socken, Kniestrümpfen und Strumpfhosen bietet Ergee auch Artikel aus seinem Accessoires-Sortiment. Dazu zählen beispielsweise Kopfbedeckungen, Schals und Handschuhe. Im Werksverkauf findet man auch die besonders weichen Produkte aus Ergolan und High-Tech-Materialien wie zum Beispiel Climaxx (für den Mann) und die Sportfunktionspalette Ergeenomixx. Auch Damen- und Herrenunterwäsche sowie Herrenhemden gehören zum breit gefächerten Angebot für die ganze Familie. Hier findet jeder das Passende.

Verkaufszeiten: Montag bis Donnerstag 9.30 bis 17.00 Uhr, Freitag 9.30 bis 15.00 Uhr und Samstag von 10.00 bis 12.00 Uhr. Tel.: 0 83 21/8 01–116. Ergee GmbH, Hindelanger Straße 33, 87527 Sonthofen (Allgäu)

Seidensticker Sonthofen

Fabrikverkauf

In der Oberallgäuer Kreisstadt Sonthofen betreibt die Firma Seidensticker auf rund 350 qm Verkaufsfläche einen besuchenswerten Fabrikverkauf. Im Vergleich zum Normalpreis kann man hier meist 30 bis 40 % und manchmal auch 50 % und mehr sparen.
Angeboten werden Blusen, Hemden, Hosen, Jacken, Krawatten, Nachtwäsche, Socken, Sweatshirts, Pullover, Polo- und T-Shirts, darunter 1B-Ware, Überhänge und Musterteile. Das Markensortiment umfasst für Damen OTTO KERN, Seidensticker und Jobis sowie für Herren Seidensticker, Jacques Britt, camel active, Dornbusch, Redford, Private Label, Jean Chatel, Lorenzo Calvino und McKay.

Im neuen, modern gestalteten Fabrikverkauf präsentiert sich die Ware kundenfreundlich und in einem angenehmen Ambiente. Parkplätze am Haus sind vorhanden.
Fabrikverkauf Seidensticker, Burgsiedlung 1, 87527 Sonthofen
Telefon 0 83 21/67 43 50, E-Mail fos.sonthofen@seidensticker.de,
Internet www.seidensticker.de
Öffnungszeiten: Montag bis Freitag 10–18 Uhr, Samstag 9.30–14 Uhr

Altstädten

Auf Sonthofens Sonnenseite liegt das malerische Dorf Altstädten. Zu dem anerkannten Luftkurort zählen die Orte Hinang, Beilenberg und Hochweiler, Orte, die ihren Gästen Ruhe und Beschaulichkeit bieten.

Blick ins Geschichtsbuch

Beim Bau der Eisenbahnstrecke Sonthofen – Oberstdorf 1887/88 fand man alemannische Reihengräber mit Skeletten, Waffen und Schmuck.

Sehenswertes

Überwältigt von der barocken Ausstattung steht der Besucher in der Pfarrkirche St. Peter und Paul. St. Martin in Hinang (1686) ist im Gemeindegebiet Altstädten die größte und schönste der Kapellen. Die Marienkapelle vom „Guten Rat" in Beilenberg wurde ca. 1779 erbaut. Die Kapelle St. Leonhard und St. Wendelin wurde um 1800 für das kleine Hochweiler gebaut. Die spätgotischen Figuren in den Nischen der Ostwand stammen aus der Werkstatt des Memminger Malers Hans Strigel d. Ä. Die Kalvarienbergkapelle an der Straße nach Oberstdorf wurde 1737 errichtet.

Kulturelles

Im Haus des Gastes finden Konzerte, Heimatabend sowie Theaterveranstaltungen statt. Beliebt sind auch die Standkonzerte im Musikpavillon beim Freibad.

Freizeit- und Sportmöglichkeiten

Im Sommer

Das solarbeheizte Freibad (Tel. 0 83 21/8 11 15) ist von Juni bis Sept. geöffnet. An der Straße nach Hinang liegt die Kneippanlage. Der Tennisplatz befindet sich in der Nähe der Bahngleise (Tel. Mai–Sept. 8 32 47)

Im Winter

Die sonnigen Altstädter Loipen (leicht) beginnen in Altstädten oder Unterthalhofen. Es gibt auch eine Nachtloipe. Die Loipe Hinang (mittelschwer) beginnt am Wanderparkplatz zwischen Altstädten und Hinang. Auch die Loipe Beilenberg (mittelschwer) ist für Fortgeschrittene zu empfehlen.

Ein besonders schöner **Winterwanderweg** führt vom Sonthofener Ortsteil Hinang über Hochweiler zur Sonnenklause und auf einem anderen Wegstück zurück zum Ausgangspunkt.

Skischule und Skiverleih Tel. 0 83 26/ 72 83

Eisstockschießen kann man am Wochenende am Fußballplatz.

Zahlreiche Wanderwege werden auch im Winter geräumt. Dazu gehören der Wiesenweg Altstädten – Sonthofen, der sog. Höhenweg oberhalb der Verbindungsstraße nach Sonthofen und der Dammweg entlang der Iller.

Wandern

Auf dem „Wasserwirtschaftlichen Lehrwanderweg Iller" erfährt man allerlei Wissenswertes über Wasserwirtschaft, Flora und Fauna an heimischen Gewässern. Immer wieder ein reizvolles Wanderziel ist der Malerwinkel, ein herrlicher Aussichtspunkt. Reizvolle Wald- und Felspartien präsentieren sich bei den Hinanger Wasserfällen. Wer sportliche Ambitionen hat, trainiert auf dem Trimm-dich-Pfad im Burgwald an der Hinanger Steige.

Rad fahren

Für gemütliches Radeln mit der ganzen Familie bietet sich der Illerdamm an. Wer die sportliche Herausforderung sucht, wählt die Straße über Hinang bis Oberstdorf und kann westlich der B 19 über Tiefenbach, Obermaiselstein, Ofterschwang und Sonthofen wieder zum Ausgangspunkt zurückfahren.

Besonderes und Einzigartiges

Sonthofen-Altstädten

Die Produktion von Keramik gehört zu den ältesten Kulturtechniken der Menschheit. Das Ausgangsmaterial Ton bot schon sehr früh auch Anreize zu künstlerischer Gestaltung.
Aufbereitung der Rohstoffe, Formgebung, Trocknen und Brennen, Glasur und Bemalung: Bei der **„Allgäuer Keramik"** wird jeder einzelne Vorgang von Meisterhand ausgeführt (Tel. 0 83 21/34 54; siehe **Herstellungsverkauf**). Braunkohle- und Tonvorkommen in Imberg ist es zu verdanken, dass man 1923 eine Seilbahn von Imberg nach Altstädten gebaut hat, um in Altstädten die Tonerde zu verarbeiten. Der Grundstock für Allgäuer Keramik war gelegt. Wer keine stereotype Massenware, sondern hochwertige Keramik sucht, der findet hier auf über 1 500 qm Ausstellungsfläche liebevoll bemalte Schüsseln, Teller und Krüge bis hin zum kompletten Service – wertvolle Andenken an einen unvergesslichen Allgäu-Urlaub.

Wichtige Adressen und Telefonnummern

Gästeamt Sonthofen, Rathausplatz 1, 87527 Sonthofen, Tel. 0 83 21/615-291 oder 292, Fax 0 83 21/615-293, e-mail: gaesteinfo@sonthofen.de, Internet: www.sonthofen.de
Außenstelle: Altstädten
Am Anger 8,
Telefon 0 83 21/21 70, Fax 60 89 18,
www.altstaedten-allgaeu.info
info-altstaedten@sonthofen.de

Bad Hindelang

Im Herzen des Ostrachtales am Fuße des Hirschbergs liegt die Gemeinde Bad Hindelang mit den Ortsteilen **Bad Oberdorf, Oberjoch, Unterjoch, Hinterstein und Vorderhindelang.**
Neben einem idealen Ski- und Wandergebiet sind es auch die vielfältigen Kuren, die Bad Hindelang zu einem beliebten Urlaubsort machen. „Bad Hindelang Natur und Kultur" – zu diesem Ökomodell haben sich die Landwirte der Region zusammengeschlossen, um der Verödung dieser Kulturlandschaft entgegenzuwirken. Die Direktvermarktung schließt den Kreislauf von der Landwirtschaft bis zur Wirtschaft. Das Projekt „Bad Hindelang Natur und Kultur" wurde ausgewählt für die EXPO 2000. Über zwei Dutzend Preise zeigen, dass Bad Hindelang bezüglich Tourismus und Umwelt den richtigen Weg eingeschlagen hat.

Geschichtliches

1540 kamen die großen Salztransporte von Tirol her über die Jochstraße. 1895 bis 1900 wurde die neue Jochstraße erbaut. Sie ist heute mit 105 Kurven Deutschlands kurvenreichste Passstraße und zugleich höchstgelegene Bundesstraße. Im Jahre 1851 wurde Prinz Luitpold Jagdherr des Gebietes östlich der Iller und kam regelmäßig in sein Jagdhaus in Hinterstein. Ab 1886 regierte er als Prinzregent das Königreich Bayern.

Sehenswertes

Die neugotische kath. **Pfarrkirche St. Johannes der Täufer** in **Hindelang** wurde in den Jahren 1865/67 errichtet. Den Taufstein neben dem Kreuzaltar stiftete Prinzregent Luitpold von Bayern 1867 der Gemeinde. Die Orgel kommt aus der Werkstatt Josef Zeilhuber, Altstädten. Wer in der Zeit

vom 1. Advent bis Mariä Lichtmess (2. Februar) in Hindelang verweilt, der kann dann im Krippenraum eine neapolitanische Weihnachtskrippe aus dem 18. Jh. bewundern.

Die **evang. Dreifaltigkeitskirche** in **Bad Hindelang** steht an der Stelle der ehemaligen Pestkapelle von 1629. Die Dreifaltigkeitskirche war lange Zeit Standort des berühmten Jörg-Lederer-Altars.

1937/38 wurde die neue **Kirche „Unserer lieben Frau im Ostrachtal"** in **Bad Oberdorf** nach den Plänen des heimischen Architekten Thomas Wechs d. Ä. erbaut. Der viel besuchte **Maria-Krönungsaltar** von **Jörg Lederer**, signiert 1519, zeigt die Krönung Mariens durch die hl. Dreifaltigkeit. Die sakrale Ausschmückung der Kirche stammt vorwiegend aus der früheren Pfarrkirche „Johannes der Täufer", so auch der Palmesel aus dem Jahre 1470. Besonders zu erwähnen ist das **Madonnenbild** von **Hans Holbein d. Ä.**, signiert 1493, im Seitenschiff.

Das älteste Gotteshaus im Pfarrbezirk ist die **Kirche St. Leonhard** in **Liebenstein**. In einer Urkunde findet sich die Jahreszahl 1390.

Das gotische Sakramentshäuschen der **Ölbergkapelle** in **Bad Hindelang** stammt aus der einstigen St.-Martins-Kirche (um 1490).

Die **Silvesterkapelle** in **Gailenberg** wurde 1623 erbaut. Der frühbarocke Altar ist um 1680 entstanden.

Die **Heiligkreuzkapelle** in **Reckenberg** wurde 1875 neu erbaut. Das Schnitzrelief in der Mensa stammt von K. Eberhard (1791).
Die **Dorfkirche St. Antonius** in **Hinterstein** wurde 1804/05 erbaut. Auch hier finden wir Werke der Brüder Eberhard. Beachtung verdient auch die **Marienkapelle** in **Hinterstein** (im „vorderen Dorf") mit ihrem Rokoko-Altar von 1749.
Die **St.-Antonius-Kapelle** ist das dritte Gotteshaus in **Hinterstein** und steht im „hinteren Dorf". Sie wurde 1630 in üppigem Barock erbaut. Die **Heilig-Geist-Kirche** in **Oberjoch** ist ein moderner Natursteinbau des einheimischen Architekten Thomas Wechs.
Die kath. **Pfarrkirche Hl. Dreifaltigkeit** in **Unterjoch** wurde um 1690 erbaut. Sehenswert sind die neubarokken Altäre von 1911 und die neugefasste Schnitzgruppe der Heiligen Dreifaltigkeit von 1730.

Das jetzige **Rathaus** und ehemalige Jagdschloss wurde 1660 von dem Augsburger Fürstbischof Erzherzog von Tirol Sigismund errichtet und diente den Landesherren Hindelangs bis 1805 als Sommerresidenz. Erwähnenswert ist noch das **Fuggerhaus** in der Marktstraße, von 1575 bis 1646 im Besitz der Grafen Fugger. Am Giebel der **Eisenfaktorei**, jetzt Haus Agerer in der Marktstraße, kann man Köpfe von Luchsen bewundern, die von 1836 bis 1838 erlegt wurden.
In zwei 500 Jahre alten **Hammerschmieden** an der Ostrach werden heute landwirtschaftliche Geräte und gusseiserne Pfannen hergestellt (A. Scholl, Telefon 5 81, und F. Scholl, Telefon 12 30).

Museen

Wer einen Museumsbesuch mit einer kleinen Wanderung verbinden will, dem sei das **Kutschenmuseum** (Auskünfte über die Kurverwaltung Bad Hindelang, Telefon 89 20) empfohlen, das „Museum der besonderen Art". 15 restaurierte Kutschen sind in einem ausgebauten Stadel ausgestellt und bieten eine phantasiereiche Zeitreise durch drei Jahrhunderte. **Öffnungszeiten:** täglich 8–20 Uhr
Das **Friedenshistorische Museum** in Bad Oberdorf (Hindelanger Straße 20, Telefon 07 00/36 25 88 00) erinnert daran, wie viele Menschen sich vorbildhaft für den Frieden und die Versöhnung eingesetzt haben. Das Museum ist von 15. Juli bis 15. September und nach Vereinbarung geöffnet. Im Ausstellungsraum des Heimatdienstes Bad Hindelang im Bad Hindelanger Rathaus finden gelegentlich **Sonderausstellungen heimatkundlicher Sammlungen** statt. Bäuerliche Möbel, Trachten und Werkzeuge geben einen interessanten Einblick in frühere Lebensweisen.

Kulturelles

Das **Kurhaus** in Bad Hindelang bietet ein reichhaltiges Programm (Kartenvorverkauf für Veranstaltungen: Unterer Buigenweg 2, Telefon 08324/892-70).
Heimatabende mit Tanz oder ein Besuch des Bad Hindelanger Bauerntheaters lohnen immer einen Besuch. Diavorführungen in Überblendtechnik zeigen die Allgäuer Bergwelt, Klettersteige und die Alpenflora in ihrer ganzen Faszination. Wer gern ins **Kino** geht, der sollte dem Kurfilmtheater Bad Hindelang (Zillenbachstraße 22, Telefon 2260) einen Besuch abstatten. Der Bad Hindelanger Gehimtipp „Klassische Musik im Resonanzraum Allgäuer Berge" hat sich längst zu einem Ereignis etabliert, bei dem auch kritische Musikfreunde aufhorchen.

Feste und Feiern

Im Winter ist der Besucher Zaungast bei großen internationalen Sportmeisterschaften:
Beim Internationalen **Hörnerschlittenrennen** in Vorderhindelang Anfang Januar geht's mit ca. 70 km/h auf handgefertigten Holzschlitten ins Tal. Bei der Internationalen PAULANER **Wintermontgolfiade** mit Ballonglühen ist Hindelang großer Anziehungspunkt. Ebenfalls im Januar wird in Oberjoch das Internationale Hundeschlittenrennen ausgetragen. Beim

Ski-Trail Marathon Allgäu-Tirol treffen sich die Langläufer auf der Super-Höhenloipe Allgäu-Tirol zwischen Hindelang/Oberjoch-Unterjoch und dem Tannheimertal/Tirol. Von Pferden gezogen, treten Skifahrer oder Jokkeys in speziellen Schlitten beim **Skijöring** bzw. Pferdeschlittenrennen an. Jedes Jahr am Fasnachtssonntag wird im Bereich Rathaus/Kurhaus ein buntes **„Butzelöüfe"** veranstaltet. Am Funkensonntag (Sonntag nach Fasnachtssonntag) werden bei Einbruch der Dunkelheit auf den Höhen und umliegenden Berggipfeln große **Funkenfeuer** entzündet, mit denen symbolisch der Winter ausgetrieben wird.

Am Palmsonntag wird eine **Palmprozession** durchgeführt, in deren Mittelpunkt die Palmweihe vor der Kirche in Bad Oberdorf steht.
Heimat- und Trachtenvereine tragen dazu bei, Traditionen zu erhalten und weiterzuführen.
Der Bad Hindelanger **Viehscheid** am 10. oder 11. September ist einer der ältesten und mittlerweile auch einer der größten im Allgäu. 800 bis 1000 Stück Jungvieh kehren nach dem Alpsommer von den Hintersteiner Alpen und vom Retterschwanger Tal zurück.
Jedes Jahr im Oktober findet das internationale **Jochpass-Oldtimer-Memorial** statt, an dem bis zu 150 Auto-Veteranen teilnehmen. Schnauferl aller Altersklassen gehen an der Jochpassstraße an den Start. Informationen über Veranstaltungsbüro Marlene Brutscher, Telefon 80 30.
Am 5. und 6. Dezember beherrscht das **Klausentreiben** den Ortskern.

Kurioses und Originelles

Der langsamste Wanderweg der Welt führt von Unterjoch nach Hinterstein – 11 km, auf denen 11 Gasthöfe bzw. Hütten lauern.
In der sog. **Hintersteiner „Hölle"**, einem Rundwanderweg südlich des Ortes, gibt es seit 1999 auch den dazugehörigen Teufel: Über den Köpfen der Wanderer schwebt an einem Felsvorsprung eine fürchterliche Teufelsfratze.

Freizeit- und Sportmöglichkeiten

Im Sommer

Das beheizte **Freibad Hindelang** bietet viel Sport, Spaß und Spiel für die ganze Familie.
Weiches naturbelassenes Moorwasser findet man im **Hochmoor-Schwimmbad Oberjoch** mit Schwimmbecken, Kinderbad und Moorschlammbecken (täglich geöffnet, Eintritt frei). Im Sommer 1999 eröffnet wurde der **Prinzegumpe „Kneippkurgarten Hinterstein"**, Lie-

gewiese, Spielplatz und Kneippanlage vor der Kulisse der Hintersteiner Bergwelt sowie Restaurant mit großer Terrasse (Info unter 95 29 99).

Kneippanlagen findet man in der Hirschbachanlage in Bad Hindelang, in der Fallanlage in Unterjoch, im Schanzpark in Bad Oberdorf und beim neuen Prinzegumpe in Hinterstein. Angler erhalten Auskünfte bei Eugen Rohrmoser (Richard-Mahn-Straße 12, Telefon 4 56).

Ein schöner **Minigolfplatz** befindet sich direkt in Bad Hindelang. **Tennisspieler** treffen sich auf den diversen Freiplätzen in Bad Hindelang und Unterjoch.

Ideale Startmöglichkeiten zum **Drachenfliegen** bieten die Bergstation der „Hornbahn Hindelang" und der Iselerlift.

Kutschfahrten organisieren Stefan Bentele (Ornachstraße 29, Oberjoch, Telefon 76 98), Christoph Brutscher (Weihergasse 2, Bad Oberdorf, Telefon 80 42), Konrad Kappeler (Schwandenweg 3, Vorderhindelang, Telefon 80 61) und Hoiser's Kutschfahrten (Unterjoch, Telefon 90 16 99).

In der **Schaukäserei Obere Mühle** in Bad Oberdorf (Telefon 28 57) kann man jeden Vormittag außer Samstag und Sonntag dem Senn dabei zuschauen, wie aus völlig unbehandelter Rohmilch Bergkäse, Camembert, Backsteiner sowie Schaf- und Ziegenkäse entstehen (auch möglich auf der Alpe Kematsried in Oberjoch, Telefon 76 98).

Für die Sommer- und Herbstferien ist ein spezielles Kinderprogramm zusammengestellt. In der Jugendbildungsstätte des Deutschen Alpenvereins an der Jochstraße lernen Kinder spielerisch Verantwortung für sich und andere zu übernehmen. Information unter Tel. 08324 93010.

Im Winter

Im **Winter** führt der Schnee Regie – **11 Liftanlagen, eine 6er-Sesselbahn und 32 km präparierte Pisten** erschließen ein **ideales Ski- und Snowboardgelände** für alle Schwierigkeitsgrade (Schnee-Info-Telefon 0 83 24/ 80 81 und 80 82). Zur Schneesicherheit der Skigebiete Oberjoch und Unterjoch tragen drei leistungsfähige Beschneiungsanlagen bei. Die großzügig beschneiten Skiarenen unterhalb des Iseler in Oberjoch und am Spieser in Unterjoch sowie die 8er-Gondelbahn mit drei **Naturrodelbahnen** in Bad Hindelang, Langlauf, Winterwandern und Après Ski – dies alles macht Bad Hindelang zum wahren Winterparadies. Im Ortsbereich **Bad Hindelang/Bad Oberdorf** gibt es einen kleinen Übungslift, den Kreuthlift (Bad Oberdorf); er ist vor allem für Familien und Senioren geeignet.

Unumstrittenes Skirevier Nummer eins auf Bad Hindelanger Gemeindegebiet ist aber das **Oberjoch** (1150–1550 m). Acht Liftanlagen nehmen den Skifahrern und Snowboardern an den Nordhängen des Iseler die Last des Aufstiegs ab. Die Verbindungen zwischen den einzelnen Pisten fördern den leichten Wechsel vom anspruchsvollen zum gemütlichen Skigelände und umgekehrt. Neben dem Wiedhaglift lockt ein schöner Buckelhang; davon abgesehen sind die Strecken überwiegend leicht bis mittelschwer. Die kuppelbare **6er-Sesselbahn** „Iseler“ führt direkt vom Parkplatz an der B 308 zum Iselerplatz. 30 000 qm beschneite Pisten werden dadurch erschlossen. NEU: jeden Dienstag und Donnerstag von 17.30 bis 21.00 Uhr Nachtskilauf an der Iselerbahn und am Idealhanglift. Am Schwandenlift in Oberjoch befindet sich der Snowboard- und Slopestylepark „Honeyhills“. Nähere Infos dazu gibt's im Internet unter www.honeyhills.de.

In **Unterjoch** bietet der Spieser mit seinen bekannt gepflegten Pisten allen Wintersportlern optimale Verhältnisse. Das Skigebiet verfügt über ein modernes, computergesteuertes Liftkartensystem, das auch Stundentarife möglich macht. Die beiden Spieserlifte bieten drei leichte bis mittelschwere Abfahrten und sind somit besonders für Familien ideal. Jeden Freitag von 17.30 bis 21.00 Uhr Nachtskilauf am kl. Spieserlift. Kostenlose Parkplätze stehen in ausreichender

Zahl zur Verfügung, ein Kiosk an der Talstation sorgt für das leibliche Wohl.
Hornbahn Hindelang, Tel. 08324 2404; **Iselerbahn Oberjoch,** Tel. 0 83 24/97 37 84; **Spieserlifte Unterjoch,** Tel. 0 83 24/71 81
Drei präparierte und teilweise sogar beschneite **Naturrodelbahnen** führen von der Bergstation der Hornbahn Hindelang über je 3,5 Kilometer Länge (Höhendifferenz 534 m) ins Tal und bieten viel Spaß für die ganze Familie. Rodel können an der Talstation ausgeliehen werden. Den Aufstieg erleichtert die 8er-Gondelbahn (**Hornbahn Hindelang**, Telefon 24 04). Diese führt zur 1320 Meter hoch gelegenen Hornalpe und erschließt dem Bahnbenutzer phantastische Ausblicke über drei Täler.

Eine **Pferdeschlittenfahrt** durch die winterliche Landschaft kann man buchen bei Stefan Bentele (Ornachstraße 29, Oberjoch, Telefon 76 98), Eric Beißwenger/Bergbauernhof „Hoisar“ (Steinebergweg 20, Unterjoch, Telefon 90 16 99), Bernhard Beßler (Im

Schlauchen 28, Hinterstein, Telefon 82 19), Christoph Brutscher (Weihergasse 2, Bad Oberdorf, Telefon 80 42) und Konrad Kappeler (Schwandenweg 3, Vorderhindelang, Telefon 80 61).

50 km geräumte Winterwanderwege stehen dem Spaziergänger zur Verfügung. Besonders beliebt ist, parallel zur Loipe, der Weg von Oberjoch nach Unterjoch. Ein wahres Wintermärchen findet der Spaziergänger auch auf den Wegen entlang der Ostrach.

Winterwandern einmal anders kann man jeden Freitag beim **Schneeschuhwandern** mit einem staatlich geprüften Bergführer und Skilehrer. Auskunft erteilt die Gästeinformation Hindelang, Tel. 0 83 24/89 20 oder das Winter-Wander-Telefon 0 83 24/ 8 92 21.

Gesund und vital

In verschiedenen Hotels und Kurhäusern haben auch Tagesgäste Zugang zum **Hallenbad:**

„Quelldorado" nennt sich die Erlebnis-Bäder-Landschaft im Hotel Prinz-Luitpold-Bad (Andreas-Gross-Straße 7, Bad Oberdorf, Zufahrt von der Jochstraße, Telefon 89 00). Das Alpenhotel/Alpenklinik Oberjoch (Am Prinzenwald 3, Oberjoch, Telefon 70 90) bietet ein Ozon-Hallenschwimmbad (29 °C), Bewegungsbad/Thermalium (39 °C) sowie Saunen und Solarien. Außerdem: Hotel Sonneck (Rosengasse 10, Bad Hindelang, Telefon 9 31 10).

Sauna gibt es außerdem im Kur- und Sporthotel (Zillenbachstraße 50, Bad Hindelang, Telefon 98 40), Hotel Bären (Bärengasse 1, Bad Oberdorf, Telefon 9 30 40), Bergidylle Mattlihaus (Iselerstraße 28, Oberjoch, Telefon 9 80 20) und Du-Familotel Krone (Sorgschrofenstraße 1, Unterjoch, Telefon 98 20 10).

Ganzjährig

Ein **Fitness-Studio** gibt es im Tennispark Bad Hindelang (Ostrachstraße, Telefon 5 55). **Kegelbahnen** findet man im Alpenhotel Oberjoch (Oberjoch, Telefon 70 90), im Alpengasthof Rosenstuben (Bad Hindelang, Telefon 23 70) und im Bad-Hotel Sonne (Bad Hindelang, Telefon 89 70).

Tennis spielt man im Tennispark Hindelang (Ostrachstraße, Telefon 5 55).

Wandern

290 km Wander- und Bergwanderwege laden zu Touren ein. **Gemeinschaftstouren** der Kurverwaltung unter der Leitung eines staatlich geprüften Bergführers finden jeweils dienstags statt (Telefon 8 92 20).

Die **8er-Gondelbahn** erschließt ein umfangreiches Wandergebiet zwischen dem Ostrachtal und dem Naturschutzgebiet **Retterschwanger Tal** (Hornbahn Hindelang, Telefon 24 04). Vom Bergrestaurant der Bahn aus führt, am Zwölferkopf vorbei, ein Weg zur bewirtschafteten Straußbergalpe. Von hier kann man entweder den gleichen Weg wieder zurück gehen oder man wählt die Tour über den Straußbergsattel zur bewirtschafteten Alpe **Mitterhaus** und durch das Retterschwanger Tal, am Café Horn vorbei, zurück zum Parkplatz Gruebplätzle oder über das Alpenrosenköple zurück zur Talstation.

Die neue hochmoderne 6er-Kuppelbahn in **Oberjoch** erschließt ein herrliches Wandergebiet um den Iseler und ermöglicht einen leichten Einstieg zu herrlichen Hochtouren. Die **Iselerplatz-Hütte** bietet gleich beim Ausstieg sommers wie winters einen idealen Ort zum Sonnenbaden und Einkehren und ist Ausgangspunkt für zahlreiche alpine Touren.

Eine beliebte Wanderung führt auch zum **Mitterhaus** – einst Stutenhof und von 1575 bis 1646 im Besitz der Grafen Fugger von Augsburg.

Sehr beliebt ist die Wanderung zur **Hirschalpe** (Gehzeit ca. 5–6 Stunden), Parkplatz auf halber Höhe der Jochstraße. Brotzeit und traumhafte Kulisse lassen diesen Ausflug zu einem unvergesslichen Bergerlebnis werden.

Die **Willersalpe** ist ein beliebtes Wanderziel. Ab „Grüner Hut" in Hinterstein geht es auf schattigem Weg durch Bergwald hinauf zur Alpe (1456 m).
Wer es gerne weniger anstrengend mag, fährt mit dem Bus ab Hinterstein „Grüner Hut" zum Giebelhaus oder bis zur Haltestelle „Aufstieg Schwarzenberghütte" aus, wo der Wanderweg durch bewaldetes Gebiet bis zur Schwarzenberghütte (1380 m) beginnt.
Familienwanderweg mit Spielstationen: 15 Spielstationen entlang der Wanderwege im Gemeindegebiet locken mit abenteuerlichen Naturerlebnissen und stehen bei den Kleinen hoch im Kurs. Ausgangspunkt für den **Kneippwanderweg** ist der Kurplatz Bad Hindelang. Wenige Minuten später erreicht man den Kneipp-Kurgarten der Allgäu Clinic. Der Kneipp-Kurweg in Richtung Prinze-Gumpe führt an den Kneipp-Kurgärten Hirschbachwäldchen und Schanzpark vorbei. Auch beim Prinze-Gumpe sowie im Kurpark in Unterjoch gibt es Kneippanlagen.
Lohnenswert ist der Weg zum **Aussichtspunkt Kanzel** am Oberjochpass, rund 1 km von Oberjoch entfernt.
110 Millionen Jahre Erdgeschichte lassen sich auf dem **geologischen Lehrpfad** durchwandern, der unweit des Bad Hindelanger Rathauses östlich von Bad Hindelang beginnt und als Rundweg angelegt ist.
Aufschlussreiche Einblicke in eine ursprüngliche Flora und Fauna bietet ein Moorspaziergang in Oberjoch. Der **BergWaldWeg Hindelang** möchte aufzeigen, wie Förster und Waldbesitzer auf Schäden durch Borkenkäfer reagierten.
Die Kurverwaltung führt regelmäßig **Gemeinschaftswanderungen** durch, geleitet von geprüften LandschaftsführerInnen. Das **Blütentelefon** 8 92 21 informiert über aktuell blühende Bergblumen.
Die Wanderung über den **„Hindelanger Klettersteig"** ist ein Anziehungspunkt für begeisterte Bergfreunde. Dieser Grat ist die **hochalpine** Verbindung von Oberstdorf nach Hindelang.

Rad fahren

Ein wahrer Radtour-Klassiker führt über Hinterstein zum **Giebelhaus**. Die Straße ist ab Hinterstein für den öffentlichen Verkehr gesperrt. Die Tour lässt sich je nach Kondition noch ausdehnen, z. B. ins **Bärgündele**. Eine andere Variante ab Giebelhaus ist die Fahrt ins **Obertal**. Wer's gemütlich liebt, genießt die romantischen Ostrachauen. Ein weiterer schöner Radweg verbindet **Vorderhindelang** mit **Sonthofen**. Auch Inline-Skater schätzen diese Strecke. Der ausführliche Rad- und Bikeatlas „Vitales Land" ist in der Gästeinformation erhältlich.

Freizeit- und Sportmöglichkeiten

Bad Hindelang-Unterjoch

Das **Du-Hotel Krone** in **Unterjoch** ist für vielfältige sportliche Aktivitäten

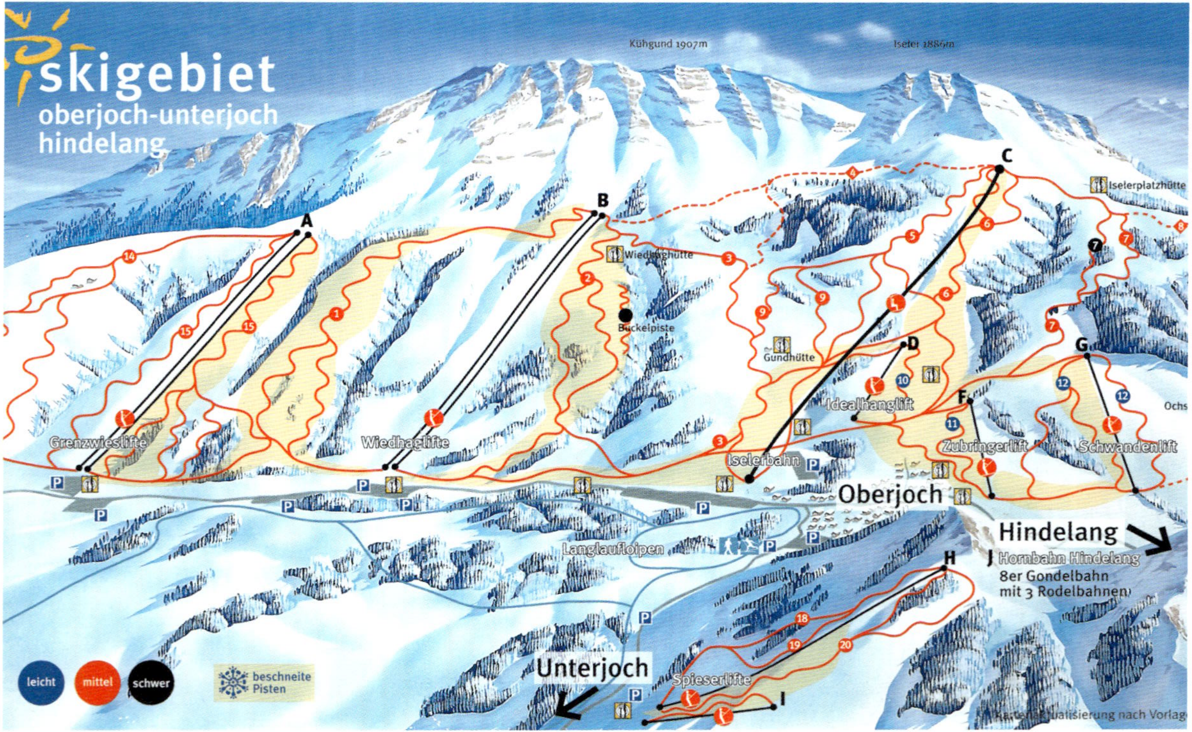
skigebiet
oberjoch-unterjoch
hindelang
Kühgund 1907m
Iseler 1886m
Grenzwieslifte
Wiedhaglifte
Wiedhaghütte
Buckelpiste
Gundhütte
Iselerbahn
Idealhanglift
Zubringerlift
Schwandenlift
Iselerplatzhütte
Oberjoch
Hindelang
Hornbahn Hindelang
8er Gondelbahn
mit 3 Rodelbahnen
Langlaufloipen
Unterjoch
Spieserlifte
leicht
mittel
schwer
beschneite
Pisten

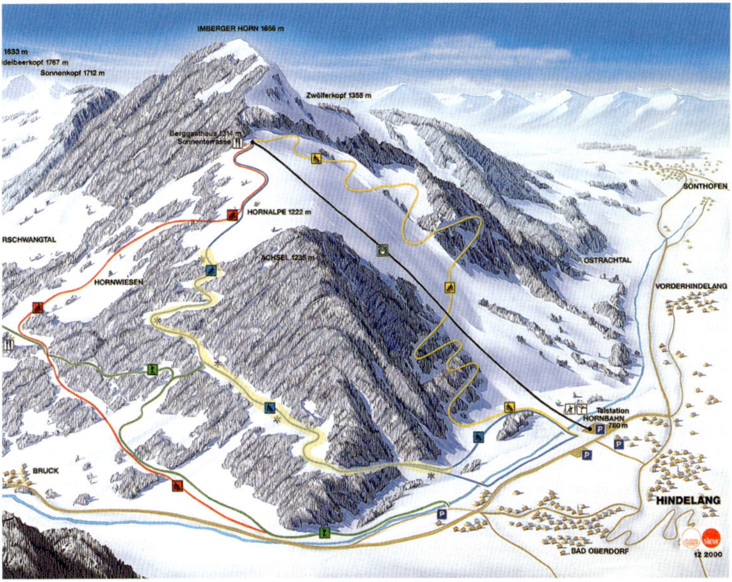

Fotos/grafische Bildbearbeitung: schmid und keck, Burgberg

ein idealer Ausgangspunkt. Zum Hotel gehört ein Reitplatz, wo Kinder und Jugendliche täglich auf den Haflingern und Ponys reiten können. Gemeinsame Familienwanderungen, Berg-, Rad- und Mountainbiketouren, Nordic-Walking mit Pulskontrolle und zünftige Hüttenabende garantieren einen abwechslungsreichen Aufenthalt. Beheizte Pools und Kinderplanschbecken, ein großer Spiel- und Krabbelraum, Spiel- und Liegewiese mit Gartenhütte und ein unterhaltsames Kinderprogramm sorgen dafür, dass es auch den Kleinen nicht langweilig wird. Im Winter unterhält das Du-Hotel Krone eine eigene Ski- und Snowboardschule mit Lift und Kids-Skistation. Der Skischulleiter des Hauses betreibt mit seinem Team im Sommer die „Wassersportschule Oberallgäu" am Alpsee in Immenstadt mit Segel- und Surfschule.

Du-Familotel Krone, Sorgschrofenstraße 2, 87541 **Unterjoch**; Tel. 0 83 24/9 82 01-0 oder 90 16 07, Fax 0 83 24/9 82 01-99, e-mail: info@krone-unterjoch.de

Oberjoch

Familien

Das **Alpenhotel Oberjoch** bietet den idealen Rahmen für den Aktivurlaub für die ganze Familie. Hier werden die Kleinen ganz groß geschrieben. Spielmöglichkeiten und kostenlose Baby- und Kinderbetreuung sorgen für einen Rundum-Wohlfühl-Aufenthalt. Die neuen 2-Raum-Appartements sind bei Familien mit bis zu 3 Kindern sehr beliebt. Sie sind zusätzlich mit Kühlschrank und Mikrowelle ausgestattet. Außerdem bieten beide Schlafräume Bad oder Dusche/WC, TV etc. und erfüllen damit auch höchste Ansprüche.

Alpenhotel Oberjoch, Am Prinzenwald 3, 87541 **Bad Hindelang-Oberjoch**, Tel. 0 83 24/7 09-0, Fax 0 83 24/7 09-200; Internet: alpenhotel-oberjoch.de

Gesund und vital

Gesundheitsbewusst den Urlaub genießen! Das kann man auf ideale Weise im **Haus Viktoria** in **Bad Hindelang**, Ortsteil Bad Oberdorf. Qualifizierte Mitarbeiter betreuen die Gäste in der angenehmen Atmosphäre der Privatpraxis. Massagen und Packungen, Fußreflex- und Akupunktmassage (nach Penzel) sowie Sauna, Solarium und Fitnessraum gehören zum individuellen Wellnessangebot. Heupackungen und Molkedrinks tragen zum Wohlbefinden bei.

Haus Viktoria, Schmittenweg 16, 87541 Bad Hindelang, Tel. 0 83 24/93 17-0, Fax 0 83 24/93 17-40, e-mail: info@Haus-Viktoria.net

Oberjoch

Verwöhnservice und exklusiver Wohnkomfort erwarten den Gast im **Alpenhotel Oberjoch**. Nach einem erlebnisreichen Tag in der Natur freut man sich auf die erholsamen Stunden in der Panorama-Badelandschaft mit Sauna und Thermalium. Den Alltag vergessen, entspannen und neue Kraft schöpfen – das Alpenhotel Oberjoch ist zu jeder Jahreszeit ein Paradies für die Gesundheit. Die ergänzenden Fit-

Hotel Alpengasthof
Kurze Gasse 18
87541 Bad Oberdorf
Tel. 08324/308 Fax 08324/8193
Internet:www.hirschotel.de
Email: info@alpengasthof-hirsch.de
Bad Oberdorf Hirsch
Je früher Sie zu uns finden, desto schneller schließen wir Freundschaft!
Hotel
Restaurant
Hirsch

ness- und Wohlfühlprogramme beleben die Sinne, Kosmetikbehandlungen und ein individuelles Massageprogramm tragen zur Entspannung bei.

Alpenhotel Oberjoch, Am Prinzenwald 3, 87541 **Bad Hindelang-Oberjoch**, Tel. 0 83 24/7 09-0, Fax 0 83 24/7 09-200; Internet: alpenhotel-oberjoch.de

Kulinarisches

Eine besondere Vielfalt an Kuchen und Torten findet der Gast im **Hotel Café Hochstadt**, oberhalb von **Bad Oberdorf**. Die reichhaltige Auswahl an ausgefallenen Kreationen verführt zum Schlemmen und Genießen, verwöhnt Augen und Gaumen. Vanille-Buttercrème mit Orangenlikör, Irish-Coffee- oder Amaretto-Sahne, Apfelstrudel vom Feinsten – das ist nur eine ganz kleine Auswahl der süßen Verführungen aus der hauseigenen Konditorei. Sich nach der Wanderung auf der Südterrasse ausruhen und sich erfreuen an der beeindruckenden Szenerie der Bergwelt – das sind Augenblicke, die man nicht so schnell vergisst. Hotel Café Hochstadt – Freude am Genießen.

Hotel Café Hochstadt, Familie Hochstadt, Luitpoldstraße 20, 87541 **Bad Hindelang**, Tel. 0 83 24/20 64, Fax 0 83 24/15 30; e-mail: kontakt@hotelcafehochstadt.de, Internet: www.hotelcafehochstadt.de

Bad Oberdorf

Das urgemütliche und traditionsreiche Restaurant mit seiner bekannt guten Küche bildet das Herz des **Hotels Alpengasthof Hirsch** in **Bad Oberdorf**. Der Küchenchef verwöhnt die Gäste mit Allgäuer Spezialitäten, fleischlosen Gerichten, Schmankerln vom Rost und aus der Pfanne. Nachmittags kann man zum Kaffee an einem großen Buffet zwischen verschiedenen Kuchen und Torten auswählen.

Die Räumlichkeiten im Alpengasthof Hirsch bieten sich auch an für Familien- und Betriebsfeiern (bis zu 120 Personen). Ein fachkompetentes Team steht hinter der individuellen Organisation und lässt jedes Fest unvergesslich werden.

Hotel Alpengasthof Hirsch, Kurze Gasse 18, 87541 Bad Oberdorf, Tel: 0 83 24/308, Fax: 0 83 24/81 93, E-Mail: info@alpengasthof-hirsch.de

Hinterstein

Gasthaus Ostrachwellen

Sei es ein geruhsamer Spaziergang von Bad Oberdorf über die Wiesen oder die sportliche Radtour ins Hintersteiner Tal: Man kehrt immer wieder gerne ein im **Gasthaus Ostrachwellen** in **Hinterstein-Bruck.** Das Haus ist bereits seit über hundert Jahren im Besitz der Familie Schratz. Der Gast spürt diese langjährige Tradition in den gemütlichen Stuben und genießt die freundlich-familiäre Atmosphäre. Der eigene Bauernhof liefert die Fleisch- und Wurstwaren für die frisch zubereiteten heimischen Gerichte. Hausgemachte Kuchen und Torten werden zum Nachmittagskaffee serviert, bei schönem Wetter auf der Terrasse, begleitet vom Rauschen

★★★ - Superior

"Du"-Familotel

Krone

Unterjoch

Allgäu

Das Familien-Erlebnishotel & Ausflugsziel im Allgäu

- Pony-Haflingerhof und Streichelzoo (Täglich Ponyreiten)
- Beheizte Außenpools mit gr. Spiel- u. Sportplatz
- Tägl. Kinderanimation und Kleinkindbetreuung
- Eigene Ski-, Snowbord- und Kinderskischule
- Streetcars, Go-Cartbahn Kinderspielplatz

Ab 30.9.06 Hallenspaßbad mit sep. Plantschbereich

- Großzügige Mehrraum-Familien- und Ferienappartement's
- Gemütliche Doppel-Familienzimmer
  Allergie-, Rollstuhlgerecht, behindertenfreundlich
- Neue Beauty-Wellness-Oase mit großer Saunalandschaft (über 210 m²)
- Große Sonnenterrasse
- Bauernstube – Restaurant – Bar

Appartements auch behindertengerecht!

Du-Familotel Krone

Angi & Werner Probst
Sorgschrofenstr. 2
D-87541 Unterjoch

Tel. 08324-982010
Fax 08324-9820199

www.bibi.de
kroneuj@t-online.de

Hier bin ich der König!

der tosenden Ostrach. Gasthaus Ostrachwellen – immer einen Ausflug wert.

Gasthaus Ostrachwellen, Familie Schratz, 87541 Bad Hindelang-Bruck; Tel.: 0 83 24/81 19, Fax: 0 83 24/81 19 oder 12 39, e-Mail: Ostrachwellen@Hinterstein.de

Hintersteiner Stuben

Wer nach einer Wanderung, Rad- oder Skitour gerne noch einkehren möchte, findet in den Hintersteiner Stuben in der Nähe des Kutschenmuseums genau die richtige Atmosphäre, um bei Kaffee und Kuchen, einer deftigen Brotzeit oder einem Allgäuer Schmankerl den Ferientag ausklingen zu lassen. Das rustikal eingerichtete Restaurant oder die Sonnenterrasse laden dazu ein, mit Blick auf die Berge noch ein bisschen zu verweilen.

Hintersteiner Stuben, Im Schlauchen 21, 87541 Hindelang-Hinterstein, Tel. 0 83 24/81 29, Fax 0 83 24/86 88; e-mail: siegfried.wittwer@ t.online.de, Internet: www.hintersteiner-stuben.de

Oberjoch

Kulinarische Köstlichkeiten in stilvollem Ambiente genießt der Gast im **Alpenhotel Oberjoch.** Ein engagiertes Team und die exquisite Küche mit erlesenen Spezialitäten machen den Aufenthalt zum Genuss. Die drei gemütlichen Restaurants bieten die ideale Möglichkeit einen wundervollen Tag angenehm abzurunden. Ein Aperitif an der Panoramabar, romantische Momente bei einem Dinner zu zweit oder in geselliger Runde – das sind unvergessliche Augenblicke.

Alpenhotel Oberjoch, Am Prinzenwald 3, 87541 Bad **Hindelang-Oberjoch**, Tel. 0 83 24/7 09-0, Fax 0 83 24/7 09-200; Internet: alpenhotel-oberjoch.de

Bad Hindelang-Unterjoch

Das Du-Hotel Krone in Unterjoch ist schon lange ein beliebtes Ausflugsziel, wo sich der Gast rundherum wohl fühlt. Das Restaurant bietet sich auch an für Familien- und Betriebsfeiern. Regionale Spezialitäten aus heimischen Produkten verwöhnen den Gaumen. Kaffee und Kuchen oder ein Eisbecher auf der Sonnenterrasse, nach der erlebnisreichen Wanderung eine deftige Brotzeit und dazu ein kühles Bier vom Fass – das sind Urlaubsmomente, wie man sie sich erträumt. Auf Wunsch gibt es auch Trennkost, Diät oder Vollwertprodukte, nach Absprache auch Zöliakie. Eine umfangreiche Kinderkarte sorgt dafür, dass auch die kleinen Gäste zufrieden sind.

Und abends trifft man sich in der gemütlichen Bar.

Du-Familotel Krone, Sorgschrofenstraße 2, 87541 Unterjoch; Tel. 0 83 24/9 82 01-0 oder 901607, Fax 0 83 24/9 82 01-99, e-mail: info@krone-unterjoch.de

Traumhaft schlafen

Das **Haus Viktoria** in **Bad Hindelang, Ortsteil Bad Oberdorf** liegt sehr ruhig abseits des Touristenstroms in sonniger Südrandlage von Bad Hindelang. Sowohl die Wanderwege als auch der Ortskern sind nur wenige Gehminuten entfernt. Der gepflegte parkähnliche Garten mit Liegewiese und Fischteich lädt ein zum Ausruhen und Abschalten von der Hektik des Alltags. Am Grillplatz trifft man sich zur geselligen Runde. Der Gast wohnt in großzügigen Ferienwohnungen oder in gemütlichen Zimmern mit Dusche/WC, SAT-TV und Telefon. Auf Wunsch kann man das reichhaltige Frühstücksbuffet und Brötchenservice in Anspruch nehmen. Mit Molkedrinks, Quarkspeisen und heimischen Käse- und Vollkornprodukten wird einer modernen gesunden Ernährung Rechnung getragen, idealer Start in einen erholsamen aktiven Ferientag.

Haus Viktoria, Schmittenweg 16, 87541 Bad Hindelang, Tel. 0 83 24/93 17-0, Fax 0 83 24/93 17-40, e-mail: info@Haus-Viktoria.net

Bad Oberdorf

Der Gast soll sich wohl fühlen! – Diesen Leitgedanken spürt man im **Hotel Café Hochstadt** etwas oberhalb von Bad Oberdorf vom ersten Moment an. Lärm und alles Unangenehme abschütteln, das Hier und Jetzt genießen in Ruhe, abseits vom Durchgangsverkehr: So stellt man sich ungetrübte Ferientage vor. Die frisch renovierten Einzel- und Doppelzimmer sind großzügig konzipiert und bieten heimelige Atmosphäre mit modernem gehobenem Wohnkomfort. Vom Balkon bzw. von der Caféterrasse aus genießt der Gast einen grandiosen Rundum-Blick in die Berge. Besonders beliebt sind bei Familien die Appartements, eingerichtet in alpenländischem Stil. Stets willkommen sind auch Ausflügler für Kurzaufenthalte, Biker und Motorradfahrer, die ihr Fahrzeug in der Garage sicher abstellen können. Hotel Café Hochstadt – Freude am Genießen.

Hotel Café Hochstadt, Familie Hochstadt, Luitpoldstraße 20, 87541 **Bad Hindelang**, Tel. 0 83 24/20 64, Fax 0 83 24/15 30; e-mail: kontakt@hotelcafehochstadt.de, Internet: www.hotelcafehochstadt.de

Ferien verbringen inmitten herrlicher Natur – das kann man im **Hotel Alpengasthof Hirsch** in **Bad Oberdorf**. Die geschmackvoll eingerichteten Zimmer und die gehobene Ausstattung tragen dazu bei, dass man sich rundherum wohl fühlt. Vom Balkon bzw. von der Hochterrasse aus genießt man einen sehr schönen Ausblick auf die imposante Bergkulisse. Alle Zimmer, Appartements und Ferienwohnungen sind standardmäßig mit Telefon und Faxanschluss ausgestattet. Über Wireless-LAN hat der Gast im gesamten Haus kabellosen **Internetzugang**. Wanderwege, Loipen und Gondelbahn liegen in direkter Nähe und laden ein zu einem abwechslungsreichen Aufenthalt. Der neue Fitness- und Wellnessbereich bietet eine erholsame Wohlfühl-Oase. Allgäu-Urlaub wie im Bilderbuch!

Hotel Alpengasthof Hirsch, Kurze Gasse 18, 87541 Bad Oberdorf, Tel: 0 83 24/3 08, Fax: 0 83 24/81 93, E-Mail: info@alpengasthof-hirsch.de

Hinterstein

Wenn man in malerischer Umgebung abseits des Touristenrummels seine Ferientage verbringen möchte, dann ist

das **Gasthaus Ostrachwellen** in **Hinterstein-Bruck** die richtige Adresse. Die geräumigen renovierten Doppelzimmer mit Dusche, WC und TV-Anschluss sind für Allergiker geeignet. Auch Motorradfahrer sind herzlich willkommen. Da die Wirtsleute selbst passionierte Motorradfahrer sind, geben sie gerne reizvolle Insider-Tipps weiter und beraten bei der Tourenwahl.
Gasthaus Ostrachwellen, Familie Schratz, 87541 Bad **Hindelang-Bruck**; Tel.: 0 83 24/81 19, Fax.: 0 83 24/81 19 oder 12 39, e-Mail: Ostrachwellen@Hinterstein.de

Abseits des Durchgangsverkehrs an der Straße zum Giebelhaus liegen die **Hintersteiner Stuben**, wo der Gast für seine Ferientage in komplett eingerichteten Ferienwohnungen ländlichen Komfort genießen kann. Direkt vor der Haustüre beginnen reizvolle Spaziergänge, Wanderungen und Bergtouren. Ein abwechslungsreiches Skigebiet und Bergbahnen liegen ganz in der Nähe.
Hintersteiner Stuben, Im Schlauchen 21, 87541 Hindelang-Hinterstein, Tel. 0 83 24/81 29, Fax 0 83 24/86 88; e-mail: siegfried.wittwer@ t.online. de, Internet: www.hintersteiner-stuben. de

Traumhaft schlafen

Das **Alpenhotel Oberjoch** liegt in einem sonnigen Hochtal auf 1 200 m Höhe – in Deutschlands höchstem Bergdorf – umrahmt von der spektakulären Kulisse der Allgäuer Alpen und bietet den idealen Rahmen für den Aktivurlaub für die ganze Familie. Ein breites kulinarisches Angebot in Verbindung mit umfangreichen Sport- und Wellnesseinrichtungen, die einzigartige Luftqualität und das traumhafte Bergpanorama machen dieses kleine Paradies zu einem ausgezeichneten Ort für Sport, Entspannung und Erholung. Der Gast schätzt das wohltuende Flair und ein komfortables Wohnen in gemütlichem Ambiente. In den geschmackvoll eingerichteten Zimmern und Familien-Appartements fühlt man sich vom ersten Moment an wohl. Durch die einzigartige Lage des Hauses genießen die Gäste von Balkon oder Terrasse einen grandiosen Ausblick auf die Allgäuer Bergwelt, was den Aufenthalt unvergesslich werden lässt.
Alpenhotel Oberjoch, Am Prinzenwald 3, 87541 Bad Hindelang-Oberjoch, Tel. 0 83 24/7 09-0, Fax 0 83 24/7 09-200; Internet: alpenhotel-oberjoch.de

Bad Hindelang-Unterjoch

Im **Du-Hotel Krone** in **Unterjoch** kann der Gast wählen zwischen einem gemütlichen Zimmer und dem 2- oder 3-Zimmer-Appartement mit gepflegter Atmosphäre. Alle Wohnmöglichkeiten können kindgerecht ausgestattet werden. Schließlich liegt es dem Team des familienfreundlichen Erlebnishotels sehr am Herzen, dass die junge Familie hier unbeschwerte Ferientage verbringen kann mit Leistungen, die nicht nur auf dem Papier stehen, sondern garantiert werden, und zwar inklusive, vom Gitterbett bis zum Vaporisator, vom Buggy bis zum Wickeltisch. Auch die tägliche Kinderbetreuung im Kids-Club gehört dazu, nach Absprache auch Babysitting. Ponys, der Streichelzoo und ein abwechslungsreiches Programm bieten den kleinen Besuchern und ihren Eltern unvergessliche Stunden.

Beauty-Angebote in der Wellness-Oase, ein Fitnessprogramm sowie die Saunalandschaft tragen im Du-Hotel Krone zur Erholung bei. Termine mit der Kosmetikerin können bereits vor Reiseantritt gebucht werden.

Auch für den kurzen Aufenthalt sind Durchreisende, seien es Wanderer, Biker oder Langläufer, stets willkommen, oder das verliebte Paar, das einfach einmal Tapetenwechsel sucht. In der Nebensaison werden günstige Pauschalwochen angeboten.

Du-Familotel Krone, Sorgschrofenstraße 2, 87541 **Unterjoch**; Tel. 0 83 24/9 82 01-0 oder 90 16 07, Fax 0 83 24/9 82 01-99, e-mail: info@krone-unterjoch.de

Tagungen

Das **Alpenhotel Oberjoch** bietet sich mit modern ausgestatteten Tagungsräumen an für Konferenzen und Seminare. Ein ansprechendes Rahmenprogramm hinterlässt dabei nachhaltige Eindrücke. Das engagierte Team ist bei dem reibungslosen Ablauf der Veranstaltung gerne behilflich.

Alpenhotel Oberjoch, Am Prinzenwald 3, 87541 **Bad Hindelang-Oberjoch**, Tel. 0 83 24/7 09-0, Fax 0 83 24/ 7 09-200; Internet: alpenhotel-oberjoch.de

Einkaufen

Eine führende Adresse als Fachgeschäft ist **Leder Eberhart** in **Hindelang-Bad Oberdorf**, Maßwerkstatt und Spezialgeschäft für Lederbekleidung in einer Hand. Was im Jahre 1903 als kleine Gerberei begann, hat sich bis heute zu einem der führenden Betriebe für Lederbekleidung aller Art im Allgäu entwickelt. Otto Eberhart ist es gelungen, die Sämischgerberei, die sein Großvater damals gründete, zu einem modernen, leistungsstarken Betrieb zu machen. Dabei unterstützte ihn nach Kräften sein Sohn Stefan, der schon als Bundessieger Erfolg hatte.

In der eigenen Maßschneiderei entsteht aus hochwertigem Leder passgenaue exklusive Mode für sie und ihn. Dazu gehört natürlich auch ein entsprechendes Fachgeschäft für Damen, Herren und Kinder. Neben einer reichen Auswahl modischer Leder- und Pelzbekleidung bis hin zu Haute Couture in Trachten-, Sport- und Jagdbekleidung der Markenfirmen Christ, Spieth und Wensky, Meindl, Bugatti, Zeiler, Kauper, Voss und Pfister findet der Kunde hier auch die passenden Accessoires.

Leder Eberhart, Hindelanger Straße 29, 87541, Telefon 0 83 24/20 81, Fax 0 83 24/24 79; e-mail: leder-eberhart@t-online.de, www.leder-eberhart-hindelang.de

Einkaufen/Versand

Nach alter Tradition wird der Rohmilchkäse in der Sellhürner Käsküche in Günzach hergestellt, ein Stück Allgäu, Qualität, die man schmeckt, aus der Ostrachtaler Käsestube, Bad Oberdorfer Str. 5 (Nähe Kurhaus); **Öffnungszeiten:** Montag, Dienstag, Donnerstag,Freitag 08.30–12.30 u. 14.30–18.00 Uhr, Samstag 08.30– 12.30 Uhr; **Käseversand Ostrachtaler Käsestube**, Bad Oberdorfer Str. 5, 87541 Hindelang, Tel.: 0 83 24/ 95 25 12, Fax: 0 83 24/95 25 13; der Käse wird in ganz Deutschland verschickt.

Altbekanntes neu entdecken kann der Kunde bei **Waibel-Otten** in Bad Hindelang. Man spürt es richtig, dass das

Geschäft seit über 100 Jahren in Familientradition geführt wird. Darum fühlt man sich hier so wohl, wenn man sich einmal in Ruhe all die vielen Dinge aus Großmutters Zeiten anschaut. Handgearbeitete giftfreie Allgäuer Töpferware und salzglasiertes Steinzeug (auch für die Spülmaschine und Mikrowelle und den Backofen geeignet) gehört genauso zum Sortiment wie traditionelles Holz- und Blechspielzeug oder das nostalgische Bilderbuch. Die Waren können auch an die Heimatadresse oder an liebe Freunde verschickt werden. Hier nimmt man sich noch gerne Zeit für die individuelle Beratung. So wird der Einkauf bei Waibel-Otten ein wunderschöner Ausflug in die Vergangenheit. **Öffnungszeiten:** Montag bis Freitag 08.00 bis 18.00 Uhr, Samstag 08.00 bis 13.00 Uhr oder nach Vereinbarung **Waibel-Otten**, Kirchstraße 17, 87541 Bad Hindelang, Telefon und Fax 0 83 24/444

Der besondere Tipp

Die In **Via Reisebüro GmbH** vermittelt erlebnisreiche Ausflugsfahrten in die nähere und weitere Umgebung. Sei es eine attraktive Fernreise oder eine Kreuzfahrt, Cluburlaub oder Last-minute-Angebot – im In Via Reisebüro trifft man auf kompetente Ansprechpartner und fachkundige Beratung. U. a. bietet das Unternehmen attraktive Pauschalen an zum Musical **„Ludwig^{2}" - dem Musical am Originalschauplatz** in Füssen. Enthalten sind Hin- und Rückfahrt sowie die Eintrittskarte für dieses einmalige Schauspiel. Angebote sämtlicher namhafter Reiseveranstalter können natürlich ebenfalls gebucht werden. Des Weiteren ist „In Via" offizielle DB-Agentur (Verkauf von Fahrscheinen, Reservierungen, Gepäcktransport). Der Kunde kann hier auch Reiseführer erwerben. **Mit InVia weltweit bestens unterwegs!**
In Via Reisebüro GmbH, Marktstraße 30, 87541 Bad Hindelang, Telefon 0 83 24/9 42 00, Fax 0 83 24/9 42 02, hindelang@in-via.de, www.invia-reisen.de

Wichtige Adressen und Telefonnummern

Gästeinformation Bad Hindelang, Am Bauernmarkt 1, 87541 Bad Hindelang, Tel.: 0 83 24/89 20, Fax: 0 83 24/80 55; e-mail: info@hindelang.net, Internet: www.bad-hindelang.info

Balderschwang

Balderschwang – ein Ort der Superlative: Die höchstgelegene selbständige Gemeinde Bayerns liegt hinter der höchsten Passstraße Deutschlands und ist zugleich auch kleinster Ferienort und höchstgelegene Pfarrei des Freistaats – und das am südlichsten Ende der Republik. Erst seit dem Bau des Riedbergpasses im Jahre 1961 ist das Tal auch direkt mit Deutschland verbunden.

Sehenswertes

Die kath. **Pfarrkirche St. Antonius** mit neugotischer Ausstattung und einem 1959 errichteten Westturm wurde 1836 bis 1839 errichtet.
In zwanzig Minuten vom Ortskern aus erreichbar ist die **2000-jährige Eibe** in 1150 m Höhe. Auch der **Scheuen-Wasserfall** in 1280 m Höhe lohnt einen Ausflug.

Feste und Feiern

Mitte August findet alljährlich die sog. **„Burgl-Messe"** statt. Am darauf folgenden Sonntag wird dann die Balderschwanger **Bergkilbe** gefeiert. Der Balderschwanger **Viehscheid** Mitte September hat in der Abgeschiedenheit dieses Tales seinen besonderen Reiz.

Freizeit- und Sportmöglichkeiten

Im Sommer

Das Dorf ist Ausgangspunkt für Wanderungen, MTB-Touren, Kletterpartien und zum Gleitschirmfliegen. Auf dem Waldlehrpfad bleibt die ganze Familie in Bewegung.

Im Winter

Durch seine Lage ist Balderschwang sowohl für Abfahrts- als auch für Langlauf ein sicheres Skigebiet. Alpinskifahrern und Snowboardern stehen **30 km präparierte Abfahrten, zwei neue Sesselbahnen und neun Schlepplifte** zur Verfügung. Ein aktueller Schnee- und Pistenbericht ist Tag und Nacht über Telefon 10 00 abrufbar.

Balderschwanger Liftbetriebe/Hochschelpen (Telefon 1001): Mit Gelbhansekopf-, Schwarzenberg- und Hochschelpenlift führen drei Großschlepplifte zum HochschelpenGelbhansekopf und erschließen 25 km Abfahrtspisten. Wer noch nicht so sicher auf den Skiern steht, dem seien die beiden Gschwendlifte und der Höflelift empfohlen. **Riedbergerhornbahn** (Telefon 1050): Das Riedberger Horn wird durch die Riedbergerhornbahn erschlossen. Rauhbach- und Angerlift wenden sich wie der Höflealp-Lift (Telefon 321) vor allem an weniger geübte Skifahrer. Der **Schwabenhoflift** (Einkehrmöglichkeit im Gasthof „Schwabenhof") verbindet das Riedberger Horn mit dem Hochschelpen-Skigebiet.

Balderschwang spurt ein **Loipennetz von etwa 40 km** (inklusive etwa 8 km Skating-Strecke) je nach Schneelage von Ende November bis nach Ostern. Mit den **angeschlossenen Loipen um Hittisau** (Bregenzerwald – Österreich) steht dem Langläufer ein Loipennetz aller Schwierigkeitsgrade von über 75 km zur Verfügung. Ein besonderes Erlebnis ist die rund 45 km lange, mittelschwere **Grenzlandloipe** von Balderschwang nach Hittisau (800–1044 m/gebührenpflichtig, für Gäste mit Balderschwanger Gästekarte kostenlos)

Die **Ski- und Langlaufschule „Hochallgäu"** mit Kinder-Ski-Garten „Schelpenalp" (Theo Schwärzler, Balderschwang 21, Telefon 338 oder privat 1051) bietet ein qualifiziertes Lehrerteam für alle Varianten des Skilaufs und alle Altersgruppen von 0,5 bis 85 Jahren.

Verleih diverser Wintersportgeräte bei Luggi Endrös (Telefon 1047), Werner Kienle (Telefon 1006), Planet B (Telefon 9249744 sowie bei der Snowboardschule Balderschwang (Telefon 388).

Rodelmöglichkeiten bestehen von der Alpe Unterbalderschwang (ca.

2,5 km) und von der unteren Socherhütte (ca. 0,2 km). Im Winter werden ca. 8 km **Wanderwege** geräumt.

Wandern

In Balderschwang erwarten den Wander-, Wald- und Naturfreund insgesamt rund **65 Kilometer Wander- und Radwege**. Zudem gibt es einen schönen **Naturlehrpfad**.
Das Verkehrsamt bietet während der Saison wöchentlich geführte **Kräuter- und Heilpflanzen- bzw. Jägerwanderungen** an.

Besonders reizvoll ist ein Ausflug zu einer der sieben **Sennalpen**, wo der Feriengast von Juni bis Oktober beim Käsen zuschauen und Bergkäse probieren kann.
Große Höhen- oder Gratwanderung (ca. 5–6 Std.): Östlich vom Zollamt, ab Hotel Bergblick, führt unser Weg über die Klösterle Alpe zur Doserloch Alpe. Von hier geht's weiter über die Alpen Samstenberg, Vordere Stillberg und Spicherhalde zur Oberen Balderschwanger Alpe. Zwischen der Spicherhalde Alpe und der Oberen Balderschwanger Alpe gelangt man auf dem asphaltierten Weg ins Tal zurück.

Rad fahren

Eine kurze Tour, die es aber trotz allem in sich hat und mit einer tollen Aussicht für alle Mühen entschädigt, hat die **Spicherhalde** zum Ziel (8,4 km/434 Höhenmeter/Dauer 45 Minuten).
Eine anspruchsvolle Tour, die eine gute Kondition erfordert, führt zur **Burglhütte** (14,4 km/450 Höhenmeter/ Dauer 1 1/2 Stunden).
Eine ausgedehnte Radtour, die zwar eine sehr gute Kondition erfordert, jedoch landschaftlich traumhaft ist, führt von Balderschwang ins und über die Alpe Scheidwang und die Höllritzer Alpe wieder zurück nach Balderschwang (40 km/1400 Höhenmeter/Dauer 5 Stunden). Fahrradverleih im Almhof (Telefon 1018).

Kulinarisches

Wellvitalhotel Bergblick, Tel. 1052, Bodenseehütte, Tel. 1020, Burglhütte, Tel. 924792, Füchshütte, Tel. 211, Kienles Adlerkönig, Tel. 1021, Kienles Jagdhütte, Tel. 221, Schelpenalp, Tel. 1080 (nur im Winter), Sonneckstüble, Tel. 252, Untere Socherhütte, Tel. 1088

Traumhaft schlafen

Hotels: Berblick,, Hubertus, Ifenblick, Kienles Adlerkönig, Almhof Lässer
Gasthöfe: Bodenseehütte, Schelpenalp, Schwabenhof, Sonneckstüble
Wohnmobilstellplatz am Schwabenhof

Wichtige Adressen und Telefonnummern

Verkehrsamt Balderschwang, Verkehrsamt, 87538 Balderschwang, Dorf 16, Tel. 08328 1056, Fax 08328/265; e-mail: info@balderschwang.de, http://www.balderschwang.de

Blaichach/ Gunzesrieder Tal

Blaichach, abseits der Hauptverkehrsader zwischen Immenstadt und Sonthofen am westlichen Ufer der Iller gelegen, und Gunzesried mit Gunzesrieder Tal locken vor allem Berg- und Wanderfreunde, die abseits von Hektik und Rummel Ruhe und Erholung suchen. Zu Blaichach gehören auch die Orte Altmummen, Bihlerdorf, Ettensberg, Halden, Hofen, Kühberg, Reute, Schwanden, Seifriedsberg und Tanne.

Sehenswertes

Die kath. Pfarrkirche **St. Martin** in **Blaichach** wurde am 25.09.1904 durch Bischof Maximilian Ritter von Lingg, Augsburg, geweiht. Das Bild rechts vom Eingang zeigt St. Martin als Soldat hoch zu Ross, den Mantel teilend. Es stammt etwa aus dem Jahre 1700. Der gotische Taufstein, datiert um 1500, trägt das Wappen der Montforter.
Die kath. **Pfarrkirche St. Georg und Mauritius** in **Seifriedsberg** wurde 1970 neu errichtet.

Kulturelles

Besonderer Beliebtheit erfreuen sich die Aufführungen des **Bauerntheaters** im November im Reichsadler Blaichach oder Veranstaltungen der **Kleinkunstbühne** im Gasthaus Goldenes Kreuz in Gunzesried (www.goldeneskreuz.de).

Feste und Feiern

(siehe auch „Gunzesrieder Tal")
Am Sonntag nach Fasnacht wird mit dem **Funkenfeuer** der Winter ausgetrieben, symbolisiert durch eine Hexe. Am ersten Sonntag im November (Patroziniumsfest der Pfarrei St. Martin) treffen sich Ross und Reiter zum **Martinusritt** und zur Pferdesegnung mit feierlichem Umritt durch den Ort.

Freizeit- und Sportmöglichkeiten

Im Sommer

(siehe auch „Gunzesrieder Tal")
Wasserski oder **Wakeboard** fahren kann man zwischen Blaichach und Immenstadt am **Inselsee** ausprobieren: Einen Hauch von Abenteuer vermittelt eine **Rafting-Tour** auf der Iller. Nähere Informationen hierzu sind über das Gästeamt zu erfragen oder direkt beim Canadier- und

Kanuverleih Kanuverleih. Oberallgäuer Rafting- und Erlebniszentrum Michael Steinberger, Illerstrasse 26, 87544 Bihlerdorf, Tel.: 08321/675757, e-mail: info@raftingzentrum.de, Internet: www.raftingzentrum.de. ICO (Im Wasen 16, Blaichach-Bihlerdorf, Telefon 87033) bietet Halbtages- und Tagestouren unter Anleitung ausgebildeter Kanulehrer, auch zum Schnuppern für Neueinsteiger.

Tennis-Freiplätze findet man sowohl in Blaichach als auch in Bihlerdorf Auskunft erteilt das Gästeamt.

Allerlei Wissenswertes über die Herstellung des Emmentalers oder Bergkäses erfährt man bei einem Besuch in der **Dorfsennerei** sowie auf den verschiedenen **Sennalpen**.

Die 4er-Sesselbahn Weltcup-Express (in Ofterschwang!) erschließt im Sommer ein herrliches Wandergebiet.

Badespaß

Im **Sommer 2007** wird in der Nachbargemeinde Burgberg ein **Naturerlebnisbad** seine Pforten öffnen. Für eine attraktive Wasserlandschaft werden Kiesstrände, Holzstege, eine Felsinsel und ein Kinderspielbach sorgen. Außerdem entstehen ein Beachplatz, Boule- und Bocciabahnen, eine Trampolinanlage und ein Freiluftschach.

Im Winter

(siehe auch „Gunzesrieder Tal")
Alpinskifahrern und Snowboardern stehen auf Blaichacher Gemeindegebiet insgesamt **9 Liftanlagen** zur Verfügung (siehe unter „Gunzesrieder Tal).
Wer weniger sportliche Ambitionen hat, findet Erholung beim **Wandern** durch die Winterlandschaft. Ein geräumter Rundweg führt von Blaichach über Ettensberg, Schwanden, Mummen und wieder zurück über den Illerdamm. Auch im Gunzesrieder Tal finden sich herrliche Wandermöglichkeiten.
Außergewöhnliche Erlebnis-Highlights erwarten den Gast auch **im Winter**: Die Palette reicht von Schneeschuh-Trekking und Kristall-Canyoning über Skitouren und Eisklettern bis hin zu Lawinen-Kursen.
Kegelbahnen gibt es in der Trattoria-Pizzeria Monte Bianco, Grüntenstr. 15 a, 87544 Blaichach, Tel. 0 83 21/ 80 02 40
Im **Reitstall** Schratt in Ettensberg (Schwandener Straße 10, Telefon 44 90) erwartet den Pferdefreund Reitunterricht unter fachmännischer Anleitung.

Wandern

(siehe auch „Gunzesrieder Tal")
Mit dem neuen **„Weltcup-Express"**, einer kuppelbaren 4er-Sesselbahn ab Ofterschwang (Tel. 0 83 21/6 70 30), wird ein herrliches Sommer-Familienwandergebiet erschlossen. Rund **100 km Wanderwege** laden ein zum Wandern, zum Naturerlebnis, zum Allgäuer Luft Tanken.
Der **Naturpfad** hinein ins **Ostertal** führt an fünf Wasserfällen vorbei, ein eindrucksvolles Erlebnis für Jung und Alt. Auch mit der Hörnergruppe lassen sich leichtere und mittlere Wanderungen bis hin zu Tagestouren verbinden. Steineberg, Stuiben oder auch das Ofterschwanger Horn lokken den passionierten Bergsteiger. Die Siplinger Nadel am Siplinger Horn empfiehlt sich selbst für den fortgeschrittenen Kletterer. Sehenswürdigkeiten mit einer Wanderung verbinden lassen sich auf dem Weg von **Kapelle zu Kapelle**.

Rad fahren

(siehe auch „Gunzesrieder Tal")
Die Region bietet sowohl für den Familienausflug als auch für den sportlich Ambitionierten zahlreiche Möglichkeiten für reizvolle Touren. Blaichach ist mit Sonthofen und mit Immenstadt durch einen Radweg verbunden (auch gut für Inline-Skater geeignet). Trainierte Biker fahren von Blaichach hinauf nach Ettensberg und über Tanne und Altmummen wieder hinunter auf die Hauptstraße oder über Ettensberg und Reute nach Gunzesried. Der neue

„Weltcup-Express" transportiert Fahrer und Bike zum Ofterschwanger Horn und eröffnet im wahrsten Sinne des Wortes neue Perspektiven. Aussichtsreiche Touren ins Ostertal und weiter zur Nagelfluhkette lohnen die Mühe (Biketransport kostenlos!).

Traumhaft schlafen

Inmitten herrlicher Natur liegt das **Gästehaus Im Bachtl**, auf der Sonnenseite von Bihlerdorf. Der große Garten mit freiem Blick in die Umgebung ist eine willkommene Ruhe-Oase. Balkon und Terrasse gewähren den Blick in die faszinierende Bergwelt. Kinderspielplatz, Wiese und Tischtennistisch laden die kleinen Besucher zum Toben ein. Alle Einzel- und Mehrbettzimmer verfügen über

TV, Direktwahltelefon, Dusche/WC und größtenteils Balkon oder Terrasse. Die Appartements und Ferienwohnungen sind für 2 bis 4 Personen komplett eingerichtet. Ein umfangreiches Frühstück im Aufenthaltsraum ist am Morgen ein schöner Auftakt. Den Selbstversorgern werden auf Wunsch natürlich die Brötchen geliefert. Hallenbad, Sauna und Solarium und nicht zuletzt die familiäre Atmosphäre tragen zu einem rundherum erholsamen Aufenthalt bei.

Gästehaus Im Bachtl, Im Bachtl 4, 87544 Blaichach-Bihlerdorf; Tel.: 0 83 21/6 70 10, Fax: 0 83 21/67 01 67; e-mail: info@gastbachtl.de, Internet: www.gastbachtl.de

Blaichach-Halden

In der **Pension Schönblick** in **Halden** erwartet den Gast eine erholsame, abwechslungsreiche Ferienzeit in familiärer Atmosphäre. Das Allgäuer Bauernhaus liegt in sonniger Südosthanglage am Eingang des Gunzesrieder Tales. Die Zimmer und Ferienwohnungen für 2 bis 3 Personen sind gemütlich rustikal eingerichtet. Vom Balkon aus genießt man den beeindruckenden Blick hinunter auf Sonthofen und auf die imponierende Bergwelt. Allergiker finden hier das gesunde Umfeld, das Zimmer oder Ferienwohnung zum Wohlfühldomizil werden lässt. Das reichhaltige Frühstücksbuffet bzw. Brötchenservice steht auf Wunsch auch den Ferienwohnungsgästen zur Verfügung.

Pension Schönblick Anita Oßwald, **Halden** 1, 87544 Blaichach, Tel.: 0 83 21/21 41, Fax: 0 83 21/12 84, e-mail: pension.schoenblick@augusta-kom.net

Wichtige Adressen und Telefonnummern

Gästeamt Blaichach, Immenstädter Str. 7, 87544 Blaichach, Tel.: 0 83 21/ 80 08-36, Fax: 0 83 21/2 64 81; e-mail: gaesteamt@blaichach.de, Internet: www.blaichach.de

Bolsterlang

Bolsterlang nennt sich zurecht das **Bergdorf auf dem Sonnenplateau des Oberallgäus**. Ruhe und Beschaulichkeit abseits von Durchgangsstraßen bieten in dieser ländlichen Gemeinde ideale Voraussetzungen für einen Erholungsurlaub.

Sehenswertes

Die **Kapelle St. Maria Magdalena und St. Ottilia** mit den fünf Schreinfiguren aus dem 15. Jahrhundert sowie die **Kapelle St. Wendelin und St. Anna** von 1445 im Ortsteil Untermühlegg lohnen den Besuch

Kulturelles

Heimatabende und **Bauerntheater**, Konzerte der Musikkapelle Bolsterlang und der Bolsterlanger Alphornbläser sowie die Veranstaltungen des Trachtenvereins bieten Unterhaltung.

Feste und Feiern

Den Auftakt macht der Silvester-Fackellauf. Am Sonntag nach Aschermittwoch ist das Funkenfeuer großer Anziehungspunkt. **Waldfeste, Sommernachtsfest** und die Bolsterlanger **Viehscheid** im September sind beliebte Anziehungspunkte. Einen besonderen Stellenwert nimmt der **Wen-**

HÖRNER BAHN
BOLSTERLANG
900 - 1700 m
OBERALLGÄU
7 km vor Oberstdorf
das Allgäu bei den
„Hörnern“ packen!
Deutschlands schönste Blumenberge
weitberühmte Panorama-Höhenwege
Wow...!
Hier fährt jeder
1. Klasse!
HÖRNi
Herrlicher Ausblick von
unserer Sonnen-
terrasse
NEU: Vom Berg bis ins T
10 km beschneite Piste
NEU: Funpark
Gipfelkreuz Weiherkopf
Gleitschirmschulen
Leichtes Bergwandern im Sommer
Abheben auf Traumpisten im Winter
Kostenlose Parkplätze und
öffentliche Bushaltestelle an der Talstation.
Aktuelle Info: ☎ 0 83 26 - 90 93
info@hoernerbahn.de · www.hoernerbahn.de

delinusritt ein. Die Bergmesse des Trachtenvereins Bolsterlang wird alljährlich am Sonderdorfer Kreuz zelebriert.

Freizeit- und Sportmöglichkeiten

Im Sommer

Kneippanlage, Minigolfplatz und eine Anlage zum **Stockschießen** erwarten den Gast im kleinen Kurpark am Kitzebichl. Für Tennisspieler stehen in Bolsterlang insgesamt **drei Sandplätze** zur Verfügung (Sport Speiser, Flurstraße 2, Telefon 3 80 58). Auf der **Alpe Ornach** kann man zusehen, wie aus reiner frischer Alpenmilch kräftiger Bergkäse gemacht wird. Beim Kitzebichl werden regelmäßig Kinder- und Familienfeste veranstaltet. Neu: Das Hörni-Camp Der **Diddi-Club** bietet während des gesamten Sommers Aktivitäten für Kinder von 4 bis 12 Jahren.
Bolsterlang ist Ausgangspunkt für viele Wanderungen auf dem Plateau sowie Start für die ca. 3-stündige Hörnerpanoramatour. Von der Bergstation der Hörnerbahn aus führt dieser Weg über die Hörner bis zur Ofterschwanger Bergbahn Go.

Im Winter

Hörnerbahn

7 km vor Oberstdorf erschließt sich mit der modernen **6er-Gondelbahn „Hörnerbahn"**, 1 Doppelsesselbahn, 3 Schleppliften und 2 Skischul-Übungsliften für Anfänger und Könner ein Top-Skigebiet von 900 bis 1700 m Höhe mit 17 km super-präparierten Pisten aller Schwierigkeitsgrade, einer speziellen Boarder-und Free-Ride-Piste am Horngrat sowie einem Funpark, herrlichen Variantenabfahrten und Skitouren.
Gebührenfreie Großparkplätze finden Sie an der Talstation und am Dorflift, ebenso 3 Skiverleihe mit allem Zubehör und 3 erstklassige Ski- und Snowboardschulen .
Insgesamt 17 km Abfahrtspisten sorgen in Bolsterlang für Skivergnügen pur. Besonders zu empfehlen – allerdings nur für geübte Skifahrer – ist die über drei Kilometer lange und 804 Meter Höhenunterschied überwindende Weiherkopf-Abfahrt (einzige FIS-Weltcup-Herrenabfahrt im Allgäu). Die 6er-Kabinenbahn bis zum Sattel zwischen Bolsterlanger Horn und Weiherkopf bietet höchsten Fahrkomfort, der auch Senioren und Kindern das gewünschte Sicherheitsgefühl gibt. Von der wunderschönen Sonnenterrasse der Bergstation Horngrat aus kann man den Panoram-ablick zum Riedberger Horn und über den gesamten Allgäuer Alpenhauptkamm genießen. Von der Bergstation aus erreicht man nach einer herrlichen Abfahrt den Einstieg des Weiherkopf-Schleppliftes, mit dessen Hilfe man bis auf den Gipfel (1665 m) gelangt. Hier oben fasziniert zunächst einmal das großartige Bergpanorama: im Norden und Westen die Hörnergruppe und der Bregenzerwald, nach

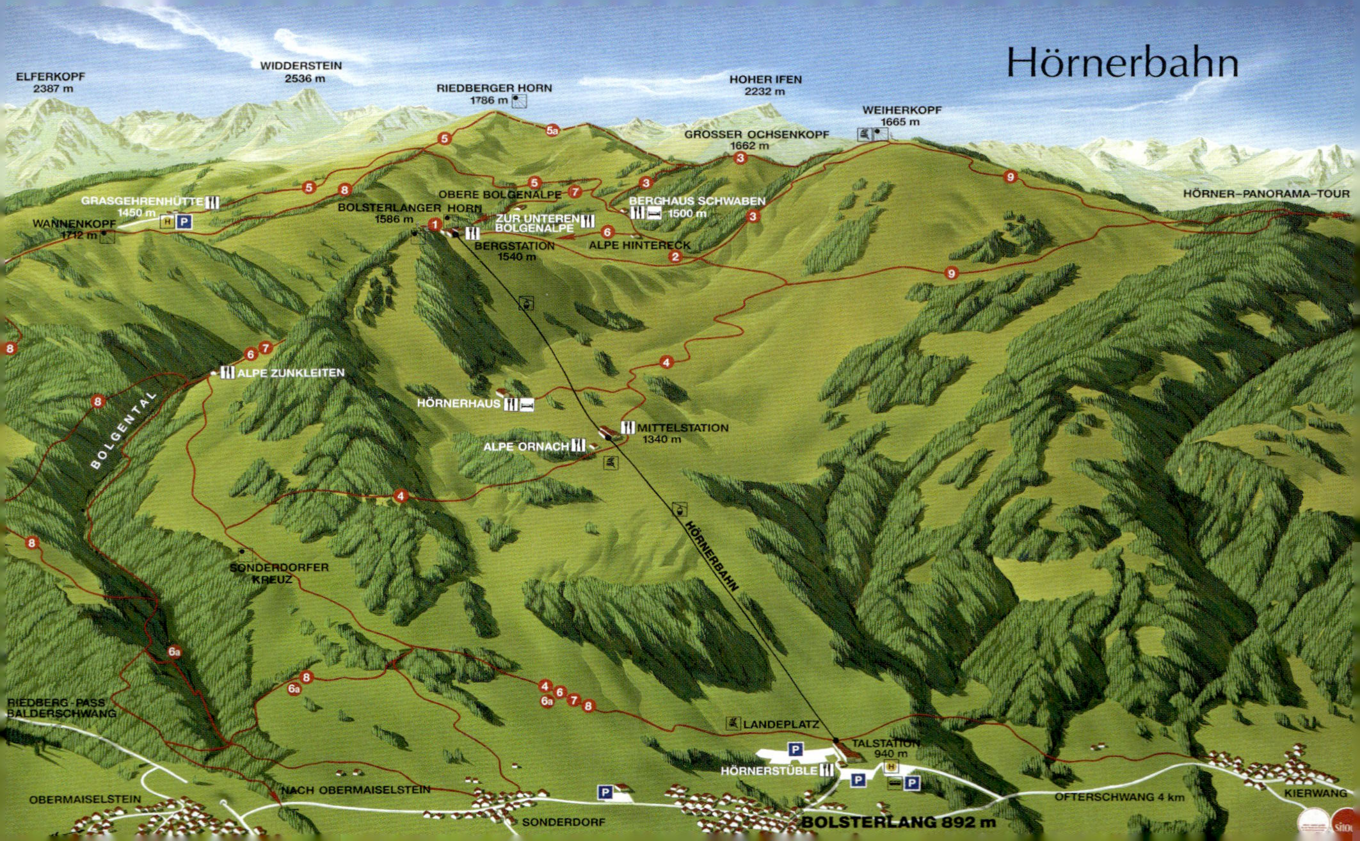

Hörnerbahn
ELFERKOPF
2387 m
WIDDERSTEIN
2536 m
RIEDBERGER HORN
1786 m
HOHER IFEN
2232 m
WEIHERKOPF
1665 m
GROSSER OCHSENKOPF
1662 m
HÖRNER-PANORAMA-TOUR
GRASGEHRENHÜTTE
1450 m
WANNENKOPF
1712 m
BOLSTERLANGER HORN
1586 m
OBERE BOLGENALPE
ZUR UNTEREN BOLGENALPE
BERGHAUS SCHWABEN
1500 m
ALPE HINTERECK
BERGSTATION
1540 m
ALPE ZUNKLEITEN
BOLGENTAL
HÖRNERHAUS
MITTELSTATION
1340 m
ALPE ORNACH
HÖRNERBAHN
SONDERDORFER KREUZ
RIEDBERG-PASS
BALDERSCHWANG
LANDEPLATZ
TALSTATION
940 m
HÖRNERSTÜBLE
OBERMAISELSTEIN
NACH OBERMAISELSTEIN
SONDERDORF
BOLSTERLANG 892 m
OFTERSCHWANG 4 km
KIERWANG

Panorama Hörnerbahn

Süden zu die Oberstdorfer und Kleinwalsertaler Berge. Der Weiherkopf ist Startrampe für rassige Abfahrten. Und wer alle Hörner auf einen Streich „mitnehmen" will, hat dazu ebenfalls Gelegenheit bei einer Skitour über die drei Gipfel bis zur Alpe Eck und von da aus ins Gunzesrieder Tal oder nach Ofterschwang.

Die Stuibeneck-Doppelsesselbahn verläuft etwas nördlich der neuen Hörnerbahn und bietet eine lohnenswerte Alternative. Der Anger- und der Dorflift sind vor allem bei Pistenneulingen und bei Familien beliebt. Während sich die Anfänger dort auf den einfachen Skihängen tummeln, sind die Geübten nicht weit im oberen Teil des Skigebiets unterwegs.

Tiefschneereviere findet man bei der Hörnertour von Bolsterlang nach Ofterschwang oder bei der Abfahrt vom Riedberger Horn nach Bolsterlang. Snowboarden kann man gut auf der Free-Ride-Piste von der Berg- zur Mittelstation.

NEU seit Winter 2004/2005: Vollbeschneiung mit modernster Technik und vollautomatischen Schnee-Erzeugern bis Bergstation Horngrat und Weiherkopf/Knobel! Insgesamt 10km beschneite Pisten garantieren Schneespass pur !

NEU seit Winter 2005/2006: Fun-Park „Hörnerbahn" mit einem tollen Downrail, einer Up and Down Box, einer Rain-Bow-Box, einer Flatbox und Kickern, oberhalb der Mittelstation gleichermaßen geeignet für den Snowboarder wie auch für den sportlichen Skifahrer !

Völkl-Testcenter von Sport-Shop-Speiser an der Talstation mit dem neuesten Equipment von Völkl, Tecnica und Marker sowie Top-Skiservice.

Kostenlose Großparkplätze und gute Busverbindungen sorgen für stressfreies Skivergnügen.

Tipp: Seit einigen Jahren gibt es im Hörnergebiet den beliebten „Hörnerschnee(s)pass", das bedeutet, dass alle Mehrtageskarten ab 3 Tagen, alle Saisonkarten und Stunden-Fankarten in den 5 Hörnerskigebieten Bolsterlang, Ofterschwang, Grasgehren, Balderschwang und Fischen gültig sind und zusätzlich eine 4-Stunden-Gratisbadekarte für das Freizeit und Familienbad „Wonnemar" in Sonthofen enthalten ist. Nach der Piste ins Schwimmbad – ein Angebot, das vor allem Familien besonders zu schätzen wissen! Ein besonderer preislicher „Leckerbissen" sind die „Weißen-Wochen" jedes Jahr im Januar und März: 5 Tage Ski fahren inklusive einer 4-Stunden-Badekarte zum Preis von 4 Tagen – ein Super-Angebot, das jeden Winter mehr und mehr Wintersportler gerne nutzen.

Infos unter Tel. 0 83 26/90 93; Internet: www.hoernerbahn.de ; E-Mail: info@hoernerbahn.de

Schulen & Verleih

Skischulen (alpin und nordisch), Snowboard, Carving etc.

Für Erwachsene und Kinder, vom Anfänger bis zum Profi

Verleih von Wintersportausrüstung

Gut gelernt ist halb gewonnen! Erstklassige Skischulen bieten auch Kinderkurse sowie Tiefschnee-, Skitou-

ren- und Langlaufkurse an. Anfängerkurse werden auf eigenem Anfängergelände durchgeführt. Auch Skiverleih ist hier möglich: Erste Skischule Bolsterlang, Tel. Nr. 0 83 26/6 37 oder 72 50,
Neue Ski- und Snowboardschule Bolsterlang, Tel.Nr. 0 83 26/38 47 57

Völkl-Testcenter an der Talstation, Tel.Nr. 0 83 26/36 65 44 o. Sport-Shop-Speiser, Tel.Nr. 0 83 26/3 80 58
Christian`s Ski- und Snowboardschule mit ELAN-Testcenter am Dorflift Tel.Nr. 0 83 26/36 63 48

Winterwandern

Nordic Walking – oder Schneeschuh-Wandern = Genuss und Erholung pur

Einer der schönsten und längsten Winterwanderwege im Allgäu ab Bergstation Hörnerbahn – 7 km Gesamtlänge!
Für Winterwanderer empfiehlt sich der geräumte südseitige Höhenweg ab Bergstation Hörnerbahn zum Berghaus Schwaben (1500 m). Er ist auch für Familien mit Kindern sowie für Senioren problemlos zu begehen.

Neu angelegt, ebenfalls ab Bergstation Hörnerbahn, ist der Rundweg vom Berghaus Schwaben auf 1500 m Höhe weiter in die Hochlagen des Bolgentales Richtung Riedberger Horn. Bei schönem Wetter kann man auf der windgeschützten Aussichts-Sonnenterrasse die kostenlosen Liegestühle nutzen, die wärmenden Strahlen der Wintersonne und das grandiose Alpenpanorama genießen. Der gespurte Weg durch die märchenhaft verschneite Berglandschaft verläuft auf ca. 1500 m Höhe. Neue Ruhebänke wurden entlang des Wanderweges aufgestellt und laden zum Verweilen und Genießen der traumhaften Aussicht ein! Gehzeit ca. 2,5 bis 3 Stunden.

Einkehren & Feiern

Hüttenzauber

Bolsterlang
Auf der bewirtschafteten Aussichts-Sonnenterrasse der Hörnerbahn Bergstation (kostenloser Liegestuhlverleih) kann man das grandiose Alpenpanorama genießen. Mehrere Berggaststätten mit Sonnenterrassen sowie Gasthöfe im Talstationsbereich und am Dorflift laden zur gemütlichen Einkehr oder zum fetzigen Après-Ski.

Unser spezieller Tipp für Ostern:
Jedes Jahr von Karfreitag bis Ostermontag fahren alle Kinder bis 16 Jahre in Begleitung eines zahlenden Elterteiles frei – ob zum Skifahren oder Winterwandern! Weitere Infos unter www.hoernerbahn.de oder unter der Tel. Nr.: 0 83 26/90 93

Wandern

7 km vor Oberstdorf – das Allgäu bei den „Hörnern“ packen!
Die **Hörnertouren** mit ihren Panorama-Höhenwegen hoch über dem Illertal gehören unbestritten zu den schönsten Bergerlebnissen im Allgäu. Deutschlands modernste 6er-Gondelbahn, die **Hörnerbahn**, ermöglicht es auch Familien und Senioren, eine unvergessliche Wanderung zu erleben, die von der Abwechslung und von der Aussicht ihresgleichen sucht. Mit den gut belüfteten **Panoramagondeln** der **Hörnerbahn** schwebt der Bergfreund bequem von 940 m hinauf auf 1540 m, unter sich das Illertal von Sonthofen bis Oberstdorf. Allein schon der grandiose Blick auf die Allgäuer und Lechtaler Alpen lohnt die Fahrt. Nicht selten zeigen sich dem Wanderer sogar die Gipfel von Schesaplana und Säntis.
Die bewirtschaftete Bergstation, ausgezeichnet beim „thomaswechspreis 2002“- Architekturpreis für Schwaben und „baupreis kempten 2005“, mit Sonnenterrasse und kostenlosem Liegestuhlverleih ist Ausgangspunkt für die verschiedensten Touren, über sanft geschwungene Blumenberge (**Alpenrosenblüte von ca. Ende Mai bis Mitte Juni**), deren artenreiche Flora einzigartig in den Allgäuer Alpen ist. Der **Sonnenplatz Horngrat** lädt ein zum Wandern in luftiger Höhe mit faszinierendem Gipfelpanorama und anschließendem Ausruhen in bequemen Liegestühlen. Die **Hörner-**

bahn mit ihren 58 6er-Gondeln hat eine Kapazität von stündlich bis zu 1400 Personen, so dass es keine Wartezeiten gibt. Für das leibliche Wohl sorgen drei Berggasthäuser mit Sonnenterrassen (Berggaststätte Mittelstation, Hörnerhaus und Berghaus Schwaben) sowie ab Alpauftrieb bis zum traditionellen Viehscheid bewirtschaftete Alpen. Direkt unterhalb der Mittelstation befindet sich die **Sennalpe „Ornach"**, die Sennereiführungen und mehrfach prämierten Allgäuer Bergkäse anbietet. Kostenlose Großparkplätze und gute Busverbindungen sorgen für stressfreies Wandervergnügen in einem abwechslungsreichen Gebiet.

Wandervorschläge:

Bei der **Bolgental-Wanderung** beträgt die Gehzeit ca. 2,5 Stunden: Nach der Auffahrt mit der **Hörnerbahn** führt der Weg zum Berghaus Schwaben, kurz zuvor geht es an der Alpe Hintereck links ab und hinunter ins Bolgental. Bei der Alpe Zunkleiten (1172 m, bewirtschaftet) führt ein Pfad links ab zum Bergblickweg und zurück zur Talstation. Die erweiterte Schleife über die Obere Bolgenalpe (bewirtschaftet) verlängert die Wanderung um ca. eine halbe Stunde. Möchte man auch noch den „königlichen" Aussichts-Gipfel, das Riedberger Horn, besteigen, so sollte man eine weitere Stunde einplanen. Die **Hörnertour** (Gehzeit ca. 3–4 Stunden) führt von der Gipfelstation der **Hörnerbahn** zunächst zum Weiherkopf (1665 m) und von dort in nördlicher Richtung auf dem Kamm der Hörner entlang zum Rangiswanger Horn (1615 m). Der Abstieg erfolgt über die Kahlrücken-Alpe nach Kierwang, zurück zur Talstation oder weiter nach Ofterschwang. Die **Hörnertour** lohnt sich allein aufgrund der einzigartigen Flora und Fauna. Kinder unter 6 Jahren, Hunde, Mountainbikes und Kinderwagen werden gratis transportiert. Mehrere Gleitschirmschulen ermöglichen den „Traum vom Fliegen", ob

in Kursen oder einfach zum „Schnuppern" bei einem Tandemflug.

Der besondere Tipp: Abheben zum Kaffeeklatsch! Täglich ab 14.30 Uhr gibt es die Berg- und Talfahrt mit der Hörnerbahn inklusive Kaffee und Kuchen für nur 10,00 EUR, für Kinder inklusive ein Getränk oder ein Eis für nur 6,00 EUR Das verspricht einen herrlichen Nachmittag am Berg!

Weitere Infos unter Hörnerbahn GmbH & Co. KG, 87538 Bolsterlang, Tel.Nr.: 0 83 26/90 91, Fax: 0 83 26/ 90 92 www.hoernerbahn.de info@ hoernerbahn.de

Der **Plateauweg** führt über die sanften Hügel um Bolsterlang. Ausgangspunkt des gemütlichen Wegs ist der Ortsausgang Richtung Untermühlegg. Beim Kitzebichl zweigt der Fußweg nach Obermühlegg/Fischen ab. Von dort geht es auf geteertem Weg weiter über Untermühlegg nach Dietrichs. Hier bietet sich die Möglichkeit zur Einkehr. Von Dietrichs (nach der Kapelle) führt der Fußweg am Golfplatz vorbei nach Bauhof und von dort geht es per Fußweg wieder zurück nach Bolsterlang. Die reine Gehzeit für diese 6,5 km beträgt ca. 2 Stunden.

Sehr schön und nicht anstrengend ist der Weg durch das **Tiefenberger Moos**.

Mit dem **Kinderwagen** sind die Wege um den Ort herum problemlos zu meistern. Neben dem kinderwagengerechten Weg, welcher von der Hörnerbahn Bergstation über das **Berghaus Schwaben** führt, erteilt die Gästeinformation gerne weitere Tipps zum Wandern mit Kinderwagen. Auch für Inline-Skating ist das Plateau um Bolsterlang wie geschaffen. Die vielen, jedoch selten befahrenen kleinen Straßen und Wege laden dazu ein.

Spiel und Spaß mit allen sieben Sinnen in der Allgäuer Natur – dafür sorgt die erfahrene Naturerlebnis-Führerin Anita Waibel. Lauschen, riechen, fühlen, spüren und eine Menge Spaß dabei haben zu jeder Jahreszeit, da wird Natur für die ganze Familie zum ganz besonderen Erlebnis.

Rad fahren

Die **„Kleine Hörnergruppen Rundtour"** ist auch für Kinder geeignet. Eine ebenfalls leichte Radtour bietet sich auf dem schattigen **Illerdamm nach Sonthofen** an. Eine Rundtour lässt sich von Bolsterlang aus mit den **Nachbardörfern östlich der Iller** planen. Ein längerer, jedoch äußerst reizvoller Ausflug führt nach **Rohrmoos**. Bei guter Kondition kann die Tour auf einer gesperrten Straße noch fortgesetzt werden nach **Sibratsgfäll**, ein Klassiker unter den Radtouren.

Einkaufs-Tipps

Der Dorfladen in Bolsterlang bietet alles, was man im Urlaub braucht.

Wichtige Adressen und Telefonnummern

Gästeinformation Bolsterlang, Rathausweg 4, 87538 Bolsterlang, Tel. 0 83 26/83 14, Fax 0 83 26/94 06; e-mail: info@bolsterlang.de

Buchenberg

Inmitten ursprünglicher Natur im voralpinen Hügel- und Moorland am südwestlichen Rand des Kemptner Illerbeckens liegt der Markt Buchenberg mit dem Prädikat „Staatlich anerkannter Luftkurort". In der Gemeinde, die neben dem Hauptort rund 50 Filialorte umfasst, leben rund 4000 Einwohner.

Sehenswertes

Die **kath. Pfarrkirche St. Magnus** ist ein nahezu stilrein klassizistischer Bau, nur der Turm ist spätgotisch. Das Langhaus wurde 1792/93 von Joseph Beck gebaut. Den Hochaltar mit der Kreuzigungsgruppe schuf Ulrich Mayer um 1856.
Die **Georgskapelle** liegt an der Straße von Buchenberg nach Wengen. Sie wurde 1460 zur Erinnerung an die Schlacht am Buchenberg errichtet.
Die **Wirlinger Nikolauskirche** wirkt von außen recht unscheinbar, doch ihr Inneres überrascht mit schönen Stuckaturen. Bemerkenswert sind die Plastiken der Altäre (1680/1690). Die Schnitzarbeiten des linken Seitenaltars schuf der Meister des Imberger Altars (um 1470). Der Turm stammt aus spätromanischer Zeit.
Auch die Römer haben rund um Buchenberg ihre Spuren hinterlassen: In Ahegg sind **Mauerreste eines römischen Wachtturmes** erhalten. Eindrucksvoll ist auch das **Stück der römischen Geleisestraße im Fels**, das an der Klamm südwestlich von Buchenberg freigelegt wurde.

Museen

Das **Buchenberger Heimatmuseum** (Eschacher Straße 35 b, Info-Tel. 92 02 22 oder 3 69) bietet mit Möbeln und Gerätschaften aus alten Allgäuer Bauernhäusern einen Einblick in frühere Wohnkultur. Eine komplett eingerichtete Schusterwerkstatt präsentiert das alte Handwerk. Kinder erfreuen sich besonders an der zierlichen Puppenstube und dem kleinen Kaufladen. Dokumente und Gläser erinnern an die einstige Glasbläserei in Kreuzthal. Im Obergeschoss werden jährlich wechselnde Sonderausstellungen gezeigt. **Öffnungszeiten:** 1. Mai bis Ende Oktober Sonntag 14–16 Uhr, Gruppenführungen auf Anfrage

Feste und Feiern

Die gesamte Region bietet dem Feriengast im Sommer mit ihren Dorffesten einen kurzweiligen Aufenthalt. Termine sind beim Tourismusbüro zu erfragen.

Freizeit und Sport

Im Sommer

Eine Freizeitanlage mit Minigolf-, Beachvolleyball-, Tennis-, Tischtennis- und Kinderspielplatz und Bolzplatz bietet den Gästen ein abwechslungsreiches Angebot. **Freizeitanlage Buchenberg**, Tel. 0 83 78/12 18

Eschacher Weiher

Das Badeparadies Eschacher Weiher ist ein landschaftliches Kleinod mitten im Naturschutzgebiet. In einem abgegrenzten Bereich kommen auch FKK-Anhänger auf ihre Kosten.

Moorweiher Buchenberg

Neben der Freizeitanlage liegt der idyllische Moorweiher und lädt ein zum Baden und Entspannen oder zum Kneippen im Tretbecken. Bei der Wanderung auf dem Moorlehrpfad (1,5 km) erfährt man allerlei Wissenswertes. Im Winter lädt der Moorweiher ein zum Eisstockschießen, Eislaufen und Eishockey ein.
Das Freibad Kreuzthal (Tel. 2 66 oder 2 23, Liegewiese und Kiosk) bietet ebenfalls eine kühle Erfrischung.

Tennis

Es stehen 2 Tennisplätze zur Verfügung. Nähere Information erhalten Sie in der Tourist-Info Buchenberg Tel. 0 83 78/92 02-22

Im Winter

Freunde des **alpinen Skisports** finden auf Buchenberger Gemeindegebiet fünf Aufstiegshilfen und eine Gesamtpistenlänge von rund 3 km. Der Römerlift in Buchenberg (mit Babylift, Schneetelefon 01 71/6 41 05 08) überwindet bei 280 m Länge 50 m Höhendifferenz. Die Schwärzenlifte Eschach (Beschneiungsanlage, Piste für Snowboarder, zwei Babylifte, Schneetelefon 0 83 78/12 22) und der Skilift Eschach (Schneetelefon 0 83 78/2 76) stehen dem Sportler ebenfalls zur Verfügung. Anspruchsvoller wird es in Kreuzthal beim Kreuzbachthallift (Länge 560 m, Höhendifferenz 156 m, Flutlichtanlage Montag bis Freitag 19–22 Uhr, Tel. 0 75 69/2 80 oder 12 75) und beim Skilift Gohrersberg/Herrnberg (Länge 650 m, Höhendifferenz 144 m, 2 Abfahrten – 1 x für geübte Skifahrer, 1 x für Familien geeignet, Tel. 0 75 69/93 10 46).
Rund um Buchenberg sind bei entsprechender Schneelage insgesamt fünf Loipen mit rund 38 km Gesamt-

länge gespurt, die teilweise untereinander vernetzt sind. Der Langläufer hat die Wahl zwischen der Loipe Wirlinger Wald Loipe, der Donau-Rhein-Loipe (Di und Do 17.00–19.00 Uhr beleuchtet) der Panorama-Loipe, der Eschacher Wettkampfloipe und der Eschachthaler Loipe. **Skischule** und **Skiverleih** bei Sport Frey, Tel. 0 83 78/78 88.

Wandern

Eine ideale Möglichkeit, das Buchenberger Wanderparadies kennen zu lernen, ist das Erwandern der über 40 Informationstafeln, die unter dem Motto „Erlebnis Bauernland" rund um Buchenberg angebracht sind. Die Tafeln informieren ausführlich über die unterschiedlichen Aspekte bäuerlicher Arbeit und bäuerlichen Lebens. Auf historischem Boden geht man bei der Wanderung zum Galgenmoos und zur Römerstraße. Die Tour startet in der Ortsmitte auf der Eschacher Straße. Nach etwa 200 Metern biegt man nach links ab. Der Weg führt über den Hof eines Holzbaubetriebes. Kurz vor der B 12 erinnert ein Gedenkstein an den Galgen, der dort bis 1814 stand. Der Wanderer überquert die B 12 und trifft auf den Eingang zur Römerstraße. Über eine Viehweide erreicht man ein kleines Waldstück, wo ein Pfad nach rechts abzweigt. Am Tobelrand ist die römische Felsenstraße noch gut zu erkennen.
Wenn man den gleichen Pfad rund 600 Meter zurückgeht, kommt man zur ehem. Bahnlinie und zum **Moorlehrpfad „Sommerau"**.

Besonderes und Einzigartiges

Auf dem Buchenberger **Wasserschmeckerweg** kann auch der Laie an verschiedenen Punkten Wasseradern, Verwerfungen oder Gitterkreuzungen aufspüren („Wasserschmecker" werden im Allgäu als die Wünschelrutengeher bezeichnet) und dabei seine Empfänglichkeit für diese Veränderungen testen. Der Wasserschmecker-Rundweg ist 2 km lang. Er beginnt und endet beim kleinen Parkplatz an der Eschacher Straße am Ortsende von Buchenberg. Die Wünschelruten kann man in der Tourist-Info kaufen bzw. ausleihen. In der Sommersaison werden geführte Wanderungen angeboten.

Rad fahren

Buchenberg ist eine der Stationen des **Radwanderweges Allgäu**, Fahrradverleih bei Sport Frey, Tel. 78 88.

Buchenberg liegt direkt am **Jakobsweg.** Gasthof-Pension Moorstubn ist als pilgerfreundliches Haus besonders hervorzuheben (Tel. und Fax: 0 83 78/2 08).

Wichtige Adressen und Telefonnummern

Tourist-Info, Rathaussteige 2, 87474 Buchenberg, Tel. 0 83 78/92 02-22, Fax 0 83 78/92 02-23; e-mail: tourismus@buchenberg.de, Internet: www.buchenberg.de

Landhaus Sommerau

Im **Landhaus Sommerau** in **Buchenberg** wird der Gast mit saisonalen Köstlichkeiten und regionalen Spezialitäten so richtig verwöhnt. Verschiedene kleine Stuben – Kaminzimmer, Bierstube, Wirlinger Stube, Kaffeelounge mit kostenlosem Internetzugang – bieten mit ihrem liebevollen Ambiente für jeden Anlass den richtigen Rahmen. Fürs gesellige Beisammensein trifft man sich in der Bayerischen Bierstube, romantisch wird's bei kulinarischen

Schmankerln im Kaminzimmer, an schönen Sommertagen sitzt man auf der einzigartigen Sonnenterrasse unter Kastanien bei einem guten Glas Wein oder einem frisch gezapften Bier. In der Kaffeelounge kann der Gast den kostenlosen Internetzugang (DSL-Business) mit WLan-Karten nutzen. Der Festsaal (50 bis 300 Personen) bietet den passenden Rahmen für unvergessliche Betriebs- und Familienfeiern. Ein erfahrenes Team steht gerne bei der Organisation hilfreich zur Seite, unterbreitet Vorschläge und Komplettangebote für Dekoration, Menüfolge, musikalische Umrahmung u. v. m. (Banketabteilung Tel.: 08378/ 94093-13). Unterschiedlich große Tagungsräume mit modernem Equipment sind auch ideal für Tagungen geeignet. **Restaurant** täglich ab 11.00 Uhr geöffnet, Montag bis Freitag täglich wechseln-

des Mittagsmenü zu günstigen Preisen, jeden Dienstag Grillabend mit Live-Musik auf der Sonnenterrasse. Zum Kegeln stehen täglich ab 11.00 Uhr 3 Bahnen zur Verfügung.

Die 38 gemütlichen Zimmer und Familienappartements im **Landhaus Sommerau** in **Buchenberg** sind liebevoll eingerichtet und alle mit Bad/Du-

sche/WC, TV und Telefon ausgestattet. In der Kaffeelounge kann der Gast den kostenlosen Internetzugang (DSL-Business) mit WLan-Karten nutzen. Von der Loggia hat man einen fantastischen Blick auf das Moorbad und den Kurpark mit seinen Einrichtungen. Nach einem reichhaltigen Allgäuer Frühstück vom Büfett ist man bestens gestärkt für reizvolle Ausflüge und sportliche Aktivitäten. Ab Dezember 2006 genießt der Gast in der neuen Saunalandschaft Erholung und Entspannung.

Landgasthof Sommerau, Eschacher Str. 35, 87474 **Buchenberg**, Tel.: 0 83 78/9 40 93-0, Fax: 0 83 78/ 9 40 93-55, Internet: www.landhaus-sommerau.de, e-mail: info@landhaus-sommerau.de

Abeles Welt

Bei **Abeles Welt in Buchenberg** kann sich der Gast in geschmackvoller ländlicher Eleganz einmal richtig verwöhnen lassen. Sei es das regionale Schmankerl oder das Candle-Light-Dinner, ein Drink am offenen Kamin, der Besuch im Bistro mit Holzofen-Grill und vegetarischem Bio-Food oder das Dinieren in Abele-'s Restaurant oder im Restaurant Alpenrose: Jeder Aufenthalt wird zum Erlebnis. Auch für Familien- und Betriebsfeiern bieten die Räume und Restaurants mit ihrer harmonischen Atmosphäre den richtigen Rahmen.

Die Köche in Abeles Restaurant freuen sich darauf, kulinarische Kreationen auf die Teller zu zaubern. Auszeichnungen im „Gault Millau", „Michelin" und im „Feinschmecker" zeigen, dass Abeles Welt mit optimalem Service und ausgefallenen Gourmet-Menüs etwas ganz Besonderes ist. Das liebevolle Ambiente und die Herzlichkeit der Mitarbeiter tragen entscheidend dazu bei, dass jeder Ferientag ein Tag voller Freude und Entspannung wird.

Drei Tagungs- und Veranstaltungsräume bieten mit modernster Technik die perfekte Ausstattung für Tagungen, Seminare und Familienfeiern. Lili's World (Indoor-Spielplatz) sorgt dafür, dass sich auch die kleinen Gäste so richtig wohl fühlen

Freude im Grünen verspricht **Abeles Welt** am Rande von **Buchenberg**. Hier stehen dem Gast 40 Zimmer zur Verfügung, davon 6 family-rooms und 3 Suiten, die unter ökologischen Gesichtspunkten im Einklang mit der Natur konzipiert sind.

Das liebevolle Ambiente und die Herzlichkeit der Mitarbeiter tragen entscheidend dazu bei, dass jeder Ferientag ein Tag voller Freude und Entspannung wird.

Der Wellness-Bereich mit Medical Care garantiert zudem einen Wohlfühlaufenthalt in harmonischer Atmosphäre und sorgt mit einem umfangreichen Angebot für körperliches Wohlbefinden und seelische Ausgeglichenheit.

Abeles Welt, Hölzlers 169, **87474 Buchenberg**, Tel. 08378 94050, Fax 08378 9405-20; Internet: www.freudeimgruenen.de, e-mail: info@freudeimgruenen.de

Burgberg i. Allgäu

Das „Knappendorf" Burgberg ist ein anerkannter Erholungsort am Fuße des Grünten. Seinen Beinamen

„Knappendorf" erhielt Burgberg durch den früheren Eisenerzabbau an der Grüntensüdseite. Zum Gemeindegebiet zählen die Ortsteile Agathazell, Erzflöße, Häuser und Ortwang. Mit den Orten Sonthofen, Immenstadt, Blaichach und Rettenberg hat sich Burgberg zur „Ferienregion Alpsee-Grünten" zusammengeschlossen.

Geschichtliches

Seinen Namen erhielt Burgberg von der ehemaligen „Burg am Berg", deren Überreste heute noch als Ruine am südlichen Ortsrand auf einem Felssporn zu bewundern sind. Im Jahre 1851 errichtete Karl Hirnbein mit dem Grüntenhaus die erste und um diese Zeit einzige Unterkunftsmöglichkeit in den Allgäuer Bergen.

Sehenswertes

Die kath. **Pfarrkirche St. Ulrich** wurde im Jahre 1754 erbaut. Auf dem Deckengemälde aus der Erbauungszeit wird die Schlacht auf dem Lechfeld dargestellt. Schmuckstücke besonderer Art sind auch die Kirche **St. Agatha in Agathazell** mit einem Hochaltarbild des Rettenberger Malers Franz Anton Weiß und die **Steinebichlkapelle** in Burgberg.

Erzgruben-Erlebniswelt am Grünten

In einer Höhe von ca. 1000 m ü.NN – mit herrlichem Panoramablick in die Allgäuer Berge - an der Südflanke des Grünten und unmittelbar am historischen Bergbaurevier gelegen, hat die Gemeinde Burgberg ein Bergbaumuseum errichtet. In der „Erzgruben – Erlebniswelt am Grünten" wird die eng mit dem Eisenerzbergbau ver-

Held
...zieht an!
Held
SHOP
Ständig große Auswahl
an Muster-, 2.Wahl-
und Auslaufartikeln!!!
850 m²
Größte Auswahl an Motorrad-
Handschuhen, -Helmen, -Bekleidung
und Gepäck im Allgäu
Arai
www.held-shop.de
Rettenbergerstr. 7 • 87545 Burgberg
Telefon 08321/6646-31 • durchgehend geöffnet

knüpfte Geschichte des Ortes aufgegriffen und dargestellt.

Die Ausstellung gliedert sich in drei Themenbereiche: Geschichte des Bergbaus im Allgäu sowie die Geologie der Allgäuer Alpen, Bergbau vom frühen Mittelalter bis zum Jahre 1856 und die Einrichtung einer historischen Schmiede. Außerdem hat der Besucher die Möglichkeit zu einer anschließenden Führung durch die angrenzenden Tagebaue und zwei gesicherte untertägige Bergwerke. Stündlich erfolgen geführte Wanderungen vom Museumsdorf in die angrenzende Andreasgrube und zu den beiden Bergwerken der Anna- und der Theresiengrube. Nach dem Museumsbesuch bietet sich die Einkehr im „Knappenhock“.

Museen

Die ganze Welt der Modelleisenbahn erwartet den Besucher bei **MO-LOK** (Sonthofener Straße 38, Telefon 2 21 80) – ein Erlebnis nicht nur für Modellbahnfreunde!

Kulturelles

Standkonzerte finden im Sommer bei guter Witterung fast jeden Mittwochabend vor dem Rathaus statt.

Feste und Feiern

Mit dem großen **Funkenfeuer** am Sonntag nach Aschermittwoch wird traditionell der Winter ausgetrieben. Am 1. Mai findet das traditionelle **Maibaumaufstellen** auf dem Dorfplatz unter Mitwirkung der Blaskapelle und des Trachtenvereins statt. Auf der Hut sein sollte man Anfang Dezember in Burgberg. Sind es beim Bärbeletreiben am 4. Dezember die Frauen, so schlagen beim **Klausentreiben** am 5. und 6. Dezember die vermummten Männer mit ihren Ruten zu.

Kurioses und Originelles

Um den Gästen die alte Tradition des Bergbaus etwas näher zu bringen, wird jedes Jahr im Sommer auf den Dorfabenden der traditionelle **Knappentanz** aufgeführt.

DSV Nordic Aktiv Zentrum

In Zusammenarbeit mit dem Deutschen Skiverband entstand eine Einrichtung, die ganzjährig folgende Sportangebote umfasst: Nordic Walking, Nordic Skiing, Nordic Snowshoeing, Mountainbiking und Nordic Blading. Entsprechende Kurse werden für Einsteiger und Fortgeschrittene angeboten. Informationen darüber sind in der Gästeinformation Burgberg erhältlich.

Freizeit- und Sportmöglichkeiten

Im Sommer

Ein **Tennisplatz** (Freiplatz) ist für Gäste reserviert, Platzmarken gibt es im Gästeamt zu kaufen.
Für seine Thermik ist der Grünten jedem Flugbegeisterten bekannt.
Kutschfahrten finden jeden Mittwoch um 13.30 Uhr statt (Auskunft und Anmeldung im Gästeamt Burgberg). Privat bei Lämmerhofer (Heimenhofenstraße 25, Telefon 32 59).

Für einen Inline-Skate-Ausflug mit der ganzen Familie bietet sich der Radweg ab der Goymooskreuzung entlang der Rauhenzeller Allee Richtung Immenstadt an.
Terminvereinbarung zum **Segelfliegen** direkt am Segelflugplatz in Agathazell, Tel: 0 83 21/8 18 28

Badespaß

Im Sommer 2007 wird in Burgberg ein **Naturerlebnisbad** seine Pforten öffnen. Für eine attraktive Wasserlandschaft werden Kiesstrände, Holzstege, eine Felsinsel und ein Kinderspielbach sorgen. Außerdem entstehen ein Beachplatz, Boule- und Bocciabahnen, eine Trampolinanlage und ein Freiluftschach.

Im Winter

Ein **35 km langes Loipennetz** mit Skatingspur und Anschluss an die Nachbargemeinde Rettenberg verspricht jedem Langläufer genügend Variationsmöglichkeiten. (Loipenkarte erhältlich im Gästeamt). Über Rodelmöglichkeiten informiert das Gästeamt.

Winterwanderern bietet Burgberg ein Wegenetz von insgesamt rund 10 km (Wandertipps beim Gästeamt). Auf speziell ausgewiesenen Schneeschuhwanderwegen am Grünten genießt man auf Schneeschuhen die grandiose Winterlandschaft (Schneeschuhverleih in der Gästeinformation Burgberg und im Berggasthof Alpenblick) oder lässt sich auf geführten Schneeschuh-Wanderungen professionell in die Geheimnisse der Schneeschuhe einweisen.

Ganzjährig

Kegelbahn, Burgberger Stolle, Bergstr. 2, Tel: 0 83 21/800084

Wandern

Ein gut markiertes Wanderwegenetz rund um Burgberg bietet dem Wanderer viele Kilometer genussvolles Wandern. Wandervorschläge und Karten sind in der Gästeinformation erhältlich.
Während des Sommers werden durch das Gästeamt auch **geologisch-botanische Wanderungen** in Verbindung mit dem Besuch der Erzgruben am Grünten organisiert. Ein wunderschön angelegter Panoramaweg hat den **Weinberg** zum Ziel. Etwas anstrengender ist eine Bergtour auf den **Grünten** (1738 m) mit seinen fünf Gipfeln. Der **geologisch-botanische Lehrpfad** „Wald, Moos und Eisenerz" hat eine Länge von ca. 10 km und startet am Dorfplatz. Die Streckenführung verläuft durch das Agathazeller Moos, über den Weinberg und am Grüntensüdhang entlang zu den Erzgruben.

Die **Kapellenwanderung** verbindet die Wanderlust mit Sehenswürdigkeiten. Ausgangspunkt ist die Burgberger Kirche St. Ulrich.

Rad fahren

Für gemütliche Radler empfiehlt sich der **Illerradwanderweg** in Richtung Oberstdorf oder Kempten. Der sportliche Radler sollte die Tour **„Rund um den Grünten"** nicht auslassen. Radtourenvorschläge sowie eine Mountainbikekarte sind im Gästeamt erhältlich. Eine ausgedehnte, etwas anstrengendere Tour führt über Retten-

Fußballschule Wegmann

Ex-Profifußballer **Uwe Wegmann** hat im Laufe seiner Karriere bei etlichen Topclubs des deutschen und internationalen Profifußballs gespielt. Mit 240 Fußballbundesligaspielen, 12 Europacupspielen und 116 Einsätzen in der 2. Bundesliga blickt er auf eine lange und erfolgreiche Laufahn zurück.
Seine gesammelten Erfahrungen kann er nun vielen **Nachwuchskickern** vermitteln und sie auf ihrem Weg in eine etwaige Fußballkarriere unterstützen oder ihnen einfach nur die Freude an diesem Sport durch Weitergabe von Tricks und Kniffen erhalten.

Ferienkurse über 3 Tage

für **Spieler** von **7 bis 14 Jahre**, für Kinder aus der Region, für Ferienkinder, die mit ihren Familien im Allgäu Urlaub machen.

Die Kurse sind in **abwechslungsreiche Trainingseinheiten** eingeteilt. Trainiert wird wie auch die Profis sich

auf wichtige Bundesligaspiele vorbereiten. Dabei wird natürlich das Alter der Teilnehmer berücksichtigt. Das Training soll Spaß machen und kurzweilig sein. Es wird kein Leistungsdruck erzeugt.

Von **Montag bis Mittwoch**. Die Kurse gehen über **drei Tage**, ohne Übernachtung.

Trainiert wird in **Burgberg** auf einem Rasenplatz mit Top-Ausstattung. Anfahrt über die B 19 Richtung Oberstdorf, Abfahrt Blaichach.

Fußballschule Uwe Wegmann, Am Sonnenhang 12, 87545 Burgberg, Telefon: 0 83 21/78 64 94, Fax 0 83 21/ 78 64 93, www.uwewegmann.de, e-mail: uwegmann@t-online.de

siehe auch Seite Einleitung

berg, Kranzegg und das Adelharz zum „Großen Wald", übers „Königsträßle" nach Winkel und zurück nach Burgberg. Das Königssträßle ist angenehm schattig und kühl, daher vor allem angenehm im Sommer. Für Familien mit Kindern bietet sich bei diesem Radausflug der Besuch des Waldspielplatzes mit Erlebnispfad im Großen Wald an.

Bergschule Oberallgäu

Immer auf der Höhe! Unter diesem Motto stehen die Bergerlebnisse mit der **Bergschule Oberallgäu** in **Burgberg** (siehe Einleitung). Bergschule Oberallgäu, Edelweißstraße 5, 87545

Burgberg, Tel. 0 83 21/49 53, Fax 0 83 21/8 19 56, E-Mail:info@alpinschule.de, www.alpinschule.de

Der besondere Tipp

Die **In Via Reisebüro GmbH** vermittelt erlebnisreiche Ausflugsfahrten in die nähere und weitere Umgebung. Sei es eine attraktive Fernreise oder eine Kreuzfahrt, Cluburlaub oder Lastminute-Angebot – im In Via Reisebüro trifft man auf kompetente Ansprechpartner und fachkundige Beratung. U. a. bietet das Unternehmen attraktive Pauschalen an zum Musical **„Ludwig²" - dem Musical am Originalschauplatz** in Füssen. Enthalten sind Hin- und Rückfahrt sowie die Eintrittskarte für dieses einmalige Schauspiel. Angebote sämtlicher namhafter Reiseveranstalter können natürlich ebenfalls gebucht werden. Des Weiteren ist „In Via" offizielle DB-Agentur (Verkauf von Fahrscheinen, Reservierungen, Gepäcktransport). Der Kunde kann hier auch Reiseführer erwerben. **Mit InVia weltweit bestens unterwegs!**
In Via Reisebüro GmbH, Rettenberger Straße 9, 87545 Burgberg, Telefon 0 83 21/6 84 20, Fax 0 83 21/6 84 22, burgberg@in-via.de, www.invia-reisen.de

Einkaufstipp

Komplettangebot von Motorradbekleidung und –zubehör sowie Lederwaren bei **Held Handschuh GmbH**, Rettenberger Str. 7, 87545 Burgberg, Tel. 0 83 21/66 46-31, Fax 0 83 21/ 66 46-39; Internet: www.heldshop.de (siehe Herstellungsverkauf)

Kulinarisches

Wer deutsche Küche liebt und gerne seinen Gaumen verwöhnen lassen möchte mit erlesenen Gerichten, findet in den Burgberger Stuben genau das Richtige. Seien es die Spargel- und Wildgerichte oder regionale Spe-

zialitäten: Der Küchenchef zaubert mit viel Liebe kreative Schmankerl auf den Teller. Die verschiedenen Räume bieten sich an für Familien- und Betriebsfeiern. Auf der Sonnenterrasse kann man den Alltag hinter sich lassen. In den Ferien erwarten verschiedene Aktionen die kleinen Gäste und ihre Eltern.

Im **„Burgberger Stolle“**, dem gemütlichen Lokal mit „Kellerflair“, heißt es bei 2 vollautomatischen Kegelbahnen „Alle Neune“. Die urige Atmosphäre und ein täglich wechselndes Tagesangebot an Speisen und Getränken machen den Besuch zu etwas Besonderem. **Geöffnet:** Montag Ruhetag, Dienstag bis Sonntag v. 11.00 bis 24.00 Uhr; STOLLE: Di–So 16.00 bis 02.00 Uhr

Burgberger Stuben, Bergstraße 2, 87545 Burgberg, Tel. 0 83 21/ 80 00 82, Fax 0 83 21/80 00 83, e-mail: info@burgberger-stuben.de, Internet: www.burgberger-stuben.de

Traumhaft schlafen

Über den Dächern von Burgberg
In sonniger Hanglage über den Dächern des malerischen Ortes Burgberg liegt die schön eingerichtete 68 Quadratmeter große **Ferienwohnung der Familie Wegmann**. Die Küche ist voll ausgestattet, das Ambiente ist modern und hell und die Terrasse liegt ruhig eingebettet. Genießen Sie Ihren Allgäuurlaub in vollen Zügen.

Die freundlichen Besitzer erreichen Sie unter: 08321-786494 oder unter uwegmann@t-online.de

Wichtige Adressen und Telefonnummern

Gästeinformation Burgberg, Rettenberger Straße 2, 87545 Burgberg, Tel. 0 83 21/78 78 97, Fax: 0 83 21/ 78 78 98; e-mail: gaesteinformation@burgberg.de, Internet: www. burgberg.de oder www.alpsee-gruenten.de

Fischen i. Allgäu

Wer von Sonthofen her durchs Illertal weiter nach Süden fährt, dem zeigen sich bei Fischen die Oberstdorfer Berge in all ihrer Schönheit. Zur Gemeinde Fischen i. Allgäu gehören die Ortsteile Au, Berg, Langenwang, Maderhalm, Oberthalhofen, Unterthalhofen und Weiler.

Nicht umsonst gehört Fischen zu den topprädikatisierten Heilklimatischen Kurorten in Deutschland. Heilklima, das ist Klima, das heilt.

Sehenswertes

Die kath. **Pfarrkirche St. Verena** (im alten Friedhof an der Hauptstraße) wurde im 15. Jh. erbaut. Im Fischinger Ortsteil **Langenwang** ist die **Antoniuskapelle** sehenswert. Die Kunstschätze lohnen den Besuch.

Museen

Im Jahre 2000 konnte die Gemeinde ein Heimathaus und das Fischinger Schimuseum einrichten, seit 2005 mit FIS-Auszeichnung.

Öffnungszeiten: Dienstag und Donnerstag 16–18 Uhr sowie nach Vereinbarung (Tel. 0 83 26/38 15 95)

Ein „lebendes" Museum, ein Zeugnis traditioneller Fischinger Handwerkskunst, ist die 400 Jahre alte **Obermühle-Säge** (Mühlenstraße 22), die zu den ältesten Sägemühlen im Allgäu zählt. Ein Modell im Maßstab 1:17 steht im Kurhaus Fiskina. Die Sägemühle bei der Obermühle kann im Frühling, Sommer und Herbst jeweils freitags um 17.30 Uhr besichtigt werden.

Kulturelles

Das **Kurhaus „Fiskina"** (Telefon 0 83 26/3 64 60) ist der kulturelle Mittelpunkt von Fischen. Ein kleines Aussichtscafé im 1. OG und das Fiskina Restaurant im Erdgeschoss mit Terrasse und Biergarten, von Wasserläufen umgeben, sind ein beliebter Treffpunkt. Im Untergeschoss stehen dem Gast zwei turniergerechte Bundeske-

gelbahnen zur Verfügung. Nicht nur für Regentage empfiehlt sich ein Besuch der Bücherei im Pfarrzentrum St. Magnus (Tel. 3 83 01).

Feste und Feiern

Ein Glanzpunkt der Allgäuer Fasnacht ist das Faschingstreiben und der große **Faschingsumzug** am „Gumpigen Donnerstag" (Donnerstag vor dem Faschingswochenende), für alle Fischinger und für die ganze Region ein absolutes Muss. Ein fester Bestandteil des Fischinger Jahres sind mittlerweile die **Kultur- und Brauchtumstage** im Mai. In Acht nehmen muss man sich auf den Fischinger Straßen beim alljährlichen **Klausenbärbeletreiben** am Barbaratag (4. Dezember) und beim **Klausentreiben** am 6. Dezember. Top-Langläufer von internationalem Rang und Namen kommen in der Regel am zweiten Weihnachtsfeiertag nach Fischen, um sich beim **Internationalen Allgäuer-Latschenkiefer-Nachtlanglauf** zu messen. Anziehungspunkt für Einheimische und Gäste gleichermaßen ist das **Haflinger-Schlittenrennen und Skijöring** am 28. Dezember.

Freizeit- und Sportmöglichkeiten

Im Sommer

Badespaß für die ganze Familie bietet das moderne **Erlebnis- und Familienbad** Fischen, Mühlenstraße 55, Tel. 0 83 26/6 91. Im Kurpark Fischen und

in der Kneippanlage vor dem Kurhaus kann der Gast in den **Kneipp-Anlagen** ein kühlendes Fußbad nehmen und seinen Kreislauf in Bewegung bringen. **Angeln** ist im Auwaldsee und mit der Fliege im Grund- und Scharbenbach möglich, wenn es für Sportangler heißt „Petri Heil" beim „Fischen in Fischen". Auskunft erteilt das Gästeamt unter Telefon 3 64 60. Vergnügen für die ganze Familie bietet der **Minigolfplatz** am Eingang zum Weidachnaturpark; Tennisfreunden stehen fünf **Sandplätze** an der Mühlenstraße zur Verfügung – mit Gästekarte gratis (Telefon 78 89). Die neuen **Golfplätze** wurden harmonisch in die weitgehend naturbelassene, wertvolle Landschaft integriert. (Golf-Resort Oberallgäu, Tel. 0 83 21/27 21 81 oder 0 83 26/3 85 94 10).
Die Allgäuer Bergwelt aus der Vogelperspektive betrachten kann man beim **Gleitschirmfliegen**. Info Tannacker 13, Telefon 82 22.
Auch für Kinder bietet Fischen ein abwechslungsreiches Programm, das beim Gästeamt zu erfragen ist.

Im Winter

Alpinskifahrer und Snowboarder, die ein kleines und ruhiges Gelände (2 km präparierte Abfahrten) schätzen, sind in Fischen an der richtigen Adresse (Schnee-/Info-Telefon 3 64 60 oder 97 12).

25 km präparierte Skiwanderwege werden rund um Fischen gespurt.

Zwischen Sonthofen, Oberstdorf und den fünf Hörnergemeinden besteht ein Loipenverbund. Sportliche Romantik wird am Dienstag, Mittwoch und Donnerstag geboten, wenn der Loipen-Rundkurs in der Beslerstraße (1,5 km) von 18 bis 19.30 Uhr beleuchtet wird. Eis laufen und Eisstockschießen kann man auf dem Natur-Eisplatz in Fischen-Au. Und wer den Eisenkufen einen Holzschlitten vorzieht, dem sei die 200 m lange **Rodelbahn** direkt neben den Skiliften empfohlen.

Winterromantik bei einer Pferdeschlittenfahrt bieten Hubert Althaus (Oberthalhofen, Telefon 73 83), Peter Schmid (Berg, Telefon 78 39), Adolf Schuster (Oberthalhofen, Telefon 70 08), Karl Übelhör (Oberthalhofen, Telefon 70 07) und Alois Vogler (Maderhalm, Telefon 5 36).

Das Wegenetz für **Winterwanderer** umfasst insgesamt rund 40 km und zieht sich rund um Fischen.

In mehreren Hotels stehen **Hallenbäder** und Saunalandschaften auch für alle anderen Gäste zur Verfügung. Preise sind beim Gästeservice zu erfragen.

Ganzjährig

In den Grundbachstuben im Kurhaus „Fiskina" (Telefon 2 49) befinden sich turnierfähige **Kegelbahnen**.

Wandern

50 km Wanderwege finden sich rund um Fischen, mehr als 200 km markierte Wanderwege gibt es in der Ferienregion Hörnergruppe Oberallgäu. Zu den beliebtesten Strecken zählt mit Sicherheit der **Dammweg** mit **Wasserlehrpfad**, in beiden Richtungen entlang der Iller zwischen Fischen und Sonthofen gelegen. Der **Waldlehrpfad** im Weidach-Naturpark unterstreicht die Bedeutung des Waldes. Ein beliebter Weg führt durch die Weidachanlagen zur Iller und zum

Auwaldsee. Wer raue Natur in ihrer Urwüchsigkeit erleben will, macht einen Ausflug zum Hinanger Wasserfall. Wanderkarte: www.fischen.de

Rad fahren

Fischen ist Ausgangspunkt für abwechslungsreiche Radtouren, von gemütlich bis anstrengend. Großer Beliebtheit erfreut sich der **Illerdamm**, entweder flussaufwärts Richtung Oberstdorf oder flussabwärts Richtung Sonthofen und Immenstadt. Biker, die in Ortsnähe eine sportliche Herausforderung suchen, fahren auf der verkehrsarmen Straße nach Reichenbach und biegen hier rechts ab Richtung Gaisalpe.

Geführte Radtouren mit Fahrradverleih bieten G. Voggel (Weilerstraße 5, Telefon 5 08) sowie die Pension Forellenbach (Mühlenstraße 4 1/2, Telefon 5 45). Rad und Mountainbike-Karte: www.fischen.de

Wichtige Adressen und Telefonnummern

Gästeservice Fischen, Am Anger 15, 87538 Fischen i. Allgäu, Tel. 0 83 26/ 36 46-0, Fax 0 83 26/36 46 56; e-mail: info@fischen.de

Gunzesrieder Tal – Gunzesried Blaichach

Das Gunzesrieder Tal hat sich bis heute seine Ursprünglichkeit bewahrt. Wer Ruhe und Beschaulichkeit sucht, findet in diesem lieblichen Hochtal zu jeder Jahreszeit eine reizvolle Ferienregion.

Sehenswürdigkeiten

Die **Kapelle** in **Gunzesried** ist der Allerseligsten Jungfrau und dem hl. Nikolaus geweiht. Der **Reuteweg**, eine malerische Straße durch den Wald, führt von Ettensberg über den Ortsteil Reute nach Gunzesried vorbei an einer kleinen **Bildkapelle**.

Blick ins Geschichtsbuch

Auf der Au Alpe im Gunzesrieder Tal hat Johann Althaus aus der Schweiz 1828 den ersten Emmentaler Käse in Deutschland hergestellt.

Kulturelles

Die **Kleinkunstbühne** im Gasthaus Goldenes Kreuz (Telefon 0 83 21/ 25 60, www.goldeneskreuz.de) in Gunzesried hat sich im Laufe der Jahre zu einem Geheimtipp entwickelt.

Feste und Feiern

– Ein Blick in den Jahreslauf
Für Einheimische und Gäste ein fester Termin im Jahresfestkalender ist der **1. Mai**, wenn der Maibaum aufgestellt wird. Am 17. September (nur wenn dieser Tag auf einen Sonntag fällt, wird der Termin verschoben) treffen sich Einheimische und Gäste zur **Viehscheid** auf dem Scheidplatz in **Gunzesried**. Etwa 1500 Rinder werden an diesem Tag zu Tale getrieben.

Eine regionale Eigenart ist der **„Tal-Feiertag“** zu Ehren des örtlichen Schutzpatrons St. Nikolaus am 6. Dezember.

Im Winter

Von der Gunzesrieder Seite aus kommt man mit dem **Ossi-Reichert-Lift** und dem Gipfellift aufs Ofterschwanger Horn. Das Angebot an Aufstiegshilfen wird komplettiert durch den **Alpe-Eck-Lift** und zwei Übungslifte (1 x im Skigebiet, 1 x an der Talstation der 4er-Sesselbahn „Weltcup-Express“). Auf den schneesicheren Abfahrten geht es schwungvoll hinab ins Tal. Auch Tourenläufer und Freunde des Tiefschneefahrens kommen auf ihre Kosten.

2 Übungslifte für Anfänger und die kleinen Wintersportler (Schlepplänge 400 m) befinden sich in Gunzesried-Säge. Ein Paradies für Langläufer ist das gut gepflegte Loipennetz. Auf der **Loipe Gunzesried** gibt es auf 5 km Länge nur leichte Steigungen. Beliebt ist u. a. auch die **Loipe von der Gunzesrieder Säge** Richtung Autal. Eine neue Loipenkarte ist im Gästeamt erhältlich.

Erlebnisreiche, sportliche und lustige Stunden garantieren in Mikas Skischule die beiden staatlich geprüften Skilehrer Michael und Karsten mit ihrem Top Team (info@mikas-skischule.de; www.mikas-skischule.de; Tel.: 0 83 21/67 40 48, 01 75/5 05 24 61)

Rodeln

Rodelspaß mit Einkehr für Jung und Alt bietet die Alpe Rappengschwend unterhalb des Tennenmooskopfs (nur im Winter geöffnet, Tel. 0 83 21/97 71 oder 0 83 28/10 07).

Die **Natureisbahn** in Gunzesried lädt ein zum Eislaufen (Tel. 25 60).
Ansprechpartner für eine Schlittenfahrt sind Helmut Hopf (Gunzesried 11, Telefon 31 87), Franz Kniesel (Gunzesried 22, Telefon 47 07) und Alfred Schuster (Talstraße 51, Gunzesried, Telefon 2 62 08). Ein geräumter Winterwanderweg führt ins Ostertal und über Buhls Alpe zurück nach Gunzesried-Säge (2 Std.).

Wandern

Sei es die bequeme Wanderung zu einer Sennalpe mit gemütlicher Einkehr mit einem deftigen Käsbrot und frischer Milch oder die Gipfeltour über die Nagelfluhkette: Das Tal mit seiner Lage zwischen 900 und 1833 m ü. N. N. ist ein ideales Wandergebiet und wird jedem Anspruch gerecht. Die Sennalpen Derb (durch Halden-Tobel), Oberberg und Gerstenbrändle können mit der ganzen Familie bequem erwandert werden und sind immer ein lohnendes Ziel. Der Allgäuer Berghof kann sowohl über den Waldweg ab Gunzesrieder Säge als auch von Bihlerdorf/Seifriedsberg erwandert werden. Vom Gunzesrieder Tal zweigt das **Ostertal** ab, wo vom Parkplatz ausgehend ein bequemer geteerter Weg ohne Steigung bis zur Holzerhütte Gräfenalpe führt.
Die Nagelfluhkette und die Hörnerkette erstrecken sich über eine Fläche von ca. 42 qkm bis zur Alpe Scheidwang, an der Landesgrenze zum Bundesland Vorarlberg. Höchster Berg des Tales ist der Hochgrat mit 1833 Metern Höhe, der von der Alpe Scheidwang gut zu Fuß zu erreichen ist. Wer die Tour noch ausdehnen möchte, steigt (oder fährt mit der Gondelbahn) vom Hochgrat ab nach Steibis.
Abwechslungsreich und voller Naturschauspiele ist auch eine Wanderung durch den Haldertobel. Neues Kartenmaterial mit Tourenvorschlägen ist im Gästeamt erhältlich.

Etwas Besonderes

Hier oben entfaltet der kurze Bergsommer seine ganze Pracht. Zu einem besonderen Erlebnis wird die Artenvielfalt der Natur bei einer **botanischen Wanderung** mit der Natur- und Landschaftsführerin Anita Waibel. Sie öffnet den interessierten Gästen die Augen für Heilpflanzen und Wildkräuter, unternimmt, Sennalp-Wanderungen und versteht es vor allem auch Kindern das Erlebnis Natur nahe zu bringen. Spezielle Angebote sind auf Gruppen und Vereine zugeschnitten. (Anita Waibel, Moosackerweg 1, 87544 Gunzesried, Tel. + Fax. 0 83 21/58 84; e-mail: AnitaWaibel@aol.com).

Radfahren

Anfänger oder konditionsstarke Sportler: Im Gunzesrieder Tal kommt jeder auf seine Kosten. Eine Tour zum Schwitzen, jedoch landschaftlich sehr reizvoll, führt von Blaichach über Ettensberg und Reute durch den Wald nach Gunzesried. Zur Weiterfahrt sind den Möglichkeiten kaum Grenzen gesetzt: Gunzesried-Säge, Alpe Scheidwang und weiter durchs malerische Lecknertal nach Hittisau, wo man entweder die Variante über Oberstaufen oder über Balderschwang zurück zum Ausgangspunkt wählen kann.

Für geübte Mountainbiker gibt es auch die Möglichkeit, über die Alpe Wilhelmine Richtung Balderschwang zu fahren. Neues Kartenmaterial ist im Gästeamt erhältlich.

Einkaufs-Tipp

Wer den Namen „Allgäu" hört, denkt dabei an Berge und saftig-grüne Wiesen mit dem Geläute der Kuhglocken. Gerade im Gunzesrieder Tal prägen die Milchkühe auf den Weiden der Bergbauernhöfe das Landschaftsbild. Etwa zwei Drittel der Kühe werden zusammen mit den Jungtieren auf den 64 Alpen im Gunzesrieder Tal „gesömmert". 15 Bauern bringen zweimal täglich die Milch zur Sennerei. Die Jahresanlieferung liegt bei knapp 1,2 Mio. Liter. Aus dieser naturbelassenen Milch wird Emmentaler und Bergkäse hergestellt. Im Einkehrstüble in der Sennerei kann man frische Milch, Butter und verschiedene Schnittkäse oder eine der 12 verschie-

denen, selbst hergestellten Käsesorten probieren. Auch ein weiter Weg lohnt sich für diese hochwertige, naturbelassene Käsequalität.
Nach vorheriger Anmeldung in der Sennerei kann man auch eine Führung machen und dabei allerlei Wissenswertes über die Herstellung von Käse erfahren.
Öffnungszeiten von Montag bis Sonntag: vom 1. November bis 31. März von 09.00 – 12.00 Uhr und von 15.00 – 18.00 Uhr; vom 1. April bis 31. Oktober von 09.00 – 12.00 Uhr und von 15.00 – 19.00 Uhr
Sennerei Gunzesried, 87544 Gunzesried, Tel. 0 83 21/8 41 09, Fax 0 83 21/72 36 94

Traumhaft schlafen

Das **Gästehaus Waibel** in Gunzesried liegt ruhig und idyllisch am Ortsrand. Die Appartements für bis zu fünf Personen sind gemütlich im Landhausstil eingerichtet und bieten alles, was dem Gast einen angenehmen Aufenthalt schenkt. Vom Balkon aus hat man einen herrlichen Blick auf den Grünten, den Hausberg des Allgäus. Gerne trifft man sich nach einem erholsamen Tag zur geselligen Runde in der Kellerbar.
Die Hausherrin Anita Waibel ist Natur- und Landschaftsführerin und vermittelt ihren Gästen bei geführten Wanderungen die Reize dieser Region.
Gästehaus Anita Waibel, Moosackerweg 1, 87544 Gunzesried, Tel.: 0 83 21/58 84, Fax: 0 83 21/61 95 40, E-mail: AnitaWaibel@aol.com

Die **Gasthäuser Kamineck** (Gunzesried-Säge, Tel. 0 83 21/8 87 41), **Buhls Alpe** (Gunzesried-Säge), **Hirtenstube** (Gunzesried, Tel. 0 83 21/8 34 19) und **Goldenes Kreuz** (Gunzesried, www.goldeneskreuz.de, Tel. 0 83 21/ 25 60) sorgen für das leibliche Wohl.

Wichtige Adressen und Telefonnummern

Gästeamt Blaichach, Immenstädter Str. 7, 87544 Blaichach, Tel.: 0 83 21/ 80 08-36, Fax: 0 83 21/2 64 81; E-Mail: blaichach@blaichach.de, Internet: www.blaichach.de

Immenstadt – Großer Alpsee

Am Fuße der Berge des Oberallgäus liegt die traditionsreiche Handels-, Gewerbe- und Residenzstadt Immenstadt. Der malerisch gelegene Große und Kleine Alpsee haben sicherlich viel dazu beigetragen, dass sich Immenstadt mit seinen Stadtteilen Bühl am Alpsee, Akams, Eckarts, Knottenried-Diepolz, Rauhenzell und Stein zu einem bedeutenden Tourismusort im Oberallgäu entwickelt hat.

Sehenswürdigkeiten

Die **Kirche** in **Diepolz**, 1513 bis 1517 erbaut, ist spätgotisch und enthält wertvolle Kunstwerke. Die **Kirche** in **Akams** wurde im Jahre 1732 erbaut und 1890 bis 1894 renoviert. In der Kirche von Eckarts steht ein Taufstein aus dem 16. Jahrhundert.

Der **Luftkurort Bühl** am Alpsee besitzt vier bemerkenswerte Kirchen: Die **Lorettokapelle** mit bemerkenswerten Fresken wurde 1666 errichtet. Die 1667 bis 1669 erbaute **Kirche St. Stephan** besteht eigentlich aus zwei Bauten, der 1953 erweiterten Oberkirche und der Unterkirche oder Gruftkirche St. Salvator, wo sich ein Modell des hl. Grabes von Jerusalem mit einem überlebensgroßen Leichnam Christi befindet. Im 2 km östlich von Immenstadt gelegenen **Rauhenzell** lohnen sich ein Besuch der Otmarskirche und des Schlosses. Die Otmarskirche mit Reliquienschrein

Marienplatz Immenstadt

Sind die Kühe wirklich lila? War das Allgäu tatsächlich früher blau? Diese Fragen beantwortet das Allgäuer Bergbauernmuseumin Immenstadt-Diepolz . Das einzige Freilichtmuseum des Allgäus ist als „lebendiges Museum“ konzipiert und vermittelt Alltag und Leben der Bergbauern. Seine Erlebnisbereiche sind: Die originale Alphütte mit historischer Käs’küche, der ungewöhnliche Spielplatz, der Kräutergarten, der Bauernhof mit Tieren zum Anfassen, die Imkerei, die Klangstation, das herrliche Alpenpanorama, die Dorfsennerei, die Pfarrkirche mit neugotischer Kassettendecke und das gastronomische Angebot der „Wirte in der Bergstätte“.

Öffnungszeiten und aktuelle Information:
siehe Internet und
Tel. 0 83 20/70 96 70

Eintrittspreise:
Erwachsene 3 €
Ermäßigt 1,50 €
Kinder unter 6 J. frei

Allgäuer Bergbauern Museum Immenstadt-Diepolz

Allgäuer Bergbauernmuseum · 87509 Immenstadt-Diepolz
Aktuelle Info: Telefon 0 83 20-70 96 70
Internet: www.bergbauernmuseum.de

und Vortragekreuz des frühen 14. Jh. ist in Schiff und Westturm noch romanisch. Von den **Ruinen Rothenfels und Hugofels** (ca. 1,5 km westlich von Immenstadt) lassen nur noch geringe Mauerreste erahnen, dass hier einst der Mittelpunkt der Reichsgrafschaft Rothenfels war.

Etwas besser erhalten ist die **Burgruine Laubenberg-Stein** aus dem 12. Jh., die sich südöstlich der Ortschaft Stein unmittelbar an der B 19 Immenstadt – Kempten befindet.

Ein **Rundgang** durch Immenstadt zeigt viele Sehenswürdigkeiten. Die **Mariensäule** im Mittelpunkt von Immenstadts „guter Stube" wurde gestiftet von Hugo Graf zu Königsegg-Rothenfels. Die heutige Brunnenanlage um die Säule zeigt Figuren, die traditionelle Immenstädter Gewerbezweige symbolisieren. Das ehemalige **Schloss** (Marienplatz 12) trägt über dem Türsturz im Eingangsbereich die Jahreszahl 1550. Hier sind das Staatliche Vermessungsamt, die Stadtbücherei und die Touristinformation untergebracht. Gasthof **„Goldener Adler"** aus dem Jahr 1360 (Marienplatz 14) zählt zu den ältesten Gasthöfen Deutschlands. 1777 übernachtete hier Kaiser Josef II. von Österreich auf der Durchreise von Versailles nach Wien. Das **Rathaus** (Marienplatz 16) wurde 1640 wahrscheinlich als herrschaftliches Haus erbaut. Der Erdgeschossbereich diente dem Kornhandel als **Schrannenhalle**. Hier finden heute Kunstausstellungen, Empfänge u. ä. statt.

Immenstadt Zentrum

Die Villa **„Edelweiß"** stellt eine repräsentative Gründerzeitvilla des Miteigentümers der ehemaligen Mechanischen Bindfadenfabrik Immenstadt, Edmund Probst, dar. 1861 erfolgte die Grundsteinlegung der **evangelischen Erlöserkirche**. Die Pfarrei wird 1275 erstmals urkundlich erwähnt. Der wahre Schatz der Pfarrei ist die spätgotische Madonnenfigur an der Südseite des Kirchenschiffs. Sie wird der Ivo-Strigel-Werkstatt in Memmingen zugeschrieben.
Der **Klostergarten** wurde zu einer öffentlichen Grünanlage umgestaltet. Mittelpunkt der Parkanlage wurde 1988 der Brunnen. Der **Trinkbrunnen** steht an dem Platz, wo früher die öffentliche Wasserentnahmestelle war.

Museen

Das **Museum „Hofmühle"** wurde am 23. Juli 1919 in einem alten Bauernhaus gegründet. Seit 1990 befindet es sich in der ehemaligen gräflichen Hofmühle. Museum Hofmühle: D-87509 Immenstadt, Tel. 08323 3663, geöffnet: Mittwoch bis Sonntag 14 – 17 Uhr. Bei Sonderausstellungen gelten geänderte Öffnungszeiten. Siehe auch Besonderes und Einzigartiges.

Kulturelles

In der **Hofgarten-Stadthalle** wird regelmäßig ein ausgesuchtes kulturelles Programm angeboten:
Von Juni bis September trifft man sich beim wöchentlichen **Standkonzert**, in Bühl beim **Strandkonzert** auf der Seebühne am Großen Alpsee. Das Museum **Hofmühle** hat die entsprechende Atmosphäre für **Lesungen** und Folklore-Abende. Die **Schrannenhalle** im Rathaus schafft den passenden Rahmen für Ausstellungen. **Büchereien** und Lesesäle mit Kinderbücherei gibt es im Schlossgebäude am Marienplatz, in der Gästeinformation Bühl am Alpsee sowie in der Kath. Pfarrbücherei in Immenstadt.

Feste und Feiern

– Ein Blick in den Jahreslauf

Beim traditionellen **Maimarkt** handelt es sich um einen alljährlich Mitte Mai im Stadtkern stattfindenden Händlermarkt. Von Juli bis Oktober steht Immenstadt mit seinen Stadtteilen ganz im Zeichen des Festefeierns. Am ersten Samstag im Juli wird auf dem historischen Marienplatz das traditionelle Stadtfest abgehalten. Die internationale Elite ist am Start beim traditionellen **Allgäu-Triathlon** im Juli. Das **Seenachtsfest** am Großen Alpsee in Bühl mit seinem Feuerwerk ist am letzten Juli-Samstag Anziehungspunkt. Am ersten Samstag im August trifft man sich auf dem Marienplatz zum sog. **Brunnenfest**. Am 3. Samstag im September kommt das Vieh von den Alpen und wird durch die Stadt zum Viehmarktplatz getrieben: **Viehscheid**. Ende September trifft man sich vor den Buden beim **Michaelimarkt**. Der Gregori-Markt, ebenfalls ein Händlermarkt, der auf das alte Stadt- und Marktrecht zurückgeht, findet Anfang November statt. Wie ein lebender Adventskalender wirkt der Marienplatz, der in der Vorweihnachtszeit eine märchenhafte Kulisse für den großen **Weihnachtsmarkt** der örtlichen Vereine bietet.

Freizeit- und Sportmöglichkeiten

Im Sommer

Tagesscheine zum **Angeln** (Mai–November) sind über die Gästeinformation Bühl und die Angelbedarfsgeschäfte erhältlich.
Beim Hauser Strandbad in Bühl am Großen Alpsee befindet sich eine Windsurfing- und Katamaran-Schule (Telefon 63 41). Beim **Bootsverleih** Heindl (Tel. 21 03) kann man von Mai bis Oktober Ruderboote und Tretboote mieten. An der Asphaltsportanlage an der Tennishalle gibt es von April bis Oktober die Möglichkeit zum Sommer-Eisstockschießen.

Kleiner und Großer Alpsee laden ein zum Baden. Der **Große Alpsee in Bühl** ist für Eltern und Kinder ein wahres Dorado: plantschen, schwimmen, surfen, Boot fahren. Dazu kann man sich im Hauser-Strandbad oder an einem der drei weiteren öffentlichen Badeplätze niederlassen. Ruder- und Tretboote können im Hauser-Strandbad (Tel. 0 83 23/63 41) und beim Bootsverleih Heindl direkt im Bühler Hafen (Tel. 0 83 23/21 03) gemietet werden. Nähere Informationen zum Segeln und Surfen erteilt die Wassersportschule Oberallgäu am Großen Alpsee (Telefon 0 83 25/3 46 oder 0 83 23/5 22 00).

Ein wahres Kleinod unter den Freibädern ist sicher das **Freibad Kleiner Alpsee** (Tel. 0 83 23/87 20). Das beheizte Freibad liegt direkt an einem Natursee vor der Immenstädter Bergkulisse und bietet ein Sportbekken (50 x 25 m), ein Nichtschwimmerbecken mit Rutsche, ein Babyplantschbecken, großzügige Liegewiesen, Sprungturm und Floß im See, Abenteuerspielplatz, Kinderrutsche, Beach-Volleyball-Plätze, Tischtennis, Kiosk mit Liegestuhl- und Sonnenschirmverleih und eine Panorama-Tribüne. Von Ende Mai bis Anfang September ist es täglich von 9 bis 19 oder 20 Uhr geöffnet. Bei Schlechtwetter/ kühlen Temperaturen bleibt das Freibad geschlossen.

Nähere Information zum Segeln erteilt die Segel- und Windsurfingschule Oberallgäu in Oberstaufen (Telefon 0 83 25/3 46 oder 0 83 23/5 22 00). In Bühl am Alpsee befindet sich eine **Gartenschach-Anlage** sowie ein Minigolfplatz. Kurse für Basteln und Seidenmalerei gibt es von Juni bis September bei der Gästeinformation in Bühl am Alpsee.

Eine willkommene Erfrischung bringt die **Wassertretanlage** mit Armbecken im Auwald-Sportzentrum.

Längste Rodelbahn Deutschlands – Allwetter-Rodelbahn (Rodel Coaster)

„Alpsee Bergwelt“ – ab August 2006 ist die Region am Alpsee um eine hochkarätige Touristenattraktion reicher.

Mit dem Bau der **längsten Rodelbahn Deutschlands** (Allwetter-Rodelbahn, Rodel Coaster) und dem größten Kletterwald Bayerns mit Hochseilgarten wurde ein faszinierendes Freizeitdorado geschaffen.

Die Doppelsesselbahn bringt die Besucher hinauf – und dann geht's hinein ins Vergnügen. Da kann man auf dieser ca. 3 km langen Strecke mit ihren 68 Kurven in der Bergabbahn, 23 Wellen, 7 Jumps, 4 Brücken über Wege, Tobel und Bäche schon mal einen lauten Juchzer hören, wenn jemand einfach aus Spaß an der Freud' seinem Gefühl Ausdruck gibt. Zehn bis zwölf Minuten dauert der Nervenkitzel bei der rasanten Abfahrt auf der ganzjährig befahrenen Trasse. Gerade in der Gruppe, sei es im Rahmen eines Schulausflugs oder anlässlich einer Feier, wird dieser Aufenthalt in der „Alpsee Bergwelt“ für alle zum unvergesslichen Erlebnis-Tag.

Diese neue Erlebniswelt ist eine wertvolle

Ergänzung zum bisherigen Freizeitangebot in der Region. Das Gebiet eröffnet außerdem viele Möglichkeiten für

alle alpinen Sportarten: Ski und Snowboard, Rodeln Sommer und Winter, Klettern, Paragliding und Bergwandern, Sport für jede Altersgruppe. Der Doppelsessellift und 3 Schlepplifte sind ideale Aufstiegshilfen. An der Talstation ist ausreichend Parkplatz für ca. 300 Pkw und 10 Busse. Die Berghütte mit Restaurant lädt ein zum gemütlichen Verweilen.

Alpsee Bergwelt, Ratholz 24, 87509 Immenstadt, Telefon 0 83 25/2 52, www.alpsee-bergwelt.de, e-mail: info@alpsee-bergwelt.de

Etwas Besonderes

Seit Juni 2003 befährt die Lädine „Santa Maria Loreto" regelmäßig den Großen Alpsee. Es handelt sich um den Nachbau einer historischen Lädine (alemannisch Lädi = Last), wie sie im Mittelalter auf dem Bodensee verkehrte. Das mit einem 9,40 Meter langen Großbaum (Hauptmast), einem zweiten Mast mit 8,20 Meter Länge und einer Gaffel-Takelage ausgestattete, ganz aus Douglasie (auch origin pine bekannt) gebaute Schiff ist 12 Meter lang, 3,20 Meter breit und fasst ca. 23 Passagiere sowie zwei Mann Besatzung. Ein Elektromotor (12 KW) mit Batterien sorgt dafür, dass der Segler auch bei Windstille sicher in den Bühler Hafen zurückkehrt. Sei es die Piratenfahrt für Kinder, eine „Alpsee-Kreuzfahrt" oder der Charter-Ausflug für Gruppen: Eine Fahrt mit dem Alpsee-Segler wird in jedem Fall zum ganz besonderen Erlebnis. **Gruppenanmeldungen** nimmt die Segelschule Oberallgäu entgegen, Tel. 08323/522 00.

Immenstadt Bühl

Kinderprogramm

In der Ferienzeit, Juni bis September, ist ein abwechslungsreiches Kinderprogramm speziell auf die jungen Gäste abgestimmt. Beim Allgäuer **Bergbauernmuseum Diepolz** wartet auf die Kleinen ein Erlebnisspielplatz. Eine Besichtigung der Sennerei Diepolz ist nach vorheriger Anmeldung möglich.

Im Winter

Je nach Witterung trifft man sich auf dem Natureisplatz auf dem Viehmarktfeld von Dezember bis März zum **Eislaufen und Eisstockschießen**. Nahezu ideale Eislaufbedingungen bestehen – bei entsprechender Witterung – auf dem Großen Alpsee.

Die längste Naturrodelbahn Deutschlands (5,2 km) führt von der Mittag-Bergstation (Auffahrt mit der Doppelsesselbahn) ins Tal hinunter. Auch das Steigbachtal bietet sich an zum Rodeln. Das bekannteste Immenstädter Skigebiet ist das **Mittag-Ski-Center** (728–1452 m), Telefon 0 83 23/61 49. Dem Pistenfreak stehen hier zwei Doppelsesselbahnen und drei Schlepplifte zur Verfügung. Nicht für Anfänger geeignet ist die Talabfahrt. Die Gesamtpistenlänge beträgt rund 10 km. Sowohl die Mittel- als auch die Gipfelstation des Immenstädter Hausberges bietet Einkehrmöglichkeiten: Gaststätte Mittelstation, Tel. 0 83 23/87 90, Gaststätte Bergstation Tel. 0 83 23/35 55, im Sommer durchgehend von 08.00 Uhr

bis 17.00 Uhr geöffnet.
Der **Langläufer und Skiwanderer** hat im Raum Immenstadt insgesamt 40 km Gesamtstreckenlänge zur Verfügung. Der Kalvarienberg (755–810 m) und das Loipenparadies Knottenried-Diepolz (900–1053 m) sind für diesen Sport ein wahres Dorado. Die Superloipe vom **Alpsee zum Waldsee** – Immenstadt – Oberstaufen – Lindenberg bietet 50 Kilometer Langlaufvergnügen.
Rund um Bühl und im Bereich Knottenried – Diepolz werden ca. 50 km **Winterwanderwege** geräumt und gewalzt.

Ganzjährig

Fitness-Studio findet man am Badeweg 5 und An der Aach 4 (Telefon 29 13). Alle neune ist angesagt in der Bundeskegelbahnanlage in der Hofgarten-Stadthalle (Telefon 82 25) und in der Bundeskegelbahnanlage am Illerspitz (Telefon 5 11 12).

Das Immenstädter **Hallenbad** im Auwald-Sportzentrum (Tel. 0 83 23/9 83 36) bietet Sport- und Freizeitspaß in zwei beheizten Bekken (Sportbecken und Nichtschwimmerbecken) mit einer ständigen Wassertemperatur von 27 °C. Von September bis Mai ist jeden Mittwoch und Freitag Warmbadetag mit einer Wassertemperatur von 30°C/32°C. Als Service für Frühaufsteher und Berufstätige wird das Bad während der Wintersaison jeden Mittwoch und Freitag bereits ab 7 Uhr geöffnet. Von November bis April veranstaltet das Bäder-Team jeden ersten Samstag im Monat einen Familienbade- und Spaßtag mit Spielstraße, Schnuppertauchen und Schnuppersauna.
Für Familien mit Kleinkindern stehen spezielle Familienumkleiden und eine Babyplantschecke (33 °C Wassertemperatur) samt Wickeltisch zur Verfügung. Auf Anfrage führt das Fachpersonal Schwimmkurse für Erwachsene und Kinder sowie Babyschwimmen ab 4 Monate durch. Ausgesprochener Beliebtheit erfreut sich die für den Badbesucher kostenlos angebotene Wassergymnastik oder das von einer Aqua-Trainerin durchgeführte Aqua-Jogging. Für sportliche Schwimmer ist eine eigene Kraulbahn ausgewiesen und auf dem Ruhebalkon stehen zwei moderne Solarien für die Sonnenhungrigen zur Verfügung.
Im Untergeschoss sind Sauna und Sanarium (Softdampfbad) mit Freiluftraum etabliert. Ein freundlicher und großzügig gestalteter Wellness-Ruheraum mit Sonnenoase und Blick ins Freie bereichert seit kurzem den Saunabereich. Nebenan im Bistro sind Kaffee und sonstige Getränke sowie Eis und Süßigkeiten zu besonders familienfreundlichen Preisen erhältlich.
Unschlagbar sind die überaus günstigen Eintrittspreise mit **unbeschränkter Aufenthaltsdauer**! Besondere Aktionen wie Frühschwimmer-Rabatt, Happy Hour u. v. m. runden das attraktive Angebot ab. Infos: Kurbetriebe/Bäderverwaltung, Tel. 0 83 23/ 91 41 79, Gästeinformation Bühl a. Alpsee, Tel. 0 83 23/91 41 78, Gästeinformation Immenstadt, Tel. 0 83 23/91 41 74; e-mail: info@immenstadt. de, Internet: www.immenstadt.de

Interessant ist eine Führung in der **Schaukäserei** der Sennerei Diepolz, gleich neben dem Allgäuer Bergbauernmuseum. Im **Schützenheim** sowie im Auwald-Sportzentrum können sich Gäste beim Sportschießen beteiligen. Jeden Freitagabend treffen sich die Sterngucker bei der **Sternwarte** in Knottenried (Telefon 0 83 21/47 06). **Sternenführungen** können vereinbart werden über Telefon 0 83 23/8 09 58).

Wandern

Immenstadt verfügt über ein Wanderwegenetz von knapp 200 km.
Bayerns **längste Doppel-Sesselbahn** mit 2230 m führt auf den Mittag, Ausgangspunkt für viele herrliche Wander- und Klettertouren unterschiedlicher Länge und Schwierigkeit. Vom Gipfel geht es in nur 15 Minuten zur Sennalpe Oberberg (0 83 23/67 84) oder zum Bärenkopf. Wer die Anstrengung nicht scheut, geht von hier weiter zum Steineberg (alpines Gelände!). Von hier kann man den Abstieg nach Gunzesried oder die Route zum Stuiben und zur Alpe Gund wählen. Abstieg ins Tal: entlang des Alpweges über Alpe Mittelberg, Almagmach durchs Steigbachtal nach Immenstadt. – Und wer einfach nur einen ruhigen Ferientag verbringen möchte, fährt mit der Bahn auf den Mittag und genießt vom Gipfel die traumhafte Aussicht auf die Allgäuer Bergwelt und beobachtet die Gleitschirm- und Drachenflieger, die hier starten. Einkehrmöglichkeiten: Gast-

Großer Alpsee

stätte Mittelstation, Tel. 0 83 23/87 90, Gaststätte Bergstation Tel. 0 83 23/ 35 55, im Sommer durchgehend von 08.00 Uhr bis 17.00 Uhr geöffnet.

In flachen Lagen und im Bergstättgebiet locken leichte und reizvolle Spaziergänge. Die Nagelfluhkette zählt zu den schönsten und aussichtsreichsten Wanderzielen im Allgäu. Gäste können sich auch einer geführten Wanderung anschließen, z. B. der **Burgenwanderung**, der **Bergstättwanderung** oder der Wanderung auf den Spuren von Carl Hirnbein. Nähere Auskunft erteilt die Gästeinformation, Telefon 91 41 76.

Die neugestaltete **Seepromenade** mit dem Erlebnissteg in Bühl am Alpsee lädt zum Promenieren und Verweilen ein und ist Ausgangspunkt für herrliche Wanderungen und Bergtouren, z. B. **Alpsee-Rundwanderweg**. Bühl ist Ausgangspunkt für eine leichte Wanderung zur Alpe **Starkatsgund**. Der Naturlehrpfad Bergstättgebiet (ca. 5 km) beginnt und endet am Loipen-Parkplatz Knottenried und zeigt auf kleinstem Raum die unterschiedlichsten Lebensbereiche der heimischen Tier- und Pflanzenwelt. Der Mittag ist Ausgangspunkt für eine Reihe schöner Bergtouren: Lohnend ist die Wanderung zum **Steineberg**. Und wer einfach nur entspannen möchte, genießt von der Aussichtsterrasse der Bergstation aus den Blick in die Allgäuer Bergwelt.

Nordic-Walking

Rund um Immenstadt wurden fünf Nordic-Walking-Routen in verschiedenen Schwierigkeitsgraden zusammengestellt. Die Routen sind komplett beschildert.

Radfahren

Eine „Bergschleife" führt hinauf nach **Zaumberg** (865 m). Von der Hauptstraße zweigt es ab nach Luitharz und Akams. Hier kann man sich überlegen, ob man zum Niedersonthofener See und über Rieggis (963 m), Freundpolz (1015 m), Diepolz (1037 m), Knottenried (1003 m) zurück nach Zaumberg möchte oder die kürzere Strecke über Bräunlings hinunter nach Stein wählt. Eine gemütliche, landschaftlich sehr reizvolle Tour beginnt kurz nach **Rauhenzell**. Durchs **Rauhenzeller Moor** schlängelt sich ein kleiner Weg nach Greggenhofen (schöne Kapelle!). Untermaiselstein und Freidorf, fährt Richtung Iller, überquert den Fluss und radelt auf dem Dammweg gemütlich nach Immenstadt zurück.

Mountainbiking am Mittag

Der 5 km lange Alpweg zum Mittag wird auch von Mountainbikern gerne befahren. Ausgangspunkt ist die Mittag Talstation. Über die Obere Steig gelangt man zur Hölzernen Kapelle. Dort zweigt man links ab und erreicht über den steilen Fahrweg die Mittelstation. Immer dem Weg folgend kommt man am Ende der Fahrstraße zur Sennalpe Oberberg. (1,5 Std. von der Talstation). Der neue Alpweg ist talwärts auch bedingt für Rollstuhlfahrer geeignet.

Besonderes und Einzigartiges

In **Diepolz** wurde im Juli 2002 das **Allgäuer Bergbauernmuseum** neu er-

Die Zentrifuge

öffnet. Der bewirtschaftete Bauernhof bietet unverfälschte Einblicke in den Alltag eines typischen Bergbauernbe-

Großer Kinderspielplatz

Senner am Kupferkessel

triebes. Einblicke in die Alpwirtschaft gewinnt der Besucher in der historischen **Höfle-Alpe**.
Das Allgäuer Bergbauernmuseum ist unter der Telefonnummer 08320/709670 oder im Internet unter www.bergbauernmuseum.de zu erreichen. Führungen werden angeboten in Deutsch, Englisch und Französisch. Buchungen können während der Bürozeit Montag bis Freitag von 10.00 bis 14.00 Uhr vereinbart werden. Das Museum ist geöffnet von Ostersonntag bis Allerheiligen täglich von 10 bis 18 Uhr.

In den **Riedel**-Werken in Immenstadt wurde die heute legendäre **„Imme"**, ein legendäres Motorrad, produziert.

Einkaufs-Tipp

Der Herstellerverkauf der **Kunert AG**, direkt an der B 308 von Immenstadt nach Oberstaufen, bietet auf zwei Etagen ein äußerst reichhaltiges at-

Das Kinderkino

traktives Angebot (siehe Herstellungsverkauf).

Kulinarisches

Immenstadt-Akams

Nach umfangreichen Umbau- und Renovierungsarbeiten wurde in Akams das besondere Wirtshaus „Zum lustigen Hirsch" eröffnet. Die urgemütliche Wildererstube bis hin zum fürstlichen Jagdzimmer – vier Gaststuben sind liebevoll und originell eingerichtet und bieten mit insgesamt 130 Sitzplätzen auch den richtigen Rahmen für Familien- und Betriebsfeiern. Im Sommer sitzt man gerne bei Kaffee und hausgemachtem Kuchen auf der Terrasse und genießt den herrlichen Blick in die Allgäuer Berge.
Auf der Speisekarte findet man eine große Auswahl an Allgäuer Spezialitäten sowie an Fisch- und Wildgerichten. Ein Gag für die kleinen Gäste: Pommes von der Kehrschaufel und v. a. m. Alpenländische Musik und kleine Veranstaltungen lohnen immer wieder den Besuch.
Wirtshaus „Zum lustigen Hirsch", Akams 3, 87509 Immenstadt, Tel.: 0 83 23/49 15, Fax.: 0 83 23/98 71 68, e-mail: info@lustiger-hirsch.de

Traumhaft schlafen

Immenstadt-Akams

Die Zimmer im **Wirtshaus „Zum lustigen Hirsch"** in Akams sind im alpenländischen Stil eingerichtet und mit DU/WC/SatTV und teilweise mit Balkon ausgestattet. Familie Ruepp ist stets bemüht, ihren Gästen den Aufenthalt so lustig, gemütlich und entspannend wie möglich zu gestalten. Die Ferienwohnung ist komplett eingerichtet und bietet vom Südbalkon aus einen herrlichen Blick in die Allgäuer Berge.
Wirtshaus „Zum lustigen Hirsch", Akams 3, 87509 Immenstadt, Tel.: 0 83 23/49 15, Fax.: 0 83 23/98 71 68, e-mail: info@lustiger-hirsch.de
Thanners zwischen Kempten und Immenstadt
Seit drei Generationen bewohnt Familie Dressel das Anwesen vor dem Werdensteiner Moos an der alten Handelsstraße und sorgt dafür, dass keiner auf dem Weg ins Oberallgäu und zurück hungrig oder durstig auf der Strecke bleibt. Die eigene Haus-

metzgerei und Tierzucht garantiert dafür, dass erstklassige Qualität bei Wurstwaren und bestes Fleisch auf den Tisch des Gastes kommt. Chef und Küchenmeister stehen hinter dem Leitgedanken: Gutes muss gut bleiben. Saisonale Spezialitäten je nach Jahreszeit, nach überlieferten Rezepten zubereitet, stehen auf der Speisekarte. Und auch für den schmalen Geldbeutel oder Familien ist was dabei. Jeden Tag gibt es ein kulinarisches Schmankerl für 8,88 EUR

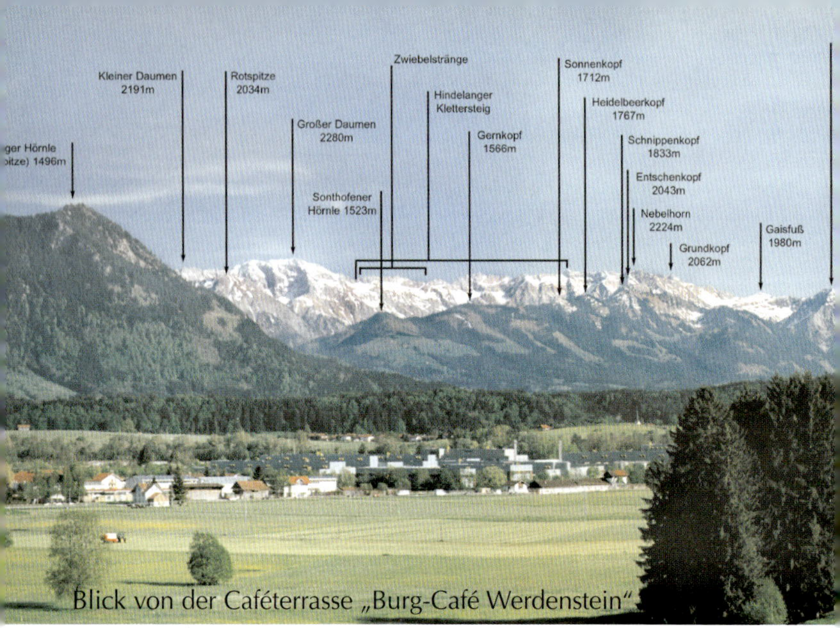

Blick von der Caféterrasse „Burg-Café Werdenstein“

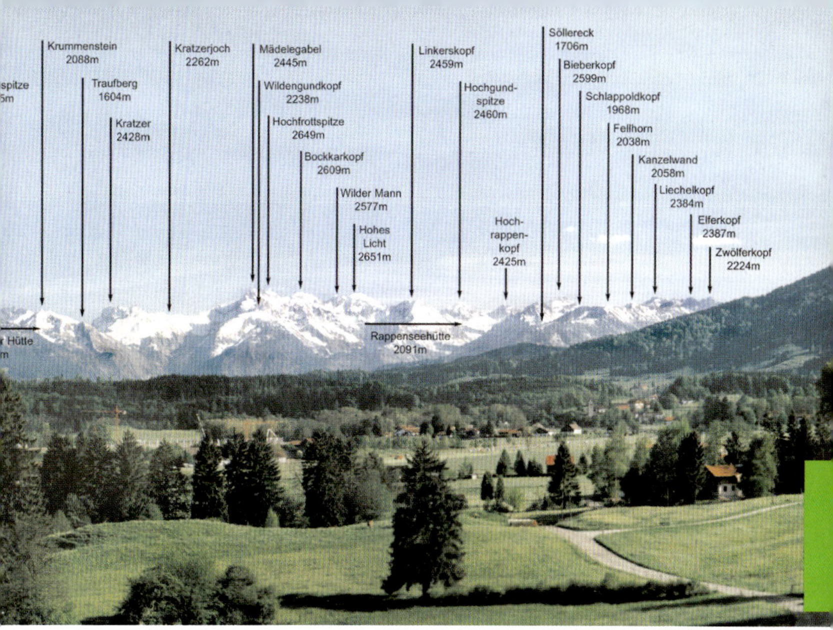

Unterhalb der Burg Werdenstein, in sonniger Höhe über der Bundesstraße 19, 6 km nördlich von Immenstadt, liegt das **Burgcafé Werdenstein**, das schon lange zum Geheimtipp geworden ist (Tel. 0 83 79/74 91). Familie Rapp bewirtet ihre Gäste mit fantasievollen heimischen Spezialitäten, verführerischen Torten und Kuchen. Zur Zubereitung der Küchenkreationen werden weitestgehend heimische Produkte aus dem eigenen Schlosshof verwendet. Von der großen Terrasse aus hat man eine traumhafte Sicht in die Allgäuer Bergwelt. Alle Gasträume sind liebevoll eingerichtet und strahlen eine behagliche Atmosphäre aus, richtig zum Wohlfühlen und Abschalten.Das Haus (behindertengerechtes WC!) mit seinen gemütlichen Räumen bietet sich auch für Betriebs- und Familienfeiern an. Busse sind ebenfalls willkommen.

Wahrlich königlich schlafen lässt es sich im **Schlosshof Werdenstein** über dem Illertal (Tel. 0 83 79/74 91). Seine sonnige ruhige Lage mit herrlicher Bergsicht sowie die familiäre Atmosphäre des Hauses tragen entscheidend zu einem erholsamen Aufenthalt bei. Die Ferienwohnungen sind standardmäßig mit Küchenzeile und TV-Anschluss ausgestattet. Es besteht auch die Möglichkeit, Brötchenservice in Anspruch zu nehmen. Frische Allgäuer Milch und Butter, hausgemachte Marmelade und vom Südbalkon der Blick in die Berge: Das sind unvergessliche Eindrücke. Zum geselligen Beisammensein steht den Gästen ein gemütlicher Aufenthaltsraum mit Fernseher zur Verfügung. Mehr unter www.schlosshof-werdenstein.de

zum Sattessen. Und wer vielleicht zu tief ins (Bier)glas geschaut hat, übernachtet gleich in dem gemütlichen Wirtshaus am Wege, um am nächsten Tag ausgeruht seine Fahrt fortzusetzen. **Beim Haxenwirt**, Familie Dressel, **Thanners** 6 1/2, Tel. 0 83 79/7 28 89-0, Fax 0 83 79/7 28 89-72; e-mail: willkommen@beimhaxenwirt.de, Internet: www.beimhaxenwirt.de

Nachtleben

Die Gastfreundlichkeit in der **J's No 1 Show-Girls-Bar** in **Immenstadt** hat seit Jahren einen guten Ruf. Entertainment der Spitzenklasse mit laufend wechselndem Programm mit Girls aus aller Welt wird dem Besucher täglich von 21.00 Uhr bis 05.00 Uhr Früh geboten. Kein Ruhetag! Special-Arrangements lassen keine Wünsche offen. **J's No 1 Show-Girls-Bar**, einzigartig im Allgäu!
J's No 1 Show-Girls-Bar, Im Engelfeld 14, 87509 Immenstadt; Tel. 0 83 23/ 76 48, Internet: www.js-no1bar.com
Besuchen Sie uns auch im J's No 2 Show-Girls-Bar, auf 2 Etagen, in Nürnberg! Ein Besuch lohnt sich! Täglich 12.00 bis 05.00 Uhr, sonn- und feiertags 17.00 bis 05.00 Uhr.
J's No 2 Show-Girls-Bar, Luitpoldstraße 12, 90402 Nürnberg, Tel. 09 11/ 2 40 57 39, Fax 09 11/2 44 82 73; Internet: www.js-no2bar.com

Wichtige Adressen und Telefonnummern

Gästeinformation Immenstadt, Marienplatz 12, 87509 Immenstadt, Tel. 0 83 23/9 14-176, Fax 0 83 23/9 14-195; e-mail: info@immenstadt.de, Internet: www.immenstadt.de

Missen-Wilhams

Die malerische Gemeinde Missen-Wilhams im Gebiet der sog. Bergstätte liegt mit ihren 7 Ortsteilen etwa 25 Kilometer südwestlich von Kempten im Tal der Argen.

Geschichtliches

Carl Hirnbein (1807–1871) ist der große Sohn der Gemeinde Missen-Wilhams. Er stellte 1830 in Wilhams den ersten Limburger Käse im Allgäu her.

Sehenswertes

Ziemlich hoch auf dem linken Ufer des Börlasbaches thront die spätgotische kath. **Pfarrkirche St. Martin**.

Museen

Mit dem **Carl-Hirnbein-Museum** im „Haus des Gastes" (Hauptstraße 45, Info-Telefon 4 56) würdigt die Gemeinde Missen-Wilhams ihren bedeutendsten Sohn: Carl Hirnbein (1807–71) aus Wilhams.
Das Heimatmuseum zeigt Dokumente, Briefe, Familienfotos und Porträts aus dem Leben Carl Hirnbeins, darunter u. a. den ersten Fremdenverkehrsprospekt des Allgäus zur Eröffnung eines Hotels am Grünten. Zahlreiche Gerätschaften verdeutlichen, wie einst Flachs produziert und Milchwirtschaft betrieben wurde. **Öffnungszeiten:** Freitag 15–17 Uhr sowie nach Vereinbarung

Kulturelles

Konzerte der Musikkapelle Missen-Wilhams und Vorstellungen des **Theatervereins** Missen-Wilhams im Schäfflersaal erfreuen Einheimische und Gäste gleichermaßen.
Zu einem Geheimtipp für Kenner entwickelt sich das Volksmusikkonzert **„Weihnacht im Allgäu"**.

Feste und Feiern

Viel Trubel gibt es bei der **„Missener Kirbe"** mit Krämermarkt am ersten Wochenende im September. Der Missener **Viehscheid** findet ebenfalls im September statt.

Kurioses und Originelles

Die **kleinste mobile Brauereianlage der Welt**, eingetragen im Guiness-Buch der Rekorde, gibt es seit einiger Zeit in Missen-Wilhams.

Die Schäffler-Brauerei hat eine 2,6 Meter lange und 500 Kilogramm schwere Mini-Brauanlage konstruiert, die sich auf Rollen befindet und so leicht zu jedem nötigen Einsatzort bringen lässt. Bei den Sudabenden kann man hier hautnah miterleben wie Bier entsteht.

Die Schäffler-Brauerei kann jeden Donnerstag um 10 Uhr besichtigt werden (Treffpunkt im Brauereihof, mindestens 10 Personen). Anmeldung beim Tourismusbüro (Telefon 0 83 20/ 4 56).

Freizeit- und Sportmöglichkeiten

Im Sommer

Die Hauptattraktion des solarbeheizten Missener **Freibades** ist mit Sicherheit die 52-Meter-Erlebnisrutsche. **Angeln** kann man im Stixner- und Mühlbach; Erlaubnisscheine gibt's beim Tourismusbüro. Eine **Kneippanlage** befindet sich am östlichen Ortsausgang von Missen, auf dem Weg zur Pfarralpe. Die **Freizeitanlage** beim „Haus des Gastes" (Telefon 4 56) hat ein großes Angebot: Minigolf, Tennis (drei Freiplätze), Tischtennis und Gartenschach kann man hier spielen; auch Skater- und Basketballplatz sowie ein Spielplatz sind vorhanden. Über **Kutschfahrten** in der Umgebung gibt das Tourismusbüro Missen-Wilhams Auskunft.

Im Winter

Insgesamt verfügt das Bergstättgebiet über **zehn Liftanlagen**. Die Thaler-Höhe-Skilifte in Wiederhofen (Telefon 283 oder 446) verfügen mit einer Länge von 1 250 und 600 m und einem Höhenunterschied von 235 und 110 m über die anspruchsvollsten Pisten. Kürzere Pisten finden sich am Stixnerlift (Telefon 10 05) mit Beschneiungsanlage in Missen, am Skilift Oberwilhams (Telefon 2 76) und am Sonnenlift in Aigis (Telefon 13 63). Baby- oder Skischullifte sind an jedem der vier Liftanlagen zusätzlich vorhanden. Ein abwechslungsreiches Loipennetz zieht auch **Langläufer** an.

Über die **Pferdeschlittenfahrten** er-

Thaler Höhe Skilifte

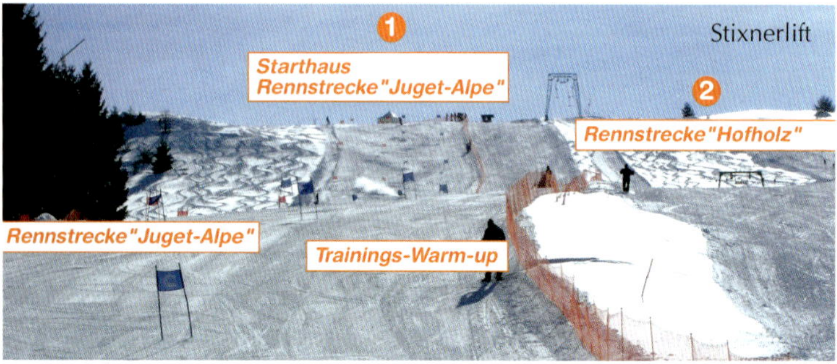

fahren sie im Tourismusbüro Missen-Wilhams Näheres.
Ein öffentlich zugängliches **Hallenbad** mit Sauna befindet sich im Ferienpark Oberallgäu (Oberwilhams, Telefon 91 00).

Ganzjährig

Kegelbahnen befinden sich im Gasthof Albrecht (Hauptstraße 26, Missen, Telefon 92 20). Reiten ist im Ferien- und Reiterhof Ochsenkopf (Aigis, Telefon 2 20 oder 92 50 64 oder 08008320220) mit Reithalle und Außenplätzen möglich.

Wandern

Rund um Missen zieht sich ein dichtes Wanderwegenetz von rund 80 km Länge. Besonders zu empfehlen ist der in den letzten Jahren angelegte Klammweg (Rundwanderweg, Gehzeit etwa eine Stunde) mit Start am „Haus des Gastes". Über den Klammweg kann man auch die Ortschaft Wilhams oder den Hauchenberg erreichen.

Seit kurzer Zeit ist dem sog. „Notwender" Carl Hirnbein (1807–1871) ein spezieller, rund 6,5 km langer Erlebnis-Wanderweg zwischen Missen-Wilhams und Weitnau gewidmet. Dieser landwirtschaftlich kulurhistorischer, ökologischer Weg führt durch ein wunderschönes Stück Oberallgäu. Benannt ist er nach dem Mann, der in den vierziger Jahren des 19. Jahrhunderts den Romadur im Allgäu einführte und damit den Übergang von der nicht mehr lohnenden Flachsbearbeitung zur Milchwirtschaft in die Wege leitete.
Hinweise zur Busverbindung zwischen Weitnau und Missen kann ihnen das Tourismusbüro Missen-Wilhams geben.

Wichtige Adressen und Telefonnummern

Tourismusbüro Missen-Wilhams, Hauptstraße 45, 87547 Missen, Telefon 0 83 20/4 56 oder 2 28, Telefax 0 83 20/268, Internet: www.missen-wilhams.de, e-mail: gemeinde@missen-wilhams.de

Obermaiselstein

Der Luftkurort Obermaiselstein mit seinen Ortsteilen Oberdorf, Niederdorf, Ried, Haubenegg und Aumühle ist vor allem durch das schneesichere Skiparadies Grasgehren ein Begriff geworden. Besonders sehenswert ist die sog. Sturmannshöhle, die einzige begehbare Naturhöhle im Allgäu mit dem Sagenweg.

Geschichtliches

Nach dem 2. Weltkrieg wird in den Jahren 1956 – 1962 der Riedbergpaß – die höchste Passstraße Deutschlands (1430 m) gebaut.

Sehenswertes

Die Obermaiselsteiner **Kapelle** enthält zwei Altarbilder von Ludwig Kaspar Weiß. Der Taufstein trägt die Jahreszahl 1637. Zu den Kirchenschätzen gehört auch ein schöner gotischer Kelch. Auch die kath. **Pfarrkirchen St. Katharina** und **St. Ulrich** sind einen Besuch wert.

Kulturelles

Obermaiselstein hat mit dem **Haus des Gastes** ein bedeutendes Kulturzentrum geschaffen. Zwei gemütliche Restaurants, ein Veranstaltungssaal für 250 Personen, eine Leihbücherei mit Lesezimmer sowie die Gästeinformation sind hier untergebracht. Heimatabende, Bauerntheater, Volksmusikabende, Lichtbildervorträge, die alljährliche Mineralienbörse und Puppenausstellung u. ä. tragen zu einem abwechslungsreichen Urlaub bei. Im Musikpavillon im gepflegten Kurpark finden regelmäßig **Kurkonzerte** statt.

Feste und Feiern

Rindviecher sind die Hauptakteure beim **Viehscheid** im September.

Freizeit- und Sportmöglichkeiten

Im Sommer

Eine einzigartige neue 18-Loch-Minigolfanlage **(„Spiel!Golf")** mit Bunker und Greens für Jung und Alt befindet sich im Kurpark beim Haus des Gastes. Fliegen übers Allgäu, fast wie ein Vogel – **Gleitschirmfliegen** macht's möglich; zu buchen bei OASE (Peter Geg, Telefon 3 80 36).
Die Bergmesse am Gedenkkreuz mit der Musikkapelle und Alphornbläsern ist für die Gäste ein besonders eindrucksvolles Erlebnis.

Im Winter

Schneesichere Abfahrten bis in den April bietet das **Wintersportparadies Grasgehren-Riedberger Horn**, zu erreichen über den Riedbergpass, mit 1430 m Deutschlands höchste Alpenstraße. „Schneeloch" nennen es die Allgäuer – zu Recht, die acht Lifte in dieser Region surren von Dezember bis Anfang Mai. Auf Höhen zwischen 1400 und 1700 m tummeln sich in Grasgehren Ski- und Snowboardfahrer auf insgesamt 10 km leichten und mittelschweren Pisten. Tiefschneefahrer schätzen diese Region in dem weiten Kessel zwischen Wannenkopf und Riedberger Horn besonders, die Tiefschneeabfahrten lassen „Powderfreaks" ins Schwärmen geraten.
Das Skiparadies Grasgehren erwartet den Skifahrer mit vier Schleppliften (alle Abfahrten beschneit!) und der Doppelsesselbahn zum Bolgengrat (Schneetelefon 77 43 und 77 74). Mit dem gleichen Skipass können auch die Riedbergerhorn-Lifte (d. h. der eigentliche Riedbergerhornlift und zwei weitere, aber kürzere Schlepplifte) in Balderschwang – nur wenige Autominuten entfernt – benützt werden (Telefon 0 83 28/10 50). Das Riedberger Horn gilt als einer der schönsten Skiberge Deutschlands.
Langläufer finden am Ort rund **12 km gespurte Loipen** vor. Die Strecken können mit den Verbindungsloipen beliebig verlängert werden.
Großer Beliebtheit erfreut sich bei Gästen und Einheimischen das gesellige **Eisstockschießen** (Eisplatz bei den Sportanlagen). Eine schöne **Rodelmöglichkeit** findet man bei ausreichender Schneelage am Idealhanglift in Niederdorf (Rodelverleih!).
Eine romantische Pferdeschlittenfahrt kann bei Lorenz Müller (Oberdorf, Telefon 75 47) gebucht werden. Und den sportlicheren Naturen helfen 50 km geräumte Winterwanderwege dabei, die Lunge einmal richtig durchzupusten.
Das **Hallenbad** in der Ferienwohnanlage Obermaiselstein (Hoistaig 5–9, Auskunft unter Telefon 3 83 46) ist teilweise auch öffentlich zugänglich (geöffnet Mo, Di, Do, Fr 17–19 Uhr und Mi 17–21 Uhr). Sauna nach Voranmeldung im Hotel „Oberdorfer Stuben" (Telefon 36 45 20), im Hotel

Berwanger Hof (Tel. 3 63 30) oder im nebelhorn Relaxhotel (Tel. 3 63 80).

Ganzjährig

Der gute Tipp

Naturliebhaber finden im Alpenwildpark **„Berghof Schwarzenberg“** (Königsweg 4, Telefon 0 83 26/81 63) ein echtes Kleinod. Neben Steinböcken, Hirschen, seltenen Greifvögeln und vielen anderen Wildtieren begegnet man u. a. auch einem **handzahmen Fuchs**, der sich auch gerne streicheln lässt. Zu jeder Jahreszeit gibt es für die Besucher interessante Neuheiten. **Im Sommer** (Anfang Mai bis Ende Oktober) finden **täglich um 17.30 Uhr Erlebnisführungen durch den Wildpark** statt. **Im Winter** (25. Dez. bis Ende April) stellt eine angrenzende Wildfütterung **freilebender Tiere** eine besondere Attraktion dar. Es finden täglich um 16.30 Uhr Führungen statt, verbunden mit einem kleinen Vortrag, in dem man viel Wissenswertes über Wild, Wald bzw. Wildfütterung erfährt. Info und Anmeldung laut Anschlag in den jeweiligen Verkehrsämtern oder direkt im Berghof-Schwarzenberg, Telefon 0 83 26/81 63 (oder im Internet unter www.alpenwildpark.de. Anschließend an alle Führungen rundet ein zünftiger Hüttenabend mit **Live-Musik** das Erlebnis ab. Im **Berghofstüble** oder auf der **Aussichtsterrasse** mit Blick auf das Allgäuer Hochgebirge kann man sich bei Kaffee und Kuchen oder Allgäuer Schmankerln verwöhnen lassen. Der **Berghof Schwarzenberg** (Telefon 0 83 26/81 63; Fax 0 83 26/38 47 26; e-mail info@alpenwildpark.de) ist für alle, die ein Feriendomizil in unberührter Natur suchen, ein besonderer Tipp.

Kegelbahnen findet man im Haus des Gastes (Telefon 13 39).

Reiten im Freien und in der Halle wird im Reitstall St. Georg angeboten: Tel. Reitstall: (0 83 22) 9 78 05-0, Info Tel. Restaurant St.Georg: (0 83 22) 9 78 05-30, Tel. Alpenhotel Tiefenbach: (0 83 22) 70 20.
Reiten ist aber auch auf dem Haflingerhof Lorenz Müller (Oberdorf 12, Telefon 75 47) möglich.

Wandern

Weit über **200 km Wanderwege** und günstige Verbindungen zu den Nachbarorten erschließen die Region. Auf den Spuren Max II. von Bayern befindet man sich, wenn man den **Königsweg zum Besler** (Tagestour, fünf bis sieben Stunden) in Angriff nimmt. Die Sicht auf ein herrliches Alpenpanorama lohnt die Mühe. Die **Sturmannshöhle** bei Obermaiselstein (Höhlentelefon 3 83 09) ist die einzige begehbare Naturhöhle im Allgäu (geöffnet Mai bis Anfang November täglich 9–16 Uhr, 26. Dezember bis Ostern 11–16 Uhr). Die Besichtigung ist nur im Rahmen einer Führung möglich und auch für Familien mit Kindern hervorragend geeignet.

Rad fahren

Einfache Radtouren führen über Radwege bzw. wenig befahrene Nebenstraßen nach Tiefenbach und Oberstdorf oder nach Fischen und haben dort Anschluss an den Illerdamm. Eine andere beliebte Strecke in die entgegengesetzte Richtung geht über Ofterschwang und Westerhofen nach Sonthofen, wo die Tour auf dem Illerdamm über Fischen zu einem Kreis geschlossen werden kann.

Der Tourenvorschlag für Mountainbiker gilt dem **Lochbachtal**: Ausgangspunkt ist das Haus des Gastes in Obermaiselstein.

Wichtige Adressen und Telefonnummern

Obermaiselstein Tourismus, Am Scheid 18, 87538 Obermaiselstein, Tel. 0 83 26/2 77, Fax 0 83 26/94 08; info@obermaiselstein.de
Tourismus Hörnerdörfer GmbH (THG), Am Anger 15, 87538 Fischen i. Allgäu, Tel. 0 83 26/36 46-0, Fax 0 83 26/36 46 56; e-mail: info@hoernerdoerfer.de

Oberstaufen

Weit über die Grenzen Deutschlands hinweg ist der Kurort Oberstaufen bekannt. Viele Menschen haben hier schon zu einem neuen Lebensgefühl gefunden. Der heilklimatische Kurort – zwischen Bodensee und Schloss Neuschwanstein, ganz im Westen des Oberallgäus gelegen – ist der ideale Ort für einen Gesundheitsurlaub und empfiehlt sich ganzjährig als abwechslungsreiche Sport- und Freizeitregion. Das Erlebnisbad „Aquaria" gehört ebenso dazu wie der mit 90 km größte Nordic Walking Park Deutschlands und die herrliche Natur.

Seit über 50 Jahren wird in Oberstaufen erfolgreich nach dem bewährten originalen Naturheilverfahrens nach Johann Schroth entschlackt und entgiftet. Die Schrothkur basiert auf vier so genannten Schroth'schen Säulen: den morgendlichen Schwitzpackun-

gen, einer speziellen Diät, wechselweise Trink- und Trockentagen sowie der Ausgeglichenheit von Ruhe und Bewegung.

Kleiner Blick ins Geschichtsbuch

In einer Beurkundung des Klosters St. Gallen vom 20. Dezember 868 n. Chr. wird der Ort Stoufun erstmals er-

wähnt. 1949 führte der Kurarzt Dr. med. Hermann Brosig die Schrothsche Heilkur ein. Mit der Verleihung des Prädikats „Schrothkurort" am 30.

November 1959 wurde Oberstaufen offiziell als einziger Schrothkurort der Bundesrepublik anerkannt. Am 10. Dezember 1969 erfolgte die Anerkennung Oberstaufens als Heilklimatischer Kurort. Seit 1991 ist Oberstaufen Schroth-Heilbad.

Sehenswürdigkeiten

Kirchen

Die Staufner **Pfarrkirche** ist den Kirchenpatronen St. Peter und Paul ge-

widmet und wurde in der heutigen neugotischen Form in den Jahren 1859 bis 1863 erbaut.
In dem kleinen Dörfchen **Zell** steht das äußerlich unscheinbare Kirchlein **St. Bartholomäus**, das aus der Zeit der Gotik stammt. Das Innere der Kirche birgt drei Altäre, die als Meisterwerke der Gotik anzusehen sind. Einen Besuch abstatten sollte man auch der gotischen Kirche **St. Stephan** in **Genhofen** am Fuße des Hahnschenkels. Als Zeitpunkt der Entstehung der Kirche von Genhofen ist das beginnende 14. Jh. anzunehmen. Die berühmte eiserne Sakristeitüre mit Hufeisen als Votivgaben stammt aus dem Jahr 1566. Die **Pestkapelle Weißach**

im Ortsteil Weißach wurde 1670 geweiht. Auf dem Altar von 1855 befindet sich ein Gemälde von Ludwig Kaspar Weiß.
Das Rokoko entfaltet in der **Johanniskirche** in Thalkirchdorf seine graziöse Lieblichkeit in Stuck und Deckenmalerei.

Museen

Ein richtiges Juwel ist das Heimatmuseum **„Beim Strumpfar"** (Jugetweg 10, Tel. 13 00). Untergebracht ist es in einem Allgäuer Bauernhaus aus dem 18. Jh. Öffnungszeiten: Mittwoch und Freitag 15–17 Uhr, Sonntag 10–12 Uhr
Sehenswert ist auch das Bauernhofmuseum **„S'Huimatle"** (Knechtenhofen 7, Tel. 97 60). In diesem mit sehr viel Liebe eingerichteten Bauernhaus aus dem 17. Jh. erfährt der Besucher vieles über Leben, Gebräuche und Handwerk unserer Vorfahren. Öffnungszeiten: Mai bis Oktober jeden Mittwoch im Monat 14–17 Uhr und jeden Sonntag 10–12 Uhr

Kulturelles

Konzertdarbietungen gibt es regelmäßig im Kurhaus Oberstaufen (Tel. 27 08), in der Festhalle Steibis (Tel. 98 05 39) und im Thaler Festsaal (Tel. 0 83 25/97 62); einer Theatervorstellung – von klassisch bis bajuwarisch – kann man im Kurhaus und im Thaler Festsaal (Bauerntheater) beiwohnen.
Eine Schaukäserei betreibt die Thalkirchdorfer Dorfhaus GmbH (Kirchdorfer Straße 7, Tel. 95 81, www.kaeseschuleallgaeu.de). Ganz und gar einzigartig ist die angeschlossene Käseschule. Hier lernt man unter fachmännischer Anleitung in 2 bis 2 1/2 Stunden, wie man Käse macht. Inkl. Käsebrotzeit und Heuschnaps; Anmeldung erforderlich.

Feste und Feiern

– Ein Blick in den Jahreslauf
Eine lange Tradition hat der Historische „Fasnatziestag" (Faschingsdienstag), der an die Pest erinnern soll. Sehenswert ist der Umzug und der Festakt am Kirchplatz. Am Staufner Fasnatziestag reinigt der „Butz" mit seinem Besen die Festteilnehmer und die Hausgänge symbolisch von der Pest und „stirbt" abends zum Gebetsleuten den plötzlichen Pesttod.
Meist am zweiten Freitag im September findet mit großem Festzelt und Musik der Viehscheid statt, der sich in Oberstaufen zum Veranstaltungshöhepunkt entwickelt hat.

1.000 m² Wasserlandschaft
Saunalandschaft
ERLEBNISBAD
Aquaria
IN OBERSTAUFEN
DAS PARADIES FÜR ZWISCHENDURCH
• 100 m Wasserrutsche
• 3 m + 5 m Sprungturm
• Wildwasser-Kreisel
• Außenbecken 33° mit Sprudelliegen
• Whirlpools u. Hydro-Air-Düsen
• Großzügige Sauna-Anlage mit neuer Wellness-Massageabteilung
• Bistro, SB Restaurant und Cafeteria, u.v.m.
Öffnungszeiten:
Das Bad ist täglich von 9 bis 22 Uhr geöffnet
Alpenstr. 5
87534 Oberstaufen
Info-Telefon: 08386 - 93130
www.aquaria.de
E-Mail: info@aquaria.de

Erlebnisbad Aquaria

Das **Erlebnisbad Aquaria** in Oberstaufen (Alpenstraße 5, Telefon 0 83 86/9 31 30) gehört zu den schönsten und attraktivsten Erlebnisbädern in Bayern. 1000 qm Wasserlandschaft mit Unterwassermusik, Sportbecken, Wildwasserkreisel, Warmwasser-Sprudelbecken (33 °C) sowie ein Freibecken (32 °C) mit Wasserfall, Geysiren und Sprudelliegen dienen der Entspannung und dem Freizeiterlebnis. Highlight für Erlebnisorientierte: die **100-Meter-Wasserrutsche** und der **3- u. 5-Meter-Sprungturm**. Wasserkindergärten mit Rutschen und Wasserspielen bieten Spaß für unsere Kleinen. Kostenlos für alle Benutzer sind die Solarienwiesen, zusätzlich bieten moderne Hochleistungsbräuner im Sonnendeck „Bräunen ohne Reue". Ebenfalls den Besuch wert ist die wunderschöne **Saunalandschaft** mit Dampf-, **neugestalteter Bio-**, Trocken-, Panorama- und Gipfelsauna sowie 3 separaten Damensaunen. Ruheräume, ein FKK-Bereich und ein empfehlenswertes SB-Restaurant runden das umfangreiche Angebot ab.

Der neue Massage-Stadl bietet verschiedene Wellness-Massagen, tägl. von 09.00 bis 21.00 Uhr (Termine bitte absprechen).

Im „Aquaria-Shop" gibt es die neuesten Bademoden, dabei sind auch Top-Modelle zu sehr günstigen Preisen.

Wassergymnastik (kostenlos) jeden Mittwoch und Freitag 9.30 Uhr.

Frühschwimmertarif erhältlich Montag bis Samstag 9.00 bis 9.30 Uhr, 2 Std. nur 6 Euro inkl. Sauna.

In den Sommermonaten von Mai bis August gilt bei Tagestemperaturen ab 24 °C die doppelte Badezeit zum einfachen Preis.

Öffnungszeiten: täglich 9.00 bis 22 Uhr

Erlebnisbad Aquaria in D-Oberstaufen, Alpenstraße 5, Tel. 0 83 86/ 9 31 30; Infos: www.aquaria.de

Mit drei Becken (Schwimmer-, Nichtschwimmer- und Kinderplanschbekken), zwei Kleinwasserrutschen für Kinder bzw. Kleinkinder, Liegewiese und Kinderspielplatz ist das beheizte Freibad Thalkirchdorf (Tel. 0 83 25/ 6 78, geöffnet täglich 9–19 Uhr, bei Regen und kühler Witterung geschlossen) ein ideales Familienbad.

Wassertretstellen (Mitte Mai bis Oktober) finden sich „Am Kühlen Grund" (Altenheim-Park), am Kurhaus / Altensbergbach und beim Thaler Festsaal.

Wellness

Der Wellnessbereich im **Berghof am Paradies** bei Oberstaufen trägt mit seinem ansprechenden Ambiente und seiner geschmackvollen Gestaltung zu einem erholsamen Aufenthalt bei, gibt innere Ruhe und Kraft. Sauna, Bio-Sauna, Dampfbad, Aromapool und Fitnessraum ergänzen das Wohlfühl-Angebot. Im Panorama-Ruheraum kann der Gast den Alltag hinter sich lassen und sich in wohltuender Atmosphäre entspannen. Das Haus bietet zudem beste Voraussetzungen für eine erfolgreiche Schrothkur. Bei freier Arztwahl können alle Anwendungen im Haus durchgeführt werden. Auf Wunsch werden auch Massagen und Moorpackungen verabreicht. Krankengymnastik und Reiki ergänzen das vielseitige Angebot.

Berghof am Paradies, Berg 8, 87534 Oberstaufen, Tel. 0 83 86/9 33 20; www.berghof-am-paradies.de

Golf

Der **Golfclub Oberstaufen-Steibis** (18-Loch, PAR 69) liegt in einem außergewöhnlich malerischen Hochtal auf 800 m Höhe (Tel. 85 29, www.golf-oberstaufen.de).
Das **Golfzentrum Oberstaufen** liegt auf einer herrlichen Sonnenterrasse direkt am Ortsrand von Oberstaufen im Ortsteil Buflings. Die Anlage umfasst einen 18-Loch-Platz (Par 68) und einen öffentlichen Pay & Play 9-Loch-Platz (Tel. 93 92 51, www.golfclub-oberstaufen.de)

Bergbahnen/Wandern

Mit der **Hündle-Doppelsesselbahn** erreicht man schnell und bequem ein traumhaftes Wandergebiet. Die Gipfelstation (ca. 1 100 m) ist idealer Ausgangspunkt für wunderschöne Bergwanderungen von einer 1/2 Stunde bis zur Tageswanderung auf ungefährlichen Höhenwegen, die mit unvergleichlich schöner Aussicht bis hinein in die Schweizer Berge die Mühe belohnen. Anschließend kann man sich dann bei der Berggaststätte auf der großen Sonnen-Terrasse (kostenloser Liegestuhlverleih) ausruhen.
Nur 5 Gehminuten von der Bergstation entfernt, liegt die Obere Hündle Alpe, wo man bei der Käseherstellung zusehen kann. Der schlaue Fuchs auf dem Erlebniswanderweg entführt in die geheimnisvolle Welt des Waldes, der Berge, Tiere und Pflanzen und lädt dazu ein, selbst aktiv zu werden. An 22 Stationen erlebt der Wanderer die Natur der Allgäuer Voralpenlandschaft.
Eine Fahrt auf der ca. 850 m langen Sommerrodelbahn am Hündle ist bei trockener Witterung ebenfalls ein Vergnügen für Jung und Alt. An der Berg- und Talstation befindet sich für die kleinen Gäste ein großer Kinderspielplatz. In den Gaststätten an der Berg- und Talstation kann man sich mit Allgäuer Spezialitäten verwöhnen lassen. Der Panorama-Minigolf-Platz rundet das Freizeitvergnügen am Hündle ab. Parkplätze sind ausreichend vorhanden!
Öffnungszeiten: Sesselbahn täglich von 09.00 Uhr – 16.30 Uhr, Sommerrodelbahn 09.30 Uhr – ca. 16.30 Uhr, jedoch in Ferienzeiten verlängerte Öffnungszeit
Informationen unter Tel. 0 83 86/ 2720, Info-Tel. 0 83 86/96 00 00, Fax 0 83 86 96 08 01 ;
Internet www.huendle.de
e-mail: info@huendle.de

Hochgratbahn Oberstaufen-Steibis

Mit seinen 1832 Metern ist der Hochgrat der höchste Berg im westlichen Allgäu und der markanteste Gipfel

der Nagelfluhkette. Die Bergstation (Restaurant) mit seiner Sonnen- und Aussichtsterrasse bietet eine grandiose Fernsicht. Schon allein dieser einmalige Rundblick macht einen Ausflug zum Hochgrat zum Erlebnis. Hier oben ist auch der Ausgangspunkt für viele kleine und große Wanderungen aller Schwierigkeitsgrade auf gut bezeichneten Wegen. Immer beliebter sind die Vollmond-, Nacht- und Sonnenuntergangsfahrten, welche ganzjährig angeboten werden. Dieses nicht alltägliche Naturerlebnis wird jeden begeistern.

Hochgratbahn Oberstaufen-Steibis, Tel. 0 83 86/82 23; www.hochgrat.de - info@hochgrat.de

Die neue **8er Gondel-Bahn am Imberg** bringt Bergfreunde direkt auf den Imbergkamm, mitten in ein herrliches Wandergebiet für eine anspruchsvolle Tageswanderung, eine Halbtagstour oder ein Nachmittagsausflug mit den Kindern. Bevor es dann zurück ins Tal geht, kann man sich in einer der urigen Berghütten eine Rast gönnen. www.imbergbahn.de, Tel. 81 12

1822 m
Bergstation
1708 m
Stauffner Haus
Oberlauchalpe
Hochgratbahn
Denneberg
1460 m
Klammen
Unterlauchalpe
Obersteig
Imberg
Imberghaus
Imbergbahn
Falken - Hütte
1564 m
Hormoos
Hochwies
Hochbühl
Fluh
Vorderfluh
Sonnhalde
Kuhschwand Alpe
Schwende
Osterdorf
Bochenegg
Steibis
Schindelberg
Ach
Krebs
Steinebach
Weißach
Kalchenhof
Sommerrodelbahn
Staufner Berg
Weißach
Eibele
Willis
Erlebnisbad
Aquaria
Berg
Oberstaufen
Sportanlage
Kurverwaltung
Aach
Aach
Vorderreute
Steineberg
Sinswang
Aach
Aach
Zell
Mutten
Trabers
Hohenrain

Tennis

Tennis hat in Oberstaufen einen hohen Stellenwert; insgesamt stehen dem Gast 12 Freiplätze zur Verfügung, davon sechs in Oberstaufen, vier in Thalkirchdorf und zwei in Steibis (Tennis-Anlage Oberstaufen, Tel. 15 15/Metro- Ferienclub, Tel. 70 00/ Tennis Steibis, Tel. 84 01/Tennisplatz Thalkirchdorf, Tel. 0 83 25/10 37).

Minigolf

Minigolf spielen kann man auf den Plätzen im Kurpark (Mai bis Oktober, Tel. 93 91 26) und an der Hündle-Talstation.

Im Winter

Die Skiregion Oberstaufen mit ihren Ortsteilen Steibis und Thalkirchdorf verfügt vom Babylift bis zur 8er-Gondelbahn über insgesamt 28 Aufstiegshilfen in die Skigebiete. Auf 40 km maschinell gepflegten Pisten in allen Schwierigkeitsgraden wird Skifahren für alle zu einem Erlebnis (Schnee- bzw. Info-Tel. 0 83 86/93 00 22).

Skigebiet Hündle/Thalkirchdorf (Tel. 0 83 25/97 53; www.huendle.de, www.familienskidorf.de)

Das Skigebiet Hündle/Thalkirchdorf wird mit einer Doppelsesselbahn mit 10 Liften erschlossen. Ob Skifahrer oder Snowboarder – im dem vielseitigen Skigebiet finden sowohl Anfänger als auch Könner gute Bedingungen. 10 Lifte mit einer Abfahrtslänge von über 14 km stehen dem Wintersportler zur Verfügung. Familienfreundliche Fahrpreise. Öffnungszeiten: 09.00 Uhr – 16.30 Uhr

Sinswangerlifte (Tel. 45 32)

Hier erwarten den Ski- und Snowboarder 2 Schlepplifte, 1 Übungslift und eine Flutlichtanlage.

Skiarena Steibis (Tel. 81 12, www.imbergbahn.de)

Die Skiarena Steibis am Imberg mit der modernen 8er-Gondelbahn erschließt ein schneesicheres Skigebiet mit weit angelegten Pisten und Beschneiungsanlage sowie bestem Preis-Leistungsverhältnis (lt. ADAC). Durch die weiten Abfahrten auf Almwiesenhängen ohne Waldschneisen hat sich die Skiarena an der österreichischen Grenze längst einen sehr guten Ruf erworben. Zünftige Gaststätten an der Berg- und Talstation sowie urige Hütten laden ein zur Einkehr.

Hochgratbahn Oberstaufen-Steibis

Nicht nur geübte Ski- und Boarderfans kommen am Hochgrat mit seinen 5 bis 6 km langen Abfahrten (die längsten in der Region) auf ihre Kosten. An den Nacht- und Vollmondfahrten wird die Unterlauchabfahrt (6 km) für Rodler geöffnet. Ein Wintererlebnis der besonderen Art bieten die Schneeschuhwanderungen, welche von einem erfahrenen Führer begleitet werden.

Hochgratbahn Oberstaufen-Steibis, Tel. 0 83 86/82 23; www.hochgrat.de - info@hochgrat.de

Insgesamt 100 Kilometer präparierte Loipen werden rund um Oberstaufen gespurt (klassisch 100 km, Skating 70 km). Ein besonderer Hit ist die Super-Loipe vom Alpsee zum Waldsee (50 km). Diese führt den konditionsstarken Skiwanderer vom Badeparkplatz am Südwestrand des Alpsees bei Immenstadt via Oberstaufen bis zum Waldsee bei Lindenberg im Westallgäu. Nachts beleuchtet und für Anfänger ideal ist die 2 km lange Kalzhofer-Loipe (Rundkurs) mit Start an der Kalzhoferstraße, 5 min. von der Kirche. Schneesicher bis in den Mai sind die auf 1 200 bis 1 300 m Höhe befindlichen Hädrich-Loipen (5–10 km, für Anfänger und Geübte).

Ein 600 qm großer **Kunsteisplatz**, der bis Ende März betrieben wird, befindet sich am Kurpark; Eisstockschießen, Eishockeyspielen oder Schlittschuhlaufen kann man hier – auch abends bei Flutlicht. Schlittschuhe und Eisstöcke können ausgeliehen werden (Tel. 93 91 26). Eine schöne Rodelbahn (Länge 1,5 km, Höhendifferenz 320 m) befindet sich an der Skiarena Steibis. Sie führt von der Bergstation der Imbergbahn bis zum Café Auwinkel.

Ob **Pferdeschlittenfahrt** (Fam. Rasch Tel. 01 71/5 72 52 54 oder Fam. Stahl Tel. 22 49), Schneeschuh-Trekking, Snow-Rafting, Hundeschlitten-Tour (Tel. 18 57 www.aktivzentrum.de), oder Iglu-Übernachtung (Michael Schneider, Tel. 98 05 51, www.kraeuteralp.de) - Oberstaufen ist das Paradies schlechthin für Wintersport.

Golf im Winter? Eine Driving Range befindet sich im Kur- und Sporthotel Sonneck (Tel. 49 00) eine Indoor-Golfanlage im Kur- und Sporthotel Königshof (Tel. 49 30)

Ganzjährig

Wasserspaß

Wer sich in die Fluten stürzen möchte, der kann dies im Panoramabad „Aquaria“ (Tel. 9 31 30, siehe auch „Im Sommer“) sowie im Hallenbad Steibis (Tel. 81 82 / freier Eintritt für Kinder bis fünf Jahre, Ermäßigung für Erwachsene mit Kurkarte) mit 10 x 2 m – Becken, großer Liegewiese, Sauna, Solarium und Cafeteria tun. Öffentlich zugängliche Hotelhallenbäder im Well Vital Hotel Bad Rain (Tel. 9 32 40/Naturschwefelwasser-Hallenbad) und bei Hummel-Stiefenhofer (Thalkirchdorf, Tel. 0 83 25/5 65).

Sauna im Panoramabad „Aquaria“ (Alpenstraße 5, Tel. 9 31 30), im Hallenbad Steibis (Tel. 81 82) und in der Pension Hummel-Stiefenhofer (Thalkirchdorf 20, Tel. 0 83 25/5 65).

Wellness

Nach einem erlebnisreichen Ferientag kann man es sich im **Kur- und Ferienhotel Mühlenhof** so richtig gut gehen lassen. Der Vitalbereich bietet dem Gast einen Ort der Erholung. Badespaß und ruhige Momente erlebt man im angenehm temperierten Quellwasser-Hallenbad mit Gegenstromanlage. Ein angegliederter Freilichtraum hat einen direkten Zugang zur Liegewiese. Der Saunabereich mit Solarium, römischem Dampfbad und Finnischer Sauna bietet Entspannung und Erholung. Massagen, Naturmoorpackungen, Sauerstoff- und gezielte Bewegungstherapie gehören ebenfalls zum Gesund-Programm. Die große Liegewiese lädt dazu ein, die Ruhe zu suchen und sich zurückzuziehen.

Eine gesunde Ernährung ist die Basis für einen gesunden Körper. Wellness und Kuren für sie und ihn – das Angebot ist vielseitig: Die Original **Schrothkur** wird nach den Regeln des Schrothverbandes durchgeführt und dient der Gewichtsreduzierung und der Entschlackung des Körpers. Die **F. X. Mayr-Kur** ist eine Entschlackungs- und Regenerationskur, mit deren Hilfe eine Vielzahl gesundheitlicher Störungen erfolgreich behandelt bzw. verhindert werden kann. Ziele der **Naturreiskur** sind Abbau von Übergewicht, Stoffwechselanregung und Entschlackung. **Kalorienreduzierte Vitalkost** schafft Wohlbefinden und beugt Risikofaktoren vor. Unterschiedliche Kompaktangebote bieten für jeden Gast die richtige Anwendung. Und ergänzend dazu kann sich der Gast im Fitnessraum austoben, auf Wunsch unter professioneller Anleitung.

Kur- und Ferienhotel Mühlenhof, Familie Mayer, Mühlenstr. 13, 87534 Oberstaufen, Tel. 0 83 86/93 26-0, Fax 0 83 86/43 31, e-mail: hotel.muehlenhof@t-online.de,
Internet: www.hotel-muehlenhof.de

Wandern

Hochgratbahn Oberstaufen-Steibis

Mit seinen 1832 Metern ist der Hochgrat der höchste Berg im westlichen Allgäu und der markanteste Gipfel der Nagelfluhkette. Die Bergstation (Restaurant) mit seiner Sonnen- und Aussichtsterrasse bietet eine grandiose Fernsicht. Schon allein dieser einmalige Rundblick macht einen Ausflug zum Hochgrat zum Erlebnis. Hier oben ist auch der Ausgangspunkt für viele kleine und große Wanderungen aller Schwierigkeitsgrade auf gut bezeichneten Wegen. Immer beliebter sind die Vollmond-, Nacht- und Sonnenuntergangsfahrten, welche ganzjährig angeboten werden. Dieses nicht alltägliche Naturerlebnis wird jeden begeistern.

Hochgratbahn Oberstaufen-Steibis, Tel. 0 83 86/82 23; www.hochgrat.de – info@hochgrat.de

Auf das **Hündle** – hier befindet sich auch eine Sommerrodelbahn – führt eine Sesselbahn (Tel. 27 20). Die Bergstation ist Ausgangspunkt für zahlreiche Touren. Ein schlauer Fuchs führt die kleinen Gäste auf einen spannenden Erlebniswanderweg. Vielfältige Wandermöglichkeiten bieten sich auch vom Imberg aus an. Die neue moderne 8er-Gondelbahn (Tel. 81 12) bringt den Naturfreund direkt auf den Imbergkamm, mitten in die einmalige Landschaft der Nagelfluhkette und in das Hörmoos- und Falkengebiet. Ein Naturlehrpfad befindet sich im Naturpark Rainwald, ein Waldlehrpfad in Steibis. Immer Dienstag, 13.30 Uhr finden geführte Halbtageswanderung, von ca. Januar bis Oktober, statt (Treffpunkt vor dem Haus des Gastes in Oberstaufen). Geführte Ganztageswanderung jeden Donnerstag 9.20 Uhr (Treffpunkt Bahnhof Oberstaufen), verbindliche Anmeldung bis spätestens Mittwoch, 17.30 Uhr bei der Oberstaufen Tourismus Marketing GmbH (Tel. 93 00 13).

Berghof am Paradies

Mit dem 1000 m hohen Kapf gehört zum **Berghof am Paradies** bei Oberstaufen sogar ein eigener Berggipfel mit imposanter Rundumsicht. Der Griff nach den Sternen – hier kann er fast gelingen. Das Nordic-Walking-Paradies Oberstaufen, herrliche Spazierwege bzw. Langlaufloipen liegen direkt vor der Haustüre.

Berghof am Paradies, Berg 8, 87534 Oberstaufen, Tel. 0 83 86/9 33 20; www.berghof-am-paradies.de

Für die ganze Familie

Für jeden Besucher von Oberstaufen lohnt sich auch der Weg zur **Miniwelt**

Oberstaufen (Wengen 15, Telefon 08386 960711). Das Erbauerteam dieser Modelleisen-Großanlage im Maßstab HO (1 : 87) hat eine der faszinierendsten Flusslandschaften um Rhein und Mosel in eine außergewöhnlich detailgetreue Miniaturwelt verwandelt. Die Landschaftsgestaltung ist typisch für diese Region: 600

beleuchtete Häuser, über 26 000 Bäume, Burgen, Schlösser, Städte, Dörfer, Flusspromenaden, Campingplätze, unzählige Preiserfiguren, selbstfahrende Automodelle und insbesondere die richtig ausgestalteten Berghänge mit den Weinbergen vervollständigen den hervorragenden Gesamteindruck.

Kutschfahrten in die Umgebung veranstalten die Familie Rasch (Tel. 01 71/5 72 52 54) und Fam. Stahl. (Tel. 22 49). In der Tennishalle Oberstaufen warten vier Tennisgranulatspielfelder (im Sommer auch per Cabriodächern zu öffnen) auf sportlich Aktive. Die Tennisschule Kiffmeyer ermöglicht Profitraining oder Schnupperstunde. So richtig ins Schwitzen kommt man auf den beiden Squashcourts und in der Sauna. Vier Bowlingbahnen bieten ein geselliges Alternativprogramm. Ein besonderer Hit ist der Winterbiergarten an der Langlaufloipe (Skiverleih). Während der Ferien werden regelmäßig Tennis-Kindercamps angeboten. Nähere Informationen: Tel. 20 20 www.tennishalle-oberstaufen.de. Kegeln kann man im Kurhaus (Tel. 27 08), im Hotel-Gasthof Engel (Buflings, Tel. 70 90) und im Mondi-Ferienclub (Tel. 70 00). Ein weiterer Squashcourt befindet sich ebenfalls im Mondi-Ferienclub (Tel. 70 00).

Radfahren

Oberstaufen ist auch für den grenzüberschreitenden Verkehr nach Österreich idealer Ausgangspunkt.
Ein schöner Radausflug für die ganze Familie beginnt beim Bahnhof und führt auf der kaum befahrenen Straße über Bad Rain (Schwefelbad), Knechtenhofen (Bauernmuseum), Wiedemannsdorf, Ratholz, Trieblings am Großen Alpsee entlang. Teilweise ist die Strecke für den Verkehr völlig gesperrt. Für manchen Biker ist die Strecke über Steibis ins Weißachtal und Ehrenschwang, Mittelbergalpe (1 368 m, Einkehrmöglichkeit), Almagmach zum Steigbachtal eine sportliche Herausforderung.

Kur- und Ferienhotel Mühlenhof

Im idyllischen Tal der Weissach, nur wenige Autominuten vom weltbekannten Schrothkurort **Oberstaufen** entfernt, liegt das **Kur- und Ferienhotel Mühlenhof**, inmitten einer hoteleigenen Wiese. Dieses naturnahe Wohnen lässt den Aufenthalt vom ersten Moment an zur Erholung werden. Abschalten, sich wieder besinnen auf die wesentlichen Dinge – hier findet Entspannung ihren richtigen Rahmen. Der Gast schätzt die familiäre Herzlichkeit und die individuelle Betreuung. Die geräumigen Zimmer sind im ländlichen Stil eingerichtet und verfügen über Dusche oder Bad/ WC, Direktwahltelefon, Kabel-TV, Safe, Schreibtisch und eine gemütliche Sitzecke. Vom großen Balkon aus genießt man die freie Sicht bis zu den österreichischen und Schweizer Bergen. Insgesamt stehen 10 Einzel- sowie 10 Doppelzimmer und 2 Appartements zur Verfügung, die vor allem bei Familien und kleinen Gruppen sehr beliebt sind. An warmen Tagen trifft man sich auf der herrlichen Son-

nenterrasse. Abends lässt man den Tag an der Hausbar ausklingen.
Ein Raum mit ansprechender besonderer Note lädt ein zu unterschiedlichsten Gruppenarbeiten oder -gesprächen, Seminaren und Tagungen für Kleingruppen. Frau Marion Mayer ist bei der Organisation und Durchführung gerne behilflich.
Kur- und Ferienhotel Mühlenhof, Familie Mayer, Mühlenstr. 13, 87534 Oberstaufen, Tel. 0 83 86/93 26-0, Fax 0 83 86/43 31, e-mail: hotel.muehlenhof@t-online.de, Internet: www.hotel-muehlenhof.de

Einkaufs-Tipp

Thalkirchdorf

Unbehandelte Wolle aus Neuseeland, Jute, Baumwolle aus ökologischem Anbau, klappernde Holzwebstühle und viel Liebe zu traditioneller Handwerkskunst – das schafft die Voraussetzungen für pflegeleichte, langlebige Handwebteppiche aus den **Allgäuer Handwebereien Thalkirchdorf** (Tel. 0 83 25/9 22-0; siehe Herstellungsverkauf).

Internationale kulinarische Käsespezialitäten, aber vor allem heimische Käsegaumenfreuden aus eigener Produktion aus bester silagefreier Allgäuer Rohmilch erhält der Kunde in **Hürlimanns Staufner Käskuche**. Frische Mopro-Produkte, Antipasto und erlesene Spirituosen komplettieren das Sortiment. Gerne werden hier auch Käseplatten für Firmen- und Familienfeiern oder Geschenkkörbe für jede Gelegenheit liebevoll zusammengestellt. Damit man auch zu Hause das Allgäu so richtig genießen kann, wird das Käsepaket auch an den Heimatort geschickt.
Öffnungszeiten: Montag bis Freitag: 08.00 – 12.30 Uhr und 14.30 – 18.00 Uhr; Samstag: 08.00 – 13.00 Uhr
Hürlimanns Staufner Käskuche, Bahnhofstraße 6, 87534 Oberstaufen, Tel. 0 83 86/72 09; Internet: www.baldauf-kaese.de (siehe Herstellungsverkauf)

Kulinarisches

Wie im Paradies fühlt man sich, wenn man im **Berghof am Paradies** bei Oberstaufen auf der Sonnenterrasse sitzt und sich mit hausgemachtem frischem Kuchen oder einem Stück Torte verwöhnen lässt. Auch Einheimische machen gerne einen Ausflug zu diesem wunderschönen Fleckchen Erde, wo es nicht schwierig ist, einmal von der Hektik des Alltags, von der Verantwortung des Berufslebens abzuschalten und wieder zu sich selbst zu finden. Der erholsame Urlaubstag beginnt mit einem reichhaltigen Frühstücksbuffet. Die deftige Brotzeit nach der Wanderung, auch im Rahmen der Halbpension, verwöhnt den Gast. Ausflugsgäste schät-

zen Kaffee, Kuchen und Torten mit dem Panoramablick, den man von der Sonnenterrasse aus genießen kann. Die kleinen Gäste vergnügen sich auf dem Spielplatz. Selbstverständlich gehört zum Haus auch ein großer Parkplatz.
Berghof am Paradies, Berg 8, 87534 Oberstaufen, Tel. 0 83 86/9 33 20; www.berghof-am-paradies.de

Traumhaft schlafen

Im idyllischen Tal der Weissach, nur wenige Autominuten vom weltbekannten **Schrothkurort Oberstaufen** entfernt, liegt das **Kur- und Ferienhotel Mühlenhof**, inmitten einer hoteleigenen Wiese. Dieses naturnahe Wohnen lässt den Aufenthalt vom ersten Moment an zur Erholung werden. Abschalten, sich wieder besinnen auf die wesentlichen Dinge – hier findet Entspannung ihren richtigen Rahmen. Der Gast schätzt die familiäre Herzlichkeit und die individuelle Betreuung. Die geräumigen Zimmer sind im ländlichen Stil eingerichtet und verfügen über Dusche oder Bad/ WC, Direktwahltelefon, Kabel-TV, Safe, Schreibtisch und eine gemütliche Sitzecke. Vom großen Balkon aus genießt man die freie Sicht bis zu den österreichischen und Schweizer Bergen. Insgesamt stehen 10 Einzel- sowie 10 Doppelzimmer und 2 Appartements zur Verfügung, die vor allem bei Familien und kleinen Gruppen sehr beliebt sind. An warmen Tagen trifft man sich auf der herrlichen Sonnenterrasse. Abends lässt man den Tag an der Hausbar ausklingen. Ein Raum mit ansprechender besonderer Note lädt ein zu unterschiedlichsten Gruppenarbeiten oder –gesprächen, Seminaren und Tagungen für Kleingruppen. Frau Marion Mayer ist bei der Organisation und Durchführung gerne behilflich.
Kur- und Ferienhotel Mühlenhof, Familie Mayer, Mühlenstr. 13, 87534 Oberstaufen, Tel. 0 83 86/93 26-0, Fax 0 83 86/43 31, e-mail: hotel.muehlenhof@t-online.de, Internet: www.hotel-muehlenhof.de

Abseits vom Hauptverkehr und doch auf guten Straßen bequem erreichbar liegt der Ort Berg oberhalb der Queralpenstraße, nur 2 Kilometer von Oberstaufen entfernt. Schlafen wie im Paradies kann der Gast hier im **Berghof am Paradies**. Paradies – ein ganzes Gebiet ist so benannt. Die grandiose Aussicht mit Vierländerblick in die Schweizer, Österreicher, Liechtensteiner und Allgäuer Alpen hat ihm wohl diesen Namen gegeben. In himmlischer Ruhe findet man paradiesische Erholung – allein, zu zweit, mit der ganzen Familie!
Berghof am Paradies, Berg 8, 87534 Oberstaufen, Tel. 0 83 86/9 33 20; www.berghof-am-paradies.de

Wichtige Adressen und Telefonnummern

Oberstaufen Tourismus Marketing GmbH, Hugo-v.-Königsegg-Str. 8, 87534 Oberstaufen, Tel.: 0 83 86/ 93 00-0, Fax: 0 83 86/93 00-20, e-mail: info@oberstaufen.de

Vital-Therme

Oberstdorf

Die WellnessOase Nummer 1 im Allgäu zu sein, ist unsere eindeutige Zielsetzung.

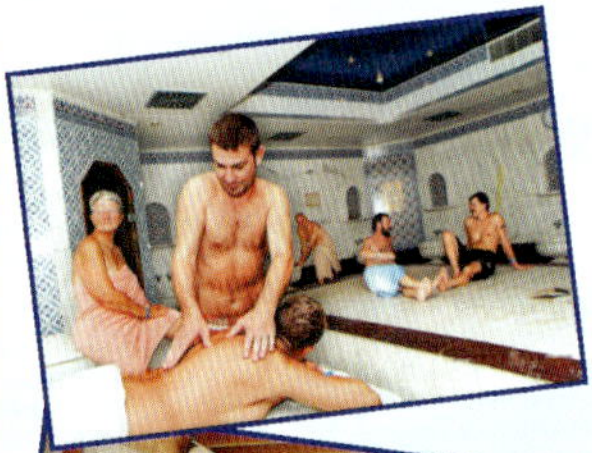

Es erwartet Sie eine Vielfalt an Saunen im Allgäuer Stil, Aroma- und Dampfbäder, Massagen im Hamam, Ayurveda-Anwendungen, Salzöl- oder Fußreflexzonen-Massagen, Solebad mit Unterwasser-Massagedüsen, Wellenbad, Kinderbecken u.v.m.

Neu gestaltetes öffentliches Restaurant-Café „Alpenstadl":

50 Sitzplätze, 75 Plätze auf der Sonnenterrasse.
Täglich wechselnde, frisch zubereitete, preiswerte Tagesgerichte (auch im Saunabistro).

Öffnungszeiten:	So - Do	9.30 - 22.00 Uhr
	Fr - Sa	9.30 - 23.00 Uhr

Fr ab 20.00 Uhr textilfrei baden

direkt am Kurpark

Vital Therme Oberstdorf
Promenadestr. 3
87561 Oberstdorf

Tel. 08322.60696-0 • www.thermeoberstdorf.de
Fax. 08322.60696-17 • info@thermeoberstdorf.de

STARWATERS®
DEYLE-GRUPPE
www.starwaters.de

Oberstdorf

Wo die Quellflüsse der Iller – Breitach, Stillach, Trettach – zusammenströmen, liegt die Marktgemeinde Oberstdorf, Magnet für Wanderer und Wintersportler. Mit den fünf Sprungschanzen und dem Bundesleistungszentrum für Eiskunstlauf zählt der südlichste Ort der Bundesrepublik zu den international renommierten Wintersportplätzen. Bereits 1937 erhielt der Markt das Prädikat „Heilklimatischer Kurort“ und 1964 die Anerkennung als Kneippkurort; auch Schrothkuren werden angeboten.

Sehenswürdigkeiten

Direkt am Marktplatz findet man die kath. Pfarrkirche St. Johannes der Täufer. Eine Madonna aus der Strigel-Werkstatt (um 1435) gehört zu den kunsthistorischen Schätzen. Die aus dem späten 15. Jahrhundert stammende Seelenkapelle (südlich der Kirche) mit Arkadengang von 1735 und Renaissance-Fresken des 16. Jahrhunderts (u. a. hl. Michael) an der Nordfassade ist heute Kriegergedächtniskapelle. Am südlichen Ortsausgang, an der Straße nach Birgsau stehen die drei **St.-Loretto-Wallfahrtskapellen**. Älteste und kleinste der unterhalb des Krappberges gelegenen kleinen Kirchen ist die im späten 15. Jahrhundert als sechseckiger Zentralbau entstandene Appachkapelle mit vier spitzbogigen Fenstern. Die daneben liegende größere Kapelle Maria Loretto wurde 1657 bis 58 nach dem Vorbild der Appachkapelle als gleichfalls sechseckiger Zentralbau errichtet. Die Kapelle St. Nikolaus liegt am nördlichen Ortsausgang und stammt aus dem frühen 16. Jahrhundert. Außerdem sehenswert sind das 1477 als Tanzhaus erwähnte alte Rathaus (am Marktplatz), das ehemalige Jagdhaus (ein verschindelter Blockbau des späten 19. Jahrhunderts) des Prinzregenten Luitpold in der Ludwigstraße, ein Denkmal des Prinzregenten in der Nähe des Kur- und Kongresszentrums sowie die vom einheimischen Bildhauer M. Rueß geschaffene Bronzeplastik eines „Wilden Mändles“ am Bahnhofsplatz.

Die inmitten einer beeindruckenden Berglandschaft gelegene, bereits im Mittelalter gegründete Höhensiedlung Gerstruben (ca. 6 km südlich von Oberstdorf) wurde 1892 von ihren Bewohnern verlassen. Vier charakteristische Bauernhäuser des 17. und 18. Jahrhunderts, die im späten 17. Jahrhundert erbaute kath. Marienkapelle, eine Sennküche und eine historische Sägemühle wurden liebevoll restauriert – die kleine Siedlung steht heute komplett unter Denkmalschutz. Im Ortsteil **Reichenbach** steht die vermutlich im 16. Jahrhundert er-

baute **St.-Jakobus-Kapelle** mit einem der Werkstatt I. Strigels zugeschriebenen Choraltar von 1495. Ein lohnender Besuch führt nach **Rohrmoos** zu der wohl ältesten Holzkapelle Deutschlands. Beachtenswert sind der Flügelaltar von 1568 mit Gemälden und die wertvollen Wandmalereien des 16. Jahrhunderts.
Wer durch den 2 km nördlich von Oberstdorf gelegenen Ortsteil **Rubi** fährt, sollte einen Blick in die **Barockkapelle** werfen. Weitere Kunstschätze finden sich in der Kirche in Tiefenbach. Das Fresko „Beweinung Christi" schuf H. Strigel d. Ä. im Jahre 1477.
Auf jeden Fall einen Abstecher wert ist die **Heini-Klopfer-Skiflugschanze**, auf dem Weg zur Fellhornbahn wenige Kilometer außerhalb des Ortszentrums gelegen. Eine Sesselbahn und ein Schrägaufzug erleichtern den „Aufstieg". Auskünfte unter Telefon 38 91 oder 28 55.

Museen

Das Oberstdorfer Heimatmuseum (Oststraße 13, Telefon 54 70, 23 70 oder 56 79) veranschaulicht auf über 700 qm Ausstellungsfläche, aufgeteilt auf 38 (!) Räume, die Geschichte des Bergbauerndorfes Oberstdorf. Das Museum ist vom 27. Dezember bis 15. April und vom 15. Mai bis 31. Oktober geöffnet, und zwar Dienstag bis Samstag von 10 bis 12 Uhr und 14 bis 17.30 Uhr, Sonn- und Feiertage nur bei Regenwetter zu den gleichen Zeiten.

Kulturelles

Seit 1993 ist der „Oberstdorfer Musiksommer“ zum Inbegriff musikalischer Ereignisse und unvergesslicher Konzerterlebnisse geworden. Fast vier Wochen lang konzertieren Solisten und Ensembles von Weltrang an verschiedenen Spielorten in Oberstdorf. Eine große Zahl von jungen Musikern aus aller Welt wird von erfahrenen Dozenten in verschiedenen Meisterkursen unterrichtet. Die exakten Konzerttermine und –orte sind bei der Kurverwaltung zu erfragen; Kartenvorverkauf und weitere Infos unter Telefon 70 02 67. Kurkonzerte, Wunschkonzerte und Tanz-Tees (jeweils im Kurhaus) sowie Konzerte der Musikkapellen in Oberstdorf und in den Ortsteilen finden fast täglich statt. Die Kulturgemeinde Oberstdorf organisiert Theaterveranstaltungen sowie Aufführungen des derb-lustigen Bauerntheaters. Nähere Auskünfte gibt es unter Tel. 70 02 90.

Feste und Feiern

– Ein Blick in den Jahreslauf
Alle fünf Jahre (zuletzt im Jahr 2005) findet der „Wilde-Mändle-Tanz“ statt. Alljährlich im Januar feiert Oberstdorf mit seinen Gästen **Winterfestwochen**. Das Eröffnungsspringen der deutsch-österreichischen Internationalen Vierschanzentournee am 29. oder 30. Dezember im Schattenberg-Skistadion ist alljährlicher Anziehungspunkt für rund 30000 Besucher! Beim Oberstdorfer Dorffest im August feiern Einheimische und Gäste gemeinsam im Zentrum des Marktes. Ein Feiertag der ganz besonderen Art ist in Oberstdorf der **Viehscheid** im September. Eher familiär, nicht in dem Maße vom großen Rummel begleitet, geht es beim Viehscheid im Ortsteil Schöllang zu.
An den Oberstdorfer **Kulturtagen** Ende September/Anfang Oktober wird ein qualitativ hochwertiges Programm an Theatervorstellungen, Konzerten und einer Kunstausstellung geboten.

Freizeit- und Sportmöglichkeiten

Im Sommer

Sommerrodelbahn.
Neu seit Herbst 2005!

Oberstdorf ist mit der **Sommerrodelbahn** am Söllereck um eine Attraktion reicher. Der Einstieg liegt ca. 50 Meter unterhalb der Talstation der Söllereck-Bahn. Von dort erleben die Rodler eine spannende und abwechslungsreiche Abfahrt hinunter Richtung Kornau. Eingebaute Jumps und Wellenstrecken steigern den Nervenkitzel. Der Höhepunkt ist wohl die Überquerung der B 19 auf einer 5 Meter hohen Brücke. Danach ein steiler Kreisel, bei dem die Rodel noch einmal so richtig Tempo aufnehmen. Bei Einfahrt in die Talstation werden die Rodel automatisch abgebremst, in den Berglifter geleitet und per Seilzug samt Insassen nach oben befördert. Die Höchstgeschwindigkeit der Rodel beträgt bis zu 40 km/h.

Jeder kann dabei die Geschwindigkeit selbst regulieren. Der „Alpin Coaster" ist eine Allwetterrodelbahn. Egal ob Sonnenschein, Regen, Frost oder Schnee, es kann immer gefahren werden. Bei schlechtem Wetter erhalten die Rodel eine Plexiglashaube, damit der Rodler trocken bleibt. Neben der neuen Sommerrodelbahn entsteht auf dem Gelände auch ein neuer Spielplatz für Kinder.
Zu erreichen ist die Söllereck-Rodelbahn über die B 19 Richtung Kleinwalsertal. Weitere Informationen unter www.soellereckbahn.de.

Erlaubnisscheine zum **Angeln** erhält der Sportfischer im Sporthaus Schuster, Oststraße 4, Telefon 44 15. **Baden** kann man im Freibergsee, einem einzigartig schön gelegenen Natursee mit Liegewiese, Kahnverleih und Kiosk (Telefon 82 66). Der Freibergsee ist auch ein reizvolles Wanderziel.
Zum Baden ebenfalls sehr beliebt ist das Oberstdorfer **Moorbad** beim Moorweiher (am Rauhen, Telefon 48 63) und das Moorbad Reichenbach mit „Moorbadstüble" und Liegewiese (Telefon 0 83 26/15 09). Die Oberstdorfer Umgebung ist wie geschaffen fürs **Gleitschirmfliegen**. In Oberstdorf befindet sich ein von Mai bis Oktober bespielbarer, landschaftlich wunderschön gelegener 9-Loch-Golfplatz. Auskunft erteilt das Clubsekretariat, Gebrgoibe 1, Telefon 2895 und 9 86 95. Eine Wohltat im Sommer ist das **Kneippen**. Wassertretbecken mit Armbad befinden sich am Müh-

lenweg (Nähe Nebelhornbahn-Talstation, Minigolfplatz), im Jaußgarten (Kneippwiese, Fuggerstraße), am Gertrud-von-le-Fort-Weg (am südlichen Ortsrand) und innerhalb der Moorwasserbadeanstalt am Moorweiher.
Die Oberstdorfer Täler mit ihren Gasthäusern Birgsau, Spielmannsau, Einödsbach und Oytal sind wie geschaffen für einen Ausflug mit dem **Stellwagen**. Wanderungen lassen sich auch mit einer Kutschfahrt kombinieren. Mehrere Fuhrunternehmer bieten Fahrten mit Pferdekutschen an: Boxler, Am Dummelsmoos 37, Telefon 9 62 10; Geißler, Oststraße 21, Telefon 48 46; Dornach, Oibweg 15, Tiefenbach, Telefon 54 77; Steiner, Falkenstraße 6, Tiefenbach, Telefon 41 53; Topper, Wasachstraße 30, Tiefenbach, Telefon 32 20. **Minigolf**, das Vergnügen für die ganze Familie, kann man im Fuggerpark spielen in der Nähe der evangelischen Kirche (Telefon 62 08) und am Mühlenweg bei der Nebelhornbahn-Talstation (Telefon 8 03 89).
Wer im weißen Sport seine Herausforderung sucht, findet im **Tennispark** Oberstdorf (Karweidach 1, Telefon 61 00) vier Sandplätze, Tennisschule, Shop und Restaurant. Jeweils fünf Sandplätze bieten die Tennisanlage Fuggerstraße (Fuggerstraße 4, Telefon 33 65) sowie die Tennisplätze Tiefenbach (Im Weidach, Telefon 34 36).

Im Winter

Eissport

Gleich bei der Nebelhornbahn, am östlichen Ortsrand Oberstdorfs, befin-

det sich das **Leistungszentrum für Eiskunstlauf**, in dem auch eine Außenstelle des Olympiastützpunktes Bayern untergebracht ist. Drei Eishallen mit einer Gesamteisfläche von 4 500 qm bieten den Leistungssportlern beste Trainingsmöglichkeiten. Alle sportbegeisterten „Kufenfans" und diejenigen, die es noch werden möchten, finden hier ein vielfältiges Programm: Der tägliche Publikumslauf (mit Schlittschuhverleih in allen Größen), Disco on Ice sowie der öffentliche Eistanz für jedermann sind sehr beliebte sportliche Aktivitäten. Ebenfalls sehr beliebt ist das Eisstockschießen, ein altbekanntes und immer modernes Spiel, das gute Laune in geselliger Runde verspricht (vorherige Anmeldung erforderlich). Nationale und internationale Veranstaltungen und Wettbewerbe wie Schaulaufen, Curling, Eishockey und Short-Track sind weitere Publikumsmagneten.
Alljährliche Höhepunkte sind das traditionelle Weihnachtsschaulaufen (26. Dezember), die Silvester-Gala on Ice (30. Dezember) und der internationale Eiskunstlaufwettbewerb „Nebelhorn-Trophy" (September). Alle zwei Jahre werden in Oberstdorf zudem die Deutschen Meisterschaften im Eiskunstlaufen ausgetragen.

Das gemütliche Restaurant lädt dazu ein, die Spitzensportler bei ihrem täglichen Training zu beobachten und sich währenddessen von der ausgezeichneten Küche verwöhnen zu lassen.
Eine beliebte Attraktion ist die Indoor-Kletteranlage mit 15 m Höhe und 270 qm Kletterfläche. Hier können Anfänger (es werden Kurse angeboten) und Fortgeschrittene witterungsunabhängig in luftiger Höhe diesem Nervenkitzel frönen.
Leistungszentrum für Eiskunstlauf, Roßbichlstraße 2 – 6, 87561 Oberstdorf, Tel. 0 83 22/91 51 30 oder 91 50

Bei kalter Witterung ist auch der Moorweiher zum Eisstockschießen geeignet.
Mehrere Fuhrunternehmer bieten Schlittenfahrten an: Siehe unter „Im Sommer ... Stellwagen".
Empfehlenswerte Ausgangspunkte für eine zünftige **Rodeltour** sind die Seealpe (Nebelhornbahn-Mittelstation),

das Café Karatsbichl (Telefon 45 72) und die Gaisalpe (Telefon 0 83 26/ 79 19) im Ortsteil Reichenbach.

Skifahrer

Die Abfahrten von den umliegenden Gipfeln sind ein wahres Dorado für Skifahrer. Zum **Söllereck** bringt die Kabinenbahn die Sportler. Wer sich auf den **Nebelhorn**-Gipfelpisten halbwegs eingefahren hat, wechselt als engagierter Skiläufer zum **Fellhorn** (2 037 m) und in das **Kleinwalsertal**. Im Verbund mit der zum Kleinwalsertal gehörenden **Kanzelwand** (2 059 m) wurde hier ein Zweiländer-Skizirkus mit Bergbahnen, Sessel- und Schleppliften sowie Pisten für wirklich jedes Stand- und Schwungvermögen installiert (gemeinsamer Skipass!).
Das gesamte Oberstdorfer Skigebiet bietet 44 km präparierte Abfahrten, davon 5 km schwer, 24 km mittel und 15 km leicht. Drei Bergbahnen mit über 30 Anlagen (Kabinen-, Gondel- und Sesselbahnen, Schlepplifte) befördern in einer Stunde ca. 25 000 Sportler in die drei Oberstdorfer Skigebiete: Auf den Oberstdorfer Hausberg, das Nebelhorn, in das höchste Allgäuer Skigebiet führen eine, genauer gesagt drei Großkabinenbahnen (Nebelhornbahn Sektionen I + II, Nebelhorngipfelbahn, Telefon 9 60 00). Die Sektion I endet an der Station Seealpe (1 280 m), wo man auch in den Seealplift (Skikuli) einsteigen kann. Vom Endpunkt der Sektion II, der Station Höfatsblick (1 932 m), kann man anstatt der Nebelhorngipfelbahn auch die Koblat-4er-Sesselbahn und nach ein paar Schwüngen talwärts die Gipfelsesselbahn nehmen – schon ist man auf der 2 224 m hohen Gipfelstation. Von hier oben hat man einen atemberaubenden Panoramablick auf rund 400 Berggipfel bis in die Schweiz und nach Österreich. Das Angebot an Aufstiegshilfen wird abgerundet durch die einige hundert Meter unterhalb der Station Höfatsblick anschließende Doppelsesselbahn Sonngehren. Insgesamt 12 km präparierte Abfahrten, darunter die „berüchtigte" Nebelhorngipfel-Buckelpiste, die trotz ihrer nur 700 m Länge und 200 m Höhenunterschied als die schwerste Strecke im Oberstdorfer Raum gilt, sorgen für Skivergnügen pur. Die Gipfel-Tal-Abfahrt hat übrigens eine Länge von 7,5 km (längste Abfahrt Deutschlands!) und überwindet dabei 1 386 m Höhenunterschied. Tiefschneeabfahrten, ein abwechslungsreicher Snowcross, Restaurants, Sonnenterrassen und Schneebars runden das Angebot ab. Außerdem gibt es auf dem – trotz seines Namens – meist sehr sonnigen Nebelhorn einen Startplatz für Drachen- und Gleitschirmflieger. Skiverleih an der Talstation ist selbstverständlich. Ein Winterwanderweg in ca. 2 000 m Höhe und ein neuer Schneeschuhwanderweg für Nichtskifahrer runden das Programm in Allgäus höchster Skiregion ab.

Schneetelefon 07 00/55 53 63 66
Im Zweiländer-Skigebiet Fellhorn/ Kanzelwand, der größten Skiregion Deutschlands, kann man auf insgesamt rund 22 km präparierten Abfahrten seinem Sport frönen. Die Fellhornbahn (Auskunft unter Telefon 0 83 22/9 60 00) führt in zwei Abschnitten auf die 1 967 m hoch gelegene Gipfelstation. Ein Highlight ist Deutschlands längste und modernste Einseil-Umlaufbahn mit 94 bequemen 8er-Kabinen, Fellhornbahn II. Der Gast gelangt somit ohne Wartezeiten ins Skigebiet. Im oberen Bergbereich befinden sich des weiteren der Fellhornlift, die Scheidtobel-Doppelsesselbahn und die beiden 6er-Sesselbahnen See-Eck und Möserbahn. Die längste Abfahrt (4 km) führt über 1 047 m Höhenunterschied ins Tal nach Faistenoy. Anstelle ins Tal kann man auch bis zum Zwischeneinstieg, Schlappoldhöfle, der neuen Fellhornbahn II fahren und gelangt von dort aus wieder mit den bequemen 8er-Kabinen zur Bergstation. Die Talabfahrten nach Oberstdorf und ins Kleinwalsertal sind ebenfalls wie ca. 60% des gesamten Skigebietes beschneit und ermöglichen auch dann Skigenuss pur, wenn das Weiß vom Himmel nicht ausreichend am Boden liegen geblieben ist. Außerdem gibt es hier einen Snowboard-Funpark mit Übungspiste, Tabletops, Quarterpipe und Skides, ein spezielles Carving-Center mit eigener Piste, Zeitmessung und einer Ampelanlage sowie Restaurants, Sonnenterrassen, Schneebars

und Hütten. Ausrüstungsverleih an der Tal- und Mittelstation der Fellhornbahn. Schneetelefon 07 00/55 53 38 88.

Im Winter

Söllereck: Winterfreuden für die ganze Familie

Das Ski- und Winterwandergebiet am Söllereck ist so reizvoll und abwechslungsreich wie kein anderes in der Region Oberallgäu und bietet der ganzen Familie eine Vielzahl erlebnisreicher Höhepunkte. Auf Skifahrer und Snowboarder warten 11 km leichte bis mittelschwere Abfahrten. Von den insgesamt 9 bestens präparierten Skiabfahrten sind 5 komplett beschneit. Dafür sorgen modernste Beschneiungsanlagen und professionelle Pistenserviceteam der SöllereckBahn. Die Hauptabfahrt und die Pisten bei den anderen Skiliften bieten puren Skigenuss. Bei Insidern besonders beliebt sind die beiden jeweils 2,5 km langen Höllwiesabfahrten.
Viele Ski- und Snowboardschulen nutzen das ideale Gelände am Söllereck und unterrichten Anfänger, Fortgeschrittene und Individualisten in allen Facetten des gewählten Wintersports. Die notwendigen Ausrüstungen können direkt vor Ort ausgeliehen werden. Besonders die Pisten am Wannenköpfle(Sölli)Lift eignen sich für Kinder und Einsteiger. Das Gelände am Wannenköpfle(Sölli)Lift wurde großzügig zu einem Kinderland umgebaut. Für die Kinder gibt es zahlreiche Highlights wie Iglu, Zauberteppich-Förderband oder Skikarussell. Es ist direkt und bequem von der Talstation der SöllereckBahn zu erreichen. Als weitere Besonderheit hat die SöllereckBahn eine separate Abfahrt für Snowbikes von der Bergstation bis zur Talstation mit ca. 2 km Länge. Eine ortsansässige Snowbikeschule mit Verleih der Sportgeräte zeigt, wie es geht. Für den reibungslosen und zügigen Transport der Besucher sorgen eine moderne 6er-Gondelbahn und 4 Skilifte. Das Söllereck bietet eine Vielzahl an Möglichkeiten einen schönen Wintertag zu genießen.

Winterwanderungen

Kein anderes Skigebiet hat eine so große Auswahl an eindrucksvollen Winterwanderwegen anzubieten wie das Söllereckgebiet. Ob nun grenzüberschreitend ins benachbarte Kleinwalsertal, nach Oberstdorf, zum Freibergsee oder zur Skiflugschanze – alle Wege sind gespurt und gut begehbar. Wandern durch reizvolle Winterlandschaften mit herrlichen Ausblicken auf die Kleinwalsertaler- und Oberallgäuer Bergwelt, in die Täler oder weit ins Alpenvorland. Besonders empfehlenswert ist der Panoramablick von der Aussichtsplattform der Skiflugschanze. Sie ist bequem per Sesselbahn und Personenaufzug zu erreichen und ist im Winter täglich geöffnet.

Der „Alpin Coaster“ – ein neues Wintererlebnis

Neu in der Wintersaison 2005/2006 ist der „Alpine Coaster“ – die Som-

Söllereck Bahn®
Oberstdorf
Wanderwege
„SöllereckRodel"
Sölleralpe Fellhorn
Fellhorn
2037 m
1968 m
Kanzelwan
Hochleite
Fellhornbahn
Richtung Schwand
Talstation Fellhorn
Skiflugschanze
mit Schrägaufzug
Kiosk
Freibergsee
Waldhotel
Strandcafe
lugschanzenstube
Alpe Schrattenwang
Amans-Alpe
Kanzelwandbah
Berghaus am Söller
Mittelalpe
Bergstüble
Gh. Schönblick
Bergstation
1358
Riezlern
Kleinwalserta
Skilift-Höllwies
Söllereckbahn
Bergkristall
Heimspitze
Talstation
Kleinwalserta
B19
Naturfreundehaus
Seeweg
„SöllereckRodel"
Renksteg
Ziegelbachhütte
B19
Kornau
Waldesruh
Oberstdorf
Stillach
Tiefenbach
23
24
26
25
22
27
28
29
30

Söllereck Bahn
Oberstdorf
leichte Abfahrt
mittelschwere Abfahrt
beschneite Abfahrt
Söllereck
1706 m
Söllerkopf
1940 m
Schlappoldkopf
1968 m
Fellhorn
2037 m
Schrattenwanglift
Alpe
Schrattenwang
Söllereck
Bergstation 1358 m
Berghaus am Söller
Gh. Schönblick
Bergstüble
Kanzelwandbahn
Riezlernz/Kleinwalsertal
Richtung
Schwand-
Talstation
Fellhorn
Hochleite
Fellhornbahn
Skiflugschanze
mit Schrägaufzug
Kiosk
Freibergsee
Waldhotel
Strandcafe
Skiflugschanzenstube
Skilift-Höllwies
Söllereckbahn
Naturfreundehaus
Bergkristall
Heimspitze
Talstation
Seeweg
B19 Klei
walsert
Alpine Coaster
Kornau
Ziegelbachhütte
Renksteig
Stillach
Waldesruh
B19
Wannenköpflelift
Oberstdorf
Tiefenbach
Breitachklamm
Gute Busverbindung zur

Nebelhorn Sommer/Winter

Fellhorn Sommer/Winter

Kanzelwandbahn
RIEZLERN • KLEINWALSERTAL
Walmendingerhorn
MITTELBERG • KLEINWALSERTAL
Riezlern 1086 m
Hirschegg 1124 m
Mittelberg 1215 m
Baad 1244 m
Kanzelwandbahn
Walmendinger-hornbahn
Fellhornbahn
Kanzelwand 2058
Fellhorn 2038
Gehrenspitze 1857
Schüsser 2170
Schartenkopf 1812
Schlappoldkopf 1968
Söllereck 1706
Walmendinger Horn 1990
Zwölfer 2224
Elfer 2387
Bärenkopf 2083
Melköde 1346
Schwarzwasser-H. 1651
Auen-H. 1275
Küren 1212
Oberwestegg 1240
Unter-westegg 1240
Außerschwende
Innerschwende
Klausenwald
Straußberg
Wald
Waldhaus
Egg
Wäldele
Oberwäldele
Schmalzboden
Galtöde
Höfle
Schwendle
Bödmen
Stütze
Die schönsten Wanderrouten rund um Kanzelwand und Walmendingerhorn finden Sie in unserem Sommerprospekt.
Zeichenerklärung
Ausflugsgaststätte
Alpsennereien
Buslinien
Seilbahn
Kleingondel
Information

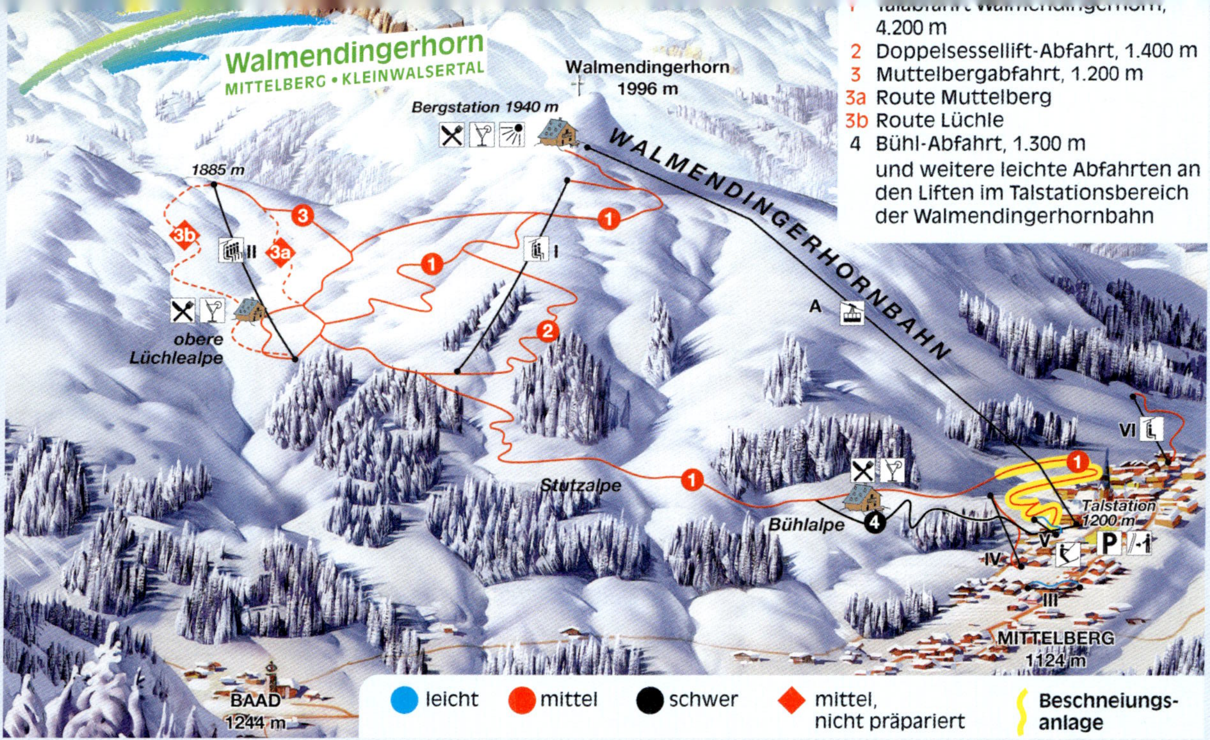
Walmendingerhorn
MITTELBERG • KLEINWALSERTAL
4.200 m
2 Doppelsessellift-Abfahrt, 1.400 m
3 Muttelbergabfahrt, 1.200 m
3a Route Muttelberg
3b Route Lüchle
4 Bühl-Abfahrt, 1.300 m
und weitere leichte Abfahrten an den Liften im Talstationsbereich der Walmendingerhornbahn
Walmendingerhorn 1996 m
Bergstation 1940 m
WALMENDINGERHORNBAHN
1885 m
obere Lüchlealpe
Stutzalpe
Bühlalpe
Talstation 1200 m
MITTELBERG 1124 m
BAAD 1244 m
leicht
mittel
schwer
mittel, nicht präpariert
Beschneiungs-anlage

merrodelbahn im Winterbetrieb. Diese einmalige Attraktion im Allgäu sollte man nicht verpassen.
Die Bergstation des „Alpine Coaster" befindet sich ca. 50 m unterhalb der Talstation der SöllereckBahn. Die rasante, kurvenreiche Fahrt mit den 2-sitzigen Rodeln hinunter Richtung Kornau bietet puren Nervenkitzel. Die Öffnungszeiten sind täglich von ca. 11.00 Uhr bis 16.00 Uhr und werden, je nach Bedarf, variabel gestaltet. Je nach Schneelage und Witterung sind Änderungen möglich.

Gemütliche Einkehr

Viele gemütliche und urige Gastronomiebetriebe bereichern mit ihrem abwechslungsreichen, kulinarischen Angebot das Söllereckgebiet. Überall, ob direkt an den Skipisten oder an den Wanderwegen, bestehen zahlreiche Einkehrmöglichkeiten. Sonnenterrassen bieten den Gästen Ruhe und Entspannung in der traumhaften Bergatmosphäre. Im Söllereckgebiet findet jeder, ob Jung oder Alt, ob Familie oder Single, ob Skifahrer oder Wanderer, das richtige Umfeld für sein Wintererlebnis und seine Aktivitäten. Schauen Sie einfach mal vorbei und staunen Sie wie vielseitig das Söllereckgebiet ist. Weitere Informationen finden Sie unter: www.soellereckbahn.de.

Anfahrt

Zwischen Oberstdorf und dem Kleinwalsertal gelegen ist die Söllereck-Bahn mit PKW oder Reisebus sehr gut zu erreichen. Die kostenlosen Parkplätze für die Gäste der SöllerekkBahn (gut ausgeschildert) liegen direkt rechts und links neben der B 19. Ab Bahnhof Oberstdorf verkehren die grünen Walserbusse im 10- bzw. 20-Minuten-Takt bis zur Haltestelle „SöllereckBahn". Alpinskifahrer und Snowboarder mit Ausrüstung können den Bus kostenlos benutzen.
Ein Personenförderband bringt die Besucher von den Parkplätzen bzw. der Bushaltestelle bequem zur Talstation der SöllereckBahn. Am Höllwieslift stehen ebenfalls ausreichend kostenlose Parkplätze zur Verfügung.
In Oberstdorf gibt es die 1. deutsche Snowbikeschule. Man findet sie in der Stillachstraße 1, Telefon 26 69. Zu einem Kurs anmelden kann man sich an der Talstation der Söllereckbahn; außerdem werden die Snowbikes auch vermietet und verkauft. Fahrmöglichkeit besteht am Schrattenwanglift (Söllereckbahn-Skigebiet).
Auch für die nordischen Skisportler hat das Wintersportzentrum Oberstdorf einiges zu bieten. 85 durchgehend doppelspurige Loipenkilometer sprechen eine eindeutige Sprache. Zusammen mit den Nchbarorten Fischen und Sonthofen besteht ein Loi-

penverbund über insgesamt 150 km Länge. Die längste Loipe führt über 16 km nach Spielmannsau (815–983 m). Eine sehr schön gelegene, 1,5 km lange Höhenloipe befindet sich an der Seealpe (1 280 m). Die 1,5 km lange Loipe an der Halde (815 m) ist montags bis freitags bis 20 Uhr beleuchtet.

Loipentipp: WM-Loipe Skiflugschanze – Burgstall (Länge 6 km, Höhenunterschied ca. 110 m), Einsteigepunkte: Renksteg, Ried, Skiflugschanze. Es handelt sich hierbei um ein Kernstück der Weltmeisterschaftsstrecke und ist speziell für sportliche Läufer vorgesehen. Im „Ried" langgezogener Aufstieg zum Burgstall, über Schlosswiese bis zum höchstgelegenen Punkt der WM-Loipe bei 940 m. Für rennlaufambitionierte Skating-Läufer stehen hier verschiedene Skating-Schleifen zur Verfügung. Dieser als „schwer" zu bezeichnende Loipenteil kann im Ried umgangen werden. Unter der „Viehweidbrücke" hindurch geht die Abfahrt hinunter zum Ried. Der Läufer hat sodann die Möglichkeit, zum Ausgangspunkt zurückzulaufen oder anschließend im Ried eine oder mehrere Runden zu laufen.
Zahlreiche **Skischulen** bieten Unterricht für jede Kondition und jedes Niveau.

Auf dem mehr als 140 km langen **Winterwanderwegenetz** kann man wunderschöne Gebirgstäler erwandern oder mit dem Pferdeschlitten entdecken.

Wandern

Die SöllereckBahn – immer attraktiv

Wandern und Erlebnis für die ganze Familie
Die SöllereckBahn erschließt mit ihren 68 modernen 6er-Kabinen das einzigartige Wandergebiet am Söllereck mit einer Vielzahl an herrlichen Ausblicken auf die Allgäuer und Kleinwalsertaler Bergwelt.
Sehr schön angelegte, abwechslungsreiche und gut beschilderte Wanderwege, die zum Teil auch mit Kinderwagen begangen werden können, führen zu so lohnenden Zielen wie Freibergsee, Skiflugschanze, Kleinwalsertal oder etwas anspruchsvoller über den Gratweg vorbei am Söllerkopf bis zu Fellhorn und Kanzelwand. Urige Alphütten und gemütliche Berggasthöfe laden die Wanderer überall zur Einkehr ein.
Naturliebhaber erfreuen sich an den farbenprächtigen Bergwiesen, idyllisch gelegenen Gewässern oder an den naturbelassenen Bergwäldern. Aber auch Trendsportler des Nordic-Walking finden am Söllereck anspruchsvolle und ausgeschilderte Wege. Söllereck, das heißt „Wandern ohne Ende" – für die ganze Familie, Sportler oder gemütliche Bergwanderer.

Anfahrt

Die SöllereckBahn in Oberstdorf ist verkehrstechnisch sehr gut zu erreichen. PKW und Reisebusse folgen der Wegweisung „SöllereckBahn" bzw. der B 19 Richtung Kleinwalsertal. Die

Vital Therme Oberstdorf

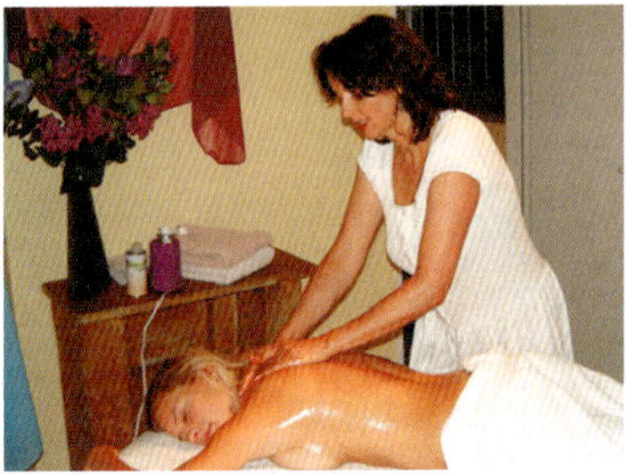

In der **Vital Therme** mitten in Oberstdorf sorgen WellnessOase und Saunenwelt für die ideale Entspannung nach einem aktiven Urlaubstag. Diese abwechslungsreich gestaltete Sauna- und Badelandschaft im Allgäuer Stil ist der richtige Ort zum Wohlfühlen, zum Krafttanken. Aroma- und Dampfbäder, Hamam, Ayurveda-Anwendungen, Salzöl- oder Fußreflexzonen-Massagen, Thermal-Sole-Becken und Unterwasser-Massagedüsen, Wellenbad, Kinderbecken, Wintergarten mit Bergblick lassen den Alltag vergessen.

Wassertemperatur von 30 Grad im großen Becken mit Meeresbrandung und der Blick aufs Nebelhorn – das zaubert unvergessliche Stunden. Entspannende Wirkung verspricht auch ein Bad im 35 Grad warmen Heil-Sole-Becken im Innen- und Außenbereich. In der osmanischen Badekultur erlebt man das Ritual körperlicher und geistiger Reinigung bei individuellen Massagen und Behandlungen. Die Ruhepause auf den warmen Steinliegen im Hamam ist Genuss pur. Original alpenländische Sauna erlebt der Besucher im rustikalen Ambiente eines ursprünglich erhaltenen 300 Jahre alten Bauernhofs mit einzigartigem Panoramablick. Der vitalisierende Duft von Bergkräutern, ein frisch angesetzter Sud in der Heusauna – das ist Regeneration, wie man sie sich erträumt.

Das öffentliche **Restaurant-Café „Alpenstadl"** verfügt über 50 Sitzplätze im Innen- und 75 im Außenbereich auf der Sonnenterrasse.

Öffnungszeiten: Sonntag bis Donnerstag 09.30 Uhr bis 22.00 Uhr, Freitag bis Samstag 09.30 bis 23.00 Uhr; Freitag ab 20.00 Uhr textilfreies Baden

Vital Therme Oberstdorf, Promenadestr. 3, 87561 Oberstdorf, Tel. 08322 60696-0, Fax 08322 60696-17; e-mail: info@ thermeoberstdorf.de, Internet: www.thermeoberstdorf.de

beiden für Besucher der Söllereck-Bahn kostenlosen Parkplätze liegen kurz vor der Landesgrenze unmittelbar neben der B 19. Ab dem Bahnhof Oberstdorf verkehren im 10- bzw. 20-Mintuten-Takt die grünen Walserbusse bis zur Haltestation an der SöllereckBahn. Vom Parkplatz bzw. der Bushaltestelle sind es nur wenige Meter zur Talstation. Weitere Informationen über die SöllereckBahn in Oberstdorf unter:
www.soellereckbahn.de oder über das Info-Telefon: 0 83 22/57 57.

Breitachklamm

Ein äußerst beeindruckendes Erlebnis für die ganze Familie ist der Besuch in der Breitachklamm zwischen Oberstdorf und Tiefenbach. Sie ist ein in Mitteleuropa einzigartiges Naturdenkmal, das jährlich über 300 000 Besucher in seinen Bann zieht. Der Durchbruch der Breitach durch einen mächtigen Felsblock vermittelt Schöpfungsgeschichte in überwältigender Größe und Schönheit. Die Begehung lohnt sich zu jeder Jahreszeit und auch bei jeder Witterung. Für den Urlauber ist sie die ideale Alternative bei Schlechtwetter, denn je mehr Wasser, desto imposanter wirkt sie. Eine reiche Fülle an Formen und Bildern gibt der Breitachklamm ihr einmaliges Aussehen. Strudellöcher in allen Höhenlagen der Wände, gewaltige vom Geröll ausgeschliffene Wassermulden, glattpolierte Wandstücke, abgerundete Kanten sowie riesige Abbruchstellen erzählen von der unablässig gestaltenden Kraft des Wassers und der Erosion. Im Winter

ist die Klamm noch schöner – dieses Urteil bestätigt sich immer wieder aufs Neue. Wo sich im Sommer unscheinbare Bächlein in die Klamm ergießen und an den Wänden zerstäuben, bilden sich im Winter groteske Eiszapfen, die sich da und dort zu mächtigen Eisvorhängen vereinigen.

Seit Mitte 2005 erwartet den Besucher im neu errichteten Kassen- und Funktionshaus am Eingang in Tiefenbach das Naturkunde ZENTRUM Breitachklamm mit vielen Attraktionen und Informationen. Hier erlebt man hautnah, ganz bequem und sicher, wie der Fluss durch den Berg donnert. Ein „berauschendes" Erlebnis!

Öffnungszeiten der Breitachklamm: in der **Sommersaison** ab 8 Uhr, letzter Einlass 17 Uhr. In der **Wintersaison** ab 9 Uhr, letzter Einlass 16 Uhr. Infotelefon Breitachklamm 48 87

Zu den beliebtesten Ausflugszielen gehört die **Spielmannsau**. Diese Halbtageswanderung ist auch gut für Kinder geeignet. Ebenfalls eine Halbtageswanderung von drei bis vier Stunden (Steigung) führt hinauf nach **Gerstruben**. Ab Gerstruben lässt sich die Tour als alpine! Wanderung über den Älpelesattel ins Oytal fortsetzen. Oytal und Einödsbach sind ebenfalls wunderschöne Talwanderungen. Im Sommer geht man auch gerne den Wallrafweg, einen schattigen Höhenweg nach Reichenbach. In der Saison gibt es täglich (außer Sonntag) geführte Wanderungen der Kurverwaltung.

Radfahren

Oberstdorf ist idealer Ausgangspunkt für Radtouren, sei es die gemütliche Familientour entlang der Iller oder in die angrenzenden Täler oder die sportliche Herausforderung mit größeren Steigungen. Sehr beliebt ist eine Tour ins Stillachtal (19 km, ca. 1 Stunde) vom Marktplatz aus Richtung Süden.

Das Rappenalpental (geteerte Straße) zweigt kurz nach Birgsau rechts ab und gewährt immer wieder faszinierende Ausblicke auf die Zweitausender. Die Anstrengung wird auf dem Rückweg durch eine lange rasante Abfahrt belohnt. Wer eine gemütliche Tour sucht, fährt entlang der Trettach über den sog. **Illerursprung**, der Vereinigung von Breitach, Stillach und Trettach, an der Iller entlang.
Weitere Vorschläge für Radtouren sind im Verkehrsamt kostenlos erhältlich.

Erste Skischule Oberstdorf

Das Schneesportteam der **Ersten Skischule Oberstdorf** sorgt dafür, dass für den Wintersportler die Ferienzeit im Allgäu unvergesslich wird. Ob Ski-Ass oder Anfänger, Carver, Snowboarder, Skating- oder Classic-Langläufer – die Erlebnisskischule in Oberstdorf trägt dazu bei, die Grenzen auf den Brettern zu erweitern, den persönlichen Style zu verbessern oder ganz einfach neue Wege aufzuzeigen, wie man die Faszination Wintersport mit all ihren Möglichkeiten erleben kann. Die unbeschreibliche, einzigartige Schönheit der Landschaft in und um

Oberstdorf auf diese Weise zu genießen, macht den Aufenthalt zum einmaligen Erlebnis. Speziell ausgebildete KidsCoaches betreuen mit viel Erfahrung, Geduld und Herz die kleinen Skisportler.

Wer fürs Skifahren, Carven, Boarden, SkiLanglaufen und Telemarken einen kompetenten Partner sucht, ist mit der Ersten Skischule Oberstdorf sicher gut beraten. Hier sind die Ansprüche des Sportlers der Maßstab für die Zielsetzungen eines qualifizierten Unterrichts. Faszination Schnee – hier wird sie unter fachkundiger und freundlicher Beratung zum grandiosen Erlebnis. Beste Betreuung und Organisation führen mit Spaß und Freude schnell zum gewünschten Erfolg. Für die Kurse steht ein eigenes Übungsgelände mit Förderband und Seilübungslift zur Verfügung. Ein modernes Ski-, Service- und Mietcenter sorgt für bestes Material – und ungetrübten Genuss.

Kompetenz – Innovation – Tradition im Schnee ... seit 1932!
Erste Skischule Oberstdorf, Frhr.-v.-Brutscher-Str. 4, 87561 Oberstdorf, Tel. 0 83 22/31 10, Fax 0 83 22/ 95 94 11; e-mail: info@skischule-oberstdorf.de, Internet: www.skischule-oberstdorf.de

Einkaufen

Nach alter Tradition wird der Rohmilchkäse in der **Sellhürner Käsküche** in Günzach hergestellt, ein Stück Allgäu, Qualität, die man schmeckt, aus der Oberstdorfer Käsealp, dem Käsefachgeschäft direkt am Marktplatz; **Öffnungszeiten:** Montag bis Freitag 09.00–13.00 u. 14.00–18.00 Uhr, Samstag 08.30–12.30 Uhr

SparShop - Oberstdorf

Landhaus und Tracht zu Sparpreisen erwartet den Kunden bei Trachten Werner (Kirchstr. 14, Ecke Nebelhornstraße, Oberstdorf, Tel. 0 83 22/ 81 33). Im SparShop findet man ein attraktives Angebot an hochwertiger Landhausmode zu absoluten Sparpreisen. Das reichhaltige Sortiment umfasst Dirndl, Landhauskleider, Walkjanker, Röcke, Hosen, Blusen und Mieder sowie Herren- und Kinderbekleidung. Der SparShop bietet eine große Auswahl an Landhaus- und Trachtenmode von namhaften deutschen und österreichischen Herstellern.

Der Preisvorteil bei Ware aus der Vorsaison und Überbeständen beträgt bis zu 60 %. Ein Besuch im SparShop lohnt immer.

Trachten Werner, Kirchstraße 14, 87561 Oberstdorf, Ecke Nebelhornstraße, Tel.: 0 83 22/81 33

Besonderes und Einzigartiges

Das 12 km von Oberstdorf entfernte, 1142 m hoch gelegene Einödsbach ist die südlichste ständig bewohnte Siedlung Deutschlands.

Brauen ist ein Kunsthandwerk

„Mit Kunst gebraut, lange gereift und dann frisch gezapft" – nach diesem Prinzip entsteht in der Oberstdorfer

Dampfbierbrauerei ein ungefiltertes, naturtrübes, gesundes Bier. Nach einem Reifeprozess von ca. vier Wochen, bei einer Tanktemperatur von 1 Grad Celsius entfaltet das Bier ganz in Ruhe seinen vollen Geschmack. Gerne erklärt der Braumeister die kleine Brauerei, in der Dampfbier Hell, Dampfbier Dunkel, Oberstdorfer Hefeweizen und verschiedene saisonale Biere wie Märzen, Bock und Oktoberfestbier entstehen. Eine Probe des vom Braumeister angesetzten Treberschnapses sollte man sich ebenfalls nicht entgehen lassen. (Brauereiführung montags ab 17.00 Uhr, ab 10 Personen oder nach Absprache)

Kulinarisches

Gastlichkeit im schönen Allgäu: Wer urige Atmosphäre sucht, ist in der Dampfbierbrauerei in Oberstdorf genau richtig. Von feschen Madeln und strammen Buben werden aus der reichhaltigen Speisekarte Allgäuer und schwäbische Köstlichkeiten serviert, an der Theke wird frisch gezapft, in lockerer Stimmung wird das Essen zum Erlebnis. Sehr beliebt sind die täglich frischen Haxen (ca. 1300g) oder das Schlachtfest am Dienstag und Donnerstag. Täglich wechselnde Spezialitäten runden die Vielfältigkeit der Speisenauswahl ab. Bombenstimmung herrscht, wenn alpenländisch aufgespielt wird und mit Alpenrock der Abend endet. Im Sommer lädt der große Biergarten zu Geselligkeit in froher Runde. Ja, in der Dampfbier-

brauerei ist einfach immer was los.

Dampfbierbrauerei GmbH, Familie Venzky, Bahnhofplatz 6–8, 87561 Oberstdorf, Tel. 0 83 22/89 08, Fax 0 83 22/88 77; e-mail: dampfbier@compuserve.de, Internet: www.dampfbierbrauerei.de

Wichtige Adressen und Telefonnummern

Touristinformation Oberstdorf, Marktlatz 7, 87561 Oberstdorf, Telefon 0 83 22/70 00, Telefax 0 83 22/ 70 02 36, Internet: www.oberstdorf.de, e-mail: info@oberstdorf.de

Ofterschwang

Ofterschwang kann wegen seiner zentralen Lage als grünes Herzstück des Oberallgäus bezeichnet werden.

Sehenswertes

Bereits 1351 bekam **Ofterschwang** seine erste **Kirche**, angelegt und gegründet vom Kloster Ottobeuren und dem hl. Alexander geweiht.
Die kath. Pfarrkirche St. Alexander wurde 1755/56 in spätbarockem Stil errichtet. Im Rahmen einer kleinen Ortsbegehung finden regelmäßig auch Kirchenführungen statt. Anmeldung bei der Verkehrsamtsaußenstelle unter Telefon 0 83 21/8 21 57. Die **Kapelle in Bettenried** wurde im Jahre 1856 von Maurermeister Franz-Anton Hörmann aus Hinang errichtet. Die 2 km nördlich von Ofterschwang gelegene **Kapelle in Hüttenberg** wurde 1777 erstmals erwähnt.
In **Sigishofen** wurde 1793 die **Kapelle Mariä Opferung** erbaut. Die **Kapelle St. Wolfgang** in Sigiswang wurde 1680 erbaut. Die **Dreifaltigkeitskapelle** in **Tiefenberg** (2,5 km östlich) aus dem Jahre 1657 gilt als eine der ältesten Kapellen im Gemeindebereich Ofterschwang.

Kulturelles

Im neuen Gemeindezentrum, dem **„Ofterschwanger Haus“**, finden regelmäßig Heimatabende, Standkonzerte, Theatervorstellungen, Ausstellungen, Feste u. v. m. statt.

Feste und Feiern

Im September findet auf dem Festplatz das Bergfest mit Hl. Messe statt, anschließend Frühschoppen mit den „Oberallgäu Musikanten“. Das Mauritiusfest in Seifriedsberg beginnt mit einem Gottesdienst.

Freizeit- und Sportmöglichkeiten

Im Sommer

Der **18-Loch-Golfplatz „Sonnenalp“** (Telefon 27 21 81) bietet Mitgliedern eines Golfclubs in herrlicher Land-

schaft Gelegenheit, ihrer Passion zu frönen.

Am Liftparkplatz oberhalb von Ofterschwang bei Meinrads Brotzeithütte warten täglich bei guter Witterung von 11 bis 17 Uhr **Ponys** auf die kleinen **Reiter** (Info-Telefon 35 36). Der Ponyreitweg führt an der urigen Wurzelhütte vorbei.

Das Sporthotel Allgäuer Berghof (Telefon 80 60) verfügt über mehrere **Tennis-Freiplätze**.

Die **Sennereien** in Hüttenberg (Telefon 6 54 54) und Schweineberg (Telefon 33 63) laden bei ihren Führungen zur Käseprobe und zum Erwerb von Bergkäse und Emmentaler ein (Gruppen nach vorheriger Anmeldung möglich).

Im Winter

In Ofterschwang erschließt sich dem Wintersportler ein **ideales Skigebiet**. 15 km präparierte Abfahrten, fünf Schlepplifte und zwei Sesselbahnen stehen dem Abfahrtsläufer insgesamt zur Verfügung.

Eine Beschneiungsanlage im Skigebiet der **Bergbahnen GO!** (Telefon 6 70 30, Schnee-/Info-Telefon 67 03 33) sorgt den ganzen Winter für Schnee – vom Gipfel bis ins Tal hinunter. Die kuppelbare 4-er Sesselbahn fährt von Ofterschwang bis zum Grat unterhalb des Ofterschwanger Horns. Abfahrten lassen sich mit dem Ossi-Reichert-Lift und dem Gipfellift kombinieren. Das Angebot an Aufstiegshilfen wird komplettiert durch

den Alpe-Eck-Lift und zwei Übungslifte (1 x im Skigebiet, 1 x an der Talstation der 4er-Sesselbahn „Weltcup-Express").
15 Kilometer schöne Tourenwege werden für den Langläufer gespurt. Auch eine separate Skating-Loipe (3 km) ist dabei. Eine Loipe verbindet auf 7 km Länge Ofterschwang mit Bolsterlang. Verbindungen nach Fischen (8,5 km), Obermaiselstein (8 km) und Bolsterlang (4 km).
Beliebt ist das **Nachtrodeln** jeden Samstag von 17.30 Uhr bis 21.30 Uhr auf der beleuchteten Familienabfahrt bei der Weltcup-Express-Bahn in Ofterschwang. Preise bitte bei der Bergbahn GO! erfragen, Tel. 0 83 21/ 6 70 30

Bei einer **Pferdeschlittenfahrt** die Romantik der Bergwelt genießen, kann der Gast bei Anton Bietsch (Westerhofen, Telefon 38 41) und Otto Bader (Hüttenberg, Telefon 49 34).

Ganzjährig

Im anerkannten **Reitstall** in Muderbolz findet der Pferdefreund eine große Reithalle, wo auf dem Dressur- und Springplatz von erfahrenen Reitlehrern für Anfänger und Fortgeschrittene Reitkurse abgehalten werden (Telefon 55 58). Die **Sennerei in Hüttenberg** kann jeden Donnerstag um 10.00 Uhr besichtigt werden, Dienstag Schweineberg 10.30 Uhr. Auch die Besichtigung der Sennerei in **Schweineberg** ist regelmäßig möglich.

Wandern

Der „Weltcup-Express", eine kuppelbare 4er-Sesselbahn, eröffnet ein traumhaftes Familien-Wanderparadies. Ein Höhen-**Rundwanderweg** führt um das Ofterschwanger Horn und gewährt einen herrlichen Blick auf die Oberallgäuer Bergwelt. **20 km Spazier- und Wanderwege** erschließen das Ofterschwanger Gemeindegebiet. Die Gästeinformation bietet **geführte Wanderungen** an.
Auf dem gemütlichen **Moorrundweg** Tiefenberg lässt sich bei traumhafter Aussicht die unberührte Hochmoorlandschaft bewundern. Von diesem Moorrundweg lassen sich Abstecher nach Weiler-Fischen, Dietrichs-Bolsterlang oder Muderbolz-Ofterschwang unternehmen. Dem Wanderer mit Kondition sei die **Hörnertour** über Ofterschwanger, Sigiswanger und Rangiswanger Horn empfohlen.
Lehrpfade nach Hüttenberg und im Tiefenberger Moor vermitteln Wissenswertes über Pflanzen und Tiere.

Rad fahren

Mit seinem weiträumigen Wegenetz ist Ofterschwang mit seinen Ortsteilen ein idealer Ausgangspunkt für Wander- und Radfreunde. Der „Weltcup-Express", eine kuppelbare 4er Sesselbahn, transportiert auch das Bike – kostenlos – zum Ofterschwanger Horn. Von Sigishofen über Westerhofen und Ofterschwang führt die Nebenstrecke nach Bolsterlang und Fischen. Diese Strecke lässt sich über Obermaiselstein und Tiefenbach bis

Oberstdorf fortsetzen und beliebig über kleine Dörfer variieren.

Kulinarisches

Im **Landhaus Alphorn** findet der Gast die Atmosphäre, die er sich für Ferientage im Allgäu wünscht. Adrette freundliche Mädchen im Dirndl ser-

vieren in gemütlichen, rustikal eingerichteten Räumen die schmackhaften, frisch zubereiteten Speisen. Und wenn man auf der Sonnenterrasse sitzt und ein Stück hausgemachten Kuchen oder die deftige Brotzeit genießt mit dem Blick in die faszinierende Bergwelt, dann sind das echte Wohlfühlmomente. Die Räumlichkeiten bieten sich auch an für Familien- oder Betriebsfeiern, denen das engagierte Team den angemessenen Rahmen verleiht.

Landhaus Alphorn, Hotel Restaurant Café, Kirchgasse 18, 87527 Ofterschwang, Tel. 0 83 21/66 34-0, Fax 0 83 21/66 34-59; www.landhaus-alphorn.de

Traumhaft Schlafen

„...und Träume kann man doch erleben!", dieses Motto zeigt wohl am besten die Einstellung, die im **Landhaus Alphorn** herrscht. Das Alphorn Team sorgt dafür, dass die schönsten Tage des Jahres zum unvergesslichen Erlebnis werden. Die 18 gemütlichen Zimmer sind selbstverständlich mit Dusche und WC ausgestattet. Von der Sonnenterrasse hat der Gast einen herrlichen Blick auf die Allgäuer Berge. Dabei hat jede Jahreszeit ihren besonderen Reiz. Die abwechslungsreiche Allgäuer Landschaft lädt ein zu sportlichen Aktivitäten. U. a. liegen in unmittelbarer Nähe das Golf-Resort-Oberallgäu und der Weltcup Express Berglift. Sauna und Solarium bieten die nötige Entspannung und Erholung. Die kleinen Besucher können sich auf dem Kinderspielplatz und auf der Wiese austoben. Die Unterhaltung der Gäste übernimmt der Wirt selbst. Jeden Sonntag zwischen 11.00 und 12.00 Uhr bläst er zum Weißwurstfrühschoppen sein Alphorn!

Landhaus Alphorn, Hotel Restaurant Café, Kirchgasse 18, 87527 Ofterschwang, Tel. 0 83 21/66 34-0, Fax 0 83 21/66 34-59; www.landhaus-alphorn.de

Wichtige Adressen und Telefonnummern

Gästeinformation Ofterschwang, 87527 Ofterschwang, Tel. 0 83 21/ 8 21 57, Fax 0 83 21/8 97 77; e-mail: info@ofterschwang.de

Gästeservice Fischen, Am Anger 15, 87538 Fischen i. Allgäu, Tel. 0 83 26/ 36 46-0, Fax 0 83 26/36 46 56; e-mail: info@fischen.de

Rettenberg

Wer aus Richtung Immenstadt kommt, erkennt sehr schnell: Wenn bereits alles in dunklem Schatten liegt, wird Rettenberg immer noch von der Sonne angestrahlt. Rettenberg ist nicht nur das südlichste Brauereidorf Deutschlands, sondern auch durch seine freie Lage - mit Blick auf die Allgäuer Bergwelt - von der Sonne verwöhnt! Flussauen, Moore, Alp- und Bergwiesen, Wälder und felsige Pfade in den Gipfelbereichen locken zu Wanderungen, zum Bergsport oder einfach zum Ausspannen und zur Erholung.

Sehenswertes

Die kath. **Pfarrkirche St. Stephan in Rettenberg** wurde 1730 nach einem Brand neu errichtet und steht seit dem Jahre 1985 unter dem Schutz der Haager Konvention. Der Raum besticht durch das verschwenderische Gold an Altären und Figuren sowie durch die wunderschönen Stuckarbeiten und Fresken sowie Gemälden der Malerfamilie Weiß.

Das Schiff der **Pfarrkirche St. Ursula** in **Untermaiselstein** geht auf das 14. Jh. zurück und wurde wohl erst im späten 15. Jh. mit einem Chor nach Osten verlängert.

Die **Kirche Maria Opferung** in Kranzegg wurde 1725 an Stelle eines Bauernhauses neu erbaut. Die Deckenfresken stammen von F. A. Weiß, Rettenberg (1770). Das Gemälde am linken Seitenaltar („Die hl. Familie auf der Flucht") sowie das Gemälde im Chor wurden von L. C. Weiß 1845 signiert.

In **Vorderburg** lädt die **Kirche St. Blasius** zum Verweilen ein. Die jetzige Kirche fand 1785 ihre künstlerische Vollendung. Das imposante Deckengemälde von Dionys Roman Weiß zeigt den Schutzpatron als Gelehrten in einer Bibliothek, auf einer Weltkugel sitzend. Die **Pfarrkirche St. Antonius Abbas** in **Rottach** wurde 1483 erbaut. 1903 wurde die **Pestkapelle in Rettenberg** an Stelle einer 1866 er-

richteten Betkapelle inmitten des Pestfriedhofes von 1629 erbaut. Die **Lourdeskapelle** in **Kalchenbach** wurde 1892 als Privatkapelle der Josefa Wolf erbaut. Die **Kapelle St. Wendelin** in Wagneritz wurde 1707/08 erbaut. Das Deckenfresko „Hl. Wendelin“ sowie links des Chorbogens die „Muttergottes als Himmelskönigin“ und rechts „M. Immaculata“ aus dem Jahr 1793 sind von Nikolaus Weiß. Die **Kapelle „Heiligste Dreifaltigkeit“** in **Sterklis** ist 1731 an Stelle einer älteren Kapelle erbaut worden. Die hll. Dominikus und Katharina von Siena, Ende 17. Jh., stammen wohl aus dieser alten Kapelle. Als sehr wertvoll gilt das Epitaph an der Westseite der Kapelle. Die **Kapelle „Heiligste Dreifaltigkeit“** in **Engelpolz** wurde 1851 erbaut. Das Altarbild und der Kreuzweg sowie das Bild des hl. Wendelin mit Schafherde entstanden im gleichen Jahr und stammen von L. C. Weiß.

Auf dem Weg von Kranzegg nach Vorderburg stößt man auf eine der ältesten Kirchen des Allgäus, **St. Nikolaus in Emmereis**. Auf einer Anhöhe überragt dieses Kirchlein das Dorf und fällt auf durch die mächtigen Buckelquader seines altersgrauen Gemäuers aus der romanischen Bauperiode. Die **Kapelle St. Magnus in Buchenberg** wurde 1736 erbaut. Der Altar mit dem Hl. Magnus ist signiert von L. C. Weiß 1859. Von ihm stammt auch das Altarbild „Hl. Georg“ am

nördlichen Seitenaltar.
Besichtigt man im Allgäu eine Kirche, so trifft man immer wieder auf die **Künstlerfamilie Weiß**, die in Rettenberg beheimatet war und weit über Allgäuer Grenzen hinaus Ruhm und Ansehen erlangte. Das **Geburtshaus der Künstlerfamilie Weiß** liegt im Zentrum von Rettenberg, gleich gegenüber der Pfarrkirche St. Stephan, in der Burgberger Straße 5.

Nordwestlich von Vorderburg auf dem Rottachberg sind Überreste der einst großen **Burganlage Rettenberg** zu besichtigen (Ruine Vorderburg).

Kulturelles

Im Gasthof Hirsch in Vorderburg finden regelmäßig **Heimatabende** statt. Der Gasthof Mohren in Kranzegg bietet Geselligkeit bei **Tanzabenden**. Im Berggasthof Kranzegg werden zudem stimmungsvolle **Hüttenabende** angeboten. Und an lauen Sommerabenden kann der Gast in Rettenberg, Kranzegg und Vorderburg beim **Standkonzert** den Tag musikalisch ausklingen lassen (Juni–September).

Feste und Feiern

Allgäuweit erleuchten am Sonntagabend nach Fasching die traditionellen **Funkenfeuer** den Himmel. Mit diesem ursprünglich heidnischen Brauch soll symbolisch der Winter ausgetrieben werden.
Der **Vorderburger Bergfrühling** wird musikalisch mit Vorträgen sowie dem **Kräutermarkt** Anfang Mai begangen.

Beim Rettenberger Gemeindefest treffen sich Gäste wie Einheimische zum Straßen- und Hoffest. Immer am 15. September findet der **Kranzegger Viehscheid** statt. Rund um dieses Ereignis werden die **„Kranzegger Herbstfest-Tage"** veranstaltet. Vom Heimatabend über Veranstaltungen der örtlichen Gastronomie bis hin zur Theateraufführung wird den Besuchern ein buntes Programm geboten.
Für den **Rettenberger Viehscheid** gibt es keinen offiziellen oder festen Termin. Seit einigen Jahren wird er im kleinen Rahmen begangen und ist somit ein echter Geheimtipp. Einmal jährlich macht Rettenberg seinem Beinamen „Brauereidorf" alle Ehre: beim großen **Brauereifest** ist nämlich das halbe Dorf auf den Beinen.
Am zweiten Sonntag im September wird auf dem **Grünten** eine feierliche **Bergmesse** gefeiert. Am ersten Sonn-

tag im Dezember findet der **Kranzegger Klausenmarkt** statt. Der **Rettenberger Christkindlesmarkt** wird in der Regel am vierten Sonntag im Dezember veranstaltet und von den örtlichen Vereinen organisiert.

Freizeit- und Sportmöglichkeiten

Im Sommer

Rettenberg verfügt über ein **beheiztes Freibad.** Die Wassertretanlagen in Rettenberg, Kranzegg und Vorderburg laden zum **Kneippen** ein. Auskünfte zum Thema **Angeln** beim Gäste- und Sportamt.
Direkt beim Rettenberger Freibad befindet sich ein **Minigolfplatz** (Telefon 93 11 63). **Tennisspielern** stehen in Rettenberg drei Freiplätze zur Verfügung (Anmeldung beim Gäste- und Sportamt).
Durch die Thermik am Grünten ist dieses Gebiet bei **Drachen- und Gleitschirmfliegern** recht beliebt.
Der Haflingerhof Herz (Sterklis 7, Telefon 75 96) und Sigi Martin (Emmereis, Telefon 13 59) bieten bei ihren **Kutschfahrten** Erholung beim gemütlichen Trott durch unverfälschte Natur. Im Reitstall in Engelpolz (Tel. 75 36) liegt das Glück der Erde auf dem Rücken der Pferde. Der Haflingerhof Herz in Sterklis (Tel. 75 96) bietet Ponyreiten für Kinder an.

Im Winter

Das größte Skigebiet auf Rettenberger Gemeindegebiet liegt in Kranzegg. Die Rede ist von den **Grüntenliften**. Durch eine Doppelsesselbahn und sieben Schlepplifte bieten die Grüntenlifte insgesamt 20 km Abfahrten (Abfahrten bis zu 4,5 km Länge) für jeden Anspruch, ob Anfänger (Übungslifte an der Mittel- und Talstation) oder Profi (Grüntenlifte Info-Nr. 0 83 27/2 31; im Internet www.gruentenlifte.de). Natürlich fühlen sich auch Snowboarder hier sehr wohl (Funpark mit Kickern, Rails, Wallride usw. an der Mittelstation). Eine vollautomatische Beschneiungsanlage bis ins Tal gewährleistet neben ausgezeichneten Pisten Schneesicherheit von November bis April. Die Mittelstation ist mit der Doppelsesselbahn auch für Fußgänger und Rodler erreichbar und bietet den „Treffpunkt“ (www.mountain-party.de) mit neuem Pavillon, Kiosk, Sonnenterrasse und Schneebar. Weitere Berggasthöfe und Hütten laden ebenfalls zur Einkehr ein.
Direkt an der Talstation befindet sich das **Ski- und Snowboardtestcenter** der Firma Sport Schindele GmbH (www.sport-schindele.de , Telefon 0 83 06/9 75 94-0) mit Verleih und Service von aktuellsten Skiern, Snowboards, Rodeln und Zubehör. Das Parken während der Betriebszeiten ist kostenlos. Ebenfalls befindet sich an der Talstation eine Ski- und Snowboardschule Telefon 0 83 27/6 58 oder 01 71/1 24 19 79
Beste Skifahrmöglichkeiten für die ganze Familie wie auch für den Könner bieten zudem die **Kammeregg Skilifte** am Grünten (Telefon 0 83 27/ 93 17 00, Info-Telefon 3 35) zwischen

Oberallgäus lustiger Wanderweg

in Kranzegg

nach einer Idee
von Ernst Kleinheinz

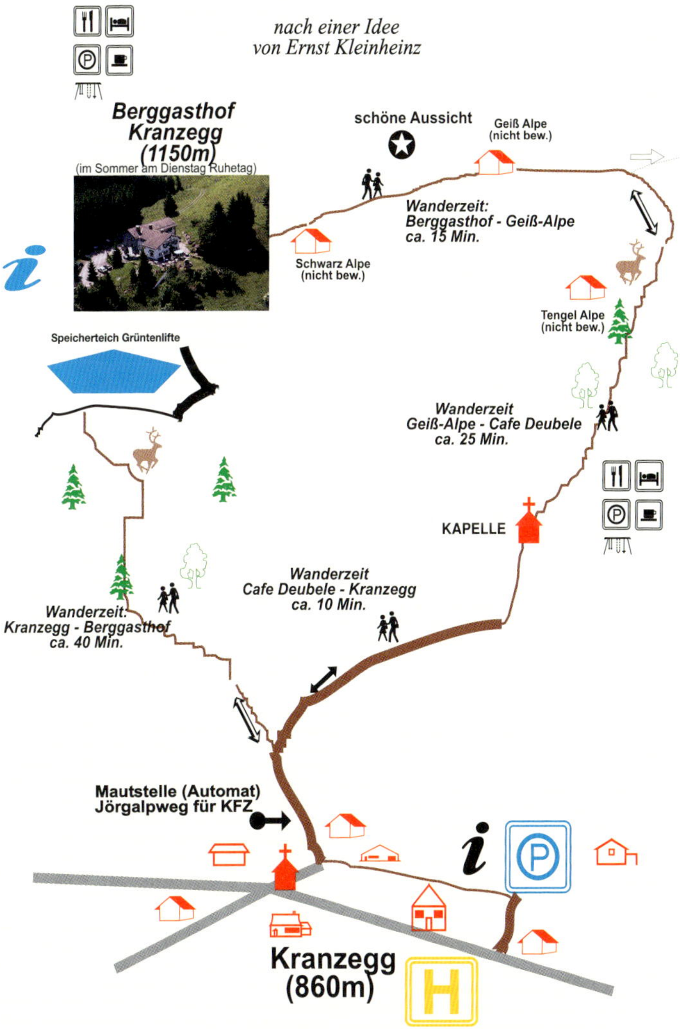

Rettenberg und Kranzegg. Zwei Schlepplifte mit einer Gesamtlänge von 2 000 m sowie sehr gut gepflegte, abwechslungsreiche und durch den Bergwald geschützte Pisten machen das Skifahren zum Erlebnis. Bestens präparierte Pisten, eine Beschneiungsanlage und ein guter Service machen das Skifahren hier zu einem unvergesslichen Vergnügen. An der Tal-

station sthen kostenlose Parkplätze zur Verfügung. Günstige Kartenpreise runden das Angebot ab. Die Kammeregg Alpe auf 1130 m Höhe mit Sonnenterrasse lädt zum Einkehrschwung.

Am Ende der Kranzegger Steige erreicht man die **Adelharzlifte** (zwei Schlepplifte, Telefon 200) mit einer Länge von 1780 m und die **Breitensteinlifte** (zwei Schlepplifte, Telefon 319) mit einer Länge von 2400 m. Die schneesicheren Gebiete am Adelharz und Breitenstein-Berg sind jedem Anfänger und Geübten zu empfehlen. Eine Imbiss-Stube und eine bewirtschaftete Skihütte (Neumayr Alpe) sorgen dafür, dass niemand verhungert oder verdurstet.

Das Loipennetz um Burgberg und Rettenberg umfasst insgesamt über 40 km. Für Langläufer gibt es in Retten-

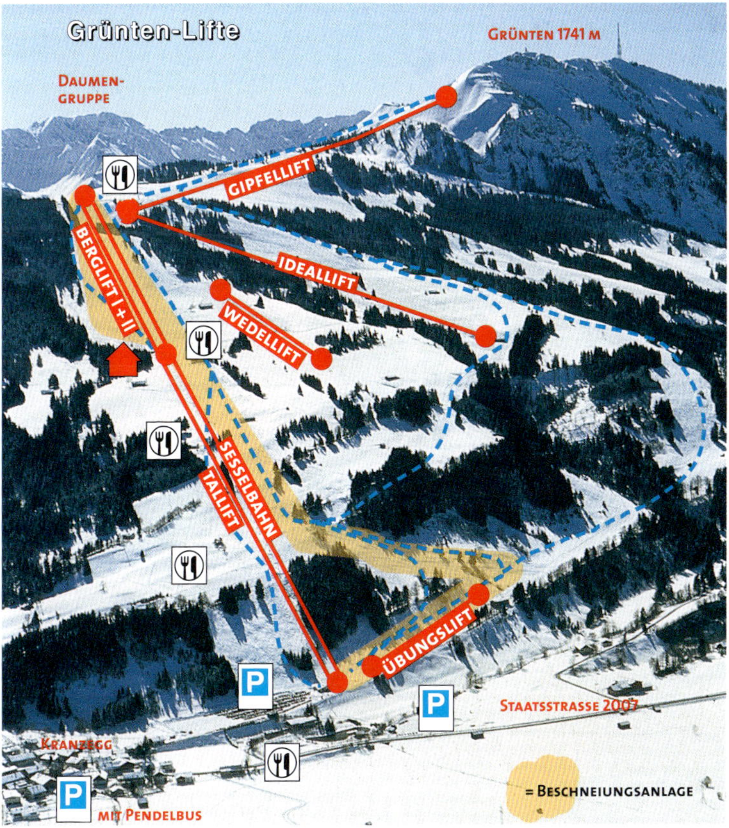

berg **vier Loipen**, die als Rundkurs konzipiert wurden. Miteinander verbunden sind die Loipen Wagneritz (2 km), Rettenberg – Kranzegg (8 km, die die Kalchenbacher Runde mit 5 km beinhaltet) und Vorderburg (8 km). Alle Loipen können als leicht bis mittel bezeichnet werden, wobei von der Loipe Wagneritz Anschluss an das Loipennetz Burgberg besteht. Der Langläufer kann sich aber auch für die Loipe Untermaiselstein (4,5 km) oder die Rottacher Runde (5 km) entscheiden. Und wenn im Tal kaum mehr Schnee liegt, wird die Höhenloipe Adelharz gespurt. Die Loipenkarte ist beim Gäste- und Sportamt erhältlich!

Eine lohnende Rodelpartie bietet die Strecke vom Berggasthof Kranzegg hinunter nach Kranzegg (Länge 1,5 km/Höhendifferenz 290 m), die am Mittwoch, Freitag und Samstag von 18 bis 23 Uhr sogar beleuchtet wird. Hinauf gelangt man entweder mit dem Sessellift bei den Grüntenliften in Kranzegg (nur tagsüber!) oder zu Fuß.

Auskunft und Anmeldung für **Pferdeschlittenfahrten** erteilt das Gäste- und Sportamt.

Tipps für Winterwanderwege: Rettenberg – Kranzegg – Engelpolz – Sterklis – Rettenberg; Rettenberg – Bichel – Altach – Wagneritz; Rettenberg – Vorderberg – Hinterberg; Kranzegg – Reichen; Vorderburg – Acker – Gerats

Das Gäste- und Sportamt veranstaltet regelmäßig geführte **Fackel- und Schneeschuhwanderungen.**

Eine außergewöhnliche Attraktion für

Am Grünten

Grünten-Gipfellift
reitensteinlift II
Grünten-Idealllift
Grünten-Berglifte
Kammereglift II
Grünten-Wedellift
Grünten-Sesselbahn
Kammereglift I
rz-slift
Breitensteinlift I
Grünten-Übungslift
Grünten-Tallift
KRANZEGG
Kempten
VORDERBURG 4 km
RETTENBERG

die ganze Familie bietet die Ferienregion am Grünten (Burgberg & Rettenberg) mit dem **1. Allgäuer Schneeschuh-Panoramaweg** und seinen sechs ausgeschilderten Touren. Nähere Informationen bei den Gästeinformationen und der Schneeschuh-Zentrale Grünten, Telefon 01 71/ 3 79 59 95.

Rodeln

Bei Alt und Jung beliebt ist nach wie vor das **Rodeln**. Eine lohnende Rodelpartie bietet die Strecke vom Berggasthof Kranzegg hinunter nach Kranzegg (Länge 1,5 km/Höhendifferenz 290 m), die am Mittwoch, Freitag und Samstag von 18 bis 23 Uhr sogar beleuchtet wird. Hinauf gelangt man entweder mit der Sesselbahn bei den Grüntenliften in Kranzegg (nur tagsüber!) oder zu Fuß.
Außerdem bieten die Grüntenlifte (Mittelstation nach Kranzegg/Talstation 2,3 km Länge) Rodelabende an, an denen die beleuchtete Sesselbahn am Freitag und Samstag von 19.00 bis 22.00 Uhr in Betrieb ist. Termine und Zeiten unter 0 83 27/2 31 oder im Internet unter www.gruentenlifte.de

Ganzjährig

Reiten kann man beim Haflingerhof Herz (Sterklis 7, Telefon 75 96) sowie im Reitstall Engelpolz (Familie Stürmer, Telefon 75 36).
Wie der Allgäuer Emmentaler entsteht, erfährt der Gast bei einem **Rundgang durch die Untermaiselsteiner Sennerei**. Und Freunde des guten Allgäuer Biers dürfen sich eine **Führung durch die Brauereien Engel oder Zötler** (im 14-tägigen Wechsel) nicht entgehen lassen. Nähere Informationen erteilt das Gäste- und Sportamt, das auch Anmeldungen entgegennimmt.

Wandern

Einen Blick für die Flora der Bergwelt bekommt der Urlaubsgast bei einer geführten **Berg- und Blumenwanderung** im Sommer. Im Winter ist eine **Fackel- und Schneeschuhwanderung** von besonderem Reiz. Östlich des Ortseingangs bei der Zötler-Brauerei beginnt der **Rettenberger Lehrwanderweg**, der unterhalb von Bichl endet (Gehzeit ca. 45 Minuten). Die Mühen des Aufstiegs lohnt auch der **Rottachberg**. Ein malerischer Aussichtspunkt in südwestlicher Richtung ist der **Pavillon auf der Gebhardshöhe**. Der Pavillon liegt auf dem Weg zum Rottachberg.
Eine weitere Naturschönheit ist das **Hühnermoos bei Brosis Ellegg**. Neben den Nadelwäldern prägen Erlen-, Eschen- und Weihholzwälder an Fließgewässern diese Landschaft.

Kranzegg

Kurioses und Originelles

Eine Attraktion ganz besonderer Art verspricht **„Oberallgäus lustigster Wanderweg"** in Kranzegg. Auf dem Weg vorbei an Wasserfällen und wunderschönen Aussichtspunkten findet man auf 37 Tafeln Witze und lustige Sprüche, die neben den Beinmuskeln auch die Lachmuskeln trainieren. Ausgangspunkt ist der kostenlose Wanderparkplatz bei der Talstation der Grüntenlifte in Kranzegg. Der insgesamt 3,2 km lange Rundweg führt zunächst über den Alpweg und den Wildbachweg (gelbe Markierung für die gesamte Wegstrecke!) zum **Berggasthof Kranzegg** (1 150 m) mit dem neu angelegten „Speicherteich Grüntenlifte". Bei einer gemütlichen Rast genießt der Wanderer schwäbische Schmankerl oder deftige Brotzeiten. Von der schönen Sonnenterrasse aus schweift der Blick zum Grüntengipfel und vom Rottachsee bis zum Alpsee. Weiter geht's auf die ca. 1 160 m hoch gelegene Geißalpe (nicht bewirtschaftet), den höchsten Punkt der Wanderung, und vorbei an der kleinen Asante Christus Kapelle wieder abwärts nach Kranzegg (ca. 90 Min.).

Rad fahren

Die hügelige Landschaft zwischen Grünten und Rottachberg bietet jedem Biker reizvolle Strecken.
Eine lohnenswerte Strecke auf verkehrsarmen Nebenstraßen oder Radwegen führt z. B. von Rettenberg über Kranzegg nach Vorderburg und weiter über Ottacker, Rottach und Weiher (Gletscherschliff 18000 Jahre!) zurück zur Hauptstraße nach Rettenberg. Gute Kondition wird verlangt, wenn man das Adelharz hinauffährt. In rasanter Abfahrt geht es dann Richtung Wertach, von wo sich über Brosis Ellegg und das Adelharz zurück der Kreis wieder schließen lässt.

Kranzegg

Kulinarisches

Eines der beliebtesten Ausflugsziele der gesamten Region ist der **Berggast-**

hof Kranzegg (Nähe Grüntenlift, Telefon 0 83 27/2 70). Das atemberaubende Alpenpanorama und die gute Luft auf 1 150 m Höhe lohnen allein schon den Weg. Bayerische Brotzeiten, frische Milch oder ein gutes Bier schmecken hier nochmal so gut! Wer will, kann den Ausflug zum Berggasthof Kranzegg mit einer schönen Wanderung verbinden. Die Auffahrt ist für Gäste aber natürlich auch mit dem PKW möglich. Im Sommer am Dienstag Ruhetag

Berghütte

In 1477 m liegt umgeben von herrlichem Panorama die **Grüntenhütte** – eine Hütte für die ganze Familie. Der Besucher findet hier auf der Terrasse oder in der Gaststube den Hüttenzauber, den er so schnell nicht vergisst. 2 Familienzimmer mit Aufenthaltsraum und 2 große Matratzenlager mit jeweils 15 Schlafplätzen stehen ganzjährig zur Verfügung. Auf die kleinen Gäste wartet ein Spielplatz. Übernachtung ist auch mit Halbpension möglich. Der Wirt verwöhnt seine Gäste mit Krautkrapfen und Kässpatzen (auf Vorbestellung). Und zum Kaffee gibt's selbstgemachte Kuchen und Torten.

Grüntenhütte Norbert Zeberle, 87549 Rettenberg, Tel. 0 83 27/74 74; Internet: www.gruenten-huette.de

Kranzegg

Traumhaft schlafen

Auf dem **Berghof Riesen** fühlen sich Kinder und Erwachsene vom ersten Augenblick an richtig wohl. Die sonnige und ruhige Lage in 1010 m Höhe auf dem Weg zum Grünten trägt zur Erholung bei. Streichelzoo mit Schafen, Gänsen und Kaninchen und der Spielplatz sind für die Kinder ein kleines Paradies. Geselligkeit findet der Gast beim Grillen oder im Biergarten. Wer den Kreativurlaub sucht, findet bei Kursen für Töpfern, Basteln (Türkränze, Stecken u.s.w.) Patchwork, Duftkissen und v. a. m. die entsprechende Anleitung. Auf Wunsch kann man mit dem Hausherrn bei geführten Wanderungen die besonders reizvollen Ecken der Region kennen lernen. In der kleinen **Hauskapelle** wird die Hochzeit etwas ganz Besonderes. Eine gemütliche Gaststube und das Herzlezimmer für die Übernachtung des Brautpaares bilden den ansprechenden Rahmen für diesen Tag. Jedes Familienfest wird im Berghof Riesen zum unvergesslichen Erlebnis. Motorrad- und Bikergruppen sowie Schulklassen sind ebenfalls willkommen!!

Berghof Riesen, Fam. B. Becker-Haltmayr, Alpweg 20, 87549 Rettenberg/-Kranzegg, Tel u. Fax: 0 83 27/ 71 17; e-mail: BerghofRiesen@aol.com, Internet: www.kreativ-berghof.de

Wichtige Adressen und Telefonnummern

Gäste- und Sportamt Rettenberg, Burgberger Straße 15, 87549 Rettenberg, Telefon 0 83 27/9 30 40, Telefax 0 83 27/93 04 29, Internet: www.rettenberg.de, e-mail: tourist-info@rettenberg.de

Sonthofen

Sonthofen ist Kreisstadt des Landkreises Oberallgäu und zugleich südlichste Stadt Deutschlands. Die Gipfel der Allgäuer Hochalpen rahmen die Stadt ein und sind fast zum Greifen nah. Zugleich lädt die Stadt mit über 21.000 Einwohnern zum Bummeln, Einkaufen und Verweilen ein. Nicht umsonst hat sich der Luftkurort mit seinen 16 Ortsteilen als Drehscheibe für die ganze Region etabliert. Soviel Qualität wird auch gewürdigt: Die Auszeichnung „Alpenstadt des Jahres 2005“ birgt schon im Namen das Besondere Sonthofens.

Geschichtliches

Die ersten menschlichen Spuren im Raum Sonthofen reichen nach Funden in die Mittelsteinzeit zurück. Sonthofen selbst wurde erstmals 839 n. Chr. urkundlich erwähnt, erhielt am 21. Februar 1429 durch Kaiser Sigismund das Marktrecht sowie die Hochgerichtsbarkeit. Am 14. Februar 1525 war Sonthofen Mittelpunkt des Bauernaufstandes des sog. Allgäuer Haufens.

Am 18. August 1963 wurde Sonthofen zur Stadt erhoben.

Sehenswertes

Die kath. **Pfarrkirche St. Michael** im ältesten Kern des Ortes prägt das Gesicht der Stadt. Sehenswert ist auch die benachbarte **Frauenkapelle** an der Südseite von St. Michael; Der Hochaltar stammt aus den Jahren 1704/05. Zu bewundern ist auch ein Schnitzrelief der Muttergottes, das um 1515 in der Werkstatt des Kaufbeurer Jörg Lederer entstanden ist.
In wunderschöner Lage auf einer Anhöhe befindet sich die Sankt Leonhard Kirche in **Berghofen**. Sie birgt einen besonderen Schatz von hohem Kunstwert aus dem Jahre 1439 , nämlich einen dreiflügeligen Altar von Hans Strigel dem Älteren. Von hier aus hat man einen herrlichen Blick in die Allgäuer Alpen.
Eine der bedeutendsten Sonthofer Kapellen ist die **St.-Katharina-Kapelle** in **Imberg**. Ihre Fresken gehen zurück auf das 15. Jh.
Zur Pfarrei Maria Heimsuchung gehört die **Kapelle des hl. Johannes Nepomuk** in **Binswangen**, 1741 vom

Wertacher Baumeister Franz Kappeler errichtet.
Ebenfalls sehenswert ist die **Margarethakapelle** in **Margarethen** und die **Sebastianskapelle** in Tiefenbach. Die **Lukaskapelle** im Ortsteil **Breiten** hat durch den Burgberger Maler Arnulf Heimhofer einen neuen Akzent erhalten.
Die **Leonhardskapelle** in **Unterried** besitzt ein bemerkenswertes Altarbild des Rettenberger Malers Ludwig Caspar Weiß aus der Mitte des 19. Jh.
Das **ehemalige Schul- und Rathaus** am Kopf der Fußgängerzone zieht mit seiner bemalten Fassade die Blicke der Passanten auf sich. Hier sind historische Ereignisse dargestellt. In dem Gebäude sind heute die Städtische Musikschule und die Stadtbücherei untergebracht.
Das Sonthofer **Rathaus** wurde im Jahre 1985 fertiggestellt. Schmuckstück des Rathausgebäudes ist der **Eggaspiel-Brunnen**.
Eine Treppe von der Hofener Straße führt zur **Gedenkstätte** für die Gefallenen der beiden Weltkriege.
Vorbei am Götzfrieds Weiher kommt man zum **Kalvarienberg**, dem vielfach prämierten Ökologischen Kurpark, über dessen Wege der **„Erlebnisweg Alpenstadt"** führt. Von dem Pfarrhaus gegenüber der Stadtpfarrkirche hat man einen schönen Blick auf die über Sonthofen thronende ehemalige **„NS Ordensburg Sonthofen"**. Ab 1934 wurde die Anlage von der Deutschen Arbeitsfront als Schulungsburg der NSDAP erbaut, heute „Generaloberst-Beck-Kaserne". 1956 zog die Bundeswehr ein. Der im historischen Zentrum gelegene **Marktbrunnen** erinnert an die alte Markttradition, die 1429 mit der Erhebung des Ortes zum Markt durch Kaiser Sigismund begründet wurde. Die **Althaus-Lärchen** am Johann-Althaus-Platz wurden von Johann Althaus gepflanzt. Er stammte aus dem Emmental in der Schweiz und brachte die Emmentaler-Käserei ins Allgäu.
Die heutige **Spitalkirche** wurde 1499 erbaut. Mit dem damaligen Altersheim wurde sie 1945 ein Opfer der Luftangriffe, jedoch im Urzustand wieder aufgebaut.
Zu den besterhaltenen Burgruinen im gesamten Allgäu zählt die **Ruine Fluhenstein** im Ortsteil Berghofen.

Museen

Im Sonthofer Heimathaus laden historische Räume zu einem erlebnisreichen Rundgang ein. Wechselnde Sonderausstellung, museumspädagogisches Programm und verschiedenste Veranstaltungen warten auf Sie!

allgäu outlet
FILA
ariella
Calvin Klein eyewear
VENICE BEACH
CAT
OAKLEY
Kappa
HI-TEC
PUMA sportsocks
Madonna
biberna
HH HELLY HANSEN
BRUNOTTI
anvil
Marc O'Polo socks
arena
ROSS
www.allgaeuoutlet.de
Immenstädter Str. 11 · Tel. 08321/3089782
SONTHOFEN
(ehemals Hager)
allgäu outlet

Öffnungszeiten: Dienstag, Mittwoch, Donnerstag, Samstag und Sonntag 15 – 18 Uhr; (im November geschlossen)
Die **„Historische Sammlung der Gebirgstruppe Sonthofen“** (Grüntenkaserne, Salzweg 24, Telefon 8 30 16), das einzige Gebirgsjägermuseum in Deutschland, zeigt auf 240 qm Ausstellungsfläche die Geschichte der Deutschen Gebirgstruppe. **Öffnungszeiten:** jeden Sonntag 10–12 Uhr, Personalausweis erforderlich!
Die **mini-mobil Modellausstellung** (Oberstdorfer Straße 10, Telefon 8 77 17) ist ein Verkehrsmuseum im kleinen Maßstab. **Öffnungszeiten:** Mittwoch bis Samstag 15–18 Uhr, Sonn- und Feiertag 11–18 Uhr (geschlossen 10. und 11. Woche sowie 48.–50. Woche)

Kulturelles

Kultureller Mittelpunkt der Stadt Sonthofen ist das **Haus Oberallgäu**. Von der Komödie über Schauspiel, Tragödie und Kabarett bis hin zum Musical ist für jeden Geschmack das Richtige dabei.
Der Gesellschaft **„Freunde der Musik e. V.“** gelingt es immer wieder, hochkarätige Konzerte auf die Bühne zu bringen. Musik wird in Sonthofen aber auch sonst groß geschrieben. Vier Kapellen bieten den Gästen in den Sommermonaten regelmäßig bei **Stand- und Festkonzerten** konzertante Blasmusik. Einen sehr guten Namen im Bereich der Kleinkunst hat sich mittlerweile auch die **Sonthofer Kultur-Werkstatt** (Altstädter Straße 7, Telefon 24 92) gemacht.

Feste und Feiern

Am 11.11. um 11.11 Uhr beginnt mit der SFZ, der Sonthofer Fasnachts-Zunft, die fünfte Jahreszeit. Der Fasnachtsumzug im Stadtgebiet Sonthofen am Faschingsdienstag zieht alljährlich Tausende von Schaulustigen an. Das **Eggaspiel**, alle drei Jahre am Sonntag nach Aschermittwoch vor dem Rathaus aufgeführt, ist ein Pantomimespiel, das auf heidnisches Brauchtum zurückgeht. Der Winter ausgetrieben wird am **Funkensonntag** (Sonntag nach der Fasnacht). Im Frühjahr finden im Haus Oberallgäu die **Sonthofer Chortage** statt, ein Highlight im kulturellen Jahreslauf.
Jedes Jahr im Juni trifft man sich für zehn Tage zum Sonthofer **Volksfest**, das für Jung und Alt ein beliebter Anziehungspunkt ist. Im Juni ist das **Stadtfest** im Innenstadtbereich ein Magnet für die Besucher. Mitte September gehört die Innenstadt dem **Herbstmarkt** und Mitte Oktober findet im Zentrum der **Gallusmarkt** statt. Das **Klausentreiben** am 4. (Klausenbärbel), 5. und 6. Dezember ist eine

LOOKS GOOD. FEELS GOOD.
Ergee

Besonderheit im gesamten Oberallgäu mit Schwerpunkt in Sonthofen. Am darauffolgenden Sonntag findet dann der **Nikolaus-Ballonstart** statt: Zum Erstaunen der Kinder kommt in Sonthofen der Nikolaus aus dem Wald und startet mit dem Ballon zum Himmel.

Alljährlich am 1. Weihnachtsfeiertag beschließt das **Weihnachtskonzert** der Stadtkapelle im Haus Oberallgäu den kulturellen Reigen.

Freizeit- und Sportmöglichkeiten

Im Sommer

Auf der Iller werden von April bis Oktober Touren und Kurse im **Wildwasserfahren** durchgeführt; Auskünfte unter Telefon 6 83 62. Im Bachtel, abseits der Straße nach Altstädten gelegen, hat der Kneippverein Sonthofen ein wahres Kleinod unter den **Wassertretanlagen** geschaffen. Der **Sonthofer See** bietet in idyllischer Lage wunderbar erfrischende Bademöglichkeiten. Der Sonthofer **Minigolfplatz** (Tel. 37 64), von April bis Oktober geöffnet, ist für Groß und Klein ein beliebtes Ausflugsziel. Auf die Kinder wartet gleich daneben ein attraktiver Spielplatz. **Tennisspieler** können in Sonthofen auf 19 Freiplätzen ihrem Sport frönen, Auskünfte beim Gästeamt. Auch für Freunde des **Drachen- und Gleitschirmfliegens** bietet Sonthofen Flugschulen und Übungsgelände. Kutschfahrten können von April bis November beim Gästeamt gebucht werden. In den Monaten Juli und August wird ein **besonderes Kinderprogramm** organisiert, zu erfragen beim Gästeamt, Tel. 61 52 91 und 61 52 92.

Stadtnahe Erholung und Fitness bietet der neu geschaffene Trimm-Dich-Pfad mit Finnenbahn im Schwäbele Holz. Zum Verweilen lädt der ebenfalls neu entstandene Waldspielplatz am „Tor zu den Allgäuer Hochalpen" im Schwäbele Holz ein.

Im Winter

Der noch nicht so geübte Skifahrer findet am Schwäbeleholzlift (Länge 205 m) am sog. „Binse" (Telefon 8 77 39) ein **ideales Übungsgelände**. **20 km gespurte Loipen** mit Anbindung nach Oberstdorf werden rund um Sonthofen gespurt. Die Sonnenloipe beginnt am Illerstadion und ist für Anfänger bestens geeignet. Für Geübte empfiehlt sich die Loipe Beilenberg (5 km) mit Start am Parkplatz zwischen Hofen und Beilenberg. Ein sehr einfacher Rundkurs ist die Loipe Winkel (3 km). Alle Loipen sind sowohl für den Diagonal- als auch für den Skating-Stil gespurt.

Von Oktober bis März kann man in der **Eissporthalle** (Telefon 61 53 14) Schlittschuh laufen (Schlittschuhverleih!). Eisstockschießen jeden Sonntag Vormittag; Discolauf in der Regel Freitagabend.

Eine schöne **Naturrodelbahn** führt über eine Länge von 3,5 km von der Strausberghütte zum Berggasthof Sonne in Imberg; hinauf geht's auf einem schönen Winterwanderweg.

Pferdeschlittenfahrten durch die reizvolle Winterlandschaft bietet das Gästeamt jeden Mittwoch um 10.30 Uhr an (Anmeldung erforderlich!).
Wer die herrliche Winterluft zu Fuß genießen möchte, dem stehen 50 km geräumte und gebahnte Winterwanderwege rund um Sonthofen zur Verfügung.

Ganzjährig

Freizeit- und Sportmöglichkeiten

Freizeitvergnügen für die ganze Familie

Das Freizeit- und Gesundheitsbad Wonnemar bietet Abwechslung, Spaß und Abenteuer für jeden von 0 bis 99 Jahren. Kinderherzen schlagen höher

beim Anblick der verschiedenen Rutschen, des Wellenbeckens und des Strömungskanals. Mutige flitzen auf den Reifen die Crazy River Rutsche hinunter oder wagen sich in die dunkle „Black Hole Rutsche". Die Kleinsten toben sich in der Kinderwelt „Wonniland" aus. Auf „Wonnis" Bauch kann man prima ins Wasser rutschen oder sich von den Fischen des Seehunds „Wonni" nass spritzen lassen. Im extra warmen Babybecken mit Wasserlauf können die Jüngsten die ersten Erfahrungen mit dem nassen Element sammeln.
Da so viel Wasserspaß hungrig

macht, bietet die Wonnemar-Gastronomie die Lieblingsspeisen der Kids, aber auch abwechslungsreiche Gerichte für Erwachsene an. Während sich die Teens austoben, laden Gesundheitsbad, Saunawelt und Wellnessoase zur Erholung ein. Das warme Wasser des Soleaußenbeckens bietet herrliche Entspannung, während man den einmaligen Blick in das Allgäuer Bergpanorama genießen kann. Die gemütliche Saunawelt lockt mit verschiedenen Saunen, Heißbekken und Saunagarten und in der Wohlfühloase kann man sich bei einer Wellnessanwendung verwöhnen lassen. Mit ganzjährigen Außenbekken, gepflegter Liegewiese, Kinderspielplatz, Beachvolleyballfeld und großer Terrasse bietet es im Sommer alles für Badevergnügen pur.
Nähere Informationen: Freizeit- und **Gesundheitsbad Wonnemar**, Stadionweg 5, 87527 Sonthofen, Tel. 0 83 21/7 80 97-0, Fax: 0 83 21/ 7 80 97-29, Internet: www.wonnemar.de, e-mail: sonthofen@wonnemar.de

In unmittelbarer Nachbarschaft der Badeanlage befindet sich der Campingplatz (Tel. 23 50) an der Iller. Er ist winterfest, d. h. er ist das ganze Jahr über geöffnet. In Sonthofen hat der Ballonsport eine lange Tradition. Das Unternehmen **Ballonsport Alpin** (Hans-Böckler-Straße 86, Telefon 70 91) zählt zu den ältesten und größten Ballonsportunternehmen in ganz Deutschland. Kegelbahnen gibt es im Haus Oberallgäu (Richard-Wagner-Straße 14, Telefon 46 75) und in der Holzar-Stube (Hirschstraße 4, Telefon 72 16 92). Zum Tischtennisspielen geht man ins Haus Oberallgäu. Dort trifft man sich auch jeden Montag zum Skatspielen.
Squash oder **Badminton** spielen kann man in der Tennishalle Sonthofen (Am Illerdamm, Telefon 8 33 68).Die Tennishalle Sonthofen (Am Illerdamm, Telefon 8 33 68) bietet zudem 3 Hallenplätze für **Tennis**.
Jeden Montag und Mittwoch um 10 Uhr öffnet die **Hirschbrauerei** (Grüntenstraße 7, Telefon 6 63 30) ihre Pforten für Besucher und gibt bei einer Besichtigung Einblick in die Kunst des Bierbrauens.

Wandern

Die Sonthofer Umgebung bietet Abwechslung für jede Kondition, reizvolle Ausflüge auf über **100 km gut beschilderten Wanderwegen**. Das Gästeamt vermittelt **geführte Touren** und **geführte Fackelwanderungen** mit Kässpatzenessen.

Unbeschwerlich und doch reizvoll sind die Dammwege entlang der Flüsse Iller und Ostrach. Zwischen Sonthofen und Fischen wurde ein wasserwirtschaftlicher Lehrwanderweg eingerichtet.

Ein Weg im Sinne der Alpenkonvention wurde mit dem **„Erlebnisweg Alpenstadt"** geschaffen. Der Weg verbindet den städtischen Raum mit einem alpinen Naturschutzgebiet – die Wegeverbindung verläuft von der Stadtmitte bis auf den höchsten Gip-

fel des Stadtgebietes, dem Imberger Horn. Nach dem Motto „der Weg ist das Ziel" wird dabei informativ und spielerisch Verständnis für die Belange der Natur geschaffen und mit Erlebnis und Erholung verknüpft. Nähere Auskünfte über das Gästeamt.
Für Nordic Walking Freunde wurden 5 landschaftlich besonders reizvolle Touren mit einer Gesamtlänge von 45 km ausgewählt. Die Touren reichen von der leichten bis zur sehr anspruchsvollen Route. Der Tourenverlauf mit den Höhenprofilen kann einer Karte, die im Gästeamt erhältlich ist, entnommen werden.

Starzlachklamm

Der Gang durch die wildromantische **Starzlachklamm** im Ortsteil Winkel (Telefon 8 89 88) ist ein ganz besonderes Erlebnis. Die Starzlach, Schöpfer dieses zerklüfteten Szenarios, entspringt zwischen Grünten und Wertacher Horn in 1 070 Metern Höhe und hat sich hier mit tosenden Strudeln, Wasserfällen und kesselförmigen Wassermühlen ihren Weg durch die steilen Felswände gegraben. Der aufmerksame Kenner stößt bei seinem Gang durch die Klamm auf rund 15 verschiedene Arten von Nummuliten (versteinerte Wurzelfüßer), Stadschiefer und Erzkalken. An reich bewachsenen Tobelhängen, über den tosenden und schäumenden Wassermassen, führt der abenteuerliche Steig über Klammstege zum oberen Ende. Von hier aus lässt sich der Weg fortsetzen in das Wandergebiet „Großer Wald". Von Mai bis Oktober lädt der Klammwirt ein zur gemütlichen Rast

Freizeitvergnügen für die ganze Familie

Das Freizeit- und Gesundheitsbad Wonnemar bietet Abwechslung, Spaß und Abenteuer für jeden von 0 bis 99 Jahren. Kinderherzen schlagen höher beim Anblick der verschiedenen Rutschen, des Wellenbeckens und des Strömungskanals. Mutige flitzen auf den Reifen die Crazy River Rutsche hinunter oder wagen sich in die dunkle „Black Hole Rutsche". Die Kleinsten toben sich in der Kinderwelt „Wonniland" aus. Auf „Wonnis" Bauch kann man prima ins Wasser rutschen oder sich von den Fischen des Seehunds „Wonni" nass spritzen lassen. Im extra warmen Babybecken mit Wasserlauf können die Jüngsten die ersten Erfahrungen mit dem nassen Element sammeln.

Da so viel Wasserspaß hungrig macht, bietet die Wonnemar-Gastronomie die Lieblingsspeisen der Kids, aber auch abwechslungsreiche Gerichte für Erwachsene an. Während sich die Teens austoben, laden Gesundheitsbad, Saunawelt und Wellnessoase zur Erholung ein. Das warme Wasser des Soleaußenbeckens bietet herrliche Entspannung, während man den einmaligen Blick in das Allgäuer Bergpanorama genießen

kann. Die gemütliche Saunawelt lokkt mit verschiedenen Saunen, Heißbecken und Saunagarten und in der Wohlfühloase kann man sich bei einer Wellnessanwendung verwöhnen lassen. Mit ganzjährigen Außenbekken, gepflegter Liegewiese, Kinderspielplatz, Beachvolleyballfeld und großer Terrasse bietet es im Sommer alles für Badevergnügen pur.

Nähere Informationen: Freizeit- und Gesundheitsbad Wonnemar, Stadionweg 5, 87527 Sonthofen, Tel. 08321 78097-0, Fax: 08321 78097-29, Internet: www.wonnemar.de, e-mail: sonthofen@wonnemar.de

bei einer Brotzeit. Am Ausgangspunkt der Klamm stehen am Ortsrand von Winkel Parkplätze zur Verfügung.
Folgt man der Starzlach flussabwärts, so gelangt man an die Ostrach, der man auf einem hübschen Dammweg an beiden Ufern ebenfalls wieder flussabwärts folgen kann. Bergauf ist die Starzlachklamm Ausgangspunkt für das bekannte Wandergebiet „Großer Wald". Ausgangspunkt beliebter Wanderungen ist auch der Sonthofer Ortsteil **Berghofen**. Abseits der überfüllten Wanderwege zweigt hier der Weg ab in den Burgstalltobel. In Berghofen endet auch der sog. Schwäbisch-Allgäuer Wanderweg, der von Augsburg nach Sonthofen führt. Der Ortsteil **Margarethen** ist Ausgangspunkt für eine Wanderung entweder über Imberg zum Strausberg oder zum Sonthofer und Altstädter Hof mit Einkehrmöglichkeit und traumhafter Aussicht.

Rad fahren

Die Teerstraße ab Winkel in den Berghofer Wald bietet sich an für trainierte Biker, die den Berghofer Wald durchqueren und dann entweder Richtung Wertach oder Richtung Kranzegg/Rettenberg und zurück über Burgberg und Sonthofen den Kreis wieder schließen können. Beliebt ist auch der Dammweg entlang der Iller sowie der Radweg nach Hindelang. Eine abwechslungsreiche Berg- und Talfahrt startet in der Nähe des Campingplatzes am südlichen Ortsrand und führt über Westerhofen nach Ofterschwang auf einer wenig befahrenen Straße über Obermaiselstein nach Tiefenbach. Hier kann ein lohnender Abstecher nach Rohrmoos gemacht werden. – Von Tiefenbach geht es entlang der Breitach zur B 19, die man unterqueren kann, um auf den Illerdamm zu gelangen, der wieder zum Ausgangspunkt zurückführt. Viele Touren in die Umgebung lassen sich auch mit dem Zug kombinieren, da Fahrräder in den meisten Zügen kostenlos transportiert werden.
Beginnend ab dem Illerstadion sind 7 Rundstrecken für **Mountainbikefahrer** in allen Schwierigkeitsstufen ausgewiesen. Eine Mountainbikekarte gibt es kostenlos im Gästamt.
Kostenlos wird in Sonthofen das **„Sonthofer Stadt-Fahrrad"** angeboten. 15 Leihräder warten hinter dem Rathaus am Radlbahnhof darauf, ausgeliehen zu werden. Für Kinder werden spezielle Kindersitze bereitgestellt. Weitere Infos erhält man im Gästeamt der Stadt.

Traumhaft schlafen

Ferienhaus Viktor am Ortsrand von Sonthofen Nähe Sonthofener See und Iller in ruhiger sonniger Lage ist zu jeder Jahreszeit ein beliebtes Feriendomizil. Auf dem großzügigen Grundstück laden gemütliche Bänkchen zum Ausruhen ein und bieten die Möglichkeit zum Träumen oder zum Grillen und zu Geselligkeit. Im Sommer lockt der See in nächster Nähe zum Baden oder zum romantischen Spaziergang mit Blick aufs herrliche Bergpanorama. Tennis oder Minigolf, Skifahren und Wanderungen, die Radtour an der Iller oder der große

Spielplatz für die kleinen Gäste in unmittelbarer Nähe garantieren einen abwechslungsreichen Aufenthalt für Klein und Groß. Zur Wahl stehen 3- bis 5-Sterne-Wohnungen für 2 bis 8 Personen.

Nähere Informationen bei Familie Viktor, Rungatshofen 4, 87452 Frauenzell, Tel. 0 83 73/83 49, Fax 0 83 73/81 75; Hausadresse: Am Illerdamm 18, 87527 Sonthofen

Einkaufen

Erlebnissporthaus WORLD of OUTDOOR

Qualität, Beständigkeit und Ausstrahlung spürt man im **Erlebnissporthaus WORLD of OUTDOOR** in Sonthofen an der Scharpfkreuzung, direkt an der B 308 – einmalig in Deutschland, ein Muss für Outdoor-Freaks. Schratt – hinter diesem Namen steht eine über 200-jährige Tradition. Erfahrung vergangener Generationen gepaart mit zukunftsorientiertem modernem Zeitgeist – unter diesem Aspekt bietet **World of Outdoor** ein breit gefächertes Sortiment an Outdoor-Equipment, Freizeitmode und Zubehör zu moderaten Preisen. Im Haus untergebracht ist zudem eines von drei weltweit existierenden Test-Centern der Firmen Dynafit und Silvretta, den Herstellern von Tourenski, Skischuhen, Bindungen, Fellen und Stöcken, sowie der Allgäu Skiverleih mit einem großen

Angebot an Langlauf-, Alpin- und Tourenski.
Marken wie VauDe, Salewa, Campagnolo, Skila, Icepeak, Lowa oder auch die Eigenmarke „Schratt 1803" erfüllen alle Anforderungen, die der sportliche Kunde heute an neueste Technologien und Funktionskleidung stellt. Die hochwertige Ware wird großzügig präsentiert. Ein fachkompetentes, junges, freundliches Team steht beim Einkauf beratend zur Seite. Der Hochseilparcours im Außenbereich mit zehn verschiedenen Elementen und der Klettergarten lassen die sportliche Herausforderung hautnah spüren. Selbstverständlich werden die mutigen Gäste von professionellen und erfahrenen Guides und Bergführern betreut. Die eigene „Kinderwelt" mit großer Rutsche lässt auch für die Kleinen den Besuch spannend und abwechslungsreich werden. So wird der Einkauf für die ganze Familie zum besonderen Erlebnis. **Öffnungszeiten:** Montag bis Freitag 09.00 bis 19.00 Uhr, Samstag 09.00 bis 18.00 Uhr.

Schratt GmbH, Weststraße 12, 87561 Oberstdorf, Tel. 0 83 22/96 55-0, Fax 0 83 22/96 55-10; e-mail: info@schratt-1803.de, Internet: www.schratt-1803.de

Sport-, Mode- und Kinderkleidung bei **Allgäu Outlet**, Immenstädter Str. 11, 87527 Sonthofen, Tel. 0 83 21/ 6 74 14 54, Fax 0 83 21/6 74 14 56; e-mail: info@outletpartners.de, Internet: www.outletpartners.de (siehe Herstellungsverkauf)

Authentic Klein Sportswear in **Sonthofen** wurde bereits 1949 als Familienunternehmen gegründet. Schwerpunkt ist die Fertigung von Sport- und Freizeitkleidung in optimalem Tragekomfort (Tel. 0 83 21/6 72 44-0; siehe Herstellungsverkauf).

Comazo-Herstellerverkauf, Bahnhofstr. 22, 87527 Sonthofen, Tel. 0 71 51/61 96 50, **Öffnungszeiten**: Mo bis Fr 09.00-18.30 Uhr, Sa 09.00 bis 14.00 Uhr (siehe Herstellungsverkauf)

Der Werksverkauf der **ERGEE GmbH** in Sonthofen im SONTRA-Technologiezentrum liegt direkt an der B 308 Richtung Bad Hindelang (siehe Herstellungsverkauf).

Fabrikverkauf Seidensticker, Burgsiedlung 1, 87527 Sonthofen, Telefon 0 83 21/67 43 50, E-Mail fos.sonthofen@seidensticker.de, Internet www.seidensticker.de (siehe Herstellungsverkauf)

Fashion-Sports-Company, Sportbekleidung in Sonthofen-Sigishofen, Tel. 0 83 21/6 75 58 70, siehe Herstellungsverkauf

Wichtige Adressen und Telefonnummern

Gästeamt Sonthofen, Rathausplatz 1, 87527 Sonthofen, Tel. 0 83 21/6 15-291 oder 292, Fax 0 83 21/6 15-293, e-mail: gaesteinfo@sonthofen.de, Internet: www.sonthofen.de

Weitnau

Der Markt Weitnau mit seinen Hauptorten Weitnau und Wengen liegt einmalig schön im Allgäuer Voralpenland in zwei Tälern zwischen Hauchenberg und Schwarzem Grat. Mit seinem weit verzweigten Wanderwegenetz und seinen zahlreichen Freizeiteinrichtungen eignet sich Weitnau besonders für Naturfreunde und Familien.

Sehenswertes

Die kath. **Pfarrkirche St. Pelagius** – erbaut (1862-1872) – zeichnet sich durch ihre einheitliche neugotische Ausstattung aus. Im Ortszentrum Weitnaus findet man das einstige **Amtshaus** der Herrschaft Hohenegg, erbaut im 15. Jh. Die **St.-Rochus-Kapelle** in Waltrams steht weithin sichtbar am Nordhang des Hauchenbergs. Der flach gedeckte, einschiffige Bau entstand um 1760/80. Die **Burgruine Alttrauchburg** zählt zu den am besten erhaltenen Ruinen des Allgäus. Sämtliche Grundmauern der einstigen Gebäude bestehen noch. Gebaut wurde die Trauchburg vermutlich zu Anfang des 11. Jh.

Kulturelles

Traditionelle **Brauchtumsveranstaltungen, Theateraufführungen** und verschiedenste Konzertdarbietungen erfreuen sich großer Beliebtheit.

Feste und Feiern

Sehr beliebt ist das alljährlich im August stattfindende historische **Burgfest** auf der Burgruine Alttrauchburg. Am zweiten Septemberwochenende findet in Weitnau ein **Herbstmarkt** statt. Wengens herbstlicher Jahreshöhepunkt ist der **Viehscheid**. Und mit einem **Christkindlmarkt** am Samstag vor dem zweiten Advent klingt in Weitnau das Jahr aus.

Kurioses und Originelles

Seit kurzer Zeit ist dem sog. „Notwender“ Carl Hirnbein (1807–1871) ein rund 6 km langer Themenweg zwischen Missen-Wilhams und Weitnau gewidmet, wo man allerhand Wissenswertes über **Carl Hirnbein** sowie über Geschichte, Kultur, Flora und Fauna des Allgäus erfahren kann.

Freizeit- und Sportmöglichkeiten

Im Sommer

Das **Freibad** in Seltmans mit Liegewiese, Kinderplanschbecken, Kinderspielwiese und Kiosk ist täglich von 9.30 bis 19.30 Uhr je nach Wetterlage geöffnet. Einen **18-Loch-Panoramagolfplatz** mit (sehr gutem!) Restaurant gibt es in Hellengerst (Golf- und Freizeitanlage Rainalter, Helinger Straße 5, Telefon 08378/92000). Ein besonderes Schmankerl für Kletterfreunde ist die **Sportkletterhalle** in Seltmans (Telefon 8219) mit einer Kletterfläche von 1600 qm, 3 Boulderhöhlen (insgesamt 300 qm) und Kinderkletterwand (120 qm). **Reiter** treffen sich auf dem Hauchenberg-Hof (Telefon 726) wo u. a. Ponyreiten und Ausritte angeboten werden. **Tennis-Freiplätze** befinden sich in Weitnau.

Im Winter

Der Argenthal-Lift in Weitnau (500 Meter Schlepplänge, 102 Meter Höhenunterschied, Telefon 88 58) und der Skilift Wengen (400 Meter Schlepplänge, 100 Meter Höhenunterschied, Telefon 1 309) bedienen diejenigen **Skifahrer**, die ein kleines und ruhiges Gelände suchen. Für Freunde des nordischen Skisports sind um Weitnau und Wengen **mehrere Langlauf-loipen** mit insgesamt **ca. 35 km Länge** gespurt. Informationen über die Loipen gibt es im Tourismusbüro! **Rodeln** kann man auf einem der zahlreichen Hänge der Umgebung. Schlitten und Schneeschuhe können im Tourismusbüro ausgeliehen werden.

Ganzjährig

Zeit und Raum vergessen lässt die **Miniatur Puppenwelt Wengen** (Lindauer Straße 22, Telefon 5 21). **Öffnungszeiten:** Montag bis Samstag 10–17 Uhr. **Kegelbahnen** bieten der Familiengasthof Engel (Wengen, Telefon 3 17) und der Gasthof Krone (Weitnau, Telefon 2 09).

Rad fahren

In Weitnau befindet sich eine Startmöglichkeit zum rund 100 km langen **Radwanderweg „Allgäu"**, dessen Hauptstrecke über Isny, Beuren, Leutkirch, Altusried, Kempten, Ermengerst, Buchenberg und Hellengerst im weiten Rund wieder nach Weitnau zurückführt. Der **Radrundweg durchs Weitnauer Tal** führt von Weitnau über Moos, Eisenbolz, Ettensberg, Hellengerst, Rechtis, Osterhofen, Haslach und Engelhirsch wieder zurück zum Ausgangspunkt. Ein Fahrradverleih befindet sich im Toursimusbüro.

Einkaufs-Tipp

Internationale kulinarische Käsespezialitäten, aber vor allem heimische Käsegaumenfreuden aus eigener Produktion aus bester naturbelassener, silagefreier Allgäuer Rohmilch erhält der Kunde in Baldaufs Käskeller. Frische Mopro-Produkte, Antipasto und erlesene Weine komplettieren das Sortiment. Gerne werden hier auch Käseplatten für Firmen- und Familienfeiern oder Geschenkkörbe für jede Gelegenheit liebevoll zusammengestellt.
Öffnungszeiten: Mo bis Sa: 08.00 – 12.00 Uhr, Do und Fr auch 14.30 und 18.00 Uhr
Baldaufs Käskeller, Hoheneggstraße 25, 87480 Weitnau, Tel. 0 83 75/ 97 46 00; Internet: www.baldauf-kaese.de (siehe Herstellungsverkauf)

Wichtige Adressen und Telefonnummern

Tourismusbüro Weitnau, Hoheneggstraße 25, 87480 Weitnau, Telefon 0 83 75/92 02 41, Telefax 0 83 75/ 92 02 43, Internet: www.weitnau.de, e-mail: tourismus@weitnau.de

Kempten

Kunstschätze, historische Gebäude und Plätze, pulsierendes Leben in der Fußgängerzone und kulturelle Höhepunkte in einem abwechslungsreichen Veranstaltungskalender – so präsentiert sich die Metropole des Allgäus ihren Gästen.

Geschichte

Kempten wurde als erste Stadt Deutschlands schriftlich erwähnt. Die Römerstadt Cambodunum auf der Hochfläche rechts der Iller war vermutlich vor Augsburg die Hauptstadt der Provinz Rätien. Im „Archäologischen Park Cambodunum – APC" wird die römische Vergangenheit heute wieder lebendig.
Die mittelalterliche Siedlung Kempten entwickelte sich im Flusstal und auf der linken Illerhochfläche. Seit dem Spätmittelalter löste sich die Reichsstadt im Tal mehr und mehr aus der Herrschaft des Stadtherrn, des Fürstabtes von Kempten. Sein Kloster lag außerhalb der Stadtmauer auf dem linken Illerhochufer. Die ab 1527 protestantische Freie Reichsstadt und das katholische Fürststift standen von da an in scharfer Konkurrenz zueinander, was im 30-jährigen Krieg zu offener Feindschaft führte.
Durch die Säkularisierung und Mediatisierung 1802/03 verloren die beiden Gemeinwesen ihre Eigenständigkeit und wurden bayerisch. Aber erst im Jahre 1818 wurden sie zu einer Stadt Kempten unter bayerischer Herrschaft zusammengefasst. Bis ins 20. Jahrhundert war die ehemalige Trennung spürbar; heute weisen noch die zwei Wochenmärkte und die zwei Jahrmärkte darauf hin.

Sehenswürdigkeiten

Viel Sehenswertes blieb aus Kemptens reicher 2000-jähriger Geschichte erhalten. Alle bedeutenden Bauten Kemptens nur aufzuzählen, würde zu lange dauern. Der hier vorgestellte Rundgang durch die Innenstadt soll einen ersten Eindruck vermitteln von der Fülle der interessanten Gebäude und den spannenden Geschichten dazu.
Wer die **Altstadt**, die ehemalige

Reichsstadt, näher kennenlernen möchte, beginnt den Rundgang am besten auf der **Burghalde**. Vom Hügel der Stadtburg aus hat man einen guten Rundblick auf die im Spätmittelalter angelegte Brennergassenvorstadt und zum St.-Mang-Platz. Schon die Römer nutzten den natürlichen Hügel im Flusstal; in spätrömischer Zeit lag hier eine kleine Zivilsiedlung im Schutz des Kastells auf dem Berg. Im Mittelalter bauten die Fürstäbte von Kempten eine mächtige Steinburg auf den Hügel. Nach der Zerstörung der Burg durch die Stadtbürger 1363 verkaufte der Abt die Ruinen 1379 an die Reichsstadt. Im Laufe der folgenden Jahrhunderte wurde die Befestigungsanlage mehrfach zerstört und wieder aufgebaut. Über den Ruinen wurde ab 1870 vom Burghaldeverein das sog. Wärterhaus in neugotischem Stil errichtet, das heute das **Allgäuer Burgenmuseum** beherbergt. Der Verein ließ auch den **Park** pflanzen, dessen schöne Bäume im Sommer den Spaziergängern Schatten spenden und zahlreichen Vogelarten Lebensraum bieten.

Geht man durch das Haupttor der Burghalde die Teerstraße hinunter und nach links um den Hügelfuß, kommt man zum **Pulvertürmle**, dem einzigen original erhalten Turm der Kemptener Stadtmauer, von der noch große Mauerflächen, auch mit Wehrgang, z. B. entlang der Burghaldegasse oder am Pfeilergraben erhalten sind. Wenn man über die Webergasse stadteinwärts geht und sich nach

rechts in die Burghaldegasse wendet, trifft man auf ein steinernes Torgewände mit dem Lammgottes am mittelalterlichen sog. **Nonnenturm**. Zusammen mit dem ebenfalls reich ausgestatteten **Beginenhaus** an der Burgstraße bildet der Nonnenturm ein bedeutendes Baudenkmal, dessen behutsame Sanierung sich ein Förderverein zur Aufgabe gemacht hat. Links durch die Brennergasse führt der Weg zur Illerbrücke und dem 1990 neu errichteten **Metzger- oder Illertorturm**. Noch ist es ein Geheimtipp, dass unterhalb der Burghalde an der Burgstraße ein ganz besonderes Baudenkmal steht: Eine vor wenigen Jahren hierhin versetzte spätmittelalterliche **Arkadenwand** mit wertvollen Malereien, deren wechselvolle Geschichte auf Infotafeln erläutert wird. An der Treppe zur Tiefgarage sind in einer Wandvitrine archäologische Funde vom benachbarten **Schwanengelände** ausgestellt. Über den Durchgang in Richtung St. Mang-Platz kommen wir in die **Bäckerstraße**.

Die Bäckerstraße ist die alte Hauptstraßenachse von der Brücke zum von schönen Bürgerhäusern umrandeten **St. Mang-Platz** mit dem frisch renovierten **Jugendstilbrunnen**. Für den Besuch der gotischen **St. Mang-Kirche** sollte man sich länger Zeit nehmen. Sie ist die evangelische Pfarrkirche der Reichsstadt und birgt viele kunsthistorische Besonderheiten. Neben der Kirche steht das sog. **Mühlberg-Ensemble**, bei dessen Sanierung 1996/97 unzählige spätmittelalterliche und frühneuzeitliche Alltagsgegenstände aus den Zwischenböden zum Vorschein kamen. Eine Auswahl der bedeutendsten Stücke kann im **Allgäu-Museum** besichtigt werden. Am **Londoner Hof**, dem **Neubronner-Haus** mit dem **Stadtarchiv** vorbei kommen wir über den **Rathausplatz** zum **Rathausbrunnen** mit seiner Brunnensäule aus dem Jahre 1601. Das **Rathaus**, 1368 als Kornspeicher in Fachwerk errichtet, 1474 in Stein neu erbaut, trägt die Wappen der wichtigsten Patrizier-

und Bürgerfamilien, die über Jahrhunderte die Geschichte der Stadt prägten. An seiner Südseite wird auf einem Gemälde an **Heinrich den Kempter** erinnert, den Helden eines mittelalterlichen Versepos'.
Über **Rathausstraße** und **Klostersteige** vorbei an der **Freitreppe** am **Schlössle** folgen wir der alten Hauptstraßenachse in Richtung Kloster. Oben auf der Hangstufe direkt gegenüber der **Residenz** mit ihren fürstäbtlichen **Prunkräumen** stand das größte der Kemptener Stadttore, das **Klostertor**.
Am **Residenzplatz** beginnt die **Stiftsstadt** mit ihren barocken Bauten. Auf der Nordseite der Residenz erstreckt sich der **Hofgarten** mit der **Orangerie** am nördlichen Abschluss, die heute die Stadtbibliothek beherbergt. Die **St. Lorenz-Basilika** thront über den meist ebenfalls in der Barockzeit errichteten Gebäuden des **Hildegardplatzes** und des **Stiftsplatzes**. Sie ist die andere große und alte Pfarrkirche Kemptens. Die Lorenzkirche wurde als erster großer Kirchenneubau nach dem Dreißigjährigen Krieg ab 1651 erbaut und diente bis zur Säkularisation als Kloster- und als Pfarrkirche. Ihrem Hauptaufgang gegenüber steht das um 1700 errichtete stift-kemptische **Kornhaus**, das heute das **Allgäu-Museum** und mehrere Veranstaltungssäle birgt.
In reizvollem Kontrast zur Altstadt mit ihren mittelalterlichen und renaissancezeitlichen Baudenkmälern bietet die **Stiftsstadt** eine ganz besondere Mischung an historischen Bauten und malerischen Gärten: Zwischen barokken Palais', gründerzeitlichen Gebäuden und bäuerlich anmutenden Herbergshäusern schlängeln sich die engen Gassen. Das Zentrum bildet der **Kapellenplatz** mit der **Seelenkapelle**. Ein Rundgang lohnt sich in jedem Fall.
Auf dem Rückweg in die Altstadt oder zur Fußgängerzone kann noch der hübsche kleine **Flora-Tempel** am Finanzamt, das ebenfalls in einem barokken Gebäude residiert, zwischen Salzstraße und Stadtpark besucht werden.
Das römische Kempten, die bedeutende Stadt Cambodunum, lernt man am besten beim Besuch des **Archäologischen Parks Cambodunum** auf dem Lindenberg kennen.
Tipp: Für die kleinen Besucher gibt es seit kurzem einen eigenen Kinder-Stadtplan, den Kinder der Sutt-Schule entworfen haben. Dort findet man die wirklich wichtigen Plätze der Stadt: Brunnen, Eisdielen, Spielplätze usw.

Museen

Die Kemptener **Museumsmeile** umfasst neun Museen und bietet für je-

den Geschmack etwas. Auf Anfrage sind museumspädagogische Aktionen möglich. Führungen und Informationen unter Tel. 08 31/25 25-369, -200, Fax: 08 31/25 25-463, e-mail: museen@kempten.de.

Allgäu-Museum im Kornhaus, Großer Kornhausplatz 1, Tel. Museum 08 31/ 54 02 12-0, Führungen: 08 31/25 25-369, -200.

Das **Allgäu-Museum** präsentiert auf sechs Stockwerken vielfältiges zu Kunst, Kultur und Geschichte der Stadt Kempten und des Allgäus. Hörproben der Allgäuer Dialekte und andere Aktivstationen machen Geschichte „hautnah" erlebbar. Der bayernweit einmalige **Kinderpfad** lässt das Allgäu-Museum auch für Kinder zum unvergesslichen Erlebnis werden.

Im Erdgeschoss führt eine **Zeitreise durch Kempten** von der Gegenwart zurück bis in die Spätantike. Fürstenglanz und Bürgerfleiß der Doppelstadt Kempten sind dabei zentrale Themen. Eine europaweite Besonderheit sind die zahlreichen **spätmittelalterlichen Alltagsgegenstände** aus dem Mühlberg-Ensemble. In der nächsten Abteilung werden **Blicke ins Allgäu** geboten: Von Kuhglocken und Reiseandenken über Trachtenhauben, bunte Fayence-Gefäße und Erzeugnisse der Glashütten reicht das Spektrum. Möbel, Kleidung und Spielzeug zeugen von der Bürgerkultur des 19. Jahrhunderts, vom **Leben in der Stadt**. Der Alltag der Landbevölkerung **zwischen Arbeit und Andacht** wird anschaulich in Arbeitsgeräten und den Objekten der Volksfrömmigkeit. Hoch unter dem Dach in der Abteilung **„Zeit ist Geld"** runden Münzschatzfunde, Prägestempel und Münzwaagen neben einer Sammlung besonderer Uhren den Museumsrundgang ab. Das **Kunstgewölbe** im Untergeschoss gibt einen Überblick zur Allgäuer Kunst des 19. und 20. Jahrhunderts.

Jeden Sonntag um 11 Uhr gibt es für Einzelpersonen und Familien eine kostenlose Museumsführung zu einem bestimmten Thema oder speziell für Kinder.

Wechselnde Sonderausstellungen werden im Börsensaal des Kornhauses gezeigt.

Öffnungszeiten: Ganzjährig Dienstag bis Sonntag 10 bis 16 Uhr.

Kunsthalle Kempten

Memminger Straße 5, Programminformationen Tel. 08 31/25 25-200

In der Kunsthalle finden Wechselausstellungen statt.

Alpinmuseum

im Marstall, Landwehrstraße 4, Tel. 0 831/25 25-740, Führungen: 08 31/ 25 25-369, -200.

Spannend und informativ ist ein Besuch des größten alpingeschichtlichen Museums Deutschlands. Im barocken Marstall wird die Entwicklungsgeschichte der Alpen und ihre Tier- und Pflanzenwelt ebenso präsentiert wie die Geschichte der mühevollen Besiedlung und Bewirtschaftung, sowie des Bergsteigens und des Bergsports allgemein. Berühmte Alpinisten, von Edward Whymper bis Reinhold Messner, werden gewürdigt. Triumph über die Natur und Gefahr liegen in den Bergen nah beieinander; deshalb ist die historische Entwicklung der Bergrettung ebenfalls ein Thema.

Alpenländische Galerie

im Marstall, Landwehrstraße 4, Tel. 08 31/25 25-740, Führungen: 08 31/ 25 25-369, -200.
Ebenfalls in den historischen Räumen des Marstalls finden Freunde spätmittelalterlicher Bildwerke ein besonderes Museum: Eine einzigartige Sammlung von Altarfiguren und -gemälden lässt staunen über die gotische Kunst der Region.
Öffnungszeiten: März bis Mitte November Dienstag bis Sonntag 10 bis 16 Uhr.
Kostenlose Führung jeden 1. Samstag im Monat um 14 Uhr.

Römisches Museum und Naturkundemuseum

im Zumsteinhaus, Residenzplatz 31, Infos und Führungen: Tel. 08 31/25 25-369, -200.
Zwei Museen erwarten die Besucher im Zumsteinhaus, einem der schönsten Kemptener Bürgerhäuser, erbaut 1802. In der **Römischen Sammlung** finden sich Gegenstände aus dem Alltagsleben im römischen Cambodunum. Seit 1885 wurde die Römerstadt archäologisch untersucht und nahezu der gesamte Grundriss Cambodunums aufgedeckt. Modelle und Pläne informieren über Aussehen und Größe der Siedlung. Werkzeuge, Schmuck, Geschirr und Münzen sind Zeugnisse der weitgespannten Handelsbeziehungen und des hohen Le-

bensstandards in der Römerstadt. Ein besonderes Prunkstück ist der sog. Wiggensbacher Schatzfund, der zur Zeit der Alamanneneinfälle um 233 n.Chr. vergraben worden ist. Das römische Museum ergänzt die Ausstellungen im Archäologischen Park Cambodunum – APC, in der Umgangshalle des teilrekonstruierten Tempelbezirks und in der Ruine der Kleinen Thermen.

Das **Naturkundemuseum** ist der Geologie des Allgäus und der Tier- und Pflanzenwelt dieser Region gewidmet. Auch Freunde von Versteinerungen kommen hier auf ihre Kosten.
Öffnungszeiten: April bis Oktober Donnerstag und Sonntag 10–12 Uhr und 14–16 Uhr. Führungen nach Vereinbarung sind auch außerhalb der Öffnungszeiten möglich.

Prunkräume in der Residenz

Eine besondere Attraktion sind die barocken Prunkräume in der ehemaligen Residenz der Fürstäbte. Ihre prächtige Ausstattung wurde von den besten Malern, Bildhauern und Stukkateuren nach den Vorstellungen des 18. Jahrhunderts für einen Fürsten des Reichs gestaltet. Die Wohn- und Repräsentationsräume können in Führungen ebenso besichtigt werden wie der sog. Fürstensaal, in dem die Porträtgalerie der Äbte zu sehen ist.
Öffnungszeiten: April bis September Dienstag bis Sonntag Führungen alle 45 Min. zwischen 9 und 16 Uhr, Oktober Dienstag bis Sonntag zwischen 10 und 16 Uhr, November bis März Samstag zwischen 10 und 16 Uhr, Dezember während des Weihnachtsmarkts täglich zwischen 12 und 16 Uhr (bitte Presseankündigung beachten).
Gruppenführungen können vereinbart werden beim Heimatverein Kempten e.V., Rudi Walter Tel. 08378/1284 oder mobil 0178/7615345.
Ein Aufzug ist im Haus vorhanden, so dass auch Gehbehinderte die Räume besichtigen können.

Allgäuer Burgenmuseum

auf der Burghalde, Telefon 0831/5121468 während der Öffnungszeiten, Infos und Führungen Tel. 0831/ 2525-369, Homepage: www.allgaeuer-burgenmuseum.de.
Das Burgenmuseum ist der jüngste Zugang zur Kemptener Museumsmeile: Mit archäologischen Fundstücken, originalgetreuen Nachbildungen, Modellen und Schaubildern bietet es Einblicke in das Leben auf Allgäuer Burgen, in Küche, Keller und die noblen Wohnstuben. Kinder und Erwachsene können ausprobieren, wie schwer ein Kettenhemd ist oder wie sich ein Ritterhelm auf dem Kopf anfühlt. Im Rittersaal finden sich Informationen zur Burgenkunde und der Geschichte der Kemptener Stadtburg, der Burghalde.
Öffnungszeiten: Ganzjährig Samstag, Sonntag und an Feiertagen 10–16 Uhr.

Auf der Burghalde gibt es auch einen **Duft- und Heilkräutergarten**, dessen Hochbeete mit Flechtwerkumrandungen eingefasst sind wie in einem richtigen Burggarten. Der Garten ist frei zugänglich. Von Mai bis Oktober fin-

den an jedem 1. Dienstag im Monat um 10 und um 17 Uhr kostenlose Führungen statt. Für Gruppen und Schulklassen Führungen nach Vereinbarung: Bahnhof-Apotheke, Tel. 08 31/5 22 66 18.

Archäologischer Park Cambodunum – APC

auf dem Lindenberg, Cambodunumweg 3
Der Archäologische Park Cambodunum besteht aus drei Abschnitten: Der teilrekonstruierte Tempelbezirk mit einer Ausstellung zur Geschichte der römerzeitlichen Archäologie in Kempten, dem Schutzbau über den Ruinen der Kleinen Thermen und

dem Forum der Römerstadt im Freigelände, wo die Grundrisse der Marktbasilika und anderer Gebäude als Mauerlinien im Rasen sichtbar sind. Von der teilrekonstruierten Apsis mit dem Bronzemodell des Forum hat man einen guten Überblick.
Jeden Sonntag um 11 Uhr beginnt im Tempelbezirk eine kostenlose Führung für Einzelpersonen oder Familien.
Öffnungszeiten: Mai bis Oktober Dienstag bis Sonntag 10–17 Uhr, November bis Mitte Dezember und Mitte März bis April Dienstag bis Sonntag 10–16.30 Uhr.
Im APC werden außer Führungen weitere Besucherprojekte für Kinder und Erwachsene angeboten: Schreiben in der Antike, Spielen wie die Römer, Wachsmalerei, Specksteinskulpturen, Römische Mode und die sog. „Brot-Zeit", bei der die Teilnehmer selbst Getreide mahlen, Teig kneten und Brot backen können. Den Abschluss bildet ein römisches Mahl mit dem frischen Brot. Für kleinere Kinder gibt es das „Museum zum Anfassen", bei dem römische Gewänder anprobiert werden können und Nachbildungen römischer Gebrauchsgegenstände zum Einsatz kommen.

Informationen und Buchungen Tel. 08 31/25 25-369, -200.

Weitere Kultureinrichtungen

Stadtarchiv im Neubronner Haus und dem Alten Zollamt, Rathausplatz 3-5, Tel. 08 31/25 25-315, Fax: 08 31/ 25 25-424, e-mail: stadtarchiv@ kempten.de.

Das Stadtarchiv ist das Gedächtnis der Stadt Kempten. Hier werden bedeutende Dokumente aus acht Jahrhunderten Stadtgeschichte aufbewahrt und der Öffentlichkeit zugänglich gemacht.

Im 2. OG befindet sich ein Raum mit wertvollen Wandmalereien der Spätgotik. Eine Besichtigung ist nach Voranmeldung möglich.

Öffnungszeiten: Montag bis Freitag 8 -12 Uhr, Mittwoch bis 13 Uhr, Montag zusätzlich 14.30-17.30 Uhr.

Stadtbibliothek

Orangerie-Weg 20–22, http://bibliothek.kempten.de

Mitten im Herzen der Stadt in der grünen Oase des Hofgartens bietet die Stadtbibliothek in der barocken Orangerie mehr als 120.000 Bücher, CDs, DVDs, Spiele und über 60 verschiedene Zeitschriften an. Besucher finden im Lesesaal auch aktuelle Tageszeitungen. Zwei Internet-Arbeitsplätze stehen zur Verfügung.

Öffnungszeiten: Dienstag bis Freitag 10-18 Uhr

Bibliotheksführungen können vereinbart werden unter Tel. 08 31/25 25-731, Fax: 08 31/25 25-732, e-mail: stadtbibliothek@kempten.de.

Stadtteilbücherei St. Mang

Am Rotschlössle 9, 87437 Kempten (Allgäu), Tel. 08 31/6 53 94

In dem Patrizier-Schlösschen der Renaissance-Zeit, dem Rotschlössle, ist die Stadtteilbücherei St. Mang. Schon der historische Bau lohnt einen Besuch. Ein Raum wurde vor kurzem mit dem Inventar des Schreibzimmers der Kemptener Heimatdichterin Else Eberhard-Schobacher (1887–1955) gestaltet.

Öffnungszeiten: Montag 14-18 Uhr, Mittwoch und Freitag 14-17 Uhr.

Stadttheater

Bis zum Herbst 2007 wird das historische Stadttheater in Kempten grundlegend saniert. Bis zur Neueröffnung finden die Konzert- und Theaterveranstaltungen im Großen Kornhaussaal statt.

Informationen und Programme im Kulturbüro Tel. 08 31/25 25-200, Fax: 08 31/25 25-463.

Freilichtbühne auf der Burghalde

Im Sommerhalbjahr finden auf der malerisch gelegenen Freilichtbühne Konzerte von Klassik bis Rock und Kinoabende statt. International bekannte Künstler wissen das besondere Flair dieser Bühne zu schätzen. Ein Biergarten unter alten Bäumen lädt zum Essen und Trinken ein.

Programminformationen beim Kulturbüro Tel. 08 31/25 25-200, Fax: 08 31/25 25-463 oder bei der Tourist-Information, Tel. 08 31/25 25-237, Fax: 08 31/25 25-427, e-mail: touristinfo@kempten.de; für die Filmnächte bei den Filmbetrieben Dietel KG, Königstraße 3, Tel. 08 31/2 25-07 und -09, Fax: 08 31/20 13 44, www.colosseumcenter.de.

Veranstaltungen

Stadtführungen

Fünfzehn verschiedene Stadtführungen werden angeboten: Für bestimmte Personengruppen wie Kinder oder Menschen mit Behinderungen, zu verschiedenen Themen wie den Brunnen in der Stadt, Frauen der Kemptener Geschichte, der barocken Stiftsstadt oder – für Leute, die das Besondere lieben – eine Schmankerlführung mit gastronomischen Kostproben und eine Abendführung. Die Führungen können über die Tourist-Information gebucht werden, Tel. 08 31/25 25-237, Fax: 08 31/25 25-427, e-mail: touristinfo@kempten.de

Eine **kostenlose Stadtführung** für Einzelpersonen und Familien beginnt jeden Samstag um 11 Uhr am Aufgang zur Burghalde in der Burgstraße. (neuer Treffpunkt ab 1.1.2007: Touristinformation Rathausplatz 24) Am 2. Samstag im Monat startet dort um 11 Uhr eine spezielle **Stadtführung für Kinder**. Dauer jeweils ca 1 1/2 bis 2 Stunden.

Der **Barock in der Stiftsstadt** ist jeden 2. Sonntag (zwischen April und Dezember) ab 13.30 Uhr das Thema einer kostenlosen Führung; Treffpunkt ist der Eingang auf der Westseite der Residenz.

Führungen in der St. Lorenz-Basilika

Jeden Samstag um 11 Uhr (zwischen Mai und Oktober) beginnen die Kirchenführungen mit 15 Minuten Orgelspiel, dem sich der 1-stündige Rundgang anschließt.
Informationen beim Katholischen Pfarramt St. Lorenz, Landwehrstraße, Tel. 08 31/5 40 56 00.

Natur- und Landschaftsführungen rund um Kempten

Jedes Jahr werden zahlreiche geführte Wanderungen angeboten: Zu historisch bedeutenden Orten wie ehemaligen Glashütten und den Spuren der fürst-kemptischen Wasserversorgung oder zu Naturdenkmälern wie dem „Hohlen Stein" und der Kürnacher-Riesen-Tanne. Der Grünten ruft, es gibt fleischfressende Pflanzen zu entdecken und Heilkräuter kennen zu lernen. Sterngucker begeistern sich für die Laternenwanderung, Kunstfreunde bei „Land Art"-Aktionen. Für jede Altersgruppe und jeden Geschmack ist etwas geboten.
Das aktuelle Programm erhalten Sie bei der Kemptener Tourist-Information am Rathausplatz, Tel. 08 31/ 25 25-237, Fax: 08 31/25 25-427, e-mail: touristinfo@kempten.de, Homepage: www.kempten.de.

Festivals und Feste

Kemptener Jazz-Frühling

Einer der kulturellen Höhepunkte im Jahresprogramm der Region ist der Kemptener Jazz-Frühling. Der Kemp-

tener Kleinkunstverein Klecks organisiert Ende April bis Anfang Mai diese 10 Tage Konzerte, Ausstellungen und Musikprogramm fast rund um die Uhr. Internationale Bands und Solisten machen Kempten alljährlich zur Jazz-Metropole und bringen der Stadt den Swing.

APC-Sommer: Tempel, Theater und Musik

Der Archäologische Park Cambodunum – APC bietet alljährlich einen außergewöhnlichen Rahmen als Veranstaltungsort einer Reihe von Konzerten, Theateraufführungen, Lesungen und Kleinkunst. Auf Einladung des Kulturbüros und des Kleinkunstvereins Klecks zeigen international und regional renommierte Künstler dem Publikum zwischen Juni und September ein abwechslungsreiches Programm. Informationen und Programmhefte im Kulturbüro, Tel. 08 31/25 25-200, Fax: 08 31/25 25-463, e-mail: kulturamt@kempten.de, Internet: www.klecks.de.

Kulturprogramm zur Allgäuer Festwoche

Ein buntes Kulturprogramm wird alljährlich zur großen Kemptener Wirtschaftsmesse im August angeboten. Im Kulturprogramm zur Allgäuer Festwoche sind neben Konzerten auch Kinderaktionen zu finden. Informationen und Programm beim Kulturbüro, Tel. 08 31/25 25-200, Fax: 08 31/25 25-463, e-mail: kulturamt@kempten.de.

Stadtfest

Die ganze Stadt feiert mit, wenn im Juli das Kemptener Stadtfest ausgehend vom Rathausplatz als Zentrum „steigt". Informationen bei der Tourist-Informationen, Tel. 08 31/25 25-237.

Altstadtfest

Zusammen mit der Diakonie veranstaltet der Verein der Altstadtfreunde am Wochenende Mitte Juli das Altstadtfest mit Kindertag rund um den St. Mang-Platz. An Ständen werden Informationen zu verschiedenen Vereinen und Organisationen geboten; der traditionelle Kinderflohmarkt, Musik und Spiele runden das Angebot ab. Für das leibliche Wohl ist ebenfalls bestens gesorgt.

Internationales Burghaldefest

Ein weiterer Höhepunkt im Festkalender ist im Juli das Internationale Burghaldefest auf der Burghalde. Menschen unzähliger Nationen feiern mit den Kemptenern ein Fest der Begegnung, bei dem es Musik, Tänze, Speisen und Getränke aus der ganzen Welt zu entdecken gibt.

Informationen über das Haus International, Poststraße 22, Tel. 08 31/ 1 71 38, e-mail: hausinternational@t-online.de.

Messen und Märkte

Himmelfahrtsmarkt

In der zweiten Maihälfte findet der beliebte Himmelfahrtsmarkt statt, der einen mehrtägigen Händlermarkt mit einem Jahrmarkt und Fahrbetrieben auf dem Königsplatz verbindet.

Allgäuer Festwoche

Jedes Jahr in der zweiten Augustwoche beginnt in Kempten die fünfte Jahreszeit: Die Allgäuer Festwoche. Auf dieser überregional bedeutenden Wirtschaftsmesse im Zentrum der Stadt findet jeder etwas Interessantes in den Messehallen. Zahlreiche Gastronomiebetriebe laden in den Festzelten und im Freigelände zur Einkehr ein. Das traditionelle Lichterfest ist ebenfalls ein Anziehungspunkt für Jung und Alt.
Informationen bei der Tourist-Information, Rathausplatz 24, Tel. 08 31/ 25 25-432, Fax: 08 31/25 25-427, e-mail: festwoche@kempten.de, Homepage: www.festwoche.com.

Kathreinemarkt

Der traditionelle Markt in der zweiten Oktoberhälfte bietet einen Jahrmarkt mit Fahrbetrieben auf dem Königsplatz und einen mehrtägigen Händlermarkt mit mehr als 100 Ständen vom Festgelände bis zum Rathausplatz.

Weihnachtsmarkt

Mit über 70 Ständen ist der Kemptener Weihnachtsmarkt der größte im Allgäu. Mitten in der Kemptener Altstadt auf dem Rathausplatz zieht der stimmungsvoll dekorierte Markt mit seinem umfangreichen Rahmenprogramm Besucher aus Nah und Fern an. Informationen: Kempten Regio Tourismus e.V., Rathausplatz 24, Tel. 08 31/25 25-572, Fax: 08 31/25 25-427, e-mail: touristinfo@kempten.de.

Sport in Kempten

Sportler kommen in Kempten voll auf ihre Kosten:
Übers Jahr bietet sich die Teilnahme an verschiedenen Laufveranstaltungen, z.B. Halbmarathon, dem Stadtlauf während der Festwoche und anderem.

Freizeit– und Sportmöglichkeiten

Ganzjährig

Auf einer Kuppe im Westen des ausgedehnten Stadtbadgeländes am Aybühlweg erhebt sich der monumentale Glaspalast des CamboMare. Hier erwartet die Besucher ganzjährig eine facettenreiche Wasserlandschaft (Tel. 08 31/5 81 21-0; www.cambomare.de).

Im Sommer

Das **beheizte Freibad** (Am Göhlenbach 25, Telefon 58 12 10) lockt mit Wellenball, Breitrutsche und Sportbecken die kleinen und großen Gäste.

Minigolfbahnen befinden sich neben dem Kegel- und Bowling-Center (Thomas-Dachser-Straße 5, Telefon 5 90 28 96), am Bachtelweiher (Birkenhof, Telefon 77 01 64) und in Kempten-St. Mang im Steinbruch (Uhlandstraße 13 a, Telefon 6 79 64). Die Bahnen sind je nach Witterung täglich von 9 bis 21.30 Uhr geöffnet. Etwas größere Bälle braucht man bei einer Partie Tennis auf einem der sechs vorhandenen Freiplätze (Tennisclub Kempten e. V., Stadtbadstraße 11, Telefon 83929). Sommerliche Tennisfreuden verspricht auch der Turnverein Kempten – TVK 1856 (Aybühlweg 67, Telefon 8 51 59).

Inline-Skater treffen sich von Ende April bis Anfang September jeweils am Dienstag und am Donnerstag von 19 bis 21 Uhr im (dann natürlich abgetauten) Eisstadion. Wer auf herkömmliche Weise etwas für seine Gesundheit tun will, dem seien die beiden **Trimm-Dich-Anlagen** entlang der Rottach (Nähe Krankenhaus Robert-Weixler-Straße) sowie beim Sportpark (Aybühlweg) empfohlen.

Im Winter

Insgesamt **48 Kilometer** gespurte Langlauf-Loipen sind rund um Kempten angelegt. Das Kemptener Amt für Tourismus hält eine Loipenkarte bereit.

Das Kemptener **Eisstadion** (Memminger Straße 137, Telefon 9 86 68) hat Saison von Mitte September bis Mitte März. Öffentlicher Lauf findet zu folgenden Zeiten statt: Dienstag bis Freitag und Sonntag 9.30 – 11.30 Uhr; Dienstag, Mittwoch, Freitag, Samstag und Sonntag 14–16 Uhr. Am Dienstag vergnügen sich die jüngeren und junggebliebenen Schlittschuhläufer von 20 bis 22 Uhr beim Discolauf und am Samstag beim Oldie- und Schlagerabend.

Wandern

Auf gepflegten Rundwanderwegen lässt sich Kemptens Umgebung erkunden. Im Verkehrsamt erhält man auf Anfrage eine Wanderkarte mit Stadtplan. Von Juni bis September werden Natur- und Landschaftsführungen rund um Kempten angeboten (Waldbegehungen, Führungen am Stadtrandgebiet, Tobelwanderungen u. v. m.).
Eine besonders schöne Aussicht gewährt der **Ausflug auf den Mariaberg** (Länge 7,7 km, Gehzeit ca. 2,5 Std.)

Rad fahren

Rund um den Innenstadtkern befinden sich zahlreiche **Radwege**. Eine schöne kurze Radwanderung führt beispielsweise zum Stadtweiher im Westen der Stadt. Rund um Kempten sind mehrere Radtouren ausgeschildert. Der Verkehrsverein hält dazu eine übersichtliche und informative Karte bereit. Sehr lohnend ist beispielsweise die **Seentour** (Länge ca. 36 km, Fahrzeit ca. 2,5 Std.) von Kempten über Waltenhofen, Niedersonthofen und Martinszell nach Widdum, Öschle und zurück.

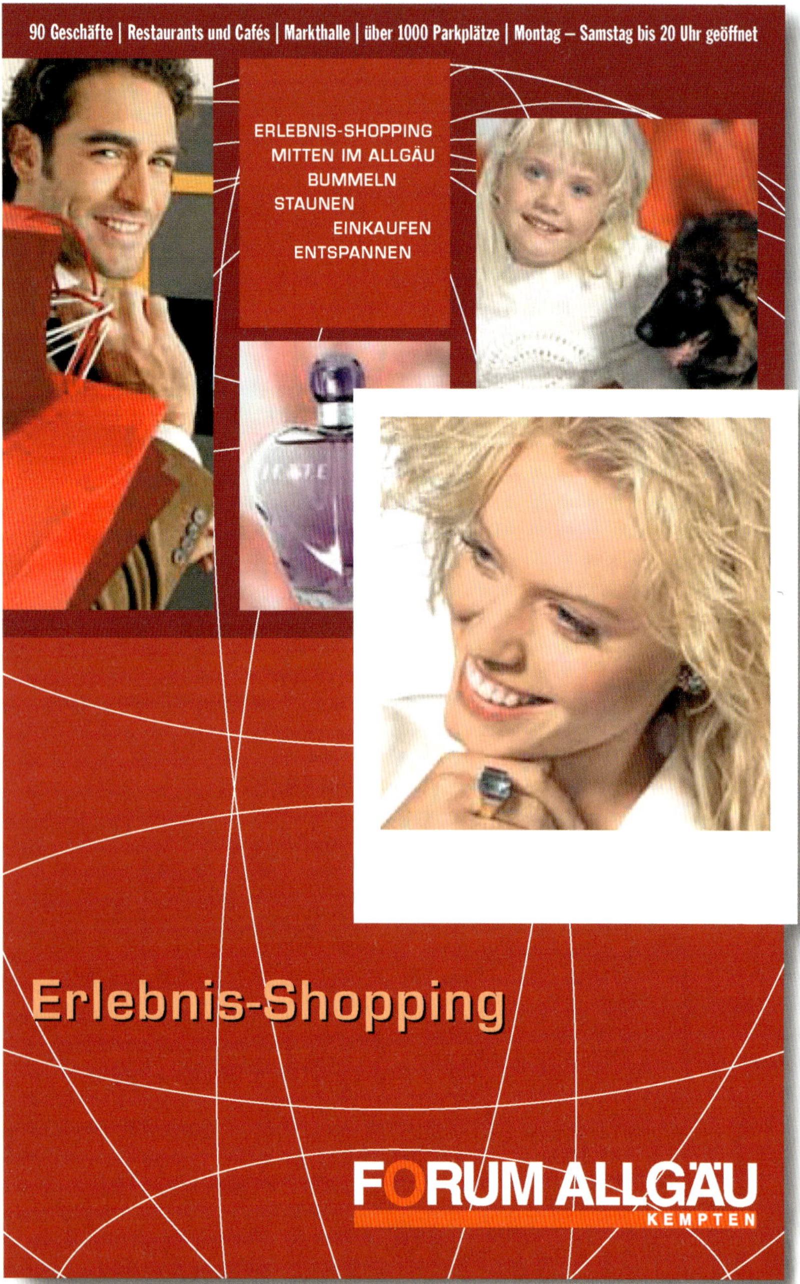
90 Geschäfte | Restaurants und Cafés | Markthalle | über 1000 Parkplätze | Montag – Samstag bis 20 Uhr geöffnet
ERLEBNIS-SHOPPING
MITTEN IM ALLGÄU
BUMMELN
STAUNEN
EINKAUFEN
ENTSPANNEN
Erlebnis-Shopping
FORUM ALLGÄU
KEMPTEN

Kempten – Einkaufsstadt

Die Einzelhandelsgeschäfte in der Allgäu-Metropole bieten ein vielseitiges Angebot. Einkaufszentrum ist die Fußgängerzone mit Fischerstraße, Fischersteige, Klostersteige und Gerberstraße sowie die Bahnhofstraße.

FORUM ALLGÄU Kempten

Das FORUM ALLGÄU Kempten ist der Einkaufsmittelpunkt im Herzen des Allgäus. Ein moderner Marktplatz mit 90 Fachgeschäften und attraktivem Branchenmix. Große internationale und nationale Anbieter wie auch regionale und örtliche Einzelhändler, u. a. Kaufmarkt, Mediamarkt, Hugendubel, Zara, Drogerie Müller bieten ein breit gefächertes, interessantes Angebot. Erholsame Restaurants und Cafés laden ein zum Bummeln und Verweilen.

Ein umfangreiches Serviceangebot steht für Wohlfühlatmosphäre und Aufenthaltsqualität, dazu zählt: Kundeninformation, kostensloser Verleih von Kinderbuggys und Rollstühlen, Wickelraum, Telefone und kundenfreundliche Öffnungszeiten (Montag bis Samstag von 09.30 – 20.00 Uhr).

FORUM ALLGÄU Kempten ist für die Besucher der gesamten Region attraktiver Anziehungspunkt. Ein Mix aus ständig wechselnden Center-Aktionen machen den Besuch für die ganze Familie, für jede Altersgruppe immer wieder lohnend. Durch seine verkehrsgünstige zentrale Lage ist es aus allen Richtungen bequem erreichbar. Hier, am südlichen Ende der Fußgängerzone, direkt am August-Fischer-Platz, halten insgesamt neun Buslinien. Der Autofahrer folgt der Ausschilderung bigBox, um mühelos das FORUM ALLGÄU Kempten mit seinem angrenzenden Parkhaus (über 1000 Parkplätze) zu erreichen. FORUM ALLGÄU Kempten, damit der Einkauf zum Erlebnis wird.

FORUM ALLGÄU Kempten, August-Fischer-Platz 1, 87435 Kempten, Tel. 08 31/6 97 39-0, Fax 08 31/6 97 39-99; e-mail: info@forum-allgaeu.de, Internet: www.forum-allgaeu.de

Mode/Kleidung

Das wohl schönste Einkaufsambiente in der Allgäu-Metropole bietet das **„Modehaus Reischmann"**. Auf 7000 qm Verkaufsfläche, verteilt auf fünf Etagen (im vierten OG befindet sich das Dachgarten-Restaurant) findet der Besucher alles Erdenkliche internationaler Marken. Im Erdgeschoss in der Young Fashion Abteilung für Girls + Boys – schätzen Junge und Junggebliebene die reiche Auswahl an pepiger Kleidung. Die 1. Etage gehört ganz den Frauen, im 2. OG findet Mann von Business bis Freizeit alles. Wäsche und Strümpfe machen das Angebot komplett. Und während Mama das neue Outfit heraussucht, können die Kleinen spielen. Nach der Modewelt lockt im 3. Stock ein reichhaltiges Angebot aus der Sportwelt. Ob Wandern, Radeln, Boarden, Skifahren oder Laufen, keine Sportart fehlt und alle Sortimente spiegeln die Angebotslinie des Hauses wider: gute Qualität und erstklassige Beratung. Zum Serviceangebot zählt eben das professionell geschulte Berater-Team, Umtauschrecht und vor Allem die Vorteile im Freundeskreis der PartnerCard: Auswahl bis zu 3 Tagen – Reklamationen ohne Wenn und Aber.

Öffnungszeiten: Mo-Fr. 09.30-19.00 Uhr, Sa 9.30--18.00 Uhr

Reischmann Mode + Sport, Klostersteige 9-11, 87435 Kempten, Telefon 08 31/25 20-0, Internet: www.reischmann.biz

Etwas versteckt, hinter dem **Edelweiss-Werk**, befindet sich das Factory Outlet Center – der Edelweiss Werksverkauf (Tel. 08 31/25 39-0; siehe Herstellungsverkauf).

Kulinarisches

An dieser Stelle sollen lediglich einige Einkehrmöglichkeiten erwähnt werden.

Böhmische Spezialitäten genießt man im Gasthof „Goldene Traube". Bei Prager Schweinebraten und böhmischen Knödeln läuft dem Gast richtig das Wasser im Munde zusammen. Und zum Nachtisch gibt's Palatschinken. Natürlich stehen auch regionale Schmankerl auf der Speisekarte. Gasthof „Goldene Traube", ein Tipp, wenn man in gemütlicher Atmosphäre das Besondere sucht! Goldene Traube, Memminger Str. 7, 87439 Kempten, Tel. 08 31/2 21 87, Fax: 08 31/20 15 56

Klassische bayerisch-schwäbische Küche

Für gutbürgerliche Küche, bayerisch-schwäbische Spezialitäten und dazu frisch gezapftes Bier steht die **Brauereigaststätte „Zum Stift“**, die Alt-Kemptener Traditionswirtschaft. Die Schwemme sowie das Bräuhaus erinnern an die Zeit der Stiftsbrauerei, Vorgängerin des Allgäuer Brauhauses. Eine wichtige Kemptener Institution ist im Sommer der große schattige Kastanien-Biergarten mit Blick auf die St. Lorenz-Basilika.

Zum Stift, Stiftsplatz 1, 87435 Kempten, Telefon 2 23 88, Fax 08 31/ 5 12 15 54

Griechische Küche

Das Flair von Sonne, Wärme, Ferienzeit erwartet den Gast im Restaurant **Delphi** in **Kempten**. Die sprichwörtliche griechische Gastfreundschaft schenkt vom ersten Moment an dieses ganz besondere Gefühl: Kalos orisate – herzlich willkommen. Auf der

umfangreichen Speisekarte findet bestimmt jeder seine Geschmacksrichtung: Rind-, Schwein- und Lammspezialitäten, Gemüsegerichte, Hackfleischvariationen oder Salat für den kleinen Hunger, zubereitet nach original griechischen Rezepten, dazu das passende Glas Wein und aus dem Lautsprecher gedämpft ein Sirtaki: Das ist fast wie Urlaub.

Restaurant DELPHI, Jahnweg 9, 87437 Kempten, Tel. 08 31/ 5 75 77 33, Fax 5 75 77 57

Allgäuer Schmankerl

Wer das gemütliche Lokal mit deutscher Küche und Allgäuer Schmankerln sucht, ist im **Lug ins Land** genau an der richtigen Adresse. Frische Hax'n und Hähnchen lassen das Wasser im Munde zusammenlaufen. Hausgemachte

Wurst und zum Kaffee die selbstgebakkenen Kuchen lohnen den Besuch. Wenn es das Wetter erlaubt, genießt man den großen Biergarten und trifft sich samstags zum Grillabend. Für Betriebs- und Familienfeiern steht ein Nebenzimmer (35 Pers.) zur Verfügung. **Lug ins Land**, Rudolfstraße 2, 87437 Kempten, Tel. 08 31/7 33 13

Wohnmobilstellplätze

Wer mit dem Wohnmobil nach Kempten kommt, der findet unweit der St.-Mang-Brücke am Illerstadion Stellplätze in Innenstadtnähe. Die Zufahrt ist von der Kaufbeurer Straße aus über den Illerdamm.

Wichtige Adressen und Telefonnummern

Tourist Information, Rathausplatz 24, 87435 Kempten, Telefon 0831/25 25-237, Telefax 08 31/25 25-427, Internet: www.kempten.de, e-mail: touristinfo@kempten.de

Altusried

Altusried ist eine der größten Gemeinden im Allgäu und Mittelpunkt einer bäuerlichen Landschaft. Die Marktgemeinde umfasst außer Altusried die Ortsteile Krugzell, Kimratshofen, Frauenzell und Muthmannshofen. Überregionale Bekanntheit erlangte der Ort durch die alle drei bis vier Jahre stattfindenden Allgäuer Freilichtspiele.

Sehenswertes

Die im Kern spätmittelalterliche kath. **Pfarrkirche St. Blasius und Alexander** wurde im 17. / 18. Jh. umgebaut und besitzt schöne Stuck- und Holzarbeiten. Sehenswert sind auch die evang. **Kapelle St. Magnus** und die **Wallfahrtskirche Gschnaidt.**
Einen Abstecher lohnt das **Illersteilufer** bei Kalden. Hier hat die Iller in Jahrtausenden die Molassegesteine „durchfräst". Vor 20 000 Jahren lag hier noch die mächtige Decke der letzten Eiszeit. Wenn man an der 60 Meter hohen Kante des „Iller-Canyons" steht, spürt man einen Hauch von Erdgeschichte.

Besonderes Kulturdenkmal

Die 1561 erstmals erwähnte Mühle hatte in ihrer langen Geschichte vielfältige Funktionen, eine davon war das Stampfen der Knochen zu Dünger. Daher auch der heute noch gebräuchliche Name Knochenstampfmühle. Die Naturschutzgruppe Altusried restaurierte die Mühle erstmals 1976 an ihrem alten Standort in Altusried-Manzen. 1994 wurde die Mühle abgebrochen und nach dreijähriger Bauzeit an ihrem neuen Standort, am Ortsrand von Altusried – am Koppach, wieder eingeweiht. Somit bietet sich für Interessierte die Möglichkeit zum Besuch dieses 450 Jahre alten Kulturdenkmals.
Öffnungszeiten und Führungen für beide Einrichtungen nach Vereinbarung mit Siegfried Winkler, Vorsitzender der Naturschutzgruppe Altusried, Tel. 0 83 73/6 62 oder dem Kultur- und Verkehrsamt, Tel. 0 83 73/70 51

Museen

Wer einen Blick in die Tier- und Pflanzenwelt des Allgäus werfen möchte, der sollte der **Naturkundlichen Sammlung** einen Besuch abstatten. Gezeigt werden Tiere auf dem Bauernhof, im Garten, auf der Wiese, im Wald sowie in den Feuchtgebieten an Bach, Fluss oder See. Durch Großfotos im Hintergrund wird dem Besucher die passende Atmosphäre vermittelt. Die sorgfältig präparierten

Tiere wirken wie lebendig, zumal sie in Ruhestellung, beim Anschleichen oder beim Angreifen dargestellt werden. Untergebracht ist die Sammlung bei der Hauptschule, im Untergeschoss der Sporthalle. **Öffnungszeiten** und Führungen auf Anfrage im Kultur- und Verkehrsamt

Direkt im „Haus des Gastes"/Verkehrsamt in Altusried (Hauptstraße 18, Telefon 7051) ist das **Käse- und Flachsmuseum** untergebracht. Das Museum verdeutlicht die Umstellung von Flachsanbau auf Milchwirtschaft zum Ende des 19. Jh. Antike Möbel und Arbeitsgeräte kann man hier besichtigen sowie sich über die Entstehung des Leinens – von der Pflanze über deren Verarbeitung bis zum fertigen Produkt – informieren. Ein Videofilm zeigt, wie aus der Allgäuer Milch der berühmte Käse entsteht. **Öffnungszeiten:** Mo, Di, Mi u. Fr 9–12 Uhr, Do 15–18 Uhr

Die Allgäuer Freilichtbühne Altusried

Der Schauplatz für außergewöhnliche Open-Air-Ereignisse in einmaligem Ambiente

Wer schon einmal in Altusried war oder eine Altusriederin respektive einen Altusrieder kennt, der weiß vielleicht: Vieles dreht sich in Altusried um das Theater. Das Theater lässt Altusried nicht los und Altusried lässt das Theater nicht los und dies in vielfältiger Weise.

Bereits seit über 125 Jahren wird in Altusried die Tradition der Freilichtspiele gepflegt. Der Regisseur des Wilhelm Tell 2002, Jan Burdinski, nannte Altusried „eine Wirklichkeit gewordene Utopie". Ulrich Schwab, Regisseur der Jungfrau von Orleans 2005, sagte in einem Interview: „Das, was in Altusried passiert, ist einmalig".

Seit 1879 haben die Freilichtspiele in Altusried ihren festen Platz und haben sich traditionellen Freiheitshelden verschrieben. Das erste Stück, das 1879 aufgeführt wurde, war „Der bayerische Hiasl". In den folgenden Jahren und Jahrzehnten reihten sich weitere „Helden" in das Repertoire der Freilichtspiele ein: „Wilhelm Tell", „Götz von Berlichingen", „Andreas Hofer". 1986 kam erstmals mit dem „Knopf von Leubas" eine Allgäuer Figur auf die Freilichtbühne Altusried. Eigens für diese Bühne wurde das Stück „Anno 1525 – Bauernkrieg im Allgäu" geschrieben und von Hanns Schuschnig in Szene gesetzt. Im Sommer 2005 nahmen die Altusrieder ein neues Stück in ihr Repertoire auf, in dem zum ersten Mal eine Frau die Titelrolle spielte: „Die Jungfrau von Orleans".

Ein ganz besonderes Jahr für Altusried und seine theaterbesessenen Einwohner war 1999. Die neu gebaute Freilichttribüne, in dieser Holzbauweise mit seinem freitragenden Dach einzigartig in Europa, konnte ihrer Bestimmung übergeben werden. Die imposante Konstruktion mit dem geschwungenen Dach ist ein architektonisches Schmuckstück und Attraktion weit über das Allgäu hinaus. Unter dem Tribünendach mit 3 165 qm Fläche finden 2 500 Zuschauer geschützt Platz – mit bester Sicht auf die großflächige Naturbühne. Unterteilt in Spielfläche und Spielhang bietet das Gelände mit 4 500 qm Platz für eindrucksvolle Inszenierungen, unterstützt von einer ausgefeilten digitalen Licht- und Tontechnik. Bei Bedarf kann die Zuschauertribüne mit einer Parkettbestuhlung um 500 Plätze erweitert werden. Seither ist die Freilichtbühne Schauplatz vieler erfolgreicher Veranstaltungen. Die Katakomben unter der Tribüne – das Gebäude misst rund 90 Meter Länge – beherbergt bei den Aufführungen die Schauspieler in zahlreichen Garderoben und Aufenthaltsräumen. Dort unten befinden sich auch die Werkstätten, die technischen Räume, Requisiten und Kulissenlager.

Natürlich werden die Besucher der Freilichtbühne vor und nach den Aufführungen und in den Pausen auf dem großzügigen Vorplatz bestens verköstigt.
Seit der Inbetriebnahme der neuen Tribünenanlage werden auf Süddeutschlands schönster Freilichtbühne neben den großen Freilichtspielen auch kleinere Altusrieder Eigenproduktionen aufgeführt, wie zum Beispiel die Märchen „Das tapfere Schneiderlein", „Der gestiefelte Kater", „Schneewittchen und die 7 Zwerge" und in diesem Jahr „König Drosselbart" und die Abendproduktionen „Der Brandner Kaspar" und „Im weißen Rössl". 2006 wird Shakespeares brillante Komödie „Viel Lärm um Nichts" parallel zum Märchen in Szene gesetzt.
Doch damit nicht genug. Auch die unterschiedlichsten Gastproduktionen machen in Altusried Station. Die Palette reicht von Volksmusik, Rock und Pop Veranstaltungen, Musicals, Comedy, Operette bis hin zu großen Klassikkonzerten und Opernaufführungen. Seit der Eröffnung der Freilichtanlage gingen insgesamt 193 Aufführungen über die Bühne, die von über 400 000 Zuschauern gesehen wurden.

Wem das immer noch nicht genug ist, der hat die Möglichkeit zwischen Oktober und April das **Allgäuer Theaterkästle** Altusried zu besuchen. Dieses wohl kleinste kommunale Theater Bayerns mit 160 Sitzplätzen besteht jetzt seit 20 Jahren und bietet in jeder Saison einen abwechslungsreichen Spielplan. Dieser reicht von Mundartlustspielen und anspruchsvollem Volkstheater, von Singspiel, Märchen und Operette bis hin zu Klassikern zeitgenössischer Stücke.
Wer theaterbegeistert ist und etwas Besonderes erleben will, kommt an Altusried nicht vorbei!
Tickets und weitere Informationen im Kartenbüro Altusried, Hauptstr. 18, 87452 Altusried, Tel. 0 83 73/9 22 00 – Fax 0 83 73/70 54; E-mail: kartenbuero@altusried.de – Internet: www.altusried.de

Im **„Glögglerhaus"** kann man handgewebte Teppiche, Webstühle und Webrahmen bewundern, außerdem finden in unregelmäßigen Abständen Ausstellungen einheimischer Künstler statt.

Feste und Feiern

Jährlich am ersten Wochenende im Oktober findet der **Alternativ-Markt** statt mit Bioprodukten, Naturwaren aller Art, Handwerkskunst, Haus-Heilmittel sowie vollwertigen kulinarischen Spezialitäten aus aller Welt. Auch die Themen „Alternative Energieversorgung" und „Biologisches Bauen" werden hier angesprochen.
Mitte Oktober ist in Altusried der große **Herbstmarkt** Anziehungspunkt für Jung und Alt.

Kurioses und Originelles

Von Mitte Mai bis Mitte Oktober sowie in den Oster- und Weihnachtsferien findet im Käse- und Flachsmuseum im „Haus des Gastes"/Verkehrsamt regelmäßig am Freitagnachmittag um 14 Uhr ein **„Schaukäsen wie zu Großvaters Zeiten"** statt (Dauer ca. zwei Stunden). Zwei erfahrene Käser zeigen von der Milchanlieferung bis zum fertig geformten Käselaib die gesamte Herstellung des Emmentalers. In einem alten Kupferkessel wird die Milch erwärmt, das Lab kommt dazu und schließlich wird die Käsemasse aus dem Kessel geschöpft und zu einem Laib gepresst. Gearbeitet wird mit alten Originalwerkzeugen. Anmeldung beim Verkehrsamt erforderlich, Mindestteilnehmerzahl 15 Personen!

Freizeit- und Sportmöglichkeiten

Im Sommer

Sehr schön und traditionell das als erstes geöffnete Sommerbad im Oberallgäu ist das **„Beheizte Freibad Altusried"** (Im Tal, Telefon 13 57) mit großem Schwimmbecken, Kiosk, Kinderspielplatz, ausgedehnten Liegeflächen und Wärmeraum zum Umkleiden. Geöffnet ist es täglich von 9 bis 20 Uhr, bei schlechter Witterung bis 18 Uhr, Frühschwimmen Montag bis Freitag ab 7 Uhr, Abendschwimmen bis 21.30 Uhr (bei entsprechender Witterung).

Angler können ihr Glück in der Iller versuchen (Tages- und Wochenkarten bei W. Prechtel, Altusried, Im Tal 1, Telefon 3 50). Wer eine **Ballonfahrt** oder eine **Kutschfahrt** unternehmen möchte, der kann sich zwecks Terminvereinbarung direkt mit dem Kultur- und Verkehrsamt in Verbindung setzen.

Minigolf spielen kann man auf der Anlage im Freizeitpark Altusried (außerdem: Westernbahn, Miniautos, Gartenspiele, Schaukeln, Tischtennis u. v. m.). Tennis-Freiplätze gibt's in Altusried, Frauenzell, Kimratshofen und Krugzell (Gästekarte erforderlich).

Im Winter

Ca. **60 km gespurte Langlaufloipen** verbinden das gesamte Gemeindegebiet (Langlaufkarten im Kultur- und Verkehrsamt erhältlich). Auskünfte zu **Rodelmöglichkeiten** erteilt das Kultur- und Verkehrsamt.

Ein öffentliches **Hallenbad** befindet sich in der Grundschule Altusried (November bis April, **Öffnungszeiten** über Kultur- und Verkehrsamt zu erfragen).

Ganzjährig

Unterhaltsame Stunden beim **Kegeln** bieten der Gasthof Fäßle (Kimratshofen, Telefon 87 28), der Gasthof Hirsch (Krugzell, Telefon 2 34 26) und das Kegelstüble (Frauenzell, Telefon 98 72 92).

Direkt neben dem Schwimmbad befindet sich die **Reithalle** des Reit- und Fahrvereins Altusried (Im Tal, Telefon 15 03) für Anfänger und Fortgeschrittene, auch Ausreitmöglichkeit!

Wandern

Rund um Altusried liegen **270 km gekennzeichnete Wanderwege**; ausführliche Wanderkarten sind im Kultur- und Verkehrsamt erhältlich.
Empfehlenswert ist ein Ausflug zum **Illerdurchbruch** bei Kalden (siehe „Sehenswertes"). Vom Steilufer aus, über Waldwege und über Treppenstufen geht es hinab zur Iller; eine Wanderung, die immer wieder einen schönen Blick auf den Fluss und das gegenüberliegende Ufer erlaubt.
Altusried ist Ausgangs- und Endpunkt des **Oberallgäuer Rundwanderweges**

Ortsansicht von Westen

mit Gepäckbeförderung; Informationen beim Kultur- und Verkehrsamt. Lernen und Wandern zugleich kann man auf den beiden **Naturlehrpfaden**. Einer beginnt beim Freilichtspielgelände, der andere in Kimratshofen-Hettisried.

Rad fahren

Der **Iller-Radwanderweg** vom Allgäu zur Donau führt auf einer Teilstrecke durch Altusried. Für den beschilderten **Radwanderweg Allgäu** von Kempten über Altusried, Leutkirch und Isny zurück nach Kempten liegt eine ausführliche Routenbeschreibung im Kultur- und Verkehrsamt kostenlos aus.

Wichtige Adressen und Telefonnummern

Markt Altusried, Rathausplatz 1, 87452 Altusried, Telefon 0 83 73/ 2 99-0, Telefax 0 83 73/2 99-11, Internet: www.altusried.de, e-mail: rathaus@altusried.de
Kultur- und Verkehrsamt Altusried, Hauptstraße 18, 87452 Altusried, Telefon 0 83 73/70 51, Telefax 0 83 73/ 70 54, Internet: www.altusried.de, e-mail: altusried@allgaeu.org

Dietmannsried

Verkehrsgünstig direkt an der Autobahn A7 zwischen Memmingen und Kempten liegt Dietmannsried mit seinen Ortsteilen Probstried, Reicholzried, Schrattenbach und Überbach. Nicht umsonst hat sich der Begriff „Allgäuer Tor" geprägt, das hier den Blick freigibt über die sanft hügelige Landschaft bis hin zu den Allgäuer Alpen. Der ländliche Charakter dieser einladenden Ferienregion abseits vom Touristenstrom strahlt natürliche Ruhe aus und lädt zur Erholung ein.

Sehenswertes

Mit seinem **Turmhügel im Inselweiher** aus dem 8./9. Jahrhundert besitzt Dietmannsried die am besten erhaltene Anlage einer frühmittelalterlichen Niederungsburg im Allgäu. Sie stellt zusammen mit der Kirche, dem Pfarrhaus und dem Rathaus den Mittelpunkt Dietmannsrieds dar.
Die kath. **Pfarrkirche St. Blasius und St. Quirinus** in Dietmannsried wurde auf den Mauern eines spätmittelalterlichen Gotteshauses erbaut. Diese Kirche birgt einmalige Fresken von F. Schabet und Figuren aus vier Jahrhunderten.
Mit dem Zwiebelturm der kath. **Pfarrkirche St. Georg und Florian** begrüßt Reicholzried seine Besucher. Reichhaltige Gemälde, prunkvolle Altäre und vornehmer Stuck zieren das Kircheninnere. Weniger Friedliches ist an der Tür zur Sakristei zu sehen: Axthiebe eines schwedischen Soldaten.
Ganz in der Nähe befindet sich auch die **Kalvarienbergkapelle** auf dem Fellenberg, die **St.-Magnus-Kapelle** in Sommersberg und die **Marienkapelle** bei Kraiberg.

In Überbach findet der Kunstliebhaber die **Filialkirche St. Johannes der Täufer**. Hier ist überaus sehenswert die getäfelte Decke des Langhauses und der Hochaltar.

Die kath. **Pfarrkirche St. Nikolaus** in Schrattenbach birgt eine spätgotische Madonna auf der Mondsichel. Der Kreuzweg führt dann von dort aus hinauf zu der ca. 80 m höher gelegenen **Kapfkapelle** mit wunderbarem Fernblick. Unten in der Ebene findet man dann die **Kapellen St. Gallus** in Eichholz-Grasgrub und **St. Josef** in Käsers.

In Probstried dominiert die alte kath. **Pfarrkirche St. Cornelius und Cyprianus**, welche schon 1168 mit Reliquien aus dem nahegelegenen Kloster Ottobeuren bedacht wurde. Die barocke Ausmalung und die wertvollen Figuren aus alter Zeit sind sehenswert, ebenso die dem **Hl. Rochus geweihte Kapelle** in Haslach und in Gemeinderied die **St.-Magnus-Kapelle**.

Kulturelles

In der großen Dietmannsrieder Festhalle finden regelmäßig **Konzerte, Theatervorstellungen und Kleinkunstdarbietungen** verschiedenster Art statt.

Auch die Sport- und Festhalle **Probstried** ist ein wichtiger Bestandteil im Angebot der öffentlichen Einrichtungen, gerade im sportlichen, kulturellen und geselligen Bereich. Festliche

Veranstaltungen wie Hochzeiten, Theater- und Filmvorführungen finden hier den passenden Rahmen.

Feste und Feiern

Jährliche Veranstaltungshöhepunkte sind der **Palm-Markt** am Palmsonntag und der **Weihnachtsmarkt** im Advent. Auch das Brauchtum wird in Dietmannsried gepflegt: Funkenfeuer, Rosenfeuer, Maibaumaufstellen, Lichterfest und vieles mehr...

Freizeit- und Sportmöglichkeiten

Im Sommer

Ausgezeichnete **Badeseen** inmitten herrlichster Natur sind der Sachsenrieder Weiher (schöner Naturweiher) und der Naturweiher Haldenmühle (FKK-Gelände auch für Nichtmitglieder).

Das **Freibad** Dietmannsried (Laubener Straße 15, Telefon 0 83 74/4 62; Öffnungszeiten Mai bis September:

Montag von 09.00 bis 18.30 Uhr, Dienstag bis Sonntag von 09.00–19.30 Uhr) verfügt über großzügige Liegewiesen mit Spielgeräten für die kleinen Besucher, Planschbecken, Wasserpilz, Rutsche und Sprungturm; Kiosk und Cafeteria laden zum Imbiss ein.
Das Sportzentrum am südlichen Ortsrand an der Laubener Straße verfügt über 6 **Tennisplätze** und 400 m Rundbahn. Einen gemütlichen Abend beim **Kegeln** verbringen kann man in Reicholzried (Fellenbergstraße 21, Telefon 85 53).

Wandern

Über **80 km ausgeschilderte Wanderwege** lassen das Wandererherz höher schlagen. Wanderkarten sind im Rathaus Dietmannsried erhältlich.

Mit dem Neubau einer der größten Hängebrücken Deutschlands über die Iller zwischen Pfosen und Fischers (Fertigstellung in 2006/07) soll eine attraktive Verbindung des Wanderwegenetzes mit dem Nachbarort Altusried entstehen.

Eine lohnende Wanderung mit **geschichtlich, geologischen Hinweisen** (Gehzeit ca. 3–3,5 Std.) startet beim Inselweiher. Naturdenkmäler und bauliche Sehenswürdigkeiten liegen am Weg.

Eine empfehlenswerte Tour führt von **Käsers zur Haldenmühle** (Länge 16 km, Gehzeit 4–5 Stunden). Wer auf dem neu sanierten Weg wandern möchte, lässt das Auto am besten in Käsers stehen und folgt der Wegemarkierung Nr. 4. Über Wiesenwege, später auf Waldpfaden geht es durchs Schorenmoos zum gleichnamigen Weiler und dann rechts ab nach Heusteig. Nach Überqueren eines Sträßchens verläuft der Weg unter einer Bauernhof-Hocheinfahrt durch und hinab zum Sachsenrieder Weiher. Nun geht man quer über eine Wiese, folgt der Teerstraße entlang des Sach-

senrieder Weihers und dann rechts dem Fußweg, der zum FKK-Gelände an der Iller führt. Vor der Schranke geht es wieder links, dann sind es nur noch wenige Minuten zur Gaststätte „Haldenmühle". Hier ist der Wendepunkt der Wanderung. Der Rückweg beginnt auf dem Sträßchen nach Kiesels und führt nach Reicholzried. Dort wird der Wanderweg Nr. 2 eingeschlagen, der uns über den Weiler Hesselstall wieder zurück zum Ausgangspunkt in Käsers bringt. Einkehrmöglichkeit besteht in der Haldenmühle und in Reicholzried.

Rad fahren

Dietmannsried verfügt über ein weitverzweigtes Radwegenetz mit Anschluss an den **Iller-Radwanderweg** und den **Oberallgäuer Rundweg**. Letzterer verläuft westlich der Iller zur ehemaligen Fährstelle Fischers und östlich des Flusses bei Pfosen weitläufig über das hügelige Land zurück zum Ausgangspunkt.
Der Neubau einer Hängebrücke ist 2006/07 geplant.

Im Winter

Zahlreiche als Rundkurse angelegte **Langlaufloipen** (2–15 km Länge) ergeben ein Netz von ca. 50 km präparierten Spuren mit Anschluss an die Loipen der Nachbargemeinden:

Loipe Nr. 1

Dietmannsried – Reicholzrieder Moos mit Anbindung an Oberried, Käsers, Reicholzried, Dietmannsried - Reicholzrieder Straße, Dietmannsried Henkelsweg; Länge: 8 km, leicht, klassisch und Skating

Loipe Nr. 2

Schorenmoos mit Anbindung an Käsers, Eichholz, Schoren; Länge: 6 km, leicht, klassisch, nach Möglichkeit auch Skating

Loipe Nr. 3

Reicholzried – Heusteig mit Anbindung an Loipe Nr. 1, Heusteig, Verbindung nach Bad Grönenbach und zurück entlang der Kreisstraße; Länge: 5,5 km, mittelschwer, klassisch, nach Möglichkeit Skating

Loipe Nr. 4

Wirtshalde mit Anbindung an Gschlavers, Albus; Länge: 6 km, leicht, klassisch

Loipe Nr. 5

Osterwald mit Anbindung an Gemeindeverbindungsstraße Osterwald – Böhen und Finstersteig Länge: 5 km, leicht, klassisch

Loipe Nr. 6

Osterwald mit Anbindung an Gemeindeverbindungsstraße Osterwald – Böhen und Finstersteig Länge: 5 km, leicht, klassisch

Einkaufen

Alljährlich findet kurz vor Ostern in der Festhalle, die bis zu 500 Personen Platz bietet, ein traditioneller **Osterkünstlermarkt** statt. In Dietmannsried befindet sich das größte Einkaufszentrum im nördlichen Landkreis Oberallgäu. Babynahrung sowie spezielle Körperpflegeprodukte und Nahrungsergänzungen für Erwachsene von **Töpfer GmbH**, Heisinger Str. 6, 87463 Dietmannsried, Tel. 08374/934-0, Fax 08374/934-11, Internet: www.toepfer-gmbh.de (siehe Herstellungsverkauf)

Kulinarisches

Mehrere Gaststätten in den jeweiligen Ortsteilen laden zum gemütlichen Verweilen ein. Empfehlenswert sind z. B.: Landgasthof zum Bären, Café am Rathaus.

Traumhaft schlafen

Abseits von den großen Tourismuszentren findet der Urlauber die gewünschte Erholung z. B. in der Pension Sonner oder im Ferienhof Schaub.

Ferienziele

In kurzer Entfernung sind Ziele wie z. B. Oberstdorf, Kleinwalsertal, Füssen, Lindau (Bodensee) und Ottobeuren erreichbar.

Wichtige Adressen und Telefonnummern

Verkehrsverein Dietmannsried, Rathausplatz 3, 87463 Dietmannsried, Telefon 08374/58200, Telefax 08374/582030, Internet: www.dietmannsried.de, e-mail: info@dietmannsried.de

Durach

Durach liegt vier Kilometer südlich von Kempten und direkt am Erholungs- und Landschaftsschutzgebiet „Kempter Wald". Die unmittelbare Nähe zur Allgäuer Hauptstadt einerseits und das ausgedehnte Waldgebiet andererseits machen Durach zum idealen Standort für Urlauber, die weder das Stadtleben noch die Nähe zur Natur missen wollen.

Sehenswertes

Die kath. **Pfarrkirche Hl. Geist** entstand vermutlich vor 1500. Durch Zufall brachten neueste Ausgrabungen die Grundmauer einer Vorgängerkirche zu Tage, die von Denkmalpflegern vorsichtig auf das 13. Jh. datiert wird. Von dem spätgotischen Bau sind noch der Chor und ein Teil des Kirchenschiffes erhalten. Um 1754 wurde die Kirche erweitert. Der Turm von 1569 erhielt 1882 seine jetzige Form und sein jetziges Wahrzeichen, das große „Christoffl"-Fresko. Bemerkenswert sind die spätgotischen Figuren der Seitenaltäre: Die hl. Anna Selbdritt sowie die hll. Afra und Katharina werden dem Meister des Wirlingser Ursulaschiffs zugeschrieben (um 1480/90). Im Pfarrhof steht eine mächtige, schattenspendende **Dorflinde**, die vermutlich vor **600 Jahren** als Gerichtslinde gepflanzt wurde. Sie ist das Wahrzeichen Durachs. Ein Mahnmal vor der Linde erinnert an den Allgäuer Bauernkrieg im Jahr 1525.
Der Kemptener Fürstabt Rupert von Neuenstein ließ die Kirche **St. Georg in Bodelsberg** um 1787 errichten. Die Ausstattung stammt jedoch überwiegend aus neuerer Zeit: Das Gemälde des Hochaltars mit der Darstellung des hl. Georg schuf A. Mayr um 1862. Die Seitenaltäre im Empirestil, die Fresken und die Kanzel entstanden 1912.
Wichtigster Termin im Duracher Jahreskalender ist aber mit Sicherheit der am letzten Aprilsonntag zu Ehren des Heiligen Georg in Bodelsberg stattfindende **Georgi-Ritt**. Dazu kommen Pferdehalter aus Nah und Fern mit ihren geschmückten Tieren. Nach einem Umzug durchs Dorf stellen sich Ross und Reiter an der St.-Georgs-Kirche zu Gottesdienst und Pferdesegnung auf. Anschließend wird unter freiem Himmel bei Bier und Brotzeit gefeiert.

Freizeit- und Sportmöglichkeiten

Im Sommer

Bei Einheimischen und Gästen gleichermaßen beliebt ist der Öschlesee mit seinen großzügigen Liegeflächen. Hier gibt es auch einen **Bootsverleih.**

Im Winter

Durach unterhält zusammen mit der Stadt Kempten ein gemeinsames **Loipennetz**. Direkt bei Durach liegen folgende Loipen: Die Loipe Sankt Mang (Nr.1) beginnt am Bachtelweiher und führt 5,8 km über leicht hügeliges Gelände zum Ausgangspunkt zurück. Sie hat Anschlüsse nach Durach (Loipe 2) und zur Wanderloipe zum Tobias

(Kempter Wald). Neben dem Bachtelweiher befindet sich eine 1,5 km lange Skatingrunde. Die Loipe Durach (Nr. 2) ist eine Rundstrecke mit 3,8 km Länge. Der Startplatz liegt an der Schule in Durach. Diese Rundstrecke ist rund 3 km lang.
Eis laufen kann man bei entsprechenden Temperaturen auf dem zugefrorenen Öschlesee.

Rad fahren

Durach ist ein idealer Ausgangspunkt für die Tour Nr. 11, die rund um den **Rottachsee** führt (Länge 28 km, Fahrzeit ca. 2 Stunden): Wir starten am Duracher Rathaus, folgen der Bürgermeister-Batzer-Straße, fahren am Friedhof vorbei, durch Feuerschwenden und durch die Autobahnunterführung. Unterhalb von Sparenberg und Bittris radeln wir in Richtung Süden und dann links in Richtung Bundesstraße. Unter der Bahnlinie und der Bundesstraße hindurch gelangen wir auf die B 309. Nach etwa vier Kilometern verlassen wir die Straße rechts in Richtung Moosbach. In Untergassen führt links eine nicht geteerte Straße hinunter zum Rottachsee. Wir umrunden den See im Uhrzeigersinn. In Petersthal kann man ein kühles Bad nehmen. Dann geht's nach dem Staudamm links auf die Hauptstraße nach Kempten. Über eine steile Abfahrt erreichen wir Sulzberg (mit der größten Ruinenanlage des Oberallgäus). Wir radeln weiter nach Seebach und über Bittris und Sparenberg zurück nach Durach.

Besonderes und Einzigartiges

Wer die traumhafte Allgäuer Bergwelt oder das malerische Alpenvorland einmal aus der Vogelperspektive genießen möchte, der ist am **Flugplatz Durach** (Auskunft über Telefon 6 59 29) an der richtigen Adresse (höchst gelegener Flugplatz Deutschlands).

Kulinarisches

Es lohnt sich, bei einer Fahrt ins Allgäu die Hauptstraße zu verlassen für einen Abstecher zum Restaurant **Grüner Baum**. Die bekannt guten (und großen) Pizzen werden vor den Augen des Gastes im Holzbackofen zubereitet und erhalten so ihren unvergleichlichen Geschmack. Außerdem stehen regionale und ausländische Spezialitäten zum günstigen Preis auf der Speisekarte. Im Sommer trifft man sich gerne im Biergarten. Öffnungszeiten: Montag–Sonntag 11.00–14.00 Uhr, Mittagsküche bis 13.30 Uhr, abends 17.00–23.00 Uhr, warme Küche bis 21.15 Uhr, Dienstag Ruhetag
Restaurant Pizzeria „Grüner Baum", Kirchenweg 5, 87471 Durach, Tel. 08 31/6 09 91, Fax: 08 31/5 65 56 61, e-mail: info@zum-gruenenbaum.de, Internet: www.zum-gruenenbaum.de

Wichtige Adressen und Telefonnummern

Verkehrsamt Durach, Bahnhofstraße 1, 87471 Durach, Telefon 08 31/56 119-24, Telefax 08 31/56 119-48, Internet: www.durach-allgaeu.de, e-mail: info@durach-allgaeu.de

Waltenhofen

Die Gemeinde Waltenhofen bildet mit ihren am See gelegenen Ortsteilen Martinszell, Memhölz und Niedersonthofen das „Erholungsgebiet Niedersonthofener See“ – ein Ferienparadies, wie es kaum noch reizvoller möglich ist. Ausruhen und entspannen oder sportlich aktiv sein: Hier wird jede Urlaubserwartung erfüllt (siehe auch „Allgäuer Seenland“ S. 28).

Sehenswertes

Direkt im Ortskern von Waltenhofen findet man die kath. **Pfarrkirche St. Martin**, im frühen 18. Jh. im Rokoko-Stil erbaut. Beachtenswert ist die umfangreiche spätgotische Figurenausstattung, darunter ein Kruzifix aus dem Umkreis des Meisters des Imberger Altars (um 1480).
Bereits im 14. Jh. wurde die kath. **Kirche St. Martin** in Martinszell im barocken/neugotischen Stil vom berühmten Baumeister Abt Honorius von Schreckenstein erbaut. Besonders sehenswert ist der Barockaltar (1736) und das Deckenfresko im Kirchenschiff.
Die im 13. Jh. im barocken/spätgotischen Baustil errichtete **St. Andreas Kirche** in Memhölz wartet mit einem Taufstein mit spätgotischem Maßwerk und einem Hochaltar auf.
Vier Kilometer weiter südlich – **in Niedersonthofen** – findet man direkt in der Ortsmitte die Kirche **St. Alexander**, die um 1500 entstanden ist. Hier findet der Besucher anspruchsvolle Malerarbeiten von Franz Anton Weiß.
Nicht unerwähnt bleiben sollte die **Filialkirche St. Cosmas und Damian** in Waltenhofen-Rauns, die um das Jahr 1300 entstanden ist.

Versteckt hinter alten Bauernhöfen steht die schmucke **Sebastianskapelle** in Oberdorf. Diese kleine Kirche wurde im Jahre 1564 als „Pestkapelle“ er-

baut und zwei Jahrhunderte später durch Fürstabt Engelbert von Syrgenstein (1748–1760) ausgestattet.
Die Ruine eines großen Wohnturms, der im 18. Jh. zu einem stiftkemptischen Zuchthaus umgebaut wurde, ist zu sehen in der im 13. oder 14. Jh. erbauten, noch gut erhaltenen **Ruine Langenegg** (südlich von Martinszell). Hier war Maria Anna Schwegelin inhaftiert. Sie war das letzte Opfer des Hexenwahns auf deutschem Boden.

Kulturelles

Von Mai bis August kann man im Kurpark Oberdorf oder vor dem Gasthof Krone in Niedersonthofen einem **Standkonzert** lauschen, auch **Volksmusikabende** werden regelmäßig angeboten. Lohnenswert ist auch ein Besuch des **Jugendtheaters Martinszell**.

Feste und Feiern

Während der Sommermonate gibt es regelmäßige **Wald- und Stadelfeste, Grillabende** u. v. m. Am letzten Samstag im September findet jedes Jahr ein großer **Krämer- und Viehmarkt** in Martinszell statt. Und mit einem Weihnachtsmarkt klingt das Jahr in Waltenhofen sowie in Martinszell / Oberdorf aus.

Freizeit- und Sportmöglichkeiten

Im Sommer

Der **Niedersonthofener See** lädt ein zum Schwimmen, Rudern, Segeln, Surfen und Angeln – und zum Faulsein. Große Liegewiesen stehen den Badegästen kostenlos zur Verfügung. Für Campingfreunde gibt es zwei gut eingerichtete Campingplätze direkt am See. Frei zugängliche Badestrände befinden sich in Oberdorf, Niedersonthofen, Niedersonthofen-Zellen, Memhölz-Insel und am Mittelsee in Memhölz beim Anwesen Endras in Gerats. Zum Segeln und Surfen empfiehlt sich das Yachtgelände beim Freibad Memhölz-Zellen. Ein **Bootsverleih** befindet sich am Campingplatz Insel (Max Bertele, Insel 32 3/4 , Memhölz-Insel, Telefon 0 83 79/8 81) sowie über den Tourismusverein Niedersonthofen, Franz Schmid, Tel.: 0 83 79/70 37; **Angler** sind am Niedersonthofener See ebenfalls richtig. Angelkarten sind unter Vorlage eines gültigen Staatlichen Fischereischeines bei folgenden Stellen erhältlich: Rathaus Waltenhofen (Rathausstr. 4, Telefon 0 83 03/ 79 29); Campingplatz Insel/Memhölz-Insel (Telefon 0 83 79/8 81).

Landgasthof Sonne, Wollmuths 50, Tel.: 0 83 79/72 87 35; Campingplatz Zeh am See/Niedersonthofen (Telefon 0 83 79/70 77).

Eine **Kneipp-Anlage** mit Wassertretbecken befindet sich in Martinszell am Kirchberg. **Kutschfahrten** in die Umgebung bietet die Familie Franz Schöll (Niedersonthofen, Rieggis 2, Telefon 0 83 79/3 03) an.

Eine **Miniaturgolfanlage** findet man in Oberdorf beim Sportgelände in der Bahnhofstraße (mit Kiosk; Biergarten und überdachter Restauration, Tel. 0 83 79/92 95 39). **Tennisspielern** sei die gepflegte Anlage in der Plabennecstraße zwischen Walten-hofen und Lanzen nahe des Wertstoff-hofes empfohlen; Karten sind bei der Gästeinformation Waltenhofen erhältlich.

Im Winter

Gepflegte Langlaufloipen mit einer Gesamtlänge von mehr als 60 km eignen sich für Anfänger wie für Könner. Besonders zu empfehlen ist die Stoffelbergloipe. Diese beginnt im Ortsteil Rieggis und führt in das Gebiet des Stoffelberges. Sie hat eine Länge von 6 und 9 km und ist landschaftlich ein wahres Juwel.
Durch die neu ausgebaute B 19 können in ca. einer halben Autostunde die Bergbahnen und Lifte erreicht werden, die ein beeindruckendes Skigebiet erschließen. Und wenn das Wetter einmal einen Strich durch die Planung macht: Im Erlebnis-Sportpark in Waltenhofen, Plabennecstraße 30, findet man mit Tennis- und Badminton-Halle, Kletterwand, Fitness-Studio, Sauna, Solarium, Massage und vielen Gymnastikprogrammen bei jedem Wetter die sportliche Betätigung – und das Ausruhen im gepflegten Restaurant.

Bei zugefrorenem See bietet dieser die Möglichkeit zum Schlittschuhlaufen, Eisstockschießen oder Wandern

Rodeln

Im Ortsteil Niedersonthofen ist eine ca. 2 km lange Rodelbahn gespurt.
Zu einer **Schlittenfahrt** durch die verschneite Landschaft kann man sich anmelden beim Ferienhof Schöll, Niedersonthofen/Rieggis 2, 87448 Waltenhofen, Tel.: 0 83 79/3 03

Ganzjährig

Ein Rundum-Angebot per excellence bietet der im Allgäu einzigartige **Sportpark Waltenhofen** (Plabennec-Straße 30, Telefon 9 20 70) mit einer Gesamtfläche von über 5 300 qm.
Kegeln kann man in der Inselgaststätte (Memhölz 32 3/4, Memhölz-Insel, Telefon 0 83 79/12 32) und im Gasthof Krone (Sonnenstraße 1, Niedersonthofen, Telefon 0 83 79/212).

Wandern

Waltenhofen bietet unendlich viele Möglichkeiten zu gemütlichen Spaziergängen und zünftigen Wandertouren. Insgesamt stehen dem Gast fast **100 km Wanderwege** zur Verfügung. Hier einige Beispiele: Immer wieder lohnend ist der Rundweg um den **Niedersonthofener See** (ca. 3 1/2 Std.). Ein wildromantischer Weg führt **zum Wasserfall** (ca. 2–4 Std.). Von dort geht es wahlweise entweder über Rieggis oder über Gopprechts zurück nach Niedersonthofen. Auch der Weg zum Lohweg und zur Lohwegkapelle (ca. 3 1/2 Std.) ist ein besonderer Tipp.

Rad fahren

Seitdem der Radweg entlang der Iller durchgehend fertiggestellt ist, hat die Radtour Richtung Kempten bzw. Richtung Oberstdorf einen ganz besonderen Reiz. Auch der Abstecher über **Martinszell** zum **Widdumer Weiher** ist sehr lohnend, ein Ausflugsziel mit ganz besonderer Atmosphäre. Eine schöne Tour führt auch **von Waltenhofen rund um den Niedersonthofener See.**
Weitere **Radtourenvorschläge** (aber auch Tipps für Wanderungen) sind bei den Gästeinformationen Waltenhofen, Oberdorf und Niedersonthofen erhältlich.

Wichtige Adressen und Telefonnummern

Gästeinformation **„Erholungsgebiet Niedersonthofener See“**, Rathausstr. 4, 87448 Waltenhofen, Telefon 0 83 03/79 29, Fax 0 83 03/9 23 97 29; Internet: www.waltenhofen.de; e-mail: gaesteinformation@waltenhofen.de
Gästeinformation Martinszell-Oberdorf, Bergstr. 2a; 87448 Waltenhofen/Martinszell, Tel. 0 83 79/13 33; Fax: 0 83 03/9 23 97 50; e-mail: infooberdorf@waltenhofen.de
Gästeinformation Niedersonthofen, Sonnenstr. 9; 87448 Waltenhofen/Niedersonthofen, Tel. 0 83 79/77 92; Fax 0 83 03/9 23 97 51; e-mail: infonieso@waltenhofen.de

Wertach

Der staatlich anerkannte Luftkurort, nach dem gleichnamigen Fluss benannt, liegt etwa 10 km westlich der Nord-Süd-Autobahn Ulm-Kempten-Reutte (Tirol) und unmittelbar an der Queralpenstraße Wertach-Tannheimer Tal.

Sehenswertes

Die heutige kath. **Pfarrkirche St. Ulrich und Josef** mit **Josefskapelle** mit ihren barocken Kunstschätzen lohnt den Besuch. Die aus dem frühen 16. Jh. stammende ehem. **Pestkapelle St. Sebastian** wurde 1762 bis 1763, wohl unter dem Eindruck der Wieskirche, größtenteils neu erbaut. Die Deckenfresken im Chor und das Altarbild malte 1763 bis 1764 der Rettenberger F.A. Weiß. Die beiden Gemälde seitlich des Chorbogens stammen von L. C. Weiß.

Museen

Das **Heimatmuseum Wertach** (Grüntenseestraße 27, Telefon 214 oder neu 70 21 99 bewahrt neben heimatgeschichtlichen und volkskundlichen Exponaten auch Gemälde des einheimischen Künstlers F. S. Lochbihler (1777 bis 1784) auf. Die Exponate geben Einblick in das bäuerlich-ländliche Leben. Heimische Tiere und Gesteine, Jagd- und Kriegswaffen vom 16. bis zum 19. Jh. sowie sakrale Gegenstände wie Engel, Putten und Hinterglasbilder sind ebenfalls sehenswert. **Öffnungszeiten:** Mittwoch 15–17 Uhr

Kulturelles

Kurkonzerte finden im Sommer regelmäßig im Musikpavillon im Kurgarten (Harmoniemusik Wertach) statt. **Brauchtumsabende** und Darbietungen des Trachtenvereins, der Jodlergruppe „Wertacher Buabe" und der „Wertacher Singföhla" erfreuen sich ebenfalls großer Beliebtheit. Ein ganz besonderer Ohrenschmaus ist es immer wieder, den Klängen des **Alphorns** zu lauschen.

Feste und Feiern

Beim original **Schalenggenrennen** handelt es sich um ein Hörnerschlittenrennen, das alljährlich im Januar abgehalten wird. Der Start befindet sich beim Buronlift. Am Funkensonntag (erster Sonntag nach Aschermittwoch) wird mit einem großen **Funkenfeuer** der Winter ausgetrieben.
Besonders groß wird in Wertach der **Viehscheid** (18. September/falls Sonntag, dann am 19.) gefeiert – mit Krämermarkt und Festzeltprogramm.

Kurioses und Originelles

„Das Duftwunder aus Bayern", der sog. Weißlackerkäse, wurde 1874 von den Brüdern Josef und Anton Kramer in Wertach erfunden wurde.

Freizeit- und Sportmöglichkeiten

Im Sommer

En beliebtes Ziel für Wasserratten aus

nah und fern ist der **Grüntensee**. Hier kann man baden, surfen, angeln (Kartenverkauf in der Fischerhütte, Telefon 4 44, 7–10 und 16.30–18.30 Uhr) oder ein Ruderboot mieten (Fischerhütte, Telefon 4 44).

Auch das solarbeheizte **Starzlachauenbad** mit 50-m-Becken, 25-m-Nichtschwimmerbecken, Kinderplanschbecken, 52-m-Wasserrutsche, Wasserpilz, beheiztem Kinderbecken, Liegewiese und Kiosk ist an heißen Sommertagen eine beliebte Adresse. Info Tel. 0 83 65/7 07 75

In unmittelbarer Nähe des Sportbades befinden sich eine **Minigolfanlage**, drei

Tennis-Freiplätze (Telefon 6 42) sowie eine **Asphaltstockbahn. Kutschfahrten** bei Peter Fischer (Telefon 12 70).

Im Winter

Das **Skigebiet** am Wertacher Hausberg **Reuterwanne** (1541 m) hat für jeden die richtige Abfahrt: Ganz unten befindet sich ein Übungslift für Kinder und Anfänger. Mit dem Buronlift I kommt man bis auf 1250 m hinauf und fährt auf leichten bis mittelschweren Pisten. Der Buronlift II endet knapp hundert Meter vor dem Gipfel und befördert die Wintersportler in die schwierigere Region. Wenn es heißt „auf die Blöße", dann sollten sich nur die Besseren hinauftrauen, da es sich hierbei um eine sehr anspruchsvolle Tiefschnee- bzw. Bukkelpiste handelt. Die drei Lifte (Telefon 3 73) erschließen insgesamt 5,7 km Abfahrtspisten.

Langläufer finden ca. **20 km gespurte Loipen** mit Anschlussloipen nach Nesselwang vor (Loipenplan in der Touristikinformation erhältlich). Eine Nachtloipe am Raiffeisenlagerhaus kann täglich bis 22 Uhr beleuchtet werden mit Zeitschaltuhr zur Selbstbedienung.

Außerdem bietet Wertach 20 km geräumte Winterwanderwege.

Skischulen und -verleih beim Sporthaus Mayr (Grüntenseestraße 11, Telefon 70 58 05) und beim Skistadl (Telefon 12 35) oder direkt am Buronlift bei der Skischule Sportique Tel. 0 83 65/9 73 50.

Rodelbahnen gibt es von Gereute bis zur Pfarrkirche, von der Buronhütte nach Hinterreute und vom Alpenhof Reuterwanne bis zum Parkplatz, Abzweigung B 310 Jungholz. **Eis laufen** kann man auf der Naturbahn in den Freizeitanlagen gegenüber dem Schützenhaus. Auskunft über **Eisstockschießen** (im Sommer **Asphalt**) erteilt die Touristikinformation. Eine öffentlich zugängliche **Sauna** befindet sich im Tennispark Wertach (Telefon 10 27).

Ganzjährig

Pferdesportfreunde treffen sich in der Reitsportanlage in den Starzlachauen (Peter Mair, Bichelweg 11, Telefon 2 22). **Squash** und **Tennis** spielen kann man in der Tennishalle beim Sportbad (Telefon 10 27/10 28).

Wandern

Botanisch interessant ist der Hausberg, das 1 695 m hohe **Wertacher Hörnle**. Hier blühen ganze Berghänge voller Alpenrosen ca. Ende Juni/ Anfang Juli. Schöne Wanderwege führen des Weiteren durchs **Wertachtal** – unter anderem am gleichnamigen Fluss entlang. Unter dem Motto „Natur erleben mit allen Sinnen" steht der zwischen Grillplatz und Kolpinghaus befindliche **Naturlehrpfad** oder der **landwirtschaftliche Lehrpfad** (Stockaweg Nr. 3). Dieser sog. „Grüne Pfad „ beginnt an der Lourdes-Grotte (Am Nattererhof) und endet an der Pfarrkirche. Außerdem gibt es noch den „Wildlehrpfad" Richtung

Grüntensee und ganz neu den „Sebaldweg" von Oberjoch nach Wertach (ca. 11 km).

Rad fahren

Fahrradverleih beim Skistadel (Marktstraße 9, Telefon 12 35 / auch Mountainbikes)

Camping Waldesruh – neue Energie tanken in klarer und reiner Luft

Auf dem kleinen, beschaulichen, familiär geführten Platz am Ortsrand von Wertach (10 Min. zum Ortskern) genießt der Campingfreund die ruhige Lage inmitten der herrlichen Natur. Durch den großen am Waldrand und am Bach gelegenen Spielplatz ist der Platz auch ideal für Familien mit Kindern geeignet. Bei schlechtem Wetter können sich die Kleinen im Spielraum tummeln, während sich die Großen im rustikalen Aufenthaltsraum (mit TV) zur geselligen Runde treffen. Im Winter liegt direkt neben dem Platz ein Rodelberg, der auch beleuchtet wird, ebenso kann man am Campingplatz in das Loipennetz von Wertach einsteigen. Die Gestaltung des Platzes im Alpenvorland bietet eine Vielzahl von Möglichkeiten, sich von den Strapazen des Alltags zu erholen: Die Umgebung umweltfreundlich mit dem Rad erleben auf einer Tour um den nahe gelegenen Grüntensee (mit dem Auto 2 Min., zu Fuß 25 Min. oder mit dem Fahrrad in 5 Min. zu erreichen), mit dem Mountainbike zu einer Alphütte, eine Wanderung durch Wälder und Wiesen – **Camping Waldesruh hat ganzjährig geöffnet** und ist zu jeder Jahreszeit der ideale Ausgangspunkt für Aktivitäten. Der Festplatz für den Almabtrieb im Herbst ist nur 5 Gehminuten entfernt. Auch viele Sehenswürdigkeiten wie die Königsschlösser, Drei-Länder-Eck, Bodensee, Zugspitze u. v. m. sind von hier aus schnell erreichbar. Und wer sich einfach nur entspannen möchte, genießt das kühle Bier im Campingstüble oder auf der Sonnenterrasse. Ab der Autobahnabfahrt Oy-Mittelberg (A 7) sind es nur noch 5 Minuten bis zum Campingplatz. Der nächste Bahnhof ist in Haslach und ca. 7 km entfernt.

Camping Waldesruh A. Bernschneider, Bahnhofstr. 19, 87497 Wertach, Tel. 0 83 65/10 04, Fax: 0 83 65/ 70 63 69; e-mail: info@camping-wertach.de, Internet: www.camping-wertach.de

Wichtige Adressen und Telefonnummern

Tourist-Information Wertach, Rathausstraße 3, 87497 Wertach, Telefon 0 83 65/70 21 99, Telefax 0 83 65/ 70 21 21, Internet: www.wertach.de, e-mail: info@wertach.de

Wiggensbach

Abseits des Verkehrs liegt eingebettet in grüne Hügel und Wälder der anerkannte Erholungsort Wiggensbach mit seinen 72 Weilern und drei Ortsteilen. In der Höhenlage des Ortes von 857 m bis hinauf zum Hausberg, dem „Blender" (1 077 m), erlebt der aktive Wanderer das heilkräftige Reizklima.

Sehenswertes

Das Schmuckstück des Dorfes ist die wunderbare **Rokoko-Pfarrkirche St. Pankratius.** Die Besichtigung dieses Hauptwerks von Johann Georg Specht sollte man nicht versäumen. Vorwiegend Kemptener Künstler lieferten die prunkvolle Ausstattung in späten Rokokoformen. Äußerst prächtig ist die Kanzel von 1772. Die Kirche zählt zu den schönsten Werken des Rokoko im Oberallgäu.
In Ermengerst steht die **Filialkirche St. Johannes der Täufer**, eine 1680/90 barockisierte spätgotische Kirche, in der Malereifragmente des 15. Jh. zu bewundern sind. Die Ausstattung ist einheitlich frühbarock.
Die **Dreifaltigkeitskapelle** in Wiggensbach wurde 1931 anstelle einer älteren neu erbaut. Der zweisäulige Altar stammt aus dem späten 17. Jh., der lebensgroße Kerker-Christus aus der Zeit um 1800.
Sehr schön ist die um 1780 errichtete **Marienkapelle** in Unterkürnach. Einheitlich ist die Ausstattung aus der Erbauungszeit; die Fresken werden Franz Joseph Hermann zugeschrieben.
In der 1938 errichteten **Kapelle St. Ulrich** in Bachtels fallen der hl. Ulrich (1470/80), der Evangelist Johann (2. Hälfte 17. Jh.) und eine barocke Muttergottes ins Auge.
Ein Neubau von 1948/50 ist die **Kapelle St. Rita** in Schmidsreute. Sehenswert sind die Holzfiguren der hll. Margaretha und Sebastian (1510/20), die barocke Kreuzigungsgruppe mit Maria und Johannes, die hll. Dominikus und Katharina von Siena (frühes 18. Jh.), der hl. Evangelist Johann (2. Hälfte, 17. Jh.) und ein Christus im Kerker aus dem späten 18. Jh.

Museum

Das Heimatmuseum befindet sich im Wiggensbacher Informations-Zentrum WIZ (Kempter Straße 3, Telefon 8435). Auf ca. 250 qm Ausstellungsfläche erfährt der Besucher allerlei Wissenswertes über die Entstehung und Geschichte der Gemeinde sowie das Leben ihrer Einwohner in den Familien, im Beruf, in der Kirche und den Vereinen. Die Sammlung umfasst die Bereiche Geologie, Ortsgeschichte, bäuerliches Wohnen, religiöse Volkskunst, Kunstschätze aus Gotik und Barock, Handwerk, Gewerbe und Landwirtschaft, Fotographie sowie Schulen. Öffnungszeiten: ganzjährig Mo, Do, Fr 10–12 Uhr, Mo, Mi 14–16 Uhr / Mai bis Oktober Sonntag 10–12 Uhr, sowie nach Vereinbarung

Kulturelles

Im Wiggensbacher Informations-Zentrum WIZ (früher altes Schulhaus) befindet sich eine **Filzwerkstatt** Tel.

08370/921265 od. 8640, sowie ein Mehrzweckraum für kulturelle Veranstaltungen wie **Ausstellungen, Kabarett, Lesungen, Vorträge** oder **Liederabende**. Auskunft beim Amt für Kultur und Tourismus.

Käsereien

Bio Schaukäserei, Kempter Str. 9, Tel. 08370/921010
Hofkäserei Haggenmüller, Schwarzachen 2, Tel. 08370/8427

Freizeit- und Sportmöglichkeiten

Im Sommer

Auf ihre Kosten kommen Sonnenanbeter am **Herrenwieser Weiher** bei Ermengerst, wo man sich bedenkenlos in die Fluten stürzen kann (der See ist wegen seines flach abfallenden Strandes auch für Familien geeignet!). Eine kühle Dusche ganz anderer Art bekommt man im **Freibad** in Kochs (Telefon 1797) mit 50-m-Bahn (unbeheizt), Nichtschwimmer- und Kinderplanschbecken (beheizt) sowie großer Liegewiese. Außerdem: Kiosk-Betrieb, Tischtennis, Kinderspielplatz, Beachballfeld und „Erlebnisraum Wasser" für Kinder mit Schlamm- und Matschzone. Freier Eintritt.
Kutschfahrten durch die schöne Oberallgäuer Voralpenlandschaft bietet Xaver Kiechle (Telefon 1392). **Tennis** spielen kann man auf der Anlage des TSV Wiggensbach in Unterried (fünf Sandplätze, Telefon 976487) sowie im Hofgut Kürnach (Telefon 8070).

Im Winter

Alpinskifahrer und **Snowboarder** treffen sich am Skilift in Wiggensbach-Egg (Telefon 352).
Aber auch **Langläufer** kommen hier auf ihre Kosten. Wiggensbach bietet bestens gepflegte Loipen mit mehreren Kilometern Länge für Skiwanderer und sportliche Asse.
Pferdeschlittenfahrten bietet Xaver Kiechle (Telefon 1392).
Öffentlich nutzbare **Hallenbäder** befinden sich im Kapellengarten (Rohrachstraße 29–31, Telefon 92020/ geöffnet Fr, Sa u. So 14–22 Uhr; Mo, Di u. Mi 16–22 Uhr; Do 16–19 Uhr) und im Hotel Hofgut Kürnach (Telefon 8070/geöffnet täglich 7–22 Uhr).
Sauna im Landhotel Goldenes Kreuz (Telefon 8090, geöffnet täglich ab 17 Uhr), im Hotel Hofgut Kurnach (Telefon 8070, geöffnet täglich 17–22 Uhr) und im Kapellengarten (Telefon 9202, geöffnet täglich Mo u. Fr 19–22 Uhr Frauen/Di, Mi u. So 19–22 Uhr gemischt).
Kegeln und **Reiten** ist im Hotel Hofgut Kürnach (Telefon 8070) möglich.

Wandern

Ein **Wanderwegenetz von 73 km Länge** schenkt dem Wanderer einen Reichtum an ungestörter Natur. Wer sich ein Gespür für sie bewahren konnte, findet schier unbegrenzte Entdeckungsmöglichkeiten. Ausgedehnte Wanderungen oder kleinere Touren von Weiler zu Weiler führen den Naturfreund durch typische Allgäuer Voralpenlandschaft.

Golfplatz Waldegg-Wiggensbach

Der **Golfplatz Waldegg-Wiggensbach** (Hof Waldegg, Telefon 9 30 73) ist Deutschlands höchstgelegener Golfplatz (höchster Abschlag 1011 m) und gilt zugleich als einziger deutscher Gebirgsplatz. Sämtliche Spielbahnen sind in ihrer Gestalt gänzlich verschieden und fügen sich harmonisch in die Landschaft ein. Charakteristisch für den Platz ist der ständige Ausblick auf die Allgäuer Voralpenlandschaft und das 200 Kilometer Alpenpanorama von den Allgäuer bis zu den Berchtesgadener Alpen. Golfplatz und Driving Range sind auf einer Fläche von rund 53 ha angelegt. Eine PAR-Runde wird mit 70 Schlägen abgeschlossen.

Der Golfclub Waldegg-Wiggensbach e. V. ist seit Februar 2002 einer von sieben Trainingsstützpunkten des Bayerischen Golfverbands e. V. Stützpunkttrainer ist der G1 Dipl. PGA Golf Professional und B-Trainer Ralf Schwarz, der in Zusammenarbeit mit seinem Kollegen Christian Monten, ebenso G1 Dipl. PGA Golf Professional und B-Trainer, die Golf-Akademie Wiggensbach betreibt.

Die Mitglieder des Golfclubs kommen aus dem heimischen Allgäu, aber auch aus der Gegend von Stuttgart, München und sogar aus Österreich und der Schweiz. Das zugehörige Clubhaus wurde im Allgäuer Landhausstil errichtet. Ein großzügiger Pro-Shop, der mit einer Fläche von 60 qm der größte im Allgäu ist, wurde darin untergebracht. Die übrigen Räumlichkeiten der Landhausvilla „Hof Waldegg" stehen den Mitgliedern und Gästen als Clubhaus zur Verfügung. Für das leibliche Wohl ist ebenfalls bestens mit einer entsprechenden Auswahl an Speisen und Getränken gesorgt.

Besonders großer Beliebtheit erfreuen sich die tollen Schnupperkurse (Wochenende) und Golf-Intensivkurse (fünf Tage), da sich dabei Golftraining und Urlaub im Allgäu optimal verbinden lassen. Der Wiggensbacher Golfplatz ist von April bis November geöffnet. Natürlich ist er auch für Nichtmitglieder jederzeit zugänglich (Greenfee für Erwachsene 35,- bzw. 45,- EUR, für Kinder und Jugendliche 15,- bzw. 20,- EUR). Allerlei Wissenswertes rund ums Thema Golf findet sich im Internet unter www.golf.de/wiggensbach.

Rad fahren

Beim **„Wiggensbacher Super-Radel-Sechser"** handelt es sich um einen Verbund aus sechs kleineren Touren in die herrliche Umgebung von Wiggensbach. Die einzelnen Touren mit einer maximalen Streckenlänge von 42 km beginnen und enden alle in Wiggensbach; eine ausführliche Radwanderkarte mit detaillierten Beschreibungen ist beim Amt für Kultur und Tourismus erhältlich.

Kulinarisches

Das **Landhotel/Restaurant „Goldenes Kreuz"** (Marktplatz 1), **Residenz „Hofgut Kürnach"** (Unterkürnach 2) **Restaurant/Gästehaus „Schwarz"** (Burg 4), **Gasthof „zum Kapitel"** (Marktplatz 5), **Landgasthof „alte Säge"** (Ermengerst, Römerstr. 2)

Traumhaft schlafen

Residenz Hofgut Kürnach (Unterkürnach 2), **Landhotel/Restaurant „Goldenes Kreuz"** (Marktplatz 1) und **Gästehaus „Schwarz"** (Burg 4), **Landgasthof „alte Säge"** (Ermengerst, Römerstr. 2)

Wichtige Adressen und Telefonnummern

Amt für Kultur und Tourismus Wiggensbach, Kempter Straße 3, 87487 Wiggensbach, Telefon 08370/8435, Telefax 08370/379, Internet: www.wiggensbach.de, e-mail: info@wiggensbach.de

Wildpoldsried

Umgeben von drei Höhenzügen, die bis zu 900 m ansteigen, präsentiert sich Wildpoldsried – ca. 10 km nordöstlich von Kempten gelegen – als typisches Allgäuer Voralpendorf mit hohem Freizeitwert und einer malerischen Umgebung. Das Ortsbild ist nach wie vor durch seinen ländlichen Charakter geprägt.

Sehenswertes

Die ursprünglich spätgotische dreischiffige kath. **Pfarrkirche St. Georg und Mauritius** wurde 1725 barockisiert und 1881 neugotisch verändert. Der berühmte Wildpoldsrieder Leuchter von Jörg Lederer stammt wohl aus der nahen Burg Wagegg.

An der Kemptener Straße liegt die ursprünglich gotische **Kapelle St. Cyprian** von 1474, welche 1776–81 unter Fürstabt Honorius Roth von Schrekkenstein völlig umgestaltet wurde. Gut gefasste Heiligenfiguren (um 1780) schmücken die Rokokoaltäre und die Korbkanzel.
Der über achteckigem Grundriss errichtete Zentralbau der **Marienkapelle** in Meggenried wurde ca. 1710/20 errichtet. Ein geschnitztes Relief (Marienkrönung, 18. Jh.) ziert den spätbarocken Altar der **Dreifaltigkeitskapelle** in Reuten beim Haus Nr. 107.

Mehr als nur einen flüchtigen Blick wert sind auch die **erste Schule Deutschlands** in **„Brettstapelbauweise“** sowie der **„Ideengarten“** der Firma Schellheimer (Günzacher Straße, Telefon 923740). Hier findet man auch das Wildpoldsrieder Baumhoroskop, bei dem jeder seinen ganz persönlichen Baum entdecken kann.

Museen

Kurioses und Vertrautes, Geniales und Alltägliches zeigt das Dorfmuseum Wildpoldsried, (Marktoberdorfer Str. 15, Telefon 9 20 50). In den Räumen eines alten Bauernhofes wird stilvoll und anschaulich die Vielfalt der Ortsgeschichte dokumentiert. In verschiedenen Bereichen wird die Geschichte der Milchwirtschaft, Landwirtschaft und der Flachsbearbeitung lebendig. Neben einer . stilgerecht eingerichteten Küche, einer Stube und einem Schlafgemach aus Großmutters Zeiten ist im Obergeschoss noch eine Ausstellung der ehemaligen Wildpoldsrieder Puppenmöbelfabrik zu

sehen. Das älteste Dokument des Museums ist eine Original-Kaufurkunde aus dem Jahr 1692. Öffnungszeiten: auf Anfrage

Kulturelles

Alljährliche **Theateraufführungen** finden bei der Bevölkerung großen Anklang.

Feste und Feiern

Mit dem traditionellen **Funkenfeuer** wird auch in Wildpoldsried der Winter ausgetrieben. Und am zweiten Adventwochenende findet alle zwei Jahre ein **Nikolausmarkt** statt.

Freizeit- und Sportmöglichkeiten

Im Sommer

Die **Wi**ldpoldsrieder **Wa**sser**la**ndschaften im **Moo**r (WiWaLaMoor) laden zum **Baden, Spazierengehen** und **Erkunden** ein.
Tennisspieler finden in Wildpoldsried vier Freiplätze vor (Informationen beim Verkehrsamt).

Im Winter

Für Freunde des nordischen Skisports stehen **mehrere Loipenkilometer** einfacher Art zur Verfügung (teilweise mit Flutlicht).
Eine **Eisstockbahn** befindet sich am Sportplatz, **Rodeln** kann man auf einem der vielen Hügel rund um Wildpoldsried. Bei anhaltender Kälte ist auf dem Badeweiher **Eislaufen** angesagt.

Ganzjährig

Wildpoldsried von oben betrachten kann man während einer zünftigen **Ballonfahrt** (Informationen unter Telefon 1258). „Alle Neune" sind das Ziel bei einer **Kegelpartie** in der Schlossgaststätte Wagegg oder auf der rustikalen Bahn im Gasthof Hirsch.

Wandern und Radfahren

Wildpoldsried grenzt im Osten an den **Schotten-** und den **Kempter Wald**. Der „Kempter Wald" ist eines der letzten, großen zusammenhängenden Waldgebiete im Alpenraum mit weitreichenden, gepflegten Wanderwegen. Der **„Oberallgäuer Rundwanderweg"**, eine neun Tagesetappen umfassende Wanderung, führt hier durch. Auch die sehenswerte **Burgruine Wolkenberg** mit dem Burgweiher liegt ganz in der Nähe.
Wer lieber mit dem Fahrrad unterwegs ist, findet rund um Wildpoldsried schöne Fahrradwege und –routen.

Kulinarisches

Der **Landgasthof Hirsch** in **Wildpoldsried** kann auf eine lange Tradition zurückblicken. Das denkmalgeschützte Gebäude stammt bereits aus dem Jahre 1759. Die Küche ist spezialisiert auf traditionelle italienische und mediterrane Gerichte. Sei es die gemütliche Allgäuer Gaststube, das Nebenzimmer (bis zu 30

Plätze) für individuelle Feiern im kleinen Rahmen oder das Nichtraucherzimmer „Mediterrano“: Im Landgasthof Hirsch findet der Gast in verschiedenen Räumen die gewünschte Atmosphäre. Außerdem steht für Betriebs- oder Familienfeiern der Festsaal mit Bühne für bis zu 150 Personen zur Verfügung. Im Sommer lädt der große Biergarten zum Verweilen ein. Gutes Essen und ein frisch gezapftes Bier vom Allgäuer Brauhaus im Schatten alter Kastanien: Da wird Essen und Trinken zum echten Genuss.

Landgasthof Hirsch, Marktoberdorfer Straße 2, 87499 Wildpoldsried, Tel. 0 83 04/9 23 73-0, Fax 0 83 04/ 92 32 80; e-mail: info@ hirsch-wilpoldsried.net, Internet: www.hirsch-wildpoldsried.net

Empfehlenswert ist auch **Landgasthof „Adler“**, Marktoberdorfer Straße 5, Tel. 08304 306

Zu später Stunde

Die Bistro-Bar „Cuba“ im Landgasthof Hirsch in Wildpoldsried ist ein ganz besonderes Schmuckstück. Ihr Ambiente ist im Stil der 20er Jahre gehalten und schafft den ansprechenden Rahmen, um zu später Stunde noch einen Cocktail aus dem reichhaltigen Sortiment zu genießen. Außerdem bieten der Billardtisch, Dartautomat, Photoplay und die Spaßkegelbahn eine willkommene Abwechslung. Bei sportlichen Großveranstaltungen wird aus der Bistro-Bar eine Sports-Bar mit Großleinwand, wo der Gast in Gesellschaft mitfiebern und –feiern kann.

Landgasthof Hirsch, Marktoberdorfer Straße 2, 87499 Wildpoldsried, Tel. 0 83 04/9 23 73-0, Fax 0 83 04/ 92 32 80; e-mail: info@hirsch-wildpoldsried. net, Internet: www.hirsch-wildpoldsried.net

Traumhaft schlafen

Die Zimmer im **Landgasthof Hirsch** in **Wildpoldsried** sind aufwändig renoviert. WC, Dusche/Bad, Kabel-TV und Internetanschluss gehören standardmäßig zur gehobenen Ausstattung. Alle Zimmer sind Nichtraucherzimmer! Wer gerne in der Gruppe oder mit der Familie Urlaub macht, findet in der großen Ferienwohnung (90 qm, bis zu 6 Personen) reichlich Platz. Zur Ferienwohnung gehört auch eine eigene Terrasse. Da kann man's sich nach Herzenslust gut gehen lassen.

Landgasthof Hirsch, Marktoberdorfer Straße 2, 87499 Wildpoldsried, Tel. 0 83 04/9 23 73-0, Fax 0 83 04/ 92 32 80; e-mail: info@hirsch-wildpoldsried.net, Internet: www.hirsch-wildpoldsried.net

Wichtige Adressen und Telefonnummern

Verkehrsamt Wildpoldsried, Kemptener Straße 2, 87499 Wildpoldsried, Telefon 0 83 04/9 20 50, Telefax 0 83 04/92 05 20, Internet: www.wildpoldsried.de, e-mail: gemeinde@ wildpoldsried.de

Oy-Mittelberg

Der Kneipp- und Luftkurort Oy-Mittelberg mit seinen Gemeindeteilen Faistenoy, Haslach, Maria Rain, Mittelberg, Oberzollhaus, Oy, Petersthal und Schwarzenberg bietet dem Gast Ruhe und Erholung in attraktiver Landschaft. Vier Seen laden zum Baden und Verweilen ein. Hervorzuheben im Rahmen der Kurangebote der Gemeinde sind die Allgäuer Venen-Wochen, eine gelungene Mischung aus Gesundheitsvorsorge und Entspannung. Speziell für die Gruppe der Venenerkrankten bzw. – gefährdeten wurde ein Rahmenprogramm entwickelt, das sich sowohl der Vorbeugung als auch dem richtigen Umgang mit der Erkrankung widmet. Auf dem Programm stehen die ärztliche Voruntersuchung, medizinische Anwendungen, Kneipp-Therapie, Gymnastik, Venen-Wanderungen, entsprechend das Erlernen von Kompressionsverbänden und Vorträge.

Sehenswertes

Die **St.-Anna-Pfarrkapelle** in Oy wurde im Jahre 1677 fertiggestellt, nachdem 1632 die Schweden den ganzen Ort niedergebrannt hatten. Das Hochaltargemälde Mariä Krönung mit Joachim und Anna sowie die wertvolle Skulptur der Anna selbdritt, die Statue des hl. Johann Nepomuk auf der linken Sakristeitüre, die beiden Figuren Petrus und Paulus und der in einer Nische stehende St. Josef sind erwähnenswerte Kunstwerke.
Aus dem Jahr 1754 stammt die **Wendelins-Kapelle** in Faistenoy.

Die Petersthaler **Pfarrkirche** zählt zu den schönsten Dorfkirchen in der Region. Sie ist den Apostelfürsten Peter und Paul geweiht. Berühmt sind mehrere hervorragende Holzplastiken. Am bekanntesten ist der Petersthaler Palmesel, die älteste noch erhaltene Prozessionsfigur Deutschlands zu diesem Thema (um 1310).
Die **Kapelle St. Wolfgang** in Haslach wurde 1744 durch den Bischof von Augsburg neu erbaut und zeigt in ihren Bildern und Fresken vornehmlich Szenen aus dessen Leben und Wirken. Im Langhaus auf einer Konsole befindet sich eine bemerkenswerte Muttergottesabbildung des endenden weichen Stils um 1430/40.

Die **Bruder-Klaus-Kapelle**, auf dem Weg nach Petersthal rechter Hand in einer Senke am Waldrand gelegen, präsentiert sich mit ihrer Kassettendekke und dem Altar als besonderes Kleinod. In den Altartisch ist eine Reliquie des heiligen Bruder Klaus eingegossen.
Das Hochaltarbild in der **St.-Magnus-Kapelle** in Oberzollhaus zeigt die Heiligen Magnus, Wendelin und Colomann über der neuen Kapelle. Sehenswert sind auch die barocken Seitenaltäre. Das südliche Altarblatt zeigt die Erscheinung Petrus' und Magdalenas vom Auferstandenen am Ostermorgen, signiert von Josef Wölfle 1625.
Die Entstehung der **Pfarrkirche St. Michael** von Mittelberg reicht bis ins 8. Jahrhundert zurück. Beim Neubau der Kirche im Jahre 1453 wurden der Überlieferung zufolge die Steine der Burg verwendet. Zeuge einer großen Vergangenheit ist die sagenumwobene Michaelsglocke aus dem Jahre 1522 mit den zwei gotischen Glokkenbildern des St. Michael und der Dreifaltigkeit.

Kulturelles

Während der Saison werden in den einzelnen Ortsteilen **Heimat- und Dorfabende, Bauerntheater, Kurkonzerte** und **Alphornblasen** veranstaltet.

Feste und Feiern

Der **Ostereiermarkt** ist weit über die Region bekannt. Im Dezember ist der

Weihnachtsmarkt für Einheimische und Gäste Anziehungspunkt.

Jeden Montag von 15 bis 17 Uhr können sich die Feriengäste auf dem **Willkommens-Markt** im Kurhaus Oy über die Angebote ihres Ferienortes informieren. Auf einer Verlosung kann man sein Urlaubstaschengeld aufbessern.

Kurioses und Originelles

Ein uralter Brauch ist das Mittelberger **„Krippele luege"**: Zehn Familien des Ortes zeigen dabei ihre meist selbst gebauten Krippen.

Freizeit- und Sportmöglichkeiten

Im Sommer

Ca. 110 km gepflegte Wege laden zum Wandern ein.
Der **Rottachsee** ist mit ca. 290 ha der größte See der Gemeinde Oy-Mittelberg. Beim Ufer in Petersthal befinden sich der Surf- und Segelbereich sowie Badewiese, Parkplatz, Kiosk, Sanitärgebäude und Wasserwacht. Am Ostufer beim Ortsteil Bisseroy befindet sich ein Vorsee mit Badestrand, Parkplatz und Sanitärgebäude. Auf einem Wanderweg kann man rund um den ganzen See spazieren. Angelmöglichkeit.
Der **Grüntensee** ist ein Stausee mit ca. 100 ha Fläche bei Normalstau. Beliebtes Segel- und Surfrevier, Angelmöglichkeit. Eine Rundwanderung um den See ist ebenfalls möglich.
Das Baden im moorhaltigen **Schwarzenberger Weiher** ist sehr gesund. Der kleinste See der Gemeinde Oy-Mittelberg, der **Sticher Weiher**, liegt im Ortsteil Maria Rain. Das Wasser ist ebenfalls moorhaltig. Angelmöglichkeit.
Angelkarten für den Rottachsee und den Sticher Weiher sind erhältlich bei Lotto/Toto Schuller (Oy, Telefon 4 33); Karten für den Grüntensee gibt es bei der Fischerhütte (Wertach, Telefon 0 83 65/4 44).

Informationen zu **Ballonfahrten** erteilt das Tourismusbüro. **Kutschfahrten** bieten die Familien Schall-Seifert (Haag, Telefon 8 21) und Steiner (Florianstraße 2, Haslach, Telefon 36 05). **Asphaltstockbahn** am Kurhaus Oy.

Kneipp-Anlagen befinden sich im großen Kurgarten Oy, beim Kur- und Kneippverein Oy, am Kurhaus in Oy und am Kurpark in Mittelberg. Über mehrere **Tennis-Freiplätze** verfügt der Tennisclub Oy (Telefon 7 92).

Im Winter

Abfahrtsläufer haben die Wahl zwischen dem Gerhalde-Skilift in Mittelberg, dem Ellegg-Skilift Faistenoy und dem Skilift Petersthal.
An den schneesicheren und sonnigen Hängen des Elleg-Skilifts Faistenoy (Telefon 01 71/9 80 09 56) fühlen sich gerade Anfänger sehr wohl. Die Lifte und Abfahrten werden teilweise auch beleuchtet. Besonderer Beliebtheit erfreuen sich die Vollmondparties am

Skilift. Parkplätze stehen in ausreichender Zahl kostenlos (!) zur Verfügung und ein Loipeneinstieg befindet sich direkt an der Talstation.
Den Gerhalde-Skilift (Telefon 0 83 66/ 16 00) findet man an der Ortsverbindungsstraße zwischen Oy und Mittelberg an der Ausfahrtsstraße Richtung Haag. Das dritte Pistenrevier auf dem Gemeindegebiet von Oy-Mittelberg befindet sich im Ortsteil Petersthal. Der gleichnamige Schlepplift (Telefon 0 83 76/15 63) gilt als besonders kinderfreundlich.

Für Langläufer werden insgesamt rund **40 km Loipen** gespurt.

Eis laufen kann man auf den verschiedenen Seen, eine **Eisstockbahn** befindet sich am Kurhaus in Oy. Möglichkeiten zum **Rodeln** gibt's in Mittelberg oberhalb der Kirche und beim Gerhalde-Skilift.

Pferdeschlittenfahrten organisieren die Familien Schall-Seifert (Haag, Telefon 821) und Steiner (Florianstraße 2, Haslach, Telefon 36 05). Öffentlich zugänglich ist das **Hallenbad** im Kurhaus Allgayer (Oy, Telefon 98 10). **Sauna** im Kurbad und Sauna Jahreis (Oy, Telefon 2 59) und im Kurhotel Mittelburg (Mittelberg, Mittelburgweg 1, Telefon 1 80).

Ganzjährig

Tennisspieler sind beim Tennisclub

Oy (Telefon 7 92) richtig. Und wer's eher gemütlicher mag, dem seien die **Kegelbahnen** im Gasthof Löwen (Hauptstraße 12, Oy, Telefon 212) und im Wertacher Hof (Grüntenseestraße 10, Haslach, Telefon 5 94) empfohlen.

Wer richtige Reiterferien verbringen will, der ist in der Pferdepension Schall/Reitschule Seifert (Haag 12, Telefon 0 83 66/8 21) richtig.

Wandern

Faszinierend ist die Aussicht von der 1 061 m hohen **Ellegghöhe** oder vom **„Mittelberger Horn".** Auf dem Rundweg durchs **„Indianerwäldle"** und ins **Oyer Moor** kann man Orchideen und Seerosen auf einem Moorsee entdekken. Am Wasser entlang geht's durchs **Mühlbachtal** und **Wertachtal**. Schließt man sich einer **Kräuterwanderung** an, kann man noch einiges lernen.

Eine absolute Besonderheit ist die sog. **„Steinmeile"** mit Start am Kurhaus Oy. Hierbei handelt es sich um einen naturkundlich-geschichtlichen Lehrpfad, der für Einheimische und Gäste gleichermaßen interessant ist und dabei die Augen für das Verstehen um den steten Wandel der Natur öffnen soll. Ein **Winterwanderweg** ist zur **Römerbrücke** geräumt.

Rad fahren

Fahrradverleih bei der Pension Ekkstein (Lindenstraße 5, Mittelberg, Telefon 2 49) und beim Kfz-Betrieb Krumm GmbH (Thalstraße 18, Petersthal, Telefon 83 13)

Freizeit und Sport

Naturfreundehaus Hotel Maria Rain in Oy-Mittelberg ist idealer Ausgangspunkt für Wanderungen oder lohnende Ausflüge zu kulturellen Sehenswürdigkeiten. Man sollte auf keinen Fall versäumen, der Wallfahrtskirche einen Besuch abzustatten.
Im Winter liegt das Haus in einem „Paradies" Skifahrer. Die Langlaufloipe führt direkt am Haus vorbei und die nächsten Lifte sind 2 bis 3 km entfernt. Billard und Kicker, Fitnessraum, Sauna und Solarium, Kegelbahn, Bibliothek mit Leseraum und Kinderspielzimmer lassen bestimmt keine Langeweile aufkommen.
Schnuppertage für den Kurzurlaub und Gesundheitswochen, abnehmen unter Gleichgesinnten, Langlauf, Wandern oder kreativ sein in der Gruppe: Die Pauschalangebote und Aktionswochen im Hotel Maria-Rain umfassen ein breites Spektrum. Erholung und Entspannung fernab von Massentourismus – hier findet jeder das auf ihn zugeschnittene Programm. Und noch ein besonderer **Tipp:** Auch die Organisation von **Gruppenreisen** wird von dem erfahrenen Team gerne übernommen.
Naturfreundehaus Hotel Maria-Rain, Lärchenweg 3, 87466 Oy-Mittelberg Ortsteil Maria Rain, Tel. 0 83 61/ 92 260, Fax 0 83 61/92 26 333, e-mail: info@hotelmariarain.de

Kulinarisches

Seit 1856 wird im **Gasthaus Krone** in **Oy-Mittelberg** Allgäuer Familientradition gepflegt. Gemütlichkeit, Gast-

freundschaft und exzellente Küche, nicht zuletzt der freundliche individuelle Umgang mit den Gästen machen das Haus so liebenswert. Ein reichhaltiges Speiseangebot bietet für jede Tageszeit, für jeden Geschmack das Richtige; typische regionale, aber auch nationale und internationale Köstlichkeiten verwöhnen den Gaumen. Die Gerichte werden aus frischen Produkten liebevoll zuzubereiten – vom Chef persönlich. Hier wird das Essen wahrlich zum königlichen Vergnügen.

Gasthaus Krone, J. Willer, Dorfbrunnenstr. 2, 87466 Oy-Mittelberg, Tel. 0 83 66/98 32 00, Fax 0 83 66/ 98 32 22, Internet www.krone-mittelberg. de

Landgasthof „Altes Zollhaus"

Nach einem Besuch der Wallfahrtskirche Maria Rain lohnt sich der Abstecher nach Oberzollhaus mit einer Einkehr im **Landgasthof „Altes Zollhaus"** (Füssener Straße 8, Telefon 0 83 66/98 88 18).

Restaurant

In diesem Wohlfühl-Restaurant mit Flair und Ambiente herrscht überall eine gemütliche Atmosphäre – egal ob vor dem Kamin, im „Herrgottsstübchen" oder in allen anderen kleinen Nischen des schönen Gastraumes. Gepflegte Gastlichkeit, eine gehobene und bewusst regionale Küche mit frischen Produkten, schonende Zubereitung, geschmackvolle Darbietung – so ist das Angebot im Landgasthof „Al-

tes Zollhaus" gut umschrieben. Großer Beliebtheit erfreuen sich die Wildwochen mit kulinarischen Köstlichkeiten aus Wald und Flur. Auf Wunsch und Vorbestellung werden auch Fondueabende angeboten.

Öffnungszeiten: Montag bis Samstag 11–22.00 Uhr, Sonntag 11–21 Uhr; Mittwoch Ruhetag; Donnerstag ab 17

Uhr geöffnet; warme Küche 12–14 und 18–21.30 Uhr

Terrasse/Biergarten:

Auf der gemütlichen Terrasse kann der Besucher nach einem Spaziergang in der angenehmen Allgäuer Bergluft bei schönem Wetter verschiedene Kaffee-Variationen oder ausgewählte Teesorten mit einem guten Stück Kuchen oder ein leckeres Eis genießen.
Außerdem: Hotel-Gasthof „Löwen" (Hauptstraße 12) in Oy, **Landgasthof „Rössle"** (Mittelberger Straße 2) in Oy. **„Mittelberger Hof / Zum Schnitzelwirt"** (Mühlbachstraße 11) in Mittelberg. **Café-Restaurant „Peterstüble"** (Thalstraße 10),

Ortsteil Maria Rain

Kulinarisches

Im **Naturfreundehaus Hotel Maria Rain in Oy-Mittelberg** kann der Gast selbstverständlich wählen zwischen Übernachtung/Frühstück, Halbpension oder Vollpension. Der Küchenchef verwöhnt die Gäste mit frischen Produkten aus der Region. Dabei kann man aus dem reichhaltigen Angebot selbstverständlich auch fleischlose Gerichte wählen. Und für die Wanderung gibt's ein Lunchpaket mit auf den Weg. Am Nachmittag genießt man zum Kaffee gern hausgemachten Kuchen oder einen Eisbecher. Die Räumlichkeiten bieten auch den passenden Rahmen für Betriebs- oder Familienfeiern.
Naturfreundehaus Hotel Maria-Rain, Lärchenweg 3, 87466 **Oy-Mittelberg Ortsteil Maria Rain**, Tel. 0 83 61/ 9 22 60, Fax 08361/ 92 26 333, e-mail: info@hotelmariarain.de

Traumhaft schlafen

Ob als Familie, Ehepaar oder als Single – in der persönlichen familiären Atmosphäre im **Gasthaus Krone** in Mittelberg fühlt man sich garantiert wohl. Der Gast wohnt in großzügigen geräumigen Doppel- oder Einzelzimmern, die mit Dusche/WC und TV sowie Balkon ausgestattet sind. Zum Frühstück wählt man vom reichhaltigen Buffet, idealer Auftakt für einen erlebnisreichen Tag. Ferien im Gasthaus Krone in Mittelberg, das ist Lebensfreude tanken inmitten des faszinierenden bayerischen Allgäus.
Gasthaus Krone Mittelberg J. Willer, Dorfbrunnenstr. 2, 87466 Oy-Mittelberg, Tel. 0 83 66/98 32 00, Fax 0 83 66/ 98 32 22, Internet www.krone-mittelberg.de

Hotel

Liebevoll eingerichtete Zimmer mit Fernsehen, Dusche und WC bieten den Gästen im **Landgasthof „Altes Zollhaus"** (Füssener Straße 8, Telefon 0 83 66/98 88 18) das gewünschte Urlaubsgefühl. Nach einem ausgiebigen Frühstück startet man entspannt in einen harmonischen Tag.
Direkt im Hause befindet sich das Kosmetik Atelier „Vitalance": Angeboten werden klassische Gesichtsbehandlungen, Fußpflege, Maniküre, dekorative Kosmetik, Schminkberatung, Hot-Stone Massagen u. v. m.
Außerdem: Hotel-Gasthof „Löwen"

(Hauptstraße 12) in Oy, Gasthof „Ratskeller" (Hauptstraße 18), Pension „Eckstein" (Lindenstraße 5) und Gasthof-Pension „Rose" (Dorfbrunnenstraße 10).

Ortsteil Maria Rain

Traumhaft schlafen

Im **Naturfreundehaus Hotel Maria Rain in Oy-Mittelberg** ist man stets darum bemüht, alles zu tun, damit der Gast sich wohl fühlt. Das Haus liegt ruhig am Ortsrand von Maria Rain, einem Ortsteil von Oy-Mittelberg, und bietet einen herrlichen Blick auf die Zugspitze und die umliegenden Gipfel. Die Zimmer sind gemütlich eingerichtet und freundliche Mitarbeiter tragen dazu bei, den Aufenthalt angenehm und erholsam werden zu lassen.

Naturfreundehaus Hotel Maria-Rain, Lärchenweg 3, 87466 **Oy-Mittelberg Ortsteil Maria Rain**, Tel. 0 83 61/ 9 22 60, Fax 0 83 61/92 26 333, e-mail: info@hotelmariarain.de

Wichtige Adressen und Telefonnummern

Kur- und Tourismusbüro Oy-Mittelberg, Wertacher Straße 11, 87466 Oy-Mittelberg, Tel. 0 83 66/207, Telefax 0 83 66/14 27, Internet: www.oy-mittelberg.de, e-mail: tourist@oy-mittelberg.de

Sulzberg

Südlich von Kempten im Voralpenland liegt Sulzberg mit seinen Ortsteilen Moosbach und Ottacker. Das Prädikat „Staatlich anerkannter Erholungsort" (seit 2003) weist darauf hin, dass Sulzberg auch in puncto Freizeit und Erholung keine Wünsche offen lässt: Im Sommer lädt der nahe Rottachsee oder der Sulzberger See (auch Öschlesee genannt) zum Baden oder Wassersport ein. Das sanft hügelige Voralpengelände ermöglicht reizvolle Wanderungen ohne große Anstrengung, die vor allem bei Familien mit Kindern oder bei Senioren recht beliebt sind. Der Wanderer genießt die Beschaulichkeit der Region auf reizvollen Touren. 140 km Wanderwege bieten Abwechslung. Im Winter gehört Skifahren genauso wie gemütliches Schneeschuhwandern zum Programm. Dem Langläufer stehen 35 km gut gepflegte Loipen zur Verfügung. Der **Erholungsort Sulzberg** ist mit seinen moderaten Preisen und seinem vielseitigen Freizeitangebot ein beliebtes Ferienziel.

Blick ins Geschichtsbuch

Fundgegenstände aus der Illyer- und Römerzeit sowie aus dem Hochmittelalter beweisen die zumindest zeitweise Nutzung des Jodwassers von **Sulzbrunn**. Es dürfe sich um die ältesten Heilquellen im Allgäu handeln. **1854** wurde hier die erste Badeanstalt gebaut. Mit dem zweiten Weltkrieg kam der Kurbetrieb für immer zum Erliegen.

Sehenswertes

Das kostbarste Kunstwerk in der kath. **Pfarrkirche St. Trinitatis** ist der spätgotische Flügelaltar in der südlichen Seitenkapelle. Das Meisterwerk entstand um 1480. Sehenswert sind auch die Stuckaturen (um 1730).

Die **Ruine Sulzberg** auf einer Anhöhe südwestlich von Sulzberg ist eine der größten und schönsten Burgen des Allgäus. Erbaut wurde sie im frühen 12. Jh. Bis 1642 saßen die kemptischen Pfleger auf der Burg, dann verfiel sie allmählich. Der Bergfried beherbergt das Burgmuseum (siehe „Museen").

Die Moosbacher **Pfarrkirche St. Johannes** wurde vermutlich schon im 14. Jh. erbaut. Besonders wertvoll ist eine spätgotische Muttergottes, die um 1470 von einem unbekannten Meister geschaffen wurde. Sehr lebendig gestaltet sind die barocken Apostel- und Heiligenfiguren an den Wänden des Kirchenschiffs. Sie sind um 1471 entstanden.

Die **Aleuthemühle** in Aleuthe, um 1786 erbaut, trägt einen schönen Fachwerkgiebel. Zwischen dem Fachwerk sind zwei Löwen mit einem Mühlrad zu sehen. Wandmalereien umrahmen ihre Fenster. Ein Fresko mit der Darstellung des Guten Hirten schmückt die Fassade.

Sehenswert ist auch der **Kreislehrgarten** im Ortsteil Ried, geöffnet von Mai bis Oktober (Infos unter Telefon 0 83 76/4 89).

Museen

Das **Burgmuseum Sulzberg** (Parkplatz an der Martinszeller Straße, am alten Sportplatz) ist im gut erhaltenen Bergfried der Ruine untergebracht. Auf fünf Stockwerken beherbergt das Museum Geschichte zum Anfassen. Neben kunstvoll verzierten Möbel-, Türen- und Fensterbeschlägen sind auch schönes Gewandzubehör, Schmuck und Schreibutensilien zu sehen. Mit Funden aus dem Küchentrakt wurde ein Küchenensemble des 16. Jh. zusammengestellt. Nicht zuletzt fasziniert das gefundene Spielzeug der einstigen Burgbewohner. **Öffnungszeiten:** 1. Mai bis Ende Oktober Sonn- und Feiertag 13.30–16.30 Uhr; Gruppenführungen auf Anfrage (Telefon 0 83 76/92 02 40).

Das Feuerwehrmuseum zeigt mit technischem Gerät und Fahrzeugen aus nahezu 200-jähriger Feuerwehrgeschichte einen Rückblick in die Jahre der Bürgerwehr und Gründung der Freiwilligen Feuerwehr. Es ist im alten Feuerwehrhaus an der Kemptener Straße in Sulzberg untergebracht. **Geöffnet** von Mai bis September jeden Mittwoch 18.00–21.00 Uhr. Weitere Termine für Gruppen auf Vereinbarung unter Tel. 0 83 76/5 56 oder 17 17; **Eintritt frei**!

Kulturelles

Die **Theatergruppe** des TSV Sulzberg führt im Gasthaus Hirsch zu Ostern Theaterstücke auf. Im Sommer sorgen außerdem **Unterhaltungsabende, Standkonzerte** und **Trachtenfeste** für Vergnügen.

Feste und Feiern

Wenn die Wetterverhältnisse es erlauben, dann findet in Sulzberg im Januar ein **Hörnerschlittenrennen** statt. Teilnehmer aus dem ganzen Allgäu wetteifern dann um den Allgäu-Pokal. Das Rennen ist für die schneidigen Schlittenfahrer wie für das Publikum ein lustiges Spektakel.
Hauptattraktion des dreitägigen **Sulzberger Dorffestes** (Mai/Juni) ist das Fußballturnier der Hobbymannschaften aus der ganzen Umgebung. Im Festzelt ist für Verpflegung, Musik und Unterhaltung gesorgt. Abends wird das Tanzbein geschwungen.
Jede Menge geboten ist auch beim **Seenachtsfest** am Rottachsee (Juli/August).

Zwischen den trutzigen Mauern der Burgruine feiern die Sulzberger Anfang September ein zünftiges **Ritterfest mit Lagerleben, Markttreiben und Handwerkern**. Mittelalterliche Musik, atemberaubende Schaukämpfe und weitere faszinierende Darbietungen erwarten den Besucher (alle zwei Jahre!!!)

Ritterabenteuer für die ganze Familie

Mit Armbrustschießen, Ritterschlag (inkl. Urkunde), Lanzenstechen, Lagerfeuer u. ä. erlebt der Besucher hautnah die Atmosphäre längst vergangener Zeiten. **Nähere Informationen sind bei der Gästeinformation erhältlich.**

Am dritten Donnerstag im September findet in Sulzberg ein **Krämer- und Kleintiermarkt** statt.

Freizeit- und Sportmöglichkeiten

Im Sommer

Der rund 5 km lange und 900 m breite **Rottachsee** ist der größte und höchstgelegene Badesee im Oberallgäu. Am Ufer bei Moosbach befindet sich ein Badestrand mit Segel- und Surfbereich, Kiosk und Sanitärgebäude. Auch am so genannten Vorsee am östlichen Ufer wurde ein schöner Badestrand mit Sanitärgebäuden angelegt. Am **Rottachsee** kann man auch Tretboote mieten (Familie Haak, Rot-

tachstraße 15, Telefon 0 83 76/81 86). Aus nah und fern zieht der **Sulzberger See** (Öschlesee) Badegäste und Erholungssuchende an; mit seinen drei Badestränden (einer davon als Freibad mit Kiosk und Bootsverleih) bietet er für jeden Geschmack etwas: am **Sulzberger Ufer** für Schwimmer und Sonnenanbeter, das **Sandbankufer** ist wegen seines flachen Strandes besonders geeignet für Kinder und Familien. Der **Beachvolleyballplatz am Rottachsee** befindet sich in der Nähe des Kiosks unterhalb von Moosbach. Die Bälle können am Kiosk ausgeliehen werden. Das Freibad (See 4, Telefon 493) mit Sprungturm und Bootsverleih in See ist besonders für einen geruhsamen Wasserausflug mit dem Ruder- oder Tretboot zu empfehlen. Das umgebende Landschaftsschutzgebiet lädt zum Verweilen ein.

Angeln kann man sowohl im Rottach- als auch im Öschlesee; Karten sind über die Gästeinformation erhältlich, für den Rottachsee auch im Gasthof Engel (Moosbach, Telefon 1015). Eine **Kneipp-Anlage** mit Wassertretbecken befindet sich in Moosbach am Pavillon.

Tennis

Es stehen 4 Tennisplätze zur Verfügung. Nähere Information erteilt Anton Wegmann, Ahornstr. 1, Tel. 0 83 76/82 00

Bogenschießen in freier Natur: regelmäßige Termine im Sommer

Zeltlager, Kindernachmittage, Sommerferienrätsel, Ponyreiten, Segelschnupperfahrt, Waldentdeckung mit dem Förster (anschließendes Lagerfeuer), Jugenddisco, Backen wie zu Uromas Zeiten, Spielmobil, Erlebnisnachmittag bei der Wasserwacht, Wanderung mit offenen Augen: Auch die jungen Gäste erwartet ein abwechslungsreicher und spannender Aufenthalt. Das aktuelle **Sommerferienprogramm** ist ab ca. Mitte Juli in der Gäste-Information erhältlich.

Wandern

Besonders schön sind die Rundwege um die beiden Sulzberger Seen. Während der Weg um den Sulzberger See mit 5 km Länge relativ leicht zu bewältigen ist, muss man sich für eine Umrundung des Rottachsees etwas mehr anstrengen (ca. 15 km). Besonders eindrucksvoll vermitteln geführte Wanderungen mit einheimischen Führern d**ie heimische Tier- und Pflanzenwelt, gerade auch für die jüngeren Gäste.** 140 km Wanderwege, zahlreiche Radsträßchen und viele Möglichkeiten zum Inline-Skating und ein neues Wanderwegekonzept erwarten den sportlich ambitionierten Feriengast: Digitalisierte Wege mit GPS und die neue Wanderkarte sind bei der Gäste-Information zu erfragen. Ein historischer Erlebniswanderweg wird voraussichtlich ab Oktober 2006 zu begehen sein. Zwei Routen H1 und H2 erklären mit Infotafeln den geschichtlichen Hintergrund. Spielstationen sorgen für jede Menge Spaß bei den Kindern.

In der Sommersaison finden regelmäßig **Staudammführungen** am Rottachsee mit Informationen über den technischen Bereich des Staudamms statt (Auskunft bei der Gästeinformation). Wanderung mit offenen Augen, Naturerlebnis Wanderung „LandArt" (dabei entsteht in der Gruppe ein kreatives Werk in der Natur), Walderlebnisführungen mit Lagerfeuer; Wanderung zum Hohlen Stein mit Lagerfeuer (Kinder können in die Naturhöhle), geführte Bergtouren und Kräuterwanderungen ergänzen das Programm. Eine schöne Tour führt von Moosbach zum Rottachberg und zur Ruine Vorderburg über Rieder und Greifenmühle. Nach Greifenmühle führt rechts die alte Römer- und Salzstraße am Rottachberg entlang. Nach etwa 1 km zweigt man links ab hinauf zur Ruine Vorderburg.

Inlineskating

Die Strecke von Sulzberg nach Öschle kann auch von Anfängern gut befahren werden. Der lange, ebene Rad- und Fußweg ist ideal für die ersten Versuche und bietet zugleich den Geübten eine Strecke zum Gasgeben.

Rad fahren

Sulzberg hat viele Kilometer an schönen Radtouren und Radwanderwegen zu bieten. Fahrradverleih: Auskunft bei der Gästeinformation; der Iller-Radweg (ab Martinszell) verläuft hauptsächlich auf nicht asphaltierten flussnahen Wegen abseits des Autoverkehrs und ist daher auch für Kinder gut geeignet.

Im Winter

Der Oberthannenlift bei Sulzberg eignet sich auch für weniger geübte Skifahrer. Für Anfänger und Kinder ist der kleine Lift am Ortsrand von Moosbach eingerichtet. Unser sog. Kinderskilift in Moosbach-Ortsmitte eignet sich bestens für die ersten Rutschversuche auf Skiern. Langläufer haben die Wahl zwischen 16 km Sulzberger und 14 km Moosbacher

Loipen. Empfehlenswert ist die TSV–Loipe: Sie beginnt am Parkplatz an der Sulzberger Ortsausfahrt in Richtung Burgratz. Die Strecke führt über leichte Steigungen, ist sehr sonnig und hat eine herrliche Bergsicht. Wer lieber ohne Skier unterwegs ist, genießt eine geführte Schneeschuhwanderung.

Auf dem Sulzberger See ist das Eislaufen ein ganz besonderes Vergnügen.

Rodeln

Zweimal im Jahr findet das beliebte Fackelrodeln in Sulzberg statt. Eine ganz besondere Atmosphäre verbreiten die Fackeln entlang der Rodelbahn. Nach einer rasanten Rodelpartie kann man sich mit Wurst und Glühwein bzw. Kinderpunsch stärken. Die Liftbenutzung ist kostenlos.

Öffentlich zugängliche **Saunen** befinden sich im Landhotel Sulzberger Hof (Sonthofener Straße 17, Telefon 0 83 76/3 01).

Ganzjährig

Einen gemütlichen Abend beim **Kegeln** verbringen kann man bei Camping Dopfer (Moos 1, Telefon 9 30 42) und im Gasthaus Kreuz (Dorfstraße 17, Moosbach, Telefon 2 17). **Pferdesportfreunde** treffen sich in der Reitschule und Pferdepension Familie Schmitzer (Gstadt 2, Telefon 0 83 76/ 16 64).
Bei Familie Fellmann kann man sich anmelden zum Ponyreiten und für Lamatrekkingtouren (0 83 76/4 62 oder 01 70/3 16 70 80)

Hotel

Eingebettet in die reizvolle Landschaft des Voralpenlandes inmitten von saftigen Wiesen liegt das **Flairhotel Sulzberger Hof** – ländlich und urgemütlich. Die herzliche Gastfreundschaft und die familiäre Atmosphäre tragen ganz entscheidend zur Erholung bei. Auf der Speisekarte stehen sowohl Allgäuer Schmankerl als auch internationale Spezialitäten. Im Wintergarten oder auf der sonnigen Terrasse wird der Aufenthalt zum richtigen Wohlfühlerlebnis. Appartements und Hotelzimmer für bis zu vier Personen bieten einen herrlichen Blick in die Berge. Vom **Hallenbad** aus hat man eine traumhafte Sicht in die Natur. Eine finnische Sauna ergänzt das Wellnessangebot. Ob Wandern oder Skifahren, Schwimmen, Segeln oder Tauchen in klaren Bergseen – sportlicher Aktivität sind hier kaum Grenzen gesetzt. Sei es Golf mit dem Chef persönlich oder Nordic Walking mit Andrea: Abwechslung besimmt den Ferientag. **Öffnungszeiten:** Hotel ganzjährig, Restaurant Montag bis Samstag 14.00 Uhr bis 22.30 Uhr, sonn- und feiertags 11.00 Uhr bis 22.30 Uhr

Flair-Hotel Sulzberger Hof, Sonthofener Straße 17, 87477 Sulzberg, Tel. 0 83 76/92 13 30, Fax: 0 83 76/86 60; Internet: www.sulzberger-hof.de

Wichtige Adressen und Telefonnummern

Gästeinformation Sulzberg, Rathausplatz 4, 87477 Sulzberg, Telefon 08376/920119, Telefax 08376/920169, Internet: www.sulzberg.de, E-Mail: gaesteinformation@sulzberg.de

Das Kleinwalsertal

Das Hochgebirgstal trägt den offiziellen Namen Gemeinde Mittelberg mit Sitz in Riezlern und gehört politisch zum österreichischen Bundesland Vorarlberg, Bezirk Bregenz. Auf Grund seiner geographischen Lage ist es deutsches (Zollanschlussgebiet) Wirtschaftsgebiet.

Kleiner Blick ins Geschichtsbuch

Im letzten Drittel des 13. Jahrhunderts wurde das Kleinwalsertal urbar gemacht. Die alemannischen Siedler, Walliser Bauern, kamen aus dem Goms, dem oberen Teil des Kanton Wallis, in die Hochtäler Vorarlbergs.

Sehenswürdigkeiten

Die Pfarrkirche wurde 1892 erbaut. Einen spätgotischen Flügelaltar mit zwei holzgeschnitzten Jägerheiligen bewahrt die Maria-Hilf-Kapelle in Unterwestegg, nahe der Grenze.

Museen

Im 1. Stock des Tourismusbüros in Riezlern ist das **Walsermuseum** untergebracht, wo Walser Geschichte und Wohnkultur anschaulich dargestellt wird. Walsermuseum, Tel. 00 43/ 55 17/53 15-285; geöffnet täglich von 14.00 – 17:00 Uhr (außer Sonn- und Feiertage) sowohl in der Winter- als auch in der Sommersaison.

Kulturelles

Sehr beliebt bei Gästen sind im Sommer die Platzkonzerte. „Auf den Spuren der Walser": Jeden Donnerstag im Sommer wird vom Tourismusbüro ei-

Riezlern

Der erste Ort nach der Grenze von Deutschland ist Riezlern.

ne kulturgeschichtliche Führung durchs Kleinwalsertal veranstaltet. Treffpunkt ist um 09.00 Uhr beim Walsermuseum in Riezlern.

Freizeit- und Sportmöglichkeiten

Im Sommer

Der Kurpark Riezlern wartet auf Groß und Klein mit Sonnenhalle, Liegestühlen, Teich, Spielplatz, Pit-Pat (Minigolf-Billard), Halfpipe sowie einem wunderschönen Bergpanorama und Musikpavillon. In den Monaten Juli, August, September und Oktober wird mit dem „Kinderzauber" für die Kleinen ein Programm der ganz besonderen Art geboten.
Flying Fox – das spektakuläre Schluchtenerlebnis erwartet die jungen Abenteurer (Anmeldung der 6- bis 14-jährigen unter Tel. 5 11 40 bis 17.00 Uhr am Vortag). In der Nähe der Kanzelwandbahn liegt das Freibad. Bequem mit der Pferdekutsche das Tal kennen lernen kann man mit Otto Berwanger, Tel. 52 26, Heinz Hammerer, Tel. 54 65 Claudia Albrecht/Geiger, Tel. 32 41 oder 06 64/1 04 01 84
Tennisspielen im Tenniscenter Kleinwalsertal in Bödmen, Tel. 5756 (Hallen- und Außenplätze)

Im Winter

Im Winter ist die **Kanzelwandbahn** (Telefon 00 43/55 17/5 27 40, Infotel 00 43/55 17/52 74 50) der Zubringer aus dem Kleinwalsertal in die größte deutsch-österreichische Zweiländerskiarena Kanzelwand-Fellhorn mit 22 km Pisten und traumhaften über 7 Kilometer langen Abfahrten zu den Talstationen. In den Hochlagen des Skigebietes laden die modernen Anlagen zum Pistengenuss ein und die teilweise urigen Berghütten locken zum zünftigen Einkehrschwung. Modernste Sesselbahnen und Beschneiungsanlagen an den Talabfahrten und in der Höhe garantieren für exzellenten Skispaß bis weit in das Frühjahr hinein. Und natürlich stehen an der Bergstation der Kanzelwandbahn kostenlose Liegestühle bereit für ein ausgiebiges Sonnenbad auf knapp 2000 m Höhe vor einer herrlichen Bergkulisse.
Mit zwei Sesselliften leicht zu erreichen ist der 5 km lange Rundwanderweg im Ifen-Sportgebiet auf 2000 m Höhe. Für Pferdeschlittenfahrten kann man sich bei Otto Berwanger, Riezlern-Unterwestegg (Tel. 52 26), Heinz Hammerer, Tel. 54 65 Claudia Albrecht/Geiger, Tel. 32 41 oder 06 64/1 04 01 84 anmelden. Der Rodellift in Riezlern-Egg bietet die Möglichkeit, spezielle Rodel zu leihen, den man dann an den Lift anhängen kann. Die Rodelbahn Oberwestegg

führt in den Ortsteil Unterwestegg. Die Rodelbahn Ifen befindet sich in 2000 m Höhe und ist ca. 300 m lang. Der Gaisbühllift an der Ifen-Talstation bietet Rodeln in einem gekennzeichneten Pistenbereich an. Rodel können an der Ifen-Talstation ausgeliehen werden. Zum Winterwandern steht ein geräumtes und gespurtes Wegenetz von 50 km zur Verfügung. Eine beliebte Langlaufloipe führt von Außerschwende über den Hörnlepaß wieder zurück nach Außerschwende. (12 km). Die Egg-Loipe in Riezlern hat eine Länge von 4 km.

Ganzjährig

Die Faszination des Glücksspiels lockt ins Spielcasino Kleinwalsertal, Walserstraße 31, Tel. 50 23. In der Schulturnhalle in Riezlern lädt die Abteilung Tischtennis des Sportvereins Casino Kleinwalsertal wöchentlich zum Training ein.

Wandern

Die Kanzelwandbahn (Kleinkabinenbahn, 1087–1949 m, Tel. 5 27 40) erschließt das Wandergebiet Kanzelwand-Fellhorn und Kanzelwand-Fiderepass. Der Ifen-Sessellift Schwarzwassertal (Doppelsessellift 1280–1586 m, Tel. 53 34) erschließt das Wandergebiet Hochifen-Gottesacker-Schwarzwassertal. Eine Bergwanderung führt von Riezlern über die Zwerenalpe zur Kanzelwand Bergstation und von dort zum Geologischen Lehrpfad (ca. 2 1/2 Std.). Mit der Söllereckbahn geht es wieder hinunter. Eine landschaftlich reizvolle Wanderung ohne allzu große Höhenunterschiede mit schönen Ausblicken ins Walsertal und einen Teil der Oberstdorfer Berge ist die Rundwanderung Schwende (ca. 4 1/2 Std.). Wasserfälle, Strudellöcher und Naturbrücke: Dies alles bietet der Naturlehrpfad Schwarzwassertal.

Kulinarisches

Das bewegendste 5-Gang-Menü in den Allgäuer Alpen wird im Kleinwalsertal serviert. Die Sechsergondeln der Kanzelwandbahn in Riezlern werden zu kuscheligen Séparées mit Tischen und höchstens vier Plätzen. Bei der Abfahrt im Tal knallt die erste Flasche Sekt zum Aperitif. Jedes Mal, wenn die Gondel durch die Bergstation auf 1956 Meter Höhe fährt, serviert der Wirt des Gipfelrestaurants den nächsten Gang. Bei einem 5-Gang-Menü wird die Gondel zum Aussichtsrestaurant, das bis zum Dessert rund 7000 Höhenmeter zurück-legt. Harry Badent als Gipfelwirt und Klaus Gehrer von der **Kanzelwandbahn** versichern, dass stundenlanges Bergbahnfahren im Kreis nicht schwindelig macht, höchstens das berauschende Alpenpanorama des Kleinwalsertals, das die Gäste zusätzlich zu diesem außergewöhnlichen **Gondelmenü** genießen (Bergrestaurant Telefon 00 43/55 17/3 00 64).

Traumhaft schlafen

Richtig zum Wohlfühlen ist das **Gästehaus Haberstock** in **Riezlern**. Eine

freundlich-familiäre Atmosphäre macht den Aufenthalt hier so angenehm. Die gepflegten Zimmer sind mit Dusche/Bad und WC, Sat-TV, Radiowecker, größtenteils mit Balkon, teilweise mit Kleinküche und Kühlschrank ausgestattet. Eine große Sonnenterrasse lädt zum gemütlichen Verweilen und Sonnenbaden ein. Das Frühstücksbuffet erfüllt schon am Morgen alle Ferienwünsche. Auf 7,75 m findet der Gast alles, was man für einen gesunden Start in den Tag braucht. Am Teebuffet kommen selbst eingeschworene Kenner und Genießer ins Schwärmen bei der Auswahl von 30 Sorten erlesener Tees aus aller Welt. Zweimal in der Woche wird den Gästen auch Abendessen angeboten. Dabei werden nur frische Waren verwendet – zu moderaten Preisen. Für größere Gruppen lohnt es sich, besondere Angebote zu erfragen. Zum Bahnhof Oberstdorf ist ein kostenloser Transfer möglich, sofern die Anreise oder Abreise erst nach 11.00 Uhr erfolgt.

Das Haus liegt am Ortsanfang von Riezlern, nur 3 Gehminuten vom Zentrum entfernt. Auch Skischule, Lifte und Kanzelwandbahn liegen in unmittelbarer Nähe. Fast vor der Haustüre beginnen die Langlaufloipen, Spazier - und Wanderwege oder

sind mit den kostenlosen öffentlichen Verkehrsmitteln schnell und bequem zu erreichen. Zur nächsten Bushaltestelle sind es lediglich 100 Meter.
Gästehaus Haberstock, Walserstr. 20, 87567 Riezlern, Tel. 00 43/55 17/57 23, Fax 00 43/55 17/31 83, e-mail: info@gaestehaus-haberstock.de, Internet: www.gaestehaus-haberstock.de

Hirschegg

Sehenswürdigkeiten

Die Pfarrkirche steht hoch über dem Breitachtobel. Sie wurde 1805 erbaut und besitzt zwei Altarblätter von Deschwanden. Die Deckengemälde sind von Seelenmayer, einem geborenen Hirschegger, sowie von Kaspar Weiß und Johann Kärle, der auch das Wandbild im Chor gemalt hat. Die holzgeschnitzte Muttergottesfigur in der Leidtobelkapelle stammt aus dem 16. Jahrhundert.

Museen/Bergschau

Im **Walserhaus** in Hirschegg erwartet den Besucher bei freiem Eintritt eine reichhaltige Sammlung an Wintersportgeräten sowie Trophäen, Urkunden und Bildmaterial. Hier wird die Entwicklung des alpinen Schilaufs und Schisprunglaufs vom Jahre 1905 bis 1940 anschaulich dargestellt (Walserhaus, D-87568 A-6992 Hirschegg, Tel. Kleinwalsertal Tourismus 51 14-0).
„Stein" heißt das zentrale Thema der **Bergschau** im Walserhaus. Auf 160 qm Ausstellungsfläche werden hier die im Kleinwalsertal vorkommenden Ge-

steinsarten gezeigt. Mit technischer Raffinesse und multimedialen Hilfsmitteln demonstriert die Bergschau, wie vielfältig und lebendig Stein sein kann. Unterstützt durch den heimischen Künstler Detlef Willand, nachgestellt mit Originalfunden aus dem Gottesackergebiet, ist es hier vortrefflich gelungen, die Entwicklung der Talbevölkerung den Besuchern interessant und spannend nahezubringen.

Kulturelles

Zentrum kultureller Veranstaltungen ist das Walserhaus (Walserstraße 64, D-87568, A-6992 Hirschegg, Tel. 51 14-460, Fax 51 14-462).

Freizeit- und Sportmöglichkeiten

Im Sommer

Bequem mit dem Pferdewagen das Tal kennen lernen kann man auf dem Ferienhof Heinz Hammerer (Tel. 54 65). Tennisspielen im Freien kann man beim Sport- und Studienheim Marburg.

Im Winter

Dem Anfänger wie dem Könner bietet die Skischule Hirschegg Kurse an in allen Disziplinen. Auch in der Skischule Außerhirschegg (Tel. 54 69) findet man kompetente Skilehrer für alle Disziplinen und jedes Niveau. Für Pferdeschlittenfahrten kann man sich beim Ferienhof Heinz Hammerer, Hirschegg-Au/Wäldele (Tel. 54 65) sowie bei Claudia Geiger (Tel. 34 21) anmelden. Die Rodelbahn Wäldele ist ca. 1 km lang und bietet weder Aufstiegshilfe noch Rodelverleih. Für die Langläufer sind die Küren-Wäldele-Loipe (8 km) und die Zentralloipe (2 km). Von der Zentralloipe gibt es eine Verbindung zur Steinbockloipe nach Mittelberg (Länge 16 km) gespurt.

Bergbahnen

Die Sesselbahn „Ifen" ist die Bahn zu Bergerlebnissen in einer der interessantesten Gebirgslandschaften der Alpen.

Ganzjährig

Im Ferienhotel, Oberseitestraße 23 (Tel. 50 78) stehen Hallenbad (12 x 5,5 m), Whirlpool, Sanarium, Sauna und Solarium zur Verfügung. Im Sporthotel Walliser, In den Hägen 3, (Tel. 5 17 10) sowie im IFA-Ferienhotel (Tel. 50 78) kann man sich im Hallenbad bzw. in der Sauna oder im Solarium erholen. Berggewohnte Pferde und Ponys zum Ausreiten durch die einzigartige Bergwelt bietet der Ferienhof Heinz Hammerer, Hirschegg-Au/Wäldele (Tel. 54 65). Billard spielen kann man in der Tenne, Oberseitestraße 13, Tel. 54 68. Kleinkaliberschießen wird im Sommer auf dem Schießstand Leidtobel angeboten.

Wandern

Die Region bietet vielfältige Möglichkeiten. Eine lohnende Wanderung mit leichten Steigungen, ca. 3 Std. Gehzeit, führt von Hirschegg über Oberseite, Au, Wäldele, Auenhütte, Schwarz-

Berggasthof Schwabenhütte

m **Berggasthof Schwabenhütte in Hirschegg** seine Ferien zu verbringen heißt Ruhe und Erholung finden in herrlicher Natur, in wohltuender Atmosphäre. Wanderungen und Bergtouren, Skilifte und Langlaufloipen liegen in nächster Nähe. Für Vereine, Jugend- und Familienfreizeiten und Schulland-Aufenthalte mit Gruppen bis zu 40 Personen bietet das Haus Übernachtung mit Frühstück sowie Voll- und Halbpension. **Hausmannskost vom Feinsten**!! Für Reisegruppen, Vereins- und Betriebsausflüge, Jahrgängertreffen, Familienfeiern u. ä. werden preiswerte Menüs angeboten. Auf der Karte stehen Spezialitäten vom Holzkohlengrill, heimische Kost, Bauernbüfett, Wildgerichte, Köstlichkeiten aus Küche und Keller. Die urige gemütliche Gaststube mit Kachelofen und die neue liebevoll eingerichtete Bauernstube eignen sich bestens für Hütten- und Fondueabende, Familien- und Betriebsfeiern. Von der großen Sonnenterrasse genießt man den herrlichen Ausblick auf die faszinierende Bergwelt. **Öffnungszeiten:** Täglich geöffnet, durchgehend warme Küche, 11.00 Uhr bis 17.00 Uhr (Winter) 11.00 Uhr bis 18.00 Uhr (Sommer), Mittwoch Ruhetag, Abends auf Vorbestellung

Berggasthof Schwabenhütte, Nebenwasser 15, D-87568 Hirschegg, Tel.: 00 43/55 17/56 54, Fax: 00 43/ 55 17/ 5 65 44

wassertalstraße, Rohrweg zurück nach Hirschegg. Sehenswert ist auf diesem Weg die Bruder-Klaus-Kapelle. Eine Bergwanderung mit zwei steilen Anstiegen führt von Hirschegg über Rohrweg, Schwarzwassertalstraße und Obere Walmendingeralpe zur Bergstation Walmendinger Horn (3 1/2 Std.). Die Talfahrt ist mit der Bahn möglich.

Radfahren

Die Schönheiten des Tales auf dem Mountainbike erkunden: Erlebnisreiche Touren für einzelne Biker oder Gruppen sind unter Tel. 00 43/6 76/7 56 29 09, Info www.walserbiktours.de anzumelden.

Einkaufen

„Antiquitäten Im Malerhäusl" in Hirschegg bietet auserlesene Antiquitäten und Volkskunst. Liebhaber von Hinterglasbildern und Klosterarbeiten, von sakralen Kunstgegenständen, Gemälden, Schmuck, Silber, Uhren, Glas, Porzellan, Zinn, Skulpturen, Jugendstil, Art deco u. v. m. nehmen sich gerne Zeit für einen Bummel durch die Geschäftsräume. Eine Auswahl an original Bodenseeschränken, bemalten Schränken, Tischen, Stühlen und Truhen gehört ebenfalls zum Sortiment. Außerdem findet der Kunde hier auch stets für jeden Anlass das passende Geschenk, wenn es etwas Besonderes sein soll. **Antiquitäten Im Malerhäusl**, Walserstraße 16, 87568 Hirschegg, Tel. 00 43/55 17/64 28

Mittelberg/Baad

Sehenswürdigkeiten

Die Pfarrkirche St. Jodok mit hochragendem Spitzturm wurde 1371 erbaut und 1463 verändert. Die freigelegten Fresken (arab. Schriftzüge) stammen aus dem 14. Jahrhundert.

Freizeit- und Sportmöglichkeiten

Im Sommer

Die Minigolfanlagen in der Nähe des Hotels Neue Krone und in Baad bieten Spaß für die ganze Familie.

Bequem mit der Pferdekutsche das Tal kennen lernen kann man auf dem Bergbauernhof Feuerstein, (Tel. 60 64). Während des Alpsommers – Mitte/Ende Mai bis Mitte September bieten verschiedene Alpsennereien die Möglichkeit, bei der Herstellung des Walser Bergkäses zuzuschauen (Gruppen nur nach Anmeldung).

Im Winter

Das Walmendingerhorn – das Genießerskigebiet im Kleinwalsertal – ist besonders unter Einheimischen und Insidern ein Geheimtipp. Großzügige Pisten, hohe natürliche Schneesicherheit und das abwechslungsreiche Gelände sorgen für ein rundum gelungenes Skierlebnis. ruhigere Wintersportfreunde entspannen sich gerne auf der Sonnenterrasse der Bergstation auf den kostenlosen Liegestühlen (**Walmendingerhornbahn** Telefon 00 43/55 17/5 27 40, Infotel 00 43/ 55 17/52 74 50).

Eisstockschießen auf einer Eissportanlage aus Natureis kann man in Mittelberg-Bödmen beim Tenniszentrum (Tel. 57 59). Dem Anfänger wie dem Könner bieten die Skischule Mittelberg (Tel. 56 37), die Skischule Bödmen Baad, Wildental (Tel. 58 60) und die Skischule Bödmen Grund (Tel. 6 51 18 09) Kurse in allen Disziplinen an. Für Pferdeschlittenfahrten kann man sich bei Feuersteins Bergbauernhof, Mittelberg-Höfle (Tel. 60 64) an-

melden. Zwei kurze Rodelbahnen von ca. 150 m Länge befinden sich in Mittelberg-Ahorn am Ortseingang und in Mittelberg-Bödmen.
Snowboard-Kurse geben alle Skischulen im Tal. Für die Langläufer ist die Steinbockloipe Mittelberg – Bödmen – Baad (16 km) gespurt.

Ganzjährig

Das Tenniscenter Kleinwalsertal, Birkenwies 1, Mittelberg-Bödmen (Tel. 57 59) bietet 3 Granulat-Hallenplätze, 3 Ascheplätze, 2 Badmintonplätze, Tennisschule, Bistro, Umkleide- und Duschräume. Gelegenheit zum Billard-, Dartspielen und Kegeln bietet das Aparthotel, Wildentalstraße 3, Tel. 6 51 10. Gern trifft man sich zum Kegeln und Dartspielen auch im Peppino, Wildentalstraße 34, Tel. 5 61 18 30. Im Aparthotel (Tel. 6 51 19 02) findet man auch in der Sauna die gewünschte Entspannung.

Wandern

Das Walmendingerhorn im Kleinwalsertal ist nicht nur einer der schönsten Aussichtsberge in den Allgäuer Alpen, die Bergstation ist auch für seine ausgezeichnete Küche und den reizvollen Alpenblumenlehrpfad bekannt. „Hier wächst nur, was der Herrgott gesät hat." – So beschreiben Kenner die Flora auf knapp 2000 m Höhe.
Insbesondere der kurze und gut begehbare Weg von der Bergstation zum Gipfel ist sehr abwechslungsreich und gesäumt von einer Vielzahl von Kräutern und Blumen, die allesamt auf übersichtlichen Täfelchen beschrieben und erläutert werden. Bei den regelmäßig stattfindenden kostenlosen Führungen erhält der Wanderer wertvolle Tipps und Informationen vom Experten.

Die **Walmendingerhornbahn Mittelberg** erschließt das Wandergebiet Walmendingerhorn-Schwarzwassertal (Großkabinenbahn 1200–1970 m, Tel. 5 67 40, Betriebszeiten 08.15 – 16.45 Uhr von Anfang oder Mitte Mai bis Ende Oktober). Wer nur bergab gehen möchte, fährt mit der Walmendingerhornbahn. Bei der Bergstation steht der Wegweiser „Nach Mittelberg über Stutzalpe und Bühlalpe. Bei der Abzweigung nach der Bühlalpe wählt man den linken Weg, der nach ca. 30 Minuten Mittelberg erreicht.
Der Zaferna Sessellift Mittelberg erschließt das Wandergebiet Bühlalpe-Walmendingerhorn und Hirschegg/ Heuberg (1200–1470 m, Tel. 3 23 80, Betriebszeiten witterungsbedingt: 09.15–16.30 Uhr, Pfingsten bis Ende Oktober und an den Maiwochenenden). Über die Öffnungszeiten informieren die Tourimusbüros. Neben den Gebirgstouren gibt es zahlreiche Spazierwege, die ohne größere Schwierigkeiten auch mit Mountainbuggies oder geländegängigen Kinderwagen begehbar sind. Ein besonderer TIPP sind geführte Themen- und Bergwanderungen mit den Profis der Kleinwalsertaler Bergschule, Tel. 00 43/55 17/3 02 45, www.bergschule.at

Kulinarisches

In der Pension Sonn-Winkl in Mittelberg beginnt der Urlaubstag mit einem reichhaltigen Frühstücksbuffet, das in seiner Vielfalt keine Wünsche offen lässt. Mittags wird der Gast mit Speisen á la carte verwöhnt. Von der Sonnenterrasse genießt man einen herrlichen Blick auf die Kleinwalsertaler Bergwelt. Der Nachmittagstee

mit einem Stück Kuchen gehört zum Verwöhnprogramm. Abends wird ein delikates 4-Gang-Menü serviert. Regionale Walser und Allgäuer sowie internationale Gerichte stehen auf der Speisenkarte. Fisch, Steaks und vegetarische Speisen, im Winter Hummer und Austern vom Feinsten ergänzen das Spezialitäten-Angebot. Auch Sonderwünsche werden soweit möglich erfüllt.
Pension Restaurant Sonn-Winkl, Bödmer Str. 32, 87569 Mittelberg, Tel. 00 43/55 17/52 97, Fax 00 43/55 17/36 40, e-mail: sonnwinkl@aon.at, Internet: www.sonnwinkl.de

Traumhaft schlafen

In der Pension **Sonn-Winkl** in **Mittelberg** wohnt der Gast in gemütlichen Zweibettzimmern, die standardmäßig mit Bad/Dusche/WC, Sat-TV, Telefon und Minibar ausgestattet sind. Sich auf dem eigenen Balkon ausruhen und dabei den Blick in die Berge genießen, Rotwild und Gämsen beobachten – das ist Urlaub, wie er sein soll. Reizvolle Ausflugsziele liegen ganz in der Nähe.
Pension Restaurant Sonn-Winkl, Bödmer Str. 32, 87569 Mittelberg, Tel. 00 43/55 17/52 97, Fax 00 43/55 17/36 40, e-mail: sonnwinkl@aon.at, Internet: www.sonnwinkl.de

Wichtige Adressen und Telefonnummern

Kleinwalsertal Tourismus, Im Walserhaus, D-87568 (A-6992) Hirschegg, Telefon 00 43/55 17/51 14-0, Fax: 00 43/55 17/51 14-419; e-mail: info@kleinwalsertal.com, Internet: www.kleinwalsertal.com

Bankenplatz Jungholz

Volksbank Tirol in Jungholz

Klaus Meikl, Teamleiter Privatkundenbetreuung der Volksbank Tirol in Jungholz

Oliver Sinz, Diplombetriebswirt FH
Der Leitspruch der Österreichischen Volksbanken lautet „Vertrauen verbindet". Was bedeutet dies für Sie?

Klaus Meikl: Gegenseitiges Vertrauen und Ehrlichkeit im Umgang miteinander sind entscheidend für Aufbau und den langfristigen Bestand einer partnerschaftlichen Beziehung. Nur wenn die Bank ihren Kunden kennt, ist sie auch in der Lage, dessen Wünsche, Ziele und Vorlieben in den Mittelpunkt jedes Gesprächs zu stellen.
Persönliche Betreuung ist uns ein echtes Anliegen. Themen wie Vorsorge für die Zukunft, Alter und Familie sowie die verantwortungsvolle Übertragung von Vermögen sind uns wichtig. Wir geben kompetente Antworten und glauben, Vermögensanlagen erfolgreich gestalten zu können. Nehmen Sie uns hier beim Wort! Im Bereich der Anlageberatung sind nur Mitarbeiterinnen und Mitarbeiter mit langjähriger Erfahrung für Sie tätig und, um dem vorhin Gesagten gerecht zu werden, hat auch jeder Kunde seinen persönlichen Berater.

Oliver Sinz, Diplombetriebswirt FH:
Stellen Sie uns doch bitte kurz die Volksbank Tirol vor.

Klaus Meikl: Die Volksbank Tirol, eine der traditionsreichsten Banken unseres Landes, wurde vor mehr als 130 Jahren gegründet. Fachwissen und persönliches Engagement von aktuell 240 Mitarbeitern brachten und bringen kontinuierliches, gesundes Wachstum und Aufschwung. Unser Haus ist eine selbstständige und unabhängige Tiroler Regionalbank. Wir treffen unsere Entscheidungen frei vom Einfluss großer Konzerne, sind daneben aber eingebunden in die österreichische Volksbankengruppe und deren Sicherungseinrichtungen. Heute zählt die Volksbank Tirol mit zu den kapital- und ertragsstärksten Banken Österreichs. Mit unseren 22 Geschäftsstellen – von Jungholz über Reutte im Westen bis nach Kitzbühel im Osten - wollen wir für unsere Kunden erster Ansprechpartner in allen Fragen rund ums Geld sein.

Oliver Sinz, Diplombetriebswirt FH:
Wie kann sich ein interessierter Anleger aus Deutschland über das Rechtsumfeld einer Geldanlage in Österreich und die Anlagemöglichkeiten bei der Volksbank Tirol informieren?

Klaus Meikl: Unsere wöchentlich aktualisierte Basisinformationsmappe informiert in knapper und gut lesbarer Form über den besonderen Schutz anvertrauter persönlicher Daten in Österreich, die Möglichkeiten der Kontoführung sowie den Bereich Steuern und sie gibt darüberhinaus Anlageideen für sicherheitsorientierte Investoren, aber auch Anleger, die Zusatzchancen suchen. Diese Basisinformationsmappe senden wir auf Anforderung (Telefon 0043/ 5676/ 8271-0) gerne neutral zu.

Bankhaus Jungholz

Vor 25 Jahren setzte die Raiffeisenbank Reutte eine damals einzigartige Geschäftsidee um: In dem österreichischen Zollausschlussgebiet Jungholz eröffnete die Tiroler Bank ihre gleichnamige Zweigniederlassung, um vermögende Privatkunden vorzugsweise aus dem deutschen Raum zu betreuen. Die Kunden profitieren seitdem von einer Anlagephilosophie, die nachhaltig auf Produktunabhängigkeit, Sicherheit und Diskretion basiert. Neben dem strengen Schutz der Privatsphäre durch das österreichische Bankgeheimnis, das weder ein automatisiertes Kontoabrufverfahren noch zentrale Kontenregister zulässt, setzt das Bankhaus Jungholz auf zusätzliche interne Diskretionsstandards. Alle personenbezogenen Kundendaten werden nicht EDV-mäßig gespeichert, sondern sind getrennt von den Konto- und Depotunterlagen in einem Safe verwahrt. Die Transaktionen werden über das im Haus entwickelte „Goldfinger-Nummernkonto®" per Finger-Scan des Verfügungsberechtigten legitimiert und abgewickelt.
Die Kunden schätzen neben diesen Sicherheitsstandards ganz besonders die Kompetenz des Bankhauses. Die Betreuer/Innen sind in deutschem Steuerrecht ausgebildet und somit in der Lage, Kundenportfolios steuerlich optimiert zu gestalten. Vorteile bringt zudem der Steuerstundungseffekt

gegenüber dem deutschen Fiskus. Kostenfreie Jahreserträgnisaufstellungen nach deutschem Steuerrecht sind dabei selbstverständlich.

Durch diese Rahmenbedingungen und die strikte Ausrichtung auf die Interessen vermögender Privatanleger hat sich das Bankhaus Jungholz zu einem hochkarätigen Finanzzentrum entwickelt. Spitzenplatzierungen bei internationalen Bankentests über Jahre hinweg verdeutlichen dies eindrucksvoll. So wurde dem Bankhaus bereits zum dritten Mal in unmittelbarer Folge durch DIE WELT/ WELT am SONNTAG das Premium-Prädikat „Summa cum laude" verliehen. Bestnoten erhielt das Tiroler Bankhaus dabei für

- Beraterqualität und Systematik
- Service und Komfort
- Produkttransparenz und Qualität
- Kundenorientierung
- Vertrauliches Vermögen

Weitere Informationen: www.bankhaus-jungholz.com

www.tirolersparkasse.at/jungholz
Tiroler
SPARKASSE
In jeder Beziehung zählen die Menschen.
Jungholz -
auch für Ihr Geld ein erholsamer Ort.
INFORMIEREN SIE SICH UNVERBINDLICH über unsere diskreten Anlagemöglichkeiten unter der Telefonnummer 0180-202 33 22 (zum Ortstarif) oder schicken Sie eine E-Mail an jungholz@tirolersparkasse.at. Die Betreuer des Beratungszentrums Jungholz sind auf die Bedürfnisse unserer Kunden aus Deutschland spezialisiert - profitieren auch Sie von diesem Know-How.
© Tirol Werbung

Tiroler Sparkasse

– „Kapitale" Kompetenz im Herzen der Allgäuer Alpen

Mitten in den Allgäuer Bergen liegt der international renommierte Finanzplatz Jungholz.

Das Gute liegt in Jungholz nicht nur für Urlauber nah, sondern auch für deren Vermögen. Zum einen muss der deutsche Anleger keine Grenze überschreiten, um in die österreichische Zollexklave zu gelangen, zum anderen gilt in der Finanzdomäne Jungholz das strenge österreichische Bankwesengesetz. Mit dem österreichischen Wirtschaftsrecht ist in Jungholz natürlich auch das verfassungsrechtlich abgesicherte österreichische Bankgeheimnis verbindlich.
Kompetenz, speziell auf dem Gebiet der gehobenen und steueroptimierten Kapitalanlage, absolute Diskretion durch das Nummernkonto und konstante Erfolge auf dem internationalen Kapitalmarkt, das macht lt. Geschäftsleitung die Tiroler Sparkasse in Jungholz besonders für deutsche Kapitalanleger so interessant. Zudem genießt der Bankkunde individuelle Beratung in Asset- und Portfoliomanagement, Vorsorgen und Versichern, Nachlassmanagement sowie bei Immobilien und Steuern.

Die **Tiroler Sparkasse** in Jungholz ist dem deutschen Gironetz angeschlossen und hat auch direkten Zugang zu den deutschen Börsen. Mit IBAN und BIC können EU-Standardüberweisungen bis 50 000 EURO durchgeführt werden.

Auch wenn seit 2005 österreichische Banken eine Quellensteuer von 15 Prozent für ausländische Anleger abführen müssen, bleibt der Finanzplatz Jungholz weiterhin attraktiv. Denn diese Steuer wird völlig anonym, ohne Bekanntgabe des Kontoinhabers, an das Bundesfinanzamt in Deutschland abgeführt.

Die Hotline aus Deutschland (zum Ortstarif) ist: 01 80/202 33 22, per E-Mail kann man die Tiroler Sparkasse in Jungholz unter jungholz@tirolersparkasse.at erreichen, Internet: www.tirolersparkasse.at/jungholz.

Jungholz

Auf einer sonnigen Höhenterrasse am Fuße des 1638 m hohen Sorgschrofen liegt die Gemeinde Jungholz. Mit seinen Ortsteilen Langenschwand, Gießenschwand und Habsbichl liegt der Ort als einzige Tiroler Gemeinde im Allgäu und ist ganz von deutschem Staatsgebiet umgeben. Nur am Gipfel des Sorgschrofen berührt Jungholz über einen geometrischen Punkt Tirol und somit das österreichische Mutterland. Das Bergdorf hat sich einen familiären Charakter bewahrt.

Kleiner Blick ins Geschichtsbuch

Im Grenzregulierungs- und Staatsvertrag von 1844 und 1850 erhielt Jungholz die volle Zuerkennung zur Landeshoheit Österreichs und die endgültigen Grenzen. Seit dem **3. Mai 1868** besteht der **Zollvertrag**, der Jungholz wirtschaftlich an Deutschland anschließt. Wirtschaftlich ist Jungholz bis zum 31.12.1994 deutsches Zollanschlussgebiet gewesen. Am 01.01.1995 ist Österreich der Europäischen Union beigetreten und somit sind die Zollanschlussgebiete weggefallen.

Sehenswürdigkeiten

Die Pfarrkirche Jungholz wurde im Jahre 1714 erbaut und in den Jahren 1739 bis 1743 erweitert. 1781 wurde die Kirche mit einem Deckenfresko ausgestattet, welches Maria als Gnadenspenderin zeigt. 1788 erfolgte die feierliche Weihe der Kirche zu Ehren Marias durch den Augsburger Fürstbischof Clemens Wenzeslaus. 1970 wurde die neue Orgel angeschafft. In den Jahren 1994/1995 wurde die Kirche renoviert.

Kulturelles

Lesespaß finden die Gäste in der Touristikinformation. Alphornblasen, Standkonzerte, Modenschauen, Zithermusik, Tanz- und Unterhaltungsabende machen den Aufenthalt zum unvergesslichen Erlebnis.

Feste und Feiern

Etwas Besonderes

Die Jungholzer vertreiben den Winter und die Kälte mit einem großen Funkenfeuer. Am Funkensonntag, dem Sonntag nach Aschermittwoch, wird Holz zu einem großen Haufen geschichtet, obenauf die so genannte „Funkenhexe". Bei Einbruch der Dunkelheit wird das Feuer entzündet. Die Zuschauer können sich mit heißem Jagertee oder Glühwein und den so genannten Funkenküchle, einem süßen Schmalzgebäck, stärken.

Bereits in einem Bericht des Benediktinerklosters Lorsch von 1090 wird das Funkenfeuer erwähnt. Und noch heute pflegen viele Gemeinden im schwäbisch-alemannischen Raum diesen Brauch, der die Vertreibung des oft strengen Winters symbolisiert, jedoch nicht mit den Hexenverbrennungen im Mittelalter in Verbindung steht.

Herz-Jesu-Feuer erleuchten die Gipfel. Die Licht-Bilder, die am zweiten Wochenende nach Fronleichnam entzündet werden, erinnern an die Franzosenkriege und an das Jahr 1796. Mit der herannahenden Dämmerung steigt die Spannung. Die Blicke sind auf die umliegenden Gipfel gerichtet, die allmählich im Dunkel verschwinden. Endlich flammt der erste Lichtpunkt auf, gleich daneben der zweite, der dritte, der vierte. Es entsteht eine geschwungene Linie, die sich zu einem Herzen formt, darüber ein Kreuz. Plötzlich lodern überall Flammenbilder auf und erhellen die frühe Nacht.

Die Feuer haben eine lange Tradition. Sie verweisen auf die Franzosenkriege, in denen das Land Tirol unter die Herrschaft der mit Napoleon verbündeten Bayern geriet. In der größten Not weihten die Gläubigen anno 1796 ihre Heimat dem Herzen Jesu. Gleichzeitig gingen die Männer hinauf in die Berge und entzündeten die Feuer als weithin sichtbaren lodernden Widerstand. Aus diesem Aufbegehren von einst ist heute gelebtes Brauchtum geworden. Übrigens: In einem Feuerbild stecken bis zu 200 Lichter. Das flammende Schauspiel dauert gut eine Stunde, dann ist das letzte Feuer erloschen. Die einzigartige Atmosphäre, die das Herz-Jesu-Feuer alljährlich erzeugt, schwingt aber noch lange nach.

Freizeit- und Sportmöglichkeiten

Im Sommer

Berg- und Wanderfreunde können mit einem ortskundigen Führer reizvolle Ziele in der Umgebung kennen lernen. Seltene Pflanzen am Wegesrand, blauer Himmel, Berge zum Greifen nah: Hier muss man dem Reiz der Gebirgslandschaft verfallen. Sennereibesichtigung in Wertach und Grillabende sorgen für einen abwechslungsreichen Urlaub. Auskunft erteilt die Touristikinformation im Gemeindehaus, Telefon 00 43(56 76) 81 20. Termine werden per Plakataushang und in der Gästezeitung bekannt gemacht. Traumhaft schön am Hang liegt das beheizte **Felsen-Frei-Schwimmbad** mit Sport- und Kinderbecken. Die Kleinen finden hier auch einen Kinderspiel- und Sportplatz.

Im Winter

Im Winter begeistert Jungholz mit seinem Skigebiet, das für die ganz Kleinen ein eigenes Kinderski- und Spielland, das **„N'Ice Baer-Land"**, bereithält. In und um Jungholz gibt es zahlreiche Möglichkeiten für Skitouren. Anschluss an das Loipennetz von Unterjoch und Oberjoch sowie ans Tannheimer Tal runden das Winterangebot ab.
Von Januar bis März werden geführte **Schneeschuhwanderungen** angeboten. Schneeschuhe können ausgeliehen werden. Mit Schneeschuhen durch die glitzernde Winterwelt, abseits von Wegen und Loipen, das Vergnügen ganz besonderer Art. Erik Beißwenger in Unterjoch (Tel. 0 83 24/90 16 99) und Peter Fischer in Wertach (Telefon 0 83 65/12 70) organisieren romantische **Pferdeschlittenfahrten**.
Hans-Peter Müller (Telefon 00 43 (56 76) 82 12) bietet in seiner Skischule Kurse für Kinder und Erwachsene an. Für die Langläufer ist 5 Kilometer Rundkurs gespurt. Der 5 km langer Skiwanderweg hat direkten Anschluss zum 2-Länder-Loipennetz Oberjoch – Tannheimer Tal. Auch zum Rodeln bieten die Schneewiesen reichlich Gelegenheit. Conny's Kaufhäusl ist **Ski- und Snowboardspezialist** und bietet Sofort-Service für alle Skier und Snowboards. Es ist täglich von 8 bis 18 Uhr geöffnet (Tel. 00 43 (56 76) 84 07). Skiverleih und Skiservice findet der Gast auch bei Sport Mayr (Tel. 00 43 (56 76) 81 44).

Ganzjährig

Alle neune heißt es auf der **Kegelbahn** im Vital-Hotel Tirol (Telefon 00 43 (56 76) 81 61) und im Gasthaus Lochbihler (Telefon 00 43 (56 76) 81 03). In den ortsansässigen Hotels findet der Gast ein reichhaltiges Angebot an Hallenbädern, Saunen, Solarien, Fitnessräumen und Tischtennis.

Wandern

Jungholz bietet mit seiner unverfälschten Natur und seiner von Schadstoffen unbelasteten Höhenluft ideale Voraussetzungen für Spaziergänge und

Wanderungen. Eine reizvolle Tour führt um den **Sorgschrofen** über die Scheidbachalpe zur **Vilstalsäge**, wo man nach rechts abbiegt und einem wunderschönen romantischen Weg entlang der Vils nach Rehbach (1072 m) wandert, wo das sonnig gelegene Gasthaus Alpenrose zum Verweilen einlädt, ehe man über Unterjoch wieder nach Jungholz gelangt.

Der Panorama-Höhenweg ist ebenfalls bei den Gästen sehr beliebt. Die Freiluft-**Kneippanlage** bietet nach einer Wanderung eine erholsame Erfrischung. Oberhalb von Jungholz, direkt im Wandergebiet, liegt die **Schrofen-Hütte**. Die Terrasse bietet eine herrliche Aussicht. Zünftige **Hüttenabende** und flotte **Almpartys** tragen zu einem unvergesslichen Urlaubstag bei.

Radfahren

Jungholz ist für Radtouren ein idealer Ausgangspunkt, sei es die sportliche Herausforderung oder der Ausflug mit der ganzen Familie.

Ähnlich wie bei der Wanderung geht es von Jungholz zur **Scheidbachalpe**, links der Vils entlang nach **Pfronten** (882 m) und weiter nach **Vils** und **Musau**, wo in einem gemütlichen Gasthaus an der Straße Einkehrmöglichkeit besteht, um sich zu stärken, ehe man nach rechts die Straße verlässt und kräftig in die Pedale tritt Richtung Musauer Alm und **Otto-Mayr-Hütte** (1 530 m) in den Tannheimer Bergen, für den Mountainbiker ein äußerst lohnendes Ziel.

Eine andere schöne Tour führt von Jungholz nach **Oberjoch** (1 136 m), wo man an der ersten Kreuzung links abbiegt ins Tannheimer Tal nach Zöblen und Grän (1 138 m) und wieder links durch den Ort ins malerische Engetal. Eine rasante Abfahrt bringt den Biker über den Grenzübergang **Pfronten-Fallmühle** hinunter nach Pfronten. Je nach Kondition wählt man die Strecke Nesselwang – Wertach – Jungholz oder den schattigen Weg entlang der Vils über die Scheidwang-Alpe zurück nach Jungholz.

Das **Landhotel Alpenhof Jäger** (Am Sonnenhang, Telefon 00 43/56 76 81 14-0) ist idealer Ausgangspunkt für reizvolle Bergwanderungen in der abwechslungsreichen Region. Auch Kletter- und Radtouren, Schwimmen und Tennis sorgen dafür, dass keine Langeweile aufkommt. Die Höhenlage von 1150 Meter beschert meist einen langen Winter mit guten Schneeverhältnissen. Das Haus liegt so dicht an den Skiliften, dass der Gast direkt vor der Haustüre seine Bretter anschnallen kann.

Kulinarisches

Landhotel Alpenhof

Beliebt bei Hausgästen, aber auch als Ausflugsziel für Einheimische ist das Landhotel **Alpenhof Jäger** (Am Sonnenhang, Telefon 00 43/56 76/81 14-0). Das Restaurant mit dem Kachelofen und der Holz-Facettendecke, die gemütliche Bauernstube mit den karierten Vorhängen und dem Herrgottswinkel – da fühlt sich der Gast schnell wie daheim. Regionale Schmankerl, schmackhaft zubereitet vom Hausherrn persönlich, nach der Wanderung die deftige Brotzeit und dazu ein kühles Bier vom Fass, am Nachmittag auf der Terrasse Kaffee und hausgemachter Kuchen helfen mit, den Alltag draußen zu lassen. Die Räume bieten sich auch an für kleinere Familienfeiern. Regelmäßige Tanz- Unterhaltungs- und Grillabende sind bei den Gästen äußerst beliebt.

Alpe Stubental

Ein lohnendes Ausflugsziel in 1284 m Höhe ist **Sommer** wie **Winter** die Alpe Stubental. Sei es die deftige Brotzeit, der hausgemachte Kuchen oder am Freitag die Kässpatzenpartie: Gerne unterbricht man hier seine Wanderung für eine gemütliche Einkehr. Und während sich die Eltern auf der Sonnenterrasse im Liegestuhl (kostenlos) ausruhen, können sich die kleinen Gäste auf dem Spielplatz austoben. Ein besonderes Ereignis ist alljahrlich der Almabtrieb, wenn Mitte September das gesömmerte Vieh wieder ins Tal getrieben wird. Der Alpsommer endet mit einem großen Schlachtfest am dritten Wochenende im Oktober bei Musik und Unterhaltung. Im **Winter** beginnt direkt am Haus die 1,6 km lange Rodelbahn, wo man sich jeden Mittwoch zum Nachtrodeln mit Schnitzelessen, freitags zum Nachtrodeln mit Kässpatzenessen und Livemusik trifft. Montag Ruhetag

Alpe Stubental, A-6691 Jungholz, D-87491 Jungholz, Tel.: 01 74/ 3 45 34 97; Internet: www.stubental-alpe.de

Traumhaft schlafen

Ein Hotel wie seine Heimat – alpenländisch. Das **Landhotel Alpenhof Jäger** (Am Sonnenhang, Telefon 00 43/ 56 76/81 14-0) liegt direkt neben Deutschland, aber eben doch in Tirol! Mächtige Tannen hinter dem Haus, die Wiesen kein englischer Rasen, sondern eben so, wie die Natur sie schuf. Sprache, Herzlichkeit, Gastfreundschaft – so stellt man sich Urlaub in den Bergen vor. Kinder genießen die ländliche Freiheit, Eltern die Ungezwungenheit, Senioren die Ausstrahlung eines traditionsreichen 3-Sterne-Hauses, das seit über 50 Jahren die Familientradition fortführt. Man fühlt sich so richtig wohl in den großzügigen Zimmern, die mit Telefon und Fernseher ausgestattet sind – heimelige Atmosphäre, gepaart mit modernem Komfort. Der Balkon ist im Sommer ein wahres Blumenparadies, auch das gehört zur alpenländischen Tradition.

Vital und gesund

Im **Landhotel Alpenhof Jäger** (Am Sonnenhang, Telefon 00 43/56 76 /81 14-0) sorgen Sauna, Solarium, Dampfbad, Whirlpool und ein Hydro-Jet-Massagebett für die richtige Entspannung. Wer vom Wandern noch nicht müde genug ist, kann sich im Fitnessraum austoben.

Wichtige Adressen und Telefonnummern

Tourismusverband Tannheimer Tal, A-6675 Tannheim 110, Tel. 00 43(56 75) 62 20-0, Fax 00 43(56 75)62 20-60; E-mail: info@tannheimertal.com, Internet: www.tannheimertal.com

Tannheimer Tal

Herzliche Lebensfreude des Allgäus und familiäre Gemütlichkeit Tirols, Entspannung in einer grandiosen Alpenlandschaft und die Herausforderung zu abwechslungsreichen sportlichen Aktivitäten, vielfältige Küche und lebendige und traditionsreiche Kultur – das alles sorgt im Tannheimer Tal dafür, dass aus Ferien echte Erholung wird.

Das Tannheimer Tal mit seinen Orten Nesselwängle-Haller, Grän-Haldensee, Tannheim, Zöblen, Schattwald und Jungholz erstreckt sich im Nordwesten Tirols auf 1100 Meter in den Allgäuer Alpen. Mit dem Auto ist es über die A7, Ausfahrt „Oy/Mittelberg", in kaum dreißig Minuten zu erreichen – problemlos, vignettenfrei.

Zu den beliebtesten **Ausflugszielen** im Tannheimer Tal zählt sicher der Vilsalpsee, der auf Wanderwegen ab Tannheim in gut einer Stunde zu erreichen ist. Wer es bequemer möchte, nimmt ab Tannheim den Bus, die Pferdekutsche oder den Alpenexpress, der regelmäßig ab dem Gebäude der Tourismusinfo Tannheim verkehrt. Auskunft erteilt Kleiner Kurt, Tel. oder +43 676 84312820 0 für den Alpenexpress, Fam. Kleiner 0043 676 60 66852 und Fam. Rief 0043 676 5427900 für die Kutschen.

Sehenswürdigkeiten

Tannheim

Die **Pfarrkirche St. Nikolaus** aus dem Beginn des 18. Jahrhunderts, die zweitgrößte Dorfkirche Tirols, wurde dem Innsbrucker Dom nachempfunden. Die Gemälde am Hochaltar stammen von Franz Anton Weiß aus Rettenberg. In der Kirche ist auch eine **barocke Weihnachtskrippe** zu sehen.

Die **Maria-Hilf-Kirche** gliedert sich in ein Langhaus und einen Chorraum mit drei Altären. Am Turmunterbau, der die Jahreszahl 1767 aufweist, ist

das Maria-Hilf-Fresko angebaut.
Bei der **Dreifaltigkeitskapelle** handelt es sich um eine einjöchige Kapelle mit Apsis, offenem Dachreiter und Zwiebelhaube. Sehenswert ist das kleine Barockaltärchen mit Dreifaltigkeitsbild und Antependium aus dem 19. Jahrhundert.
Die kleine **Michaelskapelle** wurde an Stelle einer Kapelle aus dem 17. Jahrhundert erbaut. Ein sehr gut erhaltenes Madonnenbild am Antependium stammt aus dieser Zeit.
In der **St.-Leonhards-Kapelle** aus dem 17. Jahrhundert befindet sich im flachgedeckten Innenraum ein sehr schöner Barockaltar (im 19. Jahrhundert überfasst) mit Leonhardsbild und Heiligenfiguren.
Die **St.-Martins-Kapelle** wurde im Jahre 1725 geweiht. Sehenswert ist die Holzempore mit ihrer Dekorationsmalerei.
Im Nachbarort Berg, nördlich von Tannheim, steht die von außen eher unscheinbare barocke **Sebastianskapelle**, die aber im Inneren durch ihre prächtige Stuckausstattung überrascht.
In der **Dreifaltigkeitskapelle** in **Rauth** steht eine spätgotische Magnusstatue. Bemerkenswert sind auch die Rokokostuckaturen.
Grän hat eine sehenswerte Barockkirche **„Zum Heiligen Wendelin"**. Das Deckengemälde stammt von Franz Anton Zeiller und stellt die Verehrung des heiligen Lammes dar.
Das **Pfarrkirchhaus in Schattwald** stammt aus dem Jahre 1893 mit neuromanischer Ausstattung. Die Kirche in der Ortschaft **Wies** wurde 1860 überarbeitet. Beeindruckend ist das Lattengewölbe und die Darstellung des „Totentanzes" von A. Falger in der Eingangshalle. Die Ursprungskirche in Zöblen geht auf die Pestzeit 1630 zurück. Das Deckenfresko stammt von J. Kärle

Aussichtspunkte

Die anspruchsvolle Bike-Tour **Almtour, Weg Nr. 816**, in Nesselwängle hinterlässt beeindruckende Bilder und bietet eine wunderbare Aussicht auf den Haldensee und die umliegenden Berge.
Der **Panoramaweg** von der **Krinnenalpe** zur **Edenalpe** macht mit seinen grandiosen Ausblicken seinem Namen alle Ehre.
Das Gleiche gilt auch für die **Tour 801** zwischen Zöblen und Schattwald. Auf den Kehren unterhalb des Wiesler Bergs ist man ständig versucht, mit dem Fotoapparat die Landschaft festzuhalten.

Kunst & Kultur

Ausstellungen/Galerien

Tannheim

In der Raiffeisen Galerie Augenblick finden ständig wechselnde Ausstellungen statt.

Mit dem Wort „Tirol" verbindet man auch traditionelle Schnitzkunst. Krippenfiguren rangieren dabei an vorderster Stelle. Die größte Krippe, die von Weihnachten bis zu Lichtmess (2.

Februar) im Tannheimer Tal zu sehen ist, kann man in der Pfarrkirche St. Nikolaus in Tannheim bewundern.

Theater

Tannheim und Schattwald

Von Mitte Juli bis Anfang Oktober finden im Gemeindesaal regelmäßig Veranstaltungen der Volksbühne Tannheim und Schattwald statt. Karten sind bei den Tourismusinfos Tannheim und Schattwald erhältlich.

Konzerte

Nesselwängle

Während der Ferienzeit spielt jeden Dienstag um 20 Uhr am Dorfplatz die Musikkapelle Nesselwängle. Das Platzkonzert findet bei jeder Witterung statt. Auch in **Tannheim, Zöblen** und **Schattwald** finden regelmäßig Platzkonzerte statt.

Museen

Tannheim

Das Heimatmuseum Tannheimer Tal wurde im Sommer 1990 eröffnet und ist lt. Aussagen zahlreicher Museums-Experten ein Musterbeispiel für Präsentation. Es ist vorbildlich gelungen, bäuerliche Lebensart, handwerkliche Tradition und die Geschichte des Tannheimer Tales äußerst interessant darzustellen. Von Tannheim aus werden von Mai bis Oktober und von Dezember bis März kostenlose Führungen jeweils Montag um 10.45 Uhr zum Heimatmuseum angeboten. **Öffnungszeiten:** im Sommer: Mittwoch und Freitag von 13.30 bis 17 Uhr, im Winter: Mittwoch von 13.30 bis 16.30 Uhr

Feste, Festivals und sonstige Events

Volkstümliche Bräuche

Hüttenzauber ist im April angesagt, wenn man sich zum Winterabschluss auf der Krinnenalpe in Nesselwängle trifft.

Zur **Sommersonnenwende** im Juni werden in Grän-Haldensee, Nesselwängle, Tannheim, Schattwald, Zöblen und Jungholz **Bergfeuer** (Herz-Jesu-Feuer) entzündet.

Im August findet in Tannheim das **Dorffest** statt.

Auf zahlreichen Hütten wird das **Almfest** gefeiert. Zünftige Musikanten aus der Region sorgen für Stimmung. Die genauen Termine sind bei der Tourismusinfo zu erfragen.

Im September geht nach hundert Tagen der Almsommer zu Ende. Almabtrieb in Schattwald, Nesselwängle, Grän-Haldensee und Tannheim. Die aktuellen Termine sind im Internet unter www.tannheimertal.com zu finden.

17. September

Seit mehr als zweihundert Jahren wird der 17. September als Schützenfeiertag begangen und hat sich mit Umzug, Hochamt und Böllerschüssen zum farbenprächtigen großen Fest entwickelt.

Sportliche Veranstaltungen

Im Sommer

Im September stehen Mountainbike-Trophy, Hillclimb Tannheimer Tal (Füssener Jöchle Berglauf mit int. Österreichischer Berglauf-Cup-Wertung) und der Drei-Hütten-Lauf in Nesselwängle auf dem Programm. Im Oktober wird der Tiroler Geländeberglauf (Landsberger-Hütten-Berglauf) in Tannheim ausgetragen. Die aktuellen Termine sind im Internet unter www.tannheimertal.com zu finden.

Im Winter

Beim internationalen Ballonfestival vom 7. bis 21. Januar 2007 steigen die imposanten Riesen täglich in den Himmel über dem Hochtal. Besonderer Höhepunkt des Festivals ist das Ballonglühen am 10. Januar 2007 in Tannheim und am 17. Januar 2007 in Jungholz.

Das Tannheimer Tal ist Schauplatz für einen Langlauf-Wettkampf der Spitzenklasse. Im Januar wird an drei Tagen, vom 26. bis 29.01.2007 der „SKI-TRAIL Tannheimer Tal – Bad Hindelang" ausgetragen. Auch der Nachtsprint ist eine ganz besondere Attraktion. Info unter www.ski-trail.com. Abseits der Loipen dreht sich am Samstag, dem „Nordic Fitness Winter Tag", alles um die neuen Sport-Trends aus dem kühlen Norden. Im Start- und Zielbereich des Ski-Trail in Tannheim stehen Experten Rede und Antwort. Langläufer, die gerne mal aus der Spur geraten möchten, können die Querfeldein-Variante, das Nordic Cruising, ausprobieren.

Zu den ganz besonderen Erlebnissen – für Sportler und Zuschauer – gehört alljährlich das Schlittenhunderennen im Januar. Ab dem zweiten Weihnachtsfeiertag werden außerdem für Kinder Hundeschlittenfahrten angeboten.

Freizeit & Sport

Im Sommer

Wandern

Das Tannheimer Tal ist ein wahres Dorado für Wanderungen, vom bequemen Spazierweg in der Ebene bis hin zur alpinen Höhenwanderung. Der Tourismusverband Tannheimer Tal bietet kostenlos geführte Bergwanderungen, Blumenwanderungen, Natur- und Landschaftsführungen an. Nachfolgend eine kleine Auswahl:

Leichte Wanderungen

Grän – Meditationsweg
Der Weg führt von der St.-Michaels-Kapelle in Lumberg Richtung Tannheimer Höhenweg.

Tannheimer Rundwanderweg
Um eine leichte Tour handelt es sich beim Tannheimer Rundwanderweg. Er verläuft über insgesamt 50 Kilometer und verbindet die fünf Hauptorte miteinander. Zum Teil ist er sogar mit Kinderwagen und Rollstuhl befahrbar.

Adlerhorst
Sehr beliebt ist auch der Ausflug zum Adlerhorst. Man startet in Grän beim Restaurant Burgschenke und geht über den Weg Nr. 7 oder über Lumberg zum Adlerhorst in ca. 1 Std. Alternativ kann man auch die **8-er Gondelbahn** aufs **Füssener Jöchle** benutzen.

Wanderungen mit Kindern

Bequem und sicher ist – nach der Auffahrt mit der Doppelsesselbahn von Nesselwängle – der Alpenrosenweg

zwischen der Krinnenalpe und der Nesselwängler Edenalpe auf der Sonnenseite der Krinnenspitze. Dabei sind mit minimalen Steigungen nur geringe Höhenunterschiede zu überwinden. Am Ziel belohnt die gute Aussicht. Der Weg lässt sich auch noch bis zur Gräner Ödenalpe fortsetzen. Die Alpen sind bewirtschaftet.

Rehbach

In Schattwald führt die Straße hinunter und man erreicht nach ca. 1 Std. Rehbach, wo das Restaurant und die Sonnenterrasse zum gemütlichen Verweilen einlädt.

Mittlere Wanderungen

Landsberger Hütte

Die 8-er Gondelbahn zum **Neunerköpfle (Neunerköpflebahn)** erspart bereits einen Teil des Anstiegs. Von der Bergstation geht es auf dem Saalfelder Höhenweg, Weg Nr. 421, in ca. drei Stunden zur Landsberger Hütte. Von der Terrasse aus genießt man einen herrlichen Blick in die benachbarte Bergwelt. Der Abstieg erfolgt über die Traualpe zum Vilsalpsee, Weg Nr. 425. Die ersten 100 m sind etwas schwierig zu gehen, aber durch ein Behelfsseil an der Wand entlang gesichert. Nach ca. 1 1/2 Stunden erreicht man den Vilsalpsee. Nach Tannheim verkehren regelmäßig Busse, der Alpenexpress und Kutschen. Information: Liftgesellschaft Tannheim, Tel. +43 (0)56 75 62 60; Internet: www.lift-tannheim.at

Bad Kissinger Hütte

Von Grän benützt man die 8-er Gondelbahn aufs Füssner Jöchle und wandert auf dem Weg Nr. 414 in ca. 2 Std. zur Bad Kissinger Hütte. 1 1/2 Std. Abstieg in die Enge, Weg Nr. 411, danach zurück über Lumberg nach Grän in ca. einer halben Stunde. Information: Liftgesellschaft Grän, Tel. +43 (0)56 75 63 63; Internet: www.lifte-graen.com

Sommer spaß
ZUGSPITZE 2963
MIEMINGER GEBIRGE
GROSSER ROSSZAHN
THANELLER
LAILACHSPITZE 2276
KÖLLENSPITZE 2238
GIMPEL 2173
ROTE FLUH 2108
HAHNENKAMM 1940
GAICHTSPITZE 1988
GAICHTPASS REUTTE FÜSSEN
KRINNENSPITZE 2002
LITNISSCHROFEN 2069
SCHOCHEN 2069
LACHENSPITZE 2130
SCHWARZ-WASSER TAL
SULZSPITZE 2085
TIEFJOCH
SCHNEETALERALM
SCHARTSCHROFEN Klettersteig
BERGGUT GAICHT
GRÄNER OEDENALPE
STRINDENALPE
GAPPENFELD-ALPE
LANDSBERGER HÜTTE
OB. TRAUALPE
TANNHEIMER HÜTTE
GIMPELHAUS
LAUFERSPITZE
RAUTH Rest.
KRINNENALPE
EDENALPE
EDENBACHALPE
NEUNERKÖPFLE 1864
O.-MAYR-HÜTTE
FÜSSENER HÜTTE
KN
DSB Krinnenalpe
Nesselwängle
Sportcenter
Rest.
GUND-HÜTTE
USSERALPE
8er Gondelbahn Neunerköpfle
FÜSSENER JÖCHLE 1818
SONNENALM
GESSENWANGER ALM
FÜSSENER ALPELE
Wasserfall
HUBERTUSHÜTTE
SCHMIEDEN
SEBENSPITZE 1938
SEBENALM
Strandbad Bootsverleih (Alpenhof)
Haller
HALDENSEE 1121
Strandbad Bootsverleih
Freibad
LUMBERGER GRAT
8er Gondelbahn bzw. Kabinenbahn Füssener Jöchl
ADLERHORST 1370 Rest
Uferpromenade
SEICHENKOPF 1880
SCHACHEN
Haldensee
AGGENSTEIN 1989
KN
BAD KISSINGER HÜTTE ehem.
PFRONTNER HÜTTE 1788
NEU-GRÄN
Grän
INNERGSCHWEND
Achbach
LUMBERG
ENGE
PFRONTEN ALLGÄU
RAPPENSCHROFEN

Winter freude
Zugspitze
Thaneller
Lailachspitze
Lachenspitze
Neunerköpfle
NEU!
Hahnenkamm 1940 m
Rote Flüh 2111 m
Krinnenspitze
REUTTE FÜSSEN LECHTAL
RAUTH
Krinnenalpe
Neunerköpfle 1864 m
Gundhütte
8er Einseilumlaufbahn
Füssener Jöchle 1816 m
Nesselwängle 1147 m
Hubertushütte
Jochalpe
8er Einseilumlaufbahn
Schmieden
Haldensee 1121 m
Lumberger Grat
Haller am See
Bogen
Haldensee
Tannheim
Füssener Jöchle
Grän 1134 m
Neu-Grän
Innergschwend
Achbach →
Lumberg
Bad Kissinger Hütte ehem.
Pfrontner Hütte 1788 m
PFRONTEN ALLGÄU

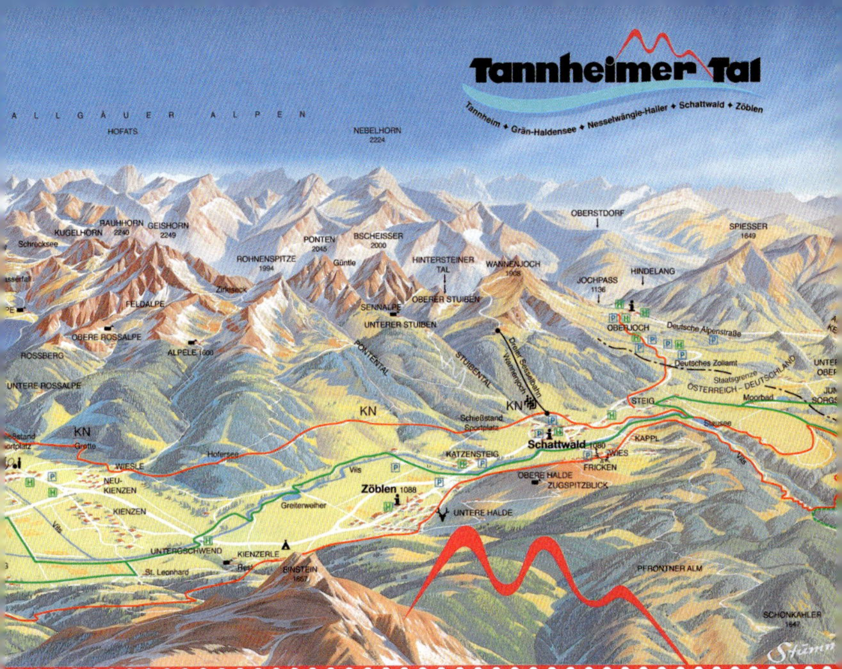

Tannheimer Tal
Tannheim + Grän-Haldensee + Nesselwängle-Haller + Schattwald + Zöblen
ALLGÄUER ALPEN
HOFATS
NEBELHORN
2224
OBERSTDORF
SPIESSER
1649
KUGELHORN
RAUHHORN
2240
GEISHORN
2249
PONTEN
2045
BSCHEISSER
2000
ROHNENSPITZE
1994
Güntle
HINTERSTEINER
TAL
WANNENJOCH
JOCHPASS
1136
HINDELANG
Zirleseck
FELDALPE
SENNALPE
OBERER STUIBEN
UNTERER STUIBEN
OBERJOCH
Deutsche Alpenstraße
OBERE ROSSALPE
ALPELE
ROSSBERG
PONTENTAL
STUIBENTAL
Deutsches Zollamt
Staatsgrenze
ÖSTERREICH - DEUTSCHLAND
UNTERE ROSSALPE
KN
STEIG
Moorbad
Schießstand
Sportplatz
Grotte
Stausee
Hofersee
Schattwald
1080
KATZENSTEIG
KAPPL
WIES
WIESLE
FRICKEN
NEU-
KIENZEN
Vils
OBERE HALDE
ZUGSPITZBLICK
Zöblen
1088
KIENZEN
Greiterweiher
UNTERE HALDE
UNTERGSCHWEND
KIENZERLE
St. Leonhard
Rest
BINSTEIN
1867
PFRONTNER ALM
SCHONKAHLER

Tannheimer Tal
Tannheim + Grän-Haldensee + Nesselwängle-Haller + Schattwald + Zöblen
Hochvogel
Geishorn
2249 m
Rohnenspitze
1992 m
Ponten
2045 m
Bscheisser
2000 m
Wannenjoch
1908 m
Spiesser
1649 m
HINDELANG
SONTHOFEN
OBERSTDORF
Oberjoch
Rohnenspitze
Sennalpe
Stuibental
Unt. Stubenalpe
Alpele
Deutsche Alpenstraße
Deutsches Zollamt
ÖSTERREICH DEUTSCHLAND
21
22
23
25
27
Steig
Schattwald
1080 m
Stausee
Wiesle
Neu-
Kienzen
Wies
Fricken
Vils
Katzensteig
Zugspitzblick
Obere Halde
Kienzen
Zöblen
Wannenjoch
Untergschwend
St. Leonhard
Kienzerle
Einstein 1867 m
Stammwoll

Hahnenkamm
In Nesselwängle beginnt der Aufstieg zur Schneetalalpe, Weg Nr. 416 und 418 a, die man nach ca. 1 1/2 Std. erreicht. Dann über das Tiefjoch zum Hahnenkamm, Weg Nr. 418. Mit der Gondelbahn kann man nach Höfen abfahren oder nach Höfen absteigen in ca. 1 Std. Der Bus bringt dann den Wanderer bequem von Höfen zurück ins Tannheimer Tal.

Schwierige Wanderung

Rote Flüh
Recht dominierend und beeindrukkend sind die Bergmassive Rote Flüh und Gimpel.
Von Grän ausgehend erleichtert man sich den Anstieg mit der 8-er Gondelbahn zum Füssener Jöchle, von da aus geht es weiter zur Läuferspitze, Weg Nr. 413, und weiter zur Rote Flüh (ca. 3 Std.). Der Abstieg erfolgt über die Nesselwängler Scharte und über das Gimpelhaus nach Nesselwängle (ca. 2 Std.).

Klettergarten

In Tannheim steht im Gebäude der Tourismusinfo ein **Klettergarten** zur Verfügung, der auch anspruchsvollen Ansprüchen gerecht wird.

Nordic Walking

Auf Nordic Walker und Läufer wartet im Tannheimer Tal ein ausgewiesenes Routennetz. Die Wege erstrecken sich über 186 Kilometer, die in 26 Strecken der verschiedensten Schwierigkeitsgrade aufgeteilt sind. In jedem der sechs Orte befindet sich ein zentraler Ausgangspunkt für Touren.
Um das Ausprobieren und Eingewöhnen zu erleichtern und den Gästen Tipps und Anregungen zum Nordic Walking an die Hand zu geben, sind entsprechende Angebote im Wochenprogramm enthalten.

Rad fahren

Der asphaltierte Radweg Tannheimer Tal führt auf einer landschaftlich überaus reizvollen und abwechslungsreichen Strecke von Schattwald nach Nesselwängle. Lediglich entlang des Haldensees ist der Weg unbefestigt. Land- und forstwirtschaftliche Wege bieten sich ebenfalls zum Radwandern an.

Mountainbike-Touren

Mit der Doppelsesselbahn Krinnenalpe können auch Mountainbikes befördert werden. Die Tour **Grän – Adlerhorst – Nesselwängle** ist mit „leicht“ einzustufen und gut für Anfänger geeignet. Vom Adlerhorst aus hat man den direkten Anschluss an die MTB-Strecke nach Nesselwängle (Nr. 817) oder es bleibt die Alternative über den Talradweg.
Für die mittelschwere **Almtour** Nr. 816 startet man am Liftparkplatz Krinnenalpe in Nesselwängle Richtung Westen zum Schmittenbichl. Von hier geht es leicht aufsteigend bis zur Polsterkurve auf 1315 m. Der Forstweg führt bis auf 1460 m zur Talstation Almbodenlift. Hier trennt sich die Almtour nach links weiter zur Krinnenalpe (1529 m) oder zur Schiebestrekke Meranersteig und weiter zur Bikerstrecke Rauther Alm. Nach rechts

führt ein herrlicher Panoramaweg bis zur Edenalpe (1680 m) und geradeaus zum Ziel der Almtour, der Ödenalpe auf 1726 m.

Gleitschirmfliegen

Die 8-er Gondelbahn **(Neunerköpflebahn)** in Tannheim ist die ideale Aufstiegshilfe für Gleitschirm- und Drachenflieger. Am Neunerköpfle liegen zwei Startplätze fürs Gleitschirmfliegen, einer in Richtung Osten und einer in Richtung Westen. Der Landeplatz liegt direkt gegenüber der Talstation der Bergbahn Tannheim. **Informationen:** Flugschule Tannheimer Tal, Skalden Markus, Tel. +43/6 64 /3 38 21 63; Internet: www.flugschule-tannheimertal.at

Wassersport

Die Seen bieten Gelegenheit zum Rudern, Segeln, Windsurfen, Fischen und Baden.

Abenteuer-Kinderprogramm

An die 4- bis 12-jährigen Gäste richtet sich das Abenteuer-Kinderprogramm in Tannheim und Grän. Dafür wird eine Kletterausrüstung zur Verfügung gestellt. Mit zünftigem Würstlgrillen endet ein erlebnisreicher Tag.

Freizeit- und Fußballcamp

Fußballbegeisterte Mädchen und Jungen zwischen fünf und fünfzehn Jahren sind beim Fußball- und Freizeitcamp genau richtig, wenn sich in der Ferienzeit hier alles um das richtige Kicken und den gemeinsamen Spaß dreht.

Qi Gong

Qi Gong ist eine fernöstliche Heilgymnastik, bei der mit sanften Bewegungen und entspannender Atmung das Wohlbefinden gesteigert und Blockaden gelöst werden. Bei entsprechender Witterung trifft man sich im Freien, sonst im Gymnastikraum. Anmeldung erfolgt in der Tourismusinfo.Tannheim.

Ganzjährig

Reiten

Nesselwängle

Wer die Schönheiten der Natur gerne vom Pferderücken aus erleben möchte, besucht das Berggut Gaicht, Tel. +43/(0)6 76/9 36 71 51 oder +43 (0)6 76/9 36 71 48.

Grän

Zum Ponyreiten trifft man sich an der Tourismusinfo.

Kutschenfahrten

Tannheim

Familie Philibert Kleiner, Tel. 65 50 oder 06 76/6 06 68 52 führt täglich Kutschenfahrten zum Vilsalpsee sowie die Rundfahrt Fischteich, Zöblen oder Grän-Haldensee durch.

Grän

In Grän fährt direkt beim Hof die Pferdekutsche ab und verkehrt täglich zum Vilsalpsee. Auch Sonder-, Gesellschafts- und Nachtfahrten sind auf Anfrage möglich (Andy Rief, Tel. 06 76/5 42 79 00).

Tennis

In der Sägerklause in **Tannheim** kann man – gratis – Tennisschnuppern. Auch Turniere werden dort ausgetragen. Im Hotel Jungbrunn in Tannheim stehen Außenplätze und eine Tennishalle zur Verfügung.

Angelspaß

Die Seen und Bäche im Tannheimer Tal bieten reichlich Möglichkeit erfolgreich zu angeln und dabei die Ruhe und Beschaulichkeit in der Natur zu genießen. Karten werden verkauft im Hotel Schwarzer Adler, Tel. 62 04; Sport Gehring, Tel. 62 14; Hotel Tyrol, Familie Barbist, Haldensee, Tel. 62 45; Fischerstube, Vilsalpsee, Tel. 62 78; Kaufhaus Tauscher, Haldensee, Tel. 62 09 22; Gemeindeamt Weißenbach, Tel. +43/56 78/52 10; Greiter Weiher, Ludwig Gutheinz, Tel. 6064 oder 06 76/3 33 60 64. Für weitere Auskünfte steht Andreas Koch vom Fischereiverein Tannheimer Tal, Zoblen 51 a, Tel. +43 56 75/68 61 bzw. Handy 06 76/4 24 79 33 gerne zur Verfügung. Petri Heil!

Kneippanlagen

Auf dem Weg zum Höfersee, am Rundwanderweg zwischen Tannheim

Haldensee

und Grän. Direkt am Radweg Nesselwängle Richtung Rauth, entlang der Wanderwege im Bereich Grän-Haldensee und am Parkplatz des Wannenjochlifts Richtung Stuiben findet der Wanderer in den Kneippanlagen eine willkommene Abkühlung.

Minigolf

Tannheim

Beim Gasthaus Tirolerhof am Weg zum Vilsalpsee liegt die Minigolfanlage mit Kinderspielplatz (Familie Weirather, Bogen 5, Tel. 63 39, Fax 67 68; geöffnet von 10–20 Uhr. Donnerstag Ruhetag)

Wildgatter

Zöblen

Man muss nicht extra hoch hinaufsteigen, wenn man heimisches Wild aus nächster Nähe beobachten möchte. Ein Besuch im Wildgehege der Familie Gehring, Café-Pension Wildanger, Tel. 66 85, ist für die ganze Familie interessant.

Im Winter

Reizvolle Abfahrten für Skifahrer und Snowboarder, 140 Kilometer glitzernde Loipen, jeweils die Hälfte für Anhänger des klassichen Stils, und 50 Kilometer geräumte Winterwanderwege erwarten den Wintersportler im Tannheimer Tal. Der Dorfbus in Grän fährt den Feriengast im 40-Minuten-Takt zu den Füssener-Jöchle-Liftanlagen oder an den Haldensee zum Eislaufen und Eisstockschießen. Der Ski- und Wanderbus bringt jeden bequem kostenlos zu seinem Skigebiet.

Ski fahren

Schattwald

Die **Dreiersesselbahn** aufs **Wannenjoch** erschließt zusammen mit Stuibenlift, Rohnenlift, Familienlift und Mühlhanglift eine Pistenfläche von 470 000 qm. **Informationen:** Lift: Tel. +43 (0)56 75/66 13; Internet: www.lifte-schattwald.at

Grän

Von 1 205 auf 1 821 Meter schwebt die 8er-Gondelbahn in neun Minuten aufs Füssener-Jöchle und erschließt ein vielseitiges Skigebiet. Dank einer Beschneiungsanlage stehen dem Wintersportler 25 ha präparierter Piste zur Verfügung. Im Sommer 2003 wurden die Auffahrtstrassen des Schachenschlepplifts I und II erweitert (Baukosten 200 000 EUR). Somit kann die ganze Abfahrtstrasse des Füssener Jöchle, der gesamte Schachenlift inklusive der Auffahrtstrasse und der Babylift Märchenwiese beschneit werden.
Während des Sommers 2004 wurden die Höhenschlepplifte abgetragen und durch eine neue kuppelbare 6er-Sesselbahn ersetzt und in der Saison 2004/2005 in Betrieb genommen. Dabei handelt es sich um eine reine Wintersportbahn, die es dem Skifahrer ermöglicht, das Gebiet rund um die Joch- und Sebenalpe noch besser zu nutzen und das herrliche Panorama in Richtung Vils, Füssen, Hopfensee, Forggensee und sogar bis nach München zu genießen. Die Gesamt-

baukosten betragen 3 Mio EUR.
Familiensaisonkarten machen das Skigebiet am Füssener Jöchle besonders attraktiv, wobei das Angebot mit den Skischulen 1. Skischule Grän-Haldensee/Sepp Tauscher und Skischule Club Alpin abgerundet wird.

Nesselwängle – Krinnenalpbahn

... „grenzenloser Winterspaß in Nesselwängle". Dieser Winterspaß wird im Skigebiet Nesselwängle mit der Doppelsesselbahn Krinnenalpe, den Schleppliften Tennenberg, Almboden und Neuschwandlift angeboten. Mit dem Babylift „Schmitte" wird das Angebot für die Kids abgerundet. Besonders im Winter werden rund um das Skigebiet Krinnenalpe einige Veranstaltungen wie z. B. Kinderskitag, Rodelrennen, Testskilauf, Nachtskilauf, Flutlichtbahn für Skater und Langläufer angeboten.
Der Nachtskilauf wird jeden Mittwoch zwischen 18.30 Uhr und 21.30 Uhr bei Flutlicht am Tennenberglift mit Musik angeboten. Zur gleichen Zeit gibt es Trainingsmöglichkeiten bei Flutlicht für Skater und Langläufer beim Sportcenter am Liftparkplatz Krinnenalpe in Nesselwängle.
Täglich steht dem Gast zu den Betriebszeiten der Doppelsesselbahn Krinnenalpe die Rodelbahn mit einer Länge von 3 500 m zur Verfügung. Diese ist mit der Doppelsesselbahn Krinnenalpe erreichbar, wobei direkt von der Bergstation gestartet werden kann. Heiße Getränke und viel Gaudi erwarten den Wintersportler dann am Glühwein-Standl, im Restaurant Schuster an der Talstation oder man wagt noch einen Einkehrschwung in der „Krinnenalpe" an der Bergstation auf 1 530 m Seehöhe.
In der Tiroler Schischule in Nesselwängle-Haller und im Sport- und Kaufhaus Rief in Nesselwängle findet man kompetente Sportberater sowie Ski- und Rodelverleih.

Tannheim

Die 8er Gondelbahn aufs Neunerköpfle in Verbindung mit mehreren Skiliften erschließt ein reizvolles Skigebiet, das sowohl dem Anfänger als auch dem rasanten Wintersportler einen abwechslungsreichen Tag beschert. Ein Teil der Pisten wird beschneit. Es besteht Skipassverbund mit Allgäu/Tirol – Vitales Land und AllgäuGletscherCard.

Langlauf

Ausgezeichnet, das 140 Kilometer lange Loipennetz im Tannheimer Tal. Das finden nicht nur Langläufer, die durch die verschneite Landschaft des Hochtals gleiten, sondern auch das Land Tirol, das die perfekten Spuren mit dem Gütesiegel gewürdigt hat. Exzellent – so urteilten auch die Wintersportler in einer aktuellen Leserumfrage des Deutschen Ski-Verbandes (DSV) und kürten die Loipen im Tannheimer Tal zu den viertbesten. Insgesamt standen 232 Wintersport-Dorados auf der ganzen Welt zur Auswahl. Zu den attraktivsten Loipenrundkursen im Tal gehört die leichte bis mittelschwere Route durchs Naturschutzgebiet Vilsalpsee. Besonders schön ist auch die Loipe über den zugefrorenen Haldensee. Sollte im Frühjahr kein Schnee mehr im Tal liegen, lockt die Höhenloipe zwischen Krinnenalpe und Edenalm oberhalb von Nesselwängle. Diese ist nur mit der Doppelsesselbahn Krinnenalpe von der Bergstation erreichbar (nur für Geübte). Rund geht's auch auf der 19,2 Kilometer langen Gaichtpassloipe. Wer auf den Spuren der Cracks gleiten möchte, die sich jährlich beim Ski-Trail Tannheimer Tal – Bad Hindelang messen, begibt sich auf die 30 Kilometer lange Ski-Trail-Loipe.

Schneeschuhwandern

Wer schon gewisse Schneeschuh-Erfahrung besitzt, geht von Schattwald aus über Steig, entlang der alten Salzstraße nach Oberjoch. Fortgeschrittenen sei der Weg empfohlen von Schattwald über Wieslerberg und die weiten Almwiesen der Pfrontner Alm zum Schönkahler (1 689 m), eine lawinensichere Tour, die gute Kondition erfordert. Für den Rückweg besteht die Alternative, über den Gasthof Zugspitzblick nach Zöblen abzusteigen.

Rodeln

Auch für eine Schlittenpartie bietet das Tannheimer Tal mehrere Möglichkeiten: Direkt beim Haldensee geht es über das sog. „Mösle" 600 m hinunter. Am „Tennenberg" in Nesselwängle wartet ebenfalls eine Abfahrt von 600 Metern, die sogar beleuchtet ist. Die Abfahrt vom „Adlerhorst" (von 14 bis 17 Uhr) ist über 2 000 Meter lang. Der „Alte Gaichtpass" mit 350 Metern Rodelpiste ist Mittwoch- und Freitagabend beleuchtet. Die Rodelbahn in Nesselwängle ist mit ihren 3,5 Kilometern Länge die längste im Tal. Die Doppelsesselbahn sorgt für bequemen Aufstieg. Ehe es dann rasant ins Tal geht, kann man sich noch stärken in der Krinnenalpe.

Schlittschuh fahren

Die beiden Natureislaufbahnen am Haldensee bieten Eislaufvergnügen, das vor der Kulisse der Tannheimer Berge zum beeindruckenden Erlebnis und jeden Mittwoch bei Flutlicht zudem noch sehr romantisch wird. Die Eislaufbahnen sind täglich ab 10 Uhr geöffnet. Zusätzliche Möglichkeiten zum Schlittschuhfahren bietet täglich von 10 bis 22 Uhr die Eislaufhalle im Gebäude der Tourismusinfo in Tannheim. Dort und auch am Haldensee kann man sich auch Schlittschuhe ausleihen.

Schießen

Dreimal pro Woche – in Tannheim, in Nesselwängle, in Grän und in Schattwald – wird im Winter ein Gästeschießen mit dem Luftgewehr veranstaltet, bei dem der Schützenkönig ermittelt wird.
Zum KK-Schießen trifft man sich regelmäßig im Restaurant Burgschenke in **Grän** und in **Schattwald**. Anmeldung: Josef Tauscher, Tel. 60 12, im Schießstand in Schattwald und am Sportplatz in Tannheim. Auch Gruppen sind möglich.

Aquarell-Malerei im Freien, Chinesische Schriftzeichenkunst **(Kalligraphie)**, **Sprachen** lernen in der Natur, Fahrten mit alten **Traktoren**, **Canyoning** – das Programm ist vielfältig. Die Tourismusämter geben gerne Auskunft.

Hütten

Zahlreiche Hütten haben auch im Winter geöffnet und bieten dem Wanderer und Wintersportler eine gemütliche Einkehr: Krinnenalpe in Nesselwängle (Tel. 81 89); Adlerhorst in Haller (Tel. 82 24); Sonnenalm in Grän (Tel. 51 29); Hubertushütte in Tannheim (Tel. 60 03); Gundhütte in Tannheim (Tel. 06 76/4 11 14 49); Zugspitzblick in Zöblen (Tel. 6 76 90); Jochstadl in Schattwald (Tel. 0676 5 42 77 92); Gasthof Rehbach (Tel. 66 94), s'Um und Auf in Grän (20087).

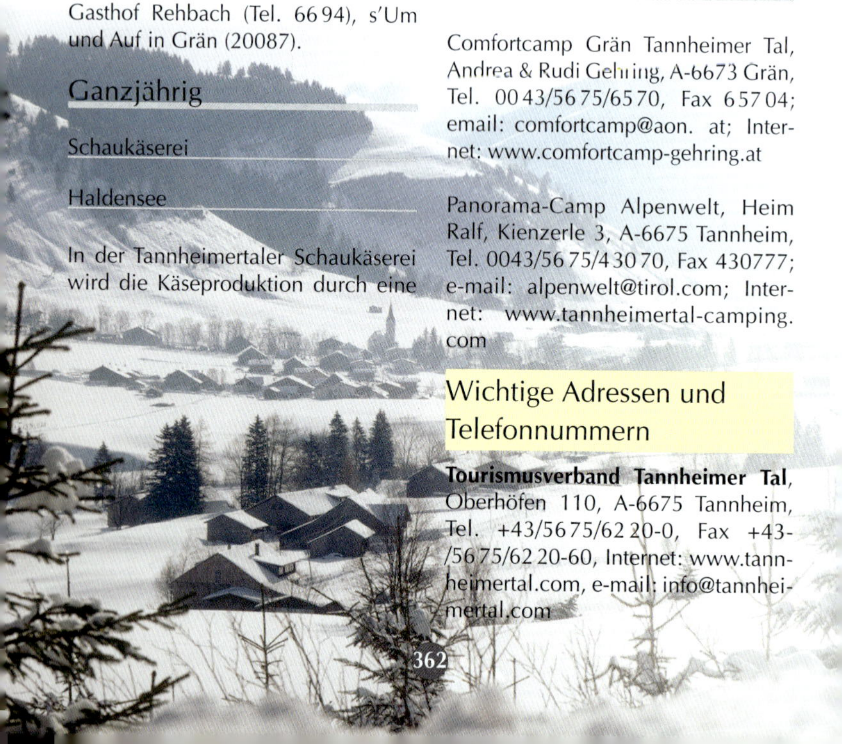

Ganzjährig

Schaukäserei

Haldensee

In der Tannheimertaler Schaukäserei wird die Käseproduktion durch eine Scheibe gezeigt. Der Käse wird hier noch auf traditionelle Art mit modernen Mitteln hergestellt (Tel. +43/(0)56 75/64 63).

Badespaß

Grän-Haldensee

Die Freibadanlage direkt am Haldensee bedeutet Schwimmspaß für die ganze Familie in einer einzigartigen Bergkulisse. Der Badebetrieb beginnt im Mai und endet Anfang September. Das Bad ist täglich von 10.00 Uhr bis 19.00 Uhr geöffnet. Der Sommer-Wanderbus hält nur 200 m vom Bad entfernt.

Campingplätze

Comfortcamp Grän Tannheimer Tal, Andrea & Rudi Gehring, A-6673 Grän, Tel. 00 43/56 75/65 70, Fax 6 57 04; email: comfortcamp@aon. at; Internet: www.comfortcamp-gehring.at

Panorama-Camp Alpenwelt, Heim Ralf, Kienzerle 3, A-6675 Tannheim, Tel. 0043/56 75/4 30 70, Fax 430777; e-mail: alpenwelt@tirol.com; Internet: www.tannheimertal-camping.com

Wichtige Adressen und Telefonnummern

Tourismusverband Tannheimer Tal, Oberhöfen 110, A-6675 Tannheim, Tel. +43/56 75/62 20-0, Fax +43-/56 75/62 20-60, Internet: www.tannheimertal.com, e-mail: info@tannheimertal.com

Ausflugsziele Tirol/Außerfern

Etwas Besonderes

Europäische Burgenwelt Ehrenberg (Reutte/Tirol)

„Dem Ritter auf der Spur“

Umgeben von einem zauberhaften Märchenwald wartet die einst mächtigste Festungsanlage Nordtirols darauf neu entdeckt zu werden. Der Besucher ist „dem Ritter auf der Spur“ bei einem Besuch des neuen im neuen Museums in der Ehrenberger Klause. Hier lebt das Mittelalter weiter fort, obwohl sich die Zukunft bereits eingefunden hat um ein einmaliges Erlebnis der Gegenwart zu bieten. Man taucht ein in eine längst vergessene Welt, die durch jeden einzelnen Besucher auf andere, individuelle Weise wieder zu leben beginnt. Das Gefühl, in einer echten Ritterrüstung zu stecken und im historischen Rahmen seine Ritterlichkeit zeigen, erfahren, wie aus Eisen Gold wird, Gast sein an der kaiserlichen Festtafel und auch die dunklen Seiten des Mittelalters kennen lernen: Auf der Burg Ehrenberg kann man all das erleben. Anhand einer fiktiven Reise begleitet man den Knappen Heinrich durch das Europa des 14. Jahrhunderts entlang der Via Claudia und bekommt so einen einzigartigen Einblick in eine vergangene Zeit. Dabei begegnet man den edlen Rittern des Mittelalters, lernt die damaligen Gegebenheiten des Handels kennen, entkommt der Pest und erfährt, ob es Heinrich gelingt zu seiner Geliebten zurückzukehren.

Durch eine atemberaubende und einzigartige Kombination von Natur und Geschichte wird die europäische Bur-

genwelt Ehrenberg zur begehbaren Bühne einer Entdeckungsreise. Der Besucher schlüpft in die Rolle des Protagonisten, der hier nur nach seinem ganz persönlichen Drehbuch aktiv wird und sich so ein einzigartiges Erlebnis selbst erschafft. Ein Ort für Jung und Alt, an dem Erwachsene neue Erfahrungen und Eindrücke sammeln und Kinder durch ein speziell für sie entwickeltes Programm Spaß und Spannung durch Geschichte erleben. „Ich bin **Ritter Rüdiger** – der gute Geist von Ehrenberg. Ich bin Euer Reiseführer durch die Welt des Mittelalters. Gemeinsam mit meinem schlauen Esel Zacharias und dem nur scheinbar schrecklichen Drachen Feuermaul erlebt Ihr mit uns lustige und spannende Abenteuer."

Feiern und Tagen in historischem Ambiente

Hochzeitsfeier, Trauung, Firmen- oder Produktpräsentation, Workshop, Kunden- oder Mitarbeiterfeier, Konzert, Lesung oder Privat-Party – das Ambiente der Ehrenberger Klause verleiht jedem Anlass ein besonderes Flair.

Veranstaltungs-Arena (anno 1480)

Ruinöse Mauerreste im Wettstreit mit moderner Architektur – ausgestattet mit Bühne, Multimediatechnik und Großbildleinwand.

Ehrenbergkeller und Schenke (anno 1609)

mit Kreuzgewölbe in der Bastion und rustikalem Ambiente

Bretterkapelle (anno 1715)

Ruhe und das „Andere" unterscheiden diesen Raum von nüchternen Seminarräumen.

Weiters bietet eine **Multimedia-Show** einen Ausflug in die spannende 700-jährige Geschichte Ehrenbergs – oder Sie möchten eine **Münze** prägen?
Die Burgenanlagen können auch erwandert werden, durch die **Kultur- und Naturführer** ein besonderes Erlebnis

Während des gesamten Jahres finden hier zahlreiche Veranstaltungen statt: **Europas größter historischer Event sind die „Ritterspiele" im Juli:** Ein Spektakel besonderer Art und atemberaubende Zeitreise mit über 1 000 Mitwirkenden vom Lagerleben bis Ritterturnieren, Gladiatorenkämpfen, Mittelalter-Grenzmarkt u. v. a. m.

Atmosphärisch packend, lehrreich und kurzweilig zugleich – das ist **„Weißes Gold"**

von Claudia Lang, das bei den Burgschauspielen Ehrenberg als atemberaubende Zeitreise zur Aufführung kommt, ein spektakulärer Bilderbogen rund ums Salz.

Weitere Informationen Europäische Burgenwelt Ehrenberg www.ehrenberg.at Tel. +43(56 72)6 20 07

ÖFFNUNGSZEITEN:
Täglich außer Montag von 10.00-17.00 Uhr bis 05.11.06
ab 26.12.06
täglich außer Montag von 11.00-16.00 Uhr bis 08.04.07
ab 01.05.07
Täglich außer Montag von 10.00-17.00 Uhr bis 04.11.07

Kapitalanlage in Tirol – einen Ausflug wert!

Tirol hat sich in den vergangenen Jahren als „Land der besonderen Vorteile" für alle Kapitalanleger etabliert. Tausende von Kunden aus dem be-

nachbarten und fernen deutschen Raum nützen bereits die besonderen Vorteile einer Kapitalanlage in Tirol. Der Besuch bei der Sparkasse Reutte

lässt sich damit verbinden, die herrliche Berg- und Seenlandschaft und die weltberühmten Sehenswürdigkeiten im Außerfern und seinem Umland kennen zu lernen.
Die Sparkasse Reutte – nunmehr bald 85 Jahre erfolgreich im Bankgeschäft tätig – hat neun Geschäftsstellen im Außerfern, manche davon nur wenige Autominuten von der „ehemaligen" Grenze entfernt. Geldanlage ist bei der Sparkasse auf „diskreten Nummernkonten" in Euro und vielen anderen Währungen möglich. Dabei ist es Verhandlungssache, ob der Kunde einen festen oder variablen Zinssatz wünscht. Die Profis in der Wertpapierberatung bieten inzwischen auch den Service kostengünstiger Direktanlage. Telefonische Terminvereinbarungen unter 00 43/56 72/69 69-0 garantieren, dass die vielgefragten Anlageberater(innen) dann auch genügend Zeit für eine umfassende und ganz individuelle Beratung haben.

Reutte

Ausgehen am Abend

In Vils, in der Nähe von Reutte, direkt an der deutschen Grenze, findet man

Das etwas
andere Lokal
Table Dance & Variete
Nightclub
AMOR
Reutte, an der Ulrichsbrücke
Familie Van Herpe, Tel. 0043(0)5677/8202
22-23 Uhr und 2-4 Uhr
Table Dance
23 bis 2 Uhr
Internationales
Variete Showprogramm
Ab 2 Uhr früh kein Eintritt!
Täglich von 22 bis 4 Uhr früh, Eintritt € 5,-, Montag Ruhetag

den Nachtclub mit der besonderen Note. Die ungezwungene Atmosphäre in prickelnder Erotik verspricht dem Besucher einen unvergesslichen Abend.
AMOR Gasthof Ulrichbrücke, A-6600 Vils/Reutte, Tel. 00 43/(0)56 77 /82 02

Breitenwang

Kulinarisches

Mal urig-gemütlich, mal gediegen-elegant präsentieren sich die Speiseräume im **Hotel Moserhof** in **Breitenwang**. Sei es das Restaurant mit Tagesbar und Kachelofen oder das gemütliche Kaminstüberl – man fühlt sich einfach rundum wohl. Je nach Wunsch werden dem Gast heimische Leckerbissen oder internationale Spezialitäten serviert. Wer nicht im Haus wohnt, kann mittags und abends aus einer reichhaltigen Karte sein Lieblingsgericht wählen. Der passende Wein ergänzt die erlesenen Speisen. Nachmittags auf der Terrasse sitzen bei Kaffee und Kuchen, dabei den Blick auf die herrliche Lechtaler Landschaft gerichtet – ein Urlaubstag wie im Bilderbuch! Die Räumlichkeiten im Hotel Moserhof bieten sich auch an für Tagungen und festliche Anlässe. Ein erfahrenes Team steht bei der Organisation gerne beratend zur Seite.
Hotel Restaurant Moserhof, Planseestraße 44, **A-6600 Breitenwang**, Tel. +43/(0)56 72/6 20 20, Fax +43/ (0) 56 72/6 20 20 40; Internet: www.hotel-moserhof.at, e-mail: info@hotel-moserhof.at

Traumhaft schlafen

Gepflegte Gastlichkeit gepaart mit dem Flair familiärer Tradition findet man im **Hotel Restaurant Moserhof**. In den behaglichen hellen Zimmern und Appartements kann man sich so richtig wohl fühlen. Fön, Direktwahl-Telefon, SAT-TV und Radio gehören selbstverständlich zur standardmäßigen Ausstattung. Und was gibt es Schöneres im Urlaub, als nach einem erlebnisreichen Ferientag auf dem Balkon zu sitzen und einfach faul zu sein!
Das ruhig gelegene Haus ist außerdem idealer Ausgangspunkt für sportlich aktives oder kulturelles Erlebnisprogramm.
Hotel Restaurant Moserhof, Planseestraße 44, **A-6600 Breitenwang**, Tel. +43/(0)56 72/6 20 20, Fax +43/(0) 56 72/6 20 20 40; Internet: www.hotel-moserhof.at, e-mail: info@hotel-moserhof.at

Vital und gesund

Das **Komforthotel Moserhof in Breitenwang** trägt mit Dampfbad, Saunalandschaft und Fitnessraum zu einem Wohlfühl-Aufenthalt bei. Das Haus ist idealer Ausgangspunkt für Wanderungen, verträumte Badeseen oder Kulturausflügen. Im Winter beginnen gleich hinterm Haus die Langlaufloipen. Und das Skigebiet am Hahnenkamm ist nur zehn Minuten entfernt. Einem sportlichen erholsamen Urlaub steht somit nichts mehr im Wege.
Hotel Restaurant Moserhof, Planseestraße 44, A-6600 Breitenwang, Tel.

+43/(0)56 72/6 20 20, Fax +43/(0)56 72/6 20 20 40; e-mail: info@hotel-moserhof.at, Internet: www.hotel-moserhof.at

Bichlbach

Tier- und Spielpark

Eigentlich bräuchte man gar keinen Wegweiser, denn eine große Eselherde gleich neben der Hauptstraße verrädt bereits, dass es hier etwas ganz Besonderes gibt: den **Tier- und Spielpark** mit **Streichelzoo**. Da fasziniert die **Berberaffenmama**, die liebevoll das Fell ihres Kindes nach Ungeziefer untersucht, die Frischlinge der kleinen **Wildsau** bummeln mit den halbwüchsigen Ziegen den Weg entlang und die griechische **Landschildkröte** mampft begeistert das saftige Tiroler Gras. Auch Kindergeburtstage lassen sich hier im wahrsten Sinne des Wortes märchenhaft feiern. Kuchen und Getränke kann man mitbringen und Zwerge und Tiere laden sich selber ein als Gäste. Und gegenüber im Dorf entführt die **Märchenwelt** die Kinder ins Land der Brüder Grimm. Österreichs **größte Eselei** (Esel stehen auch zum Verkauf!), **Tier- und Spielpark Bichlbach**, Familie Albert Linser, Sämerhof 47, A-6621 Bichlbach, Tel. +437(0)56 74/52 09, Fax +43/(0) 56 74/5 20 94; Internet: www.streichelzoo.com

Zugspitzbahn

Gipfelrestaurant

Für das leibliche Wohl steht am Tag und bei den Abendfahrten das Gipfelrestaurant zur Verfügung. Im gemütlichen **Selbstbedienungsrestaurant** mit Panoramablick wird man mit Spezialitäten aus heimischer und internationaler Küche sowie mit Kaffee und hausgemachtem Kuchen verwöhnt. Durch den im Frühjahr 2005 durchgeführten Umbau und die Umgestaltung erstrahlt das Restaurant in neuem Glanz. Die rustikal-gemütliche Einrichtung und das moderne Ambiente lassen Betriebs- und Familienfeste zu etwas ganz Besonderem werden. Der einzigartige Blick von den Zillertaler Alpen bis in die Schweiz macht den Aufenthalt zum höchsten Erlebnis (ca. 250 Sitzplätze). Bei Gesellschaften und Feiern steht die Servicebrigade auch am Gipfel zur Verfügung.

Zugspitzbahn

Urlaubshoch mit der „Himmelstürmerin"

Die Zugspitze (2962 m) ist der höchste Berg Deutschlands. Mit der Tiroler Zugspitzbahn wählt man den schnellsten und direkten Weg knapp unter die 3000er-Grenze. Die für Rollstühle und Kinderwagen geeigneten und 100 Personen fassenden Kabinen bringen den Ausflugsgast in nur 10 Minuten auf das Plateau des schroffen Fast-Dreitausenders. Für ihre Qualität hat die Tiroler Zugspitzbahn das Zertifikat „Österreichische Sommerbahn 2005-2007 erhalten.

„Faszination Zugspitze" mit neuer Erlebniswelt

2005 wurde mit der „Faszination Zugspitze" direkt in der Bergstation der Tiroler Zugspitzbahn eine Erlebniswelt eröffnet, die der Vielseitigkeit und dem Mythos des schroffen Massivs gerecht wird: Von der Erstbesteigung 1820 über den Bau der Zugspitzbahn um 1925 bis zur Gegenwart erwarten den Besucher multimediale Sinnesvisionen. Ein überdimensionales Mosaikbild der Zugspitz-

bahn, ein 3D Höhenmodell des Zugspitzmassivs und weitere Attraktionen machen die Faszination Zugspitze für Groß und Klein erlebbar.

Gipfel-Romantik „Zugspitze by Night":

Ganz schön „vollmondig" zeigt sich das Romantik-Angebot der Zugspitzbahn. Von Juni bis September schweben Naturgenießer in der Vollmondnacht auf das Plateau des schroffen Kalkmassivs und genießen hier mit einem Glas Prosecco (gratis) die Rundumsicht in einer traumhaften Atmosphäre. Außerdem hat das Panorama-Gipfelrestaurant geöffnet und lädt mit Tiroler Schmankerln und musikalischer Unterhaltung zum stimmungsvollen Tagesausklang ein. Besonders beliebt sind auch die romantischen Fondue-Abende, die jeden Mittwoch gegen Vorbestellung angeboten werden.

Gipfelrestaurant

Für das leibliche Wohl steht am Tag und bei den Abendfahrten das Gipfelrestaurant zur Verfügung. Im gemütlichen Selbstbedienungsrestaurant mit Panoramablick wird man mit Spezialitäten aus heimischer und internationaler Küche sowie mit Kaffee und

hausgemachtem Kuchen verwöhnt. Durch den im Frühjahr 2005 durchgeführten Umbau und die Umgestaltung erstrahlt das Restaurant in neuem Glanz. Die rustikal-gemütliche Einrichtung und das moderne Ambiente lassen Betriebs- und Familienfeste zu etwas ganz Besonderem werden. Der einzigartige Blick von den Zillertaler Alpen bis in die Schweiz macht den Aufenthalt zum höchsten Erlebnis (ca. 250 Sitzplätze). Bei Gesellschaften und Feiern steht die Servicebrigade auch am Gipfel zur Verfügung.

Unser Restaurant wird versorgt und betrieben von der Ferienanlage Tiroler Zugspitze – die 4-Sterne-Hotelanlage direkt an der Talstation der Tiroler Zugspitzbahn.

Talstation

Wieder unten im Tal sind dem „Vergnügen danach" keine Grenzen gesetzt. Der technisch Interessierte erhält im Schauraum einen Einblick in die Dimensionen der Bahn, wenn er von hier direkt in den Antriebsraum sieht und anhand von Schautafeln verfolgen kann, was beim Betrieb der Bahn „passiert". Rund um die Talstation bieten nahe gelegene Spazierwege, eine Wasserspielanlage rund um die Teiche und der großzügige Park mit Kinderspielplatz und Trampolinanlage ein zusätzliches Freizeitangebot. Die Tretcarbahn mit den Super-Gocarts ist immer wieder beliebter Treffpunkt für die jungen Besucher! Der Riesenspielturm mit der großen Sandkiste ist Ziel der kleineren Kinder.

Alpenrestaurant

Als Erlebnis für die ganze Familie lädt das Alpenrestaurant mit Sonnenterrasse ein. Von hier genießt der Gast

Die Zirbenstube bietet auch am Abend Platz für Gäste, die sich „A la Carte" verwöhnen lassen möchten.

Ferienanlage Tiroler Zugspitze, Obermoos, A-6632 Ehrwald, Tel.: 0043/(0)5673/2309, Fax: 0043/(0)5673/2309-51; e-mail: hotel@zugspitze.at

einen herrlichen Blick auf das gigantische Zugspitzmassiv. Man lässt sich mit Spezialitäten aus heimischer und internationaler Küche, mit Kaffee und hausgemachten Kuchen verwöhnen.

Tiroler Zugspitzbahn, Obermoos, A-6632 Ehrwald, Tel.: +43/(0)5673/ 2309, Fax: +43/(0)5673/2309-51, www.zugspitze.at, e-mail: info@zugspitze.at

Talstation

Wieder unten im Tal sind dem „Vergnügen danach" keine Grenzen gesetzt. Der technisch Interessierte erhält im Schauraum einen Einblick in die Dimensionen der Bahn, wenn er von hier direkt in den Antriebsraum sieht und anhand von Schautafeln verfolgen kann, was beim Betrieb der Bahn „passiert". Rund um die Talstation bieten nahe gelegene Spazierwege, eine Wasserspielanlage rund um die Teiche und der großzügige Park mit Kinderspielplatz und Trampolinanlage ein zusätzliches Freizeitangebot. Die Tretcarbahn mit den Super-Gocarts ist immer wieder beliebter Treffpunkt für die jungen Besucher! Der Riesenspielturm mit der großen Sandkiste ist Ziel der kleineren Kinder.

Alpenrestaurant

Als Erlebnis für die ganze Familie lädt das Alpenrestaurant mit Sonnenterrasse ein. Von hier genießt der Gast einen herrlichen Blick auf das gigantische Zugspitzmassiv. Man lässt sich mit Spezialitäten aus heimischer und internationaler Küche, mit Kaffee und hausgemachten Kuchen verwöhnen. Die Zirbenstube bietet auch am Abend Platz für Gäste, die sich „A la Carte" verwöhnen lassen möchten.
Tiroler Zugspitzbahn, Obermoos, A-6632 Ehrwald, Tel.: +43/(0)56 73/23 09, Fax: +43/(0)56 73/23 09-51, www.zugspitze.at, e-mail: info@zugspitze.at

Ausflugsziel Ostallgäu

Nesselwang

Eine Besichtigung der Wallfahrtskirche Maria Rain bei Nesselwang lässt

sich ideal mit einer Einkehr im **Alpengasthof „Hirsch"** kombinieren. Die Allgäuer Schmankerl. Besonderer Beliebtheit erfreuen sich die regelmäßig stattfindenden Wildwochen, die Spargelwochen sowie die leckeren Pilzgerichte. Eine eigene Kinderkarte sowie spezielle Seniorengerichte komplettieren das Angebot.

Öffnungszeiten: täglich 11.30–22.30 Uhr sowie nach Absprache; Montag Ruhetag

Während der Sommermonate kann man es sich im schönen Biergarten gut gehen lassen. Die Umgebung ist übrigens ein Eldorado für Wanderer und Naturfreunde.

Auch zum Übernachten empfiehlt sich der direkt neben der Kirche in der Ortsmitte befindliche Alpengasthof „Hirsch". Die Fremdenzimmer wurden im bayrisch-rustikalen Stil eingerichtet und verfügen alle über Dusche/WC sowie großteils über Balkon oder Terrasse. Hüttenabende, Grillfeste, Zitherabende sowie andere Folkloreveranstaltungen bringen Abwechslung ins Geschehen.

(Wanger Weg 1, Telefon 0 83 61/ 92 21 30)

Holzschnitzereien aus Meisterhand

Die **Holzschnitzereien Beuße** im Hause Dienewald (Dolder Straße 2, Telefon 0 83 64/4 32) in Eisenberg/ Speiden pflegen bereits in dritter Generation diese traditionelle Handwerkskunst.

Hier, ganz in der Nähe der Wallfahrtskirche Maria-Hilf, findet der Besucher ein reichhaltiges Sortiment. Madonna, Kruzifix und Weihnachtskrippe

sind gefragte Objekte, aber auch geschnitzte Jäger, Nachtwächter und Tierfiguren sind als Zierrat gepflegter Wohnkultur sehr beliebt. Ob in herkömmlich barocker Art oder in klassisch-schlichtem Stil, entsprechend dem modernen Zeitgeist, das Angebot der Holzschnitzereien Beuße bietet für jeden Geschmack etwas Passendes.

Bei den Holzschnitzereien Beuße wird besonders großer Wert gelegt auf die sorgfältige Ausarbeitung der Skulpturen, die zumeist in Linden- oder Ahornholz gefertigt sind. Die fertig geschnitzte Figur wird entweder naturbelassen und mit Bienenwachs farblos versiegelt, mit Wachsbeize zum Teil in unterschiedlichen Nuancen gebeizt, mit Ölfarben dezent coloriert oder mit 24 Karat Blattgold gefasst und antik bemalt – jedes Stück von Meisterhand ein wertvolles Schmuckstück.

Hobby-Schnitzer finden in den Holzschnitzereien Beuße eine reiche Auswahl an Holz-Rohlingen, Schnitzmessern, Beizen, Anleitungen und bekommen dazu noch den einen oder anderen Tipp vom kompetenten Fachmann.

Eine sehenswerte Besonderheit ist die ganzjährige Krippenausstellung.

Königliche Kristall-Therme

Wellness – Freizeit – Urlaub

Die Königliche Kristall-Therme (Am Ehberg 16, Telefon 0049 (0) 8362 819630) ist ein Garant für Wellnessurlaub in Schwangau. In einer reizvollen Landschaft wartet die Kristall-Therme mit einer gelungenen Mischung aus gesundheitsfördernden Erholungsangeboten im Bereich Wellness und Gesundheit auf. Das Thermalsole-Heilwasser steigert das Wohlbefinden. Die Wassertemperaturen der Becken liegen zwischen angenehmen 32 und 36 °C. In allen Becken sind Unterwassermassage-Einrichtungen vorhanden. Sich sanft massieren lassen mit einem herrlichen Blick auf Schloss Neuschwanstein ist ein echtes „Schmankerl". Eine weitere Besonderheit ist das 12%ige Sole-Außenbecken, hier kann man sich treiben lassen wie im Toten Meer.

Dem begeisterten Saunagänger bietet sich eine Saunalandschaft mit 7 Themensaunen, einer Eisgrotte, 3 Dampfbädern und rund 16 Spezialaufgüssen täglich. Wer sich gerne ein Salzpeeling gönnen möchte, sollte sich für den Besuch in der Dampfsauna „Venusgrotte" im Außenbereich der Sauna entscheiden. Das Richtige für absolute Saunaprofis ist die Bergsauna mit 100 °C Temperatur, in der täglich der Haferaufguss zelebriert wird. Für me-

Gelenke und Muskulatur. Energie tanken und entspannen kann der Gast durch ein umfangreiches Angebot im Wellness- und Massagezentrum. Wer körperlich aktiv sein möchte, kann an der täglich viermal kostenlosen Wassergymnastik teilnehmen; eine sanfte Art Gelenke zu aktivieren und die gesamte Muskulatur und das Bindegewebe schonend aufzubauen. Alles in allem ein Erholungs- und Urlaubserlebnis für gesundheitsbewusste Genießer, Ruhesuchende, Singles, Paare und Familien.

Öffnungszeiten: Mo, Di, Mi, Do, So 9–22 Uhr; Fr, Sa 9–23 Uhr; Di und Fr ab 19 Uhr textilfreies Baden.

Weitere Informationen unter www. kristallbaeder.de

ditative Entspannung lässt die einmalige Edelsteingrotte Raum und Möglichkeit zum Abschalten. Empfehlenswert ist der Besuch im osmanischen Hamam, dessen Elemente dem Thronsaal Neuschwansteins nachempfunden wurden.

Ein Aufenthalt fördert die körperliche und geistige Reinigung, lässt die Alltagsgedanken abstreifen und lockert

Füssen

Schloss Neuschwanstein / Schloss Hohenschwangau

Schloss **Neuschwanstein** und Schloss **Hohenschwangau** – einstige königliche Sommerfrische – ziehen jährlich mehr als 1,5 Mio. Besucher aus Nah und Fern in das Ostallgäu.

Schloss Neuschwanstein ist ohne Zweifel eine der bedeutendsten Sehenswürdigkeiten Deutschlands. Der unvergessene Bayernkönig Ludwig II. ließ es von 1869 bis zu seinem Tode im Jahr 1886 hoch über der rauschenden Pöllatt erbauen. Die atemberaubende Lage und märchenhafte Innenausstattung machten das Schloss weltberühmt.

Grundsteinlegung für Neuschwanstein war am 5. September 1869; als Vorbild diente vor allem die Wartburg in Thüringen. Die Bauzeit betrug 17 Jahre. Dann mussten die Arbeiten infolge des frühen Todes des Bauherrn eingestellt werden. **Öffnungszeiten:** 1. April bis 30. September 9–18 Uhr, 1. Oktober bis 31. März 10–16 Uhr; geschlossen am 1. Januar, am Faschingsdienstag sowie am 24., 25. und 31. Dezember

Schloss Hohenschwangau, im 12. Jh. durch die Edlen von Schwangau als Burg „Schwanstein" errichtet, sollte wegen Baufälligkeit abgerissen werden. Kronprinz Maximilian II. von Bayern, der Sohn König Ludwigs I., erwarb 1832 das zerfallene Gebäude und ließ es von Domenico Quaglio nach vorhandenen alten Plänen im neugotischen Stil wieder aufbauen. Die Inneneinrichtung ist heute noch im Biedermeierstil gehalten. Die Besichtigung des Schlosses Hohenschwangau ist für historisch Interessierte ein Muss. König Ludwig II. verbrachte hier glückliche Jugendjahre. Heute befindet es sich im Besitz des Wittelsbacher Ausgleichsfonds. **Öffnungszeiten:** 1. April bis 30. September 9–18 Uhr, 1. Oktober bis 31. März 10–16 Uhr; geschlossen am 24. Dezember

Tickets für beide Königsschlösser sind nur im Ticket Center, Alpseestr. 12, in der Ortschaft Hohenschwangau erhältlich.

Majestätisch und märchenhaft zugleich präsentiert sich die mehr als siebenhundertjährige **Stadt Füssen** im Allgäu zu Füßen der Ammergauer und Tannheimer Berge. Bayerns höchstgelegene Stadt (800 m), südlicher Endpunkt der berühmten „Romantischen Straße", lebt von einzigartigen landschaftlichen Kontrasten: sanfte Allgäuer Hügel, wilde Bergwelt und eiszeitliche Seenlandschaften verschmelzen hier zu einem harmonischen Gesamtkunstwerk. In der Altstadt ergänzen sich prachtvolle Barockkirchen und mittelalterliche Handelsplätze. Das ehem. Benediktinerkloster St. Mang und das Hohe Schloss sind die Glanzpunkte im fast autofreien historischen Stadtkern mit seinen verwinkelten Dächern, gotischen Häusergiebeln und alten Stadtmauerresten.

Während des ganzen Jahres werden jeden Samstag um 9.30 Uhr für Kur-

karteninhaber kostenlose **Stadtführungen** angeboten (Dauer: ca. 1,5 Stunden). Gäste ohne Kurkarte zahlen lediglich einen geringen Unkostenbeitrag. Treffpunkt bei der Tourist Information Füssen, Haupteingang.
Ein ganz besonderes Erlebnis ist eine **Stadtführung am Abend**. Termine sind dem aktuellen Veranstaltungskalender zu entnehmen, erhältlich in den Tourist Informationen Füssen, Hopfen am See und Weißensee. Sonderführungen für Reisegruppen auf Anfrage (Telefon 00 49/(0)83 62-/9 38 50).

In **Füssen** kann man außerdem auch eine **Stadtführung** der besonderen Art erleben. Ein tragbares Abspielgerät und eine CD – und schon kommt man sich bei dieser besonderen Stadtführung als Hörbild so vor, als sei man direkt zwischen den mittelalterlichen Händlern und Handwerkern, die Basilika erfüllt sich mit brausendem Orgelklang und man begleitet die Flößer, wenn sie sich auf ihre gefährliche Reise begeben. Das macht Geschichte und Geschichten in 12 Stationen auch für die Jüngeren interessant und erlebbar. Ausgeliehen werden können CD und Discman in der Tourist Information Füssen, Kaiser-Maximilian-Platz 1

Das **Hohe Schloss** ist das Wahrzeichen der Stadt Füssen und war einst der Sommersitz der Fürstbischöfe von Augsburg, die für knapp 500 Jahre in Füssen die Stadtherren waren.
Es zählt heute vor allem wegen seiner Illusionsmalereien zu den bedeutendsten Profanbauten der deutschen Spätgotik. Beeindruckend sind die Innenräume, insbesondere der prunkvolle Rittersaal mit seiner reich geschnitzten spätgotischen Kassettendecke. In den früheren Wohnräumen der Bischöfe sind heute eine Filialgalerie der Bayerischen Staatsgemäldesammlungen und die Städtische Gemäldegalerie untergebracht. Gezeigt werden Skulpturen und Tafelbilder aus Spätgotik und Renaissance, vor allem aus dem schwäbischen Raum, Münchner Maler des 19. Jahrhunderts (u. a. Carl Spitzweg) und wechselnde Sonderausstellungen aus der Sammlung Pocci. **Öffnungszeiten** April bis Oktober: Dienstag bis Sonntag 11–16 Uhr; **Öffnungszeiten** November bis März: Dienstag bis Sonntag 14–16 Uhr; Führungen finden von April bis Oktober jeden Mittwoch um 14.30 Uhr statt (Mindestteilnehmerzahl 10 Personen); Sonderführungen für Reisegruppen auf Anfrage (Telefon 00 49 /(0)83 62/94 01 62 oder 90 31 46).

Direkt unterhalb des Hohen Schlosses erhebt sich am Hochufer des Lechs die prachtvolle Barockanlage des einstigen **Benediktinerklosters St. Mang**, dessen Geschichte bis in das 8. Jh. Zurückreicht. Der heutige Gebäudekomplex wurde in den ersten Jahrzehnten des 18. Jh. von Johann Jakob Herkomer erbaut. Die barocke **Basilika St. Mang**, die auf mittelalterlichen Fundamenten steht, schmückt ein Hochaltar (um 1722) mit Figuren von Anton Sturm, außerdem sind wertvolle Magnusreliquien zu sehen, darunter der 1572 in Silber gefasste Magnusstab. In der **Krypta** – ältestes Bauwerk der Stadt Füssen – befindet sich das älteste erhaltene Fresko in Bayern (ungefähr aus dem Jahre 980, Reichenauer Schule). Die Krypta ist nur bei Kirchenführungen und im Anschluss an die Sonntagsgottesdienste zugänglich. Führungen durch die **Basilika St. Mang** finden von Januar bis Oktober jeden Samstag um 10.30 Uhr statt, Treffpunkt am Kircheneingang der Basilika St. Mang. Sonderführungen für Reisegruppen auf Anfrage (Telefon 00 49/(0)83 62/48 44).

Museum der Stadt Füssen

Das Museum der Stadt Füssen hat seine Heimat im ehem. Benediktinerkloster St. Mang gefunden und dokumentiert die Kloster- und Stadtgeschichte. Eingeschlossen in den Museumsrundgang sind auch die prachtvoll dekorierten barocken Repräsentationsräume des Klosters. Im reich geschmückten Fürstensaal finden seit 50 Jahren die bekannten Fürstensaal-Konzerte statt. Bibliothek und Speisesaal sind durch ein ovales „Guckloch" verbunden und erinnern so an die Einheit von geistiger und leiblicher Nahrung. Ein weiterer Höhepunkt unter den Barockräumen ist die St.-Anna-Kapelle, deren Fundamente aus dem 9. Jh. stammen. Neben zahlreichen Grabstätten von Rittern und Äbten sollte man vor allem den berühmten Füssener Totentanz einmal gesehen haben. Der im Jahre 1602 von Jakob Hiebeler vor dem Hintergrund der am Lech wütenden Pest vollendete Totentanzzyklus ist der älteste in Bayern erhaltene Totentanz.

Die Abteilung Stadtgeschichte erinnert u. a. an die fast vergessene Bedeutung Füssens als Zentrum des Lautenmacherhandwerks im 16./17. Jh. U. a. ist hier eine Geigenbau-Werkstatt ist naturgetreu nachgebaut und vermittelt dem Besucher eine genaue Vorstellung über diese Handwerkskunst. Die Lauten, Geigen und anderen mittelalterlichen Instrumente sind über Kopfhörer zu hören, was den Museumsbesuch zum beeindruckenden Klangerlebnis werden lässt, vor allem auch für Kinder. Sehenswert sind auch die historische Müllerstube mit reich verzierter Holztäfelung sowie die Exponate zur Geschichte der Stadt im 19. Jh. **Öffnungszeiten**, April bis Oktober: Dienstag bis Sonntag 10–17 Uhr; **Öffnungszeiten**, November bis März: Dienstag bis Sonntag 13–16 Uhr
Führungen finden jeden Dienstag und Donnerstag um 14.30 Uhr statt (Mindestteilnehmerzahl 10 Personen); Sonderführungen für Reisegruppen auf Anfrage (Telefon 00 49/(0)83 62 /90 31 43 oder 90 31 46).

Kaiserfest zu Füssen

Zu einem echten Besuchermagneten entwickelt hat sich das Kaiserfest zu Füssen. Vom 12.08. bis 15.08.2006 steht die Füssener Altstadt ganz im Zeichen des Mittelalters mit einem lebendigen Kaisermarkt. Gaukler, Feuerspucker, mittelalterliche Spielleute, Landsknechtgruppen und Ritter sowie ein ansprechendes Kinderprogramm

Ludwig² – Das Musical

König Ludwig II.

König Ludwig II. von Bayern hat schon zu seinen Lebzeiten die Phantasie der Menschen beschäftigt und immer wieder zu Spekulationen Anlass gegeben. Bereits mit 18 Jahren wurde er zum König gekrönt, und es zeigte sich bald, dass er mehr den schönen Künsten als dem Kriegshandwerk zugetan war. Er liebte die Musik, finanzierte Richard Wagners Werk und plante und verwirklichte den Bau dreier großartiger Schlösser. Verheiratet war er nie, nur einmal kurz verlobt. Seiner Großcousine Elisabeth, genannt Sisi, Kaiserin von Österreich, war er liebevoll schwärmerisch zugetan.
Ludwigs Tod schürte die Gerüchteküche: Selbstmord, Mord oder Unfall hießen die Theorien. Bis heute hat Ludwig II. nichts von seiner Beliebtheit, von seinem Mythos eingebüßt, sodass es nicht verwunderlich ist, dass ihm hier am Originalschauplatz mit dem neuen Musical „Ludwig²“ ein weiteres Denkmal gesetzt wird. Das Festspielhaus Neuschwanstein liegt direkt am Ufer des Forggensees, am Fuße von Schloss Neuschwanstein, das König Ludwig II. in den 80er Jahren des 19. Jahrhunderts für sich erbauen ließ (es kann in einer ca. halbstündigen Führung besichtigt werden). Das Festspielhaus gewährt einen freien Blick auf Schloss Neuschwanstein. Es ist mit modernster Technik ausgestattet und verfügt u.a. über Deutschlands größte bespielte Drehbühne.

Inhalt

Im neuen Musical „Ludwig²“ entwickelt sich in Rückblenden die Lebensgeschichte des bayerischen Märchenkönigs: Die freudlose Kindheit, seine Proklamation zum König und seine Ideale und Visionen, die lediglich von seiner geliebten Cousine Sisi und seinem Adjutanten Graf Dürckheim unterstützt werden. Ludwigs Liebe zu Sisi scheitert, und Ludwig entscheidet sich für ein Leben in Einsamkeit. Der Engel der Geschichte befreit Ludwig aus

seiner großen Traurigkeit und spendet dem König neuen Mut.
Preußen erklärt Frankreich den Krieg und Ludwig muss gegen seine Überzeugung Waffenhilfe leisten. Sein Bruder Otto wird im Kampf auf dem Schlachtfeld verschüttet und in letzter Minute von Graf Dürckheim gerettet. Otto wird mit einer schweren Kriegsneurose in die psychiatrische Klinik Dr. Guddens eingeliefert. Diese Erfahrung bringt Ludwig zu seinem Schwur: Nie wieder Krieg! Bauen statt Zerstören! Seine Feinde verschwören sich gegen den König. Dr. Gudden wird unter Druck gesetzt und

erklärt Ludwig für geisteskrank. Ludwig wird abgeführt, und die Kugel fliegt durch die Nacht...

Komponisten

Um ein möglichst breites Spektrum musikalischer Ideen und Ausdrucksformen zu schaffen, wurden Christopher Franke und Konstantin Wecker beauftragt, die Musik für „Ludwig^2" zu schreiben. Franke war 18 Jahre lang Mitglied der Gruppe „Tangerine Dream", die mit ihrer elektronischen Musik weltweit Erfolge feierte und schrieb die Musik für zahlreiche Filme.
Konstantin Wecker, das musikalische Multi-Talent, trat in seiner Jugend mit der Gitarre in Münchener Kneipen auf, um sich sein Musikstudium zu finanzieren. Wecker schrieb außerdem mehrere Bucher, darunter auch den Gedichtband „Schmerzvoll lebendig". Er erhielt den Deutschen Schallplattenpreis, den Tucholsky- und den Deutschen Kleinkunstpreis. Filmmelodien zu Helmut Dietls „Schtonk" und zur TV-Serie „Kir Royal" stammen ebenfalls von ihm.

Ticket- und Vertriebsinformationen

„Ludwig^2", das neue Musical, realisiert von einem internationalen Team vor der malerischen Originalkulisse der Allgäuer Alpen und des Schlosses Neuschwanstein, feierte am 11. März 2005 Uraufführung im Festspielhaus Neuschwanstein.
Spielzeiten: Dienstag bis Freitag 19:30 Uhr, Samstag 14:30 Uhr und

19:30 Uhr, Sonntag 14:30 Uhr. Theaterferien Anfang Januar bis Anfang März! Tickethotline: (+49) 91805/13 11 32 (12 Ct/ Min.). Kontakt für Gruppenbuchungen Tel. 08362 5077-313, Fax 08362 5077-289; E-Mail: info@ludwig2musical.de, Internet: www.ludwig2musical.de

Gastronomieangebote des Festspielhauses Neuschwanstein

Das Festspielhaus Neuschwanstein bietet mit seiner vielseitigen Gastronomie ein kulinarisches Erlebnis für jeden Geschmack. Romantik Restaurant: Drei-Gänge-Musical Menu, Pausenteller; Panorama Saal: Dinnerbuffet; Wirtshaus & Biergarten: Bayerische Schmankerln; Ludwigs Lounge & Bar: Champagner & Cocktails.

beherrschen die Szenerie. Am 13.08. gipfelt das Fest im kaiserlichen Festumzug durch die Altstadt (14.00 Uhr, Ersatztermin: 15.08.06).
Weitere Highlights im Füssener Veranstaltungskalender sind das Stadtfest Ende Juli, das Schindaufest auf dem Schrannenplatz Mitte August und die alljährlichen Feierlichkeiten zum Geburtstag König Ludwigs II. um den 25. August herum.

Der Urlaubsort Füssen wurde als **besonders familienfreundlich** ausgezeichnet und bietet im Rahmen seines umfangreichen Veranstaltungsprogramms auch viele Veranstaltungen für die jüngsten Gäste: Das Familien-Urlaubsprogramm „Hits für Kids" läuft jeweils in den Ferienzeiten der Sommersaison.

Walderlebniszentrum Ziegelwies: Bergwaldpfad und Auwaldpfad

Seit einigen Jahren besteht als grenzüberschreitendes deutsch-österreichisches Projekt das Walderlebniszentrum Ziegelwies im Füssener Ortsteil Ziegelwies direkt an der Staatsgrenze (Tel. 0 83 62/9 38 75 50. Neben Information über den Lebensraum Wald bieten diese Wege Spiel- und Sportmöglichkeiten für die ganze Familie. Umfangreiches Veranstaltungsprogramm mit geführten Exkursionen etc. **Öffnungszeiten/Informationszentrum:** Dienstag, Mittwoch, Donnerstag, Freitag 10.00–16.00 Uhr. In den Oster-, Pfingst- und Sommerferien zusätzlich Samstag und Sonntag 10.00–16.00 Uhr. Das Außengelände ist täglich zugänglich.

Forggensee-Schifffahrt

Füssen

Die schönste Zeit auf dem Forggensee beginnt am 01. Juni, wenn die beiden weißen Dampfer ablegen. Zwei Stunden dauert die **Große Rundfahrt** mit der stattlichen „Füssen", 50 Minuten ist man bei der **Kleinen Rundfahrt** mit der „Allgäu" unterwegs. In der Saison werden täglich neun Rundfahrten durchgeführt. Der Blick auf die traumhafte Voralpenlandschaft und das „Märchenschloss" Neuschwanstein, ein entspannter Aufenthalt auf dem Sonnendeck oder im Fahrgastraum mit preiswerter Bordgastronomie machen den Ausflug unvergesslich. Es ist auch möglich, Gruppen- und Abendfahrten zu buchen oder Familienfeiern auf dem Wasser auszurichten. Bei beiden Schiffen ist für einen bequemen Einstieg für Kinderwagen und Rollstuhl gesorgt.
25 Kleinboote stehen zum Leihen zur Verfügung. **Informationen** unter Tel. 0 83 62/90 32 31 oder 0 83 62/ 92 13 63 oder Mobil 01 77/7 92 13 63

Schloss Hopferau

Das **Schloss zu Hopferau** ist das älteste Schloss im Ostallgäu. Seit nahezu 550 Jahren ist es ein Ort der Begegnung und bietet mit seinen unterschiedlich großen Räumen ideale Voraussetzungen für **Tagungen und Seminare** vielfältiger Art. Zusätzliche Angebote wie z. B. energetische Therapiewochen oder das Arrangement für Wander- und Naturfreunde, das Treppenhauskonzert oder die kulinarische Reise, die Betriebsfeier oder das Familienfest finden im Schloss zu Hopferau ein Zuhause in besonderem Ambiente. Man spürt das Flair von Jahrhunderten und erlebt einen unvergesslichen Aufenthalt. Der liebevoll gepflegte Park lädt zum Verweilen ein.

Mittelalter und Moderne liegen im Schloss zu Hopferau nah beieinander und ergänzen sich in geradezu idealer Weise zu fürstlicher Gastlichkeit. **14 Hotelzimmer** stehen den Veranstaltungsgästen zur Verfügung und bieten mit ihrem modernen Komfort das Wohnerlebnis der besonderen Art. Das ausgiebige Frühstück in der historischen Schlossküche des ehemaligen Jagdschlosses der Ritter von Freyberg-Eisenberg bildet den idealen Auftakt zu einem abwechslungsreichen Ferien- oder Seminartag. Spezielle Vital-Arrangements lohnen ebenfalls die Nachfrage.

Ausgezeichnete Küche erwartet den Gast in der **Alten Burgwache**, im **Schloss-Restaurant** oder im **Biergarten**. Die kleine Köstlichkeit bis hin zum ausgefallenen Menü stehen auf der Speisenkarte. Das außergewöhnliche Ambiente und hervorragender Service machen den Besuch immer zu etwas Besonderem.

Schloss zu Hopferau, Schlossstrasse 9–11, 87659 Hopferau, Tel. 0 83 64 /98 48 90, Fax 0 83 64/9 84 89 44; Internet: www.schloss-hopferau.com, E-Mail: info@schloss-hopferau.com

Ganzjährig

Im **Bundesleistungszentrum für Eishockey/BLZ** (Am Kobelhang, Telefon 0 83 62/5 07 50) trainiert die A-Nationalmannschaft des Deutschen Eishockey Bundes (DEB). Aber auch diverse Auswahlteams der verschiedenen Nachwuchsklassen sowie Nationalmannschaften aus dem Ausland sind hier regelmäßig zu Gast.
Auch zum Eislaufen bietet das BLZ optimale Bedingungen. In einer der schönsten Arenen Deutschlands kann man hier in temperierter Atmosphäre seine Pirouetten drehen. Ein Schlittschuhverleih ist ebenfalls vorhanden.
Wer Lust hat, kann auch ein Heimspiel des oftmaligen deutschen Eishockeymeisters **EV Füssen „Leopards"** (Oberliga Süd) besuchen; Spieltage in der Regel Freitag oder Sonntag.
Öffentlicher Lauf: Montag bis Sonntag 14–15.50 Uhr
Discolauf: Montag 20–21.30 Uhr (September bis März 19.30–20.50 Uhr)
Kein Eisbetrieb von Ende April bis Ende Juni!

Einkaufen

Trachten Werner

Flotte Landhausmode, traditionelle Tracht u. v. m. für Damen, Herren und Kinder bietet Trachten Werner (Reichenstraße 26, Telefon 0 83 62 /50 53 54) im Herzen der Füssener Fußgängerzone auf rund 350 qm Verkaufsfläche. Aufwendig gearbeitete Dirndl aus Baumwolle oder Leinen sowie festliche Dirndl sind ein fester Bestandteil Allgäuer Tradition. Hochwertige Lederbekleidung aus Ziegenvelour sowie romantische Leder-Leinen-Kombinationen liegen im Trend. Verspielte Mieder, Kleider und Röcke mit viel Spitze und meist bestickten Leder- oder Waschledereinsätzen werden immer beliebter. Schicke Landhauskleider, flotte Kombimode, strapazierfähige Walkjanker und passende Accessoires runden das umfangreiche Sortiment ab. Herren erwartet eine große Auswahl an kurzen und langen Lederhosen, Bundlederhosen sowie passenden Jacken und Westen aus Wildbockleder. Neben den klassischen karierten und weißen Trachtenhemden findet man auch modische Landhaushemden in Leinenoptik. Der Kunde genießt die fachkompetente Beratung der freundlichen Mitarbeiter. Einkaufen bei Trachten Werner in Füssen, weil's einfach Spaß macht!

Neuschwanstein Hotels & Events

Direkt zwischen den Königsschlössern Neuschwanstein und Hohenschwangau wohnt man im **Schlosshotel „Lisl" & „Jägerhaus"** (Neuschwansteinstraße 1–3, Telefon

08362 8870). Die über 100 Jahre alten Gebäude wurden zu Zeiten Ludwig II. bereits als Unterkunft und Brotzeitstüberl genutzt. Egal ob in einem der 35 gemütlichen Standardzimmern im Hauptgebäude oder in den luxuriösen „Gemächern" mit Marmorbädern in der Villa Jägerhaus – die individuelle stilvolle Einrichtung und der Blick auf die Königsschlösser machen den Aufenthalt zum Erlebnis! Spezielle Arrangements und Pauschalangebote lohnen die Nachfrage.

Im Schwangauer Ortsteil Horn befindet sich das **Hotel „Schwangauer Hof"** (Füssener Strasse 113, Telefon 08362 8400). Das familiär geführte Hotel bietet schöne Zimmer im alpenländischen Stil mit Balkon oder Terrasse, Bad oder Dusche/WC, TV und Telefon. Des Weiteren stehen auch ein „Superior" Schwanenzimmer, ein Familienappartement mit zwei getrennten Zimmern sowie ein behindertengerechtes Einzelzimmer zur Verfügung.

Im Ortskern von Hohenschwangau liegt das **Hotel Garni „Schlossblick"** (Schwangauer Strasse 7, Telefon 08362 81649). Das Hotel mit Pensionscharakter verfügt über 26 gemütliche Gästezimmer und ist ideal für den Gast, der für die Übernachtung nicht viel Geld ausgeben möchte. Zur Hotelausstattung zählen ein gemütlicher Gemeinschafts- und Fernsehraum, der Frühstücksraum mit Blick auf Schloss Neuschwanstein sowie der große Garten. Parkplätze für PKW und Busse stehen in ausreichender Zahl zur Verfügung.

Das Nebengebäude liegt direkt hinter dem Hotel Schlossblick und empfiehlt sich vor allem für Gäste, die es etwas ruhiger haben wollen.

Hotels

In traumhafter, ruhiger Lage direkt am Forggensee stadtnah und nur zehn Gehminuten zum Musical Ludwig² befindet sich das **Vital-Hotel Sommer**. Zimmer und Suiten mit allem Komfort und der herrliche Ausblick auf Berge, See und Königsschlösser machen den Aufenthalt hier zum Erlebnis. Zum Hotel gehört die SPA & Wellness-Erlebniswelt VITAL-INSEL mit Erlebnishallenbad, ganzjährig beheiztem Solefreibad, Saunenlandschaft, Massagen, Packungen und Bäder sowie Kosmetik für Sie & Ihn. Der Gast kann zwischen dem kalt/warmen Frühstücksbuffet und der Gourmet-Halbpension wählen. Außerdem wird mittags ein Vital-Buffet angeboten. Am Abend trifft man sich in der Romantik-Bar. Spezielle Arrangements auf Anfrage (z. B. Wellness, Beauty, Musical, Golf).
Vital-Hotel Sommer, Weidachstraße 74, 87629 Füssen, Telefon 9 14 70; Internet: www.hotel-sommer.de

Hopfen am See

Riviera des Allgäus wird der Kneipp- und Luftkurort auch genannt. Hauptgrund dafür ist die Uferpromenade am Hopfensee, wo es sich gepflegt flanieren lässt – immer mit fantastischem Blick auf die gesamte Bergwelt des Königswinkels und auf die Königsschlösser. Hopfen am See ist mit seinen renommierten Kurhotels, Kneippsanatorien und der Fachklinik Enzensberg ganz auf Kur und Erholung eingestellt. Kur- und Gesundheitsaufenthalt werden hier zum besonderen Erlebnis.

Die Gegend um den Hopfensee bietet wunderschöne Wandermöglichkeiten. Gerade der Weg um den See ist ein herrlicher Spaziergang für die ganze Familie. Auch die Wanderung durch den Hopfener Wald zur Burgruine Hopfen und weiter auf den Enzensberg ist eine empfehlenswerte Tour.

Schwangau

Wenn man die Sammlerstube in Schwangau betritt, hat man das Gefühl, die Zeit sei stehen geblieben. Stilmöbel verschiedener Epochen, Bilder, Uhren, Geschirr, Küchenzubehör, Porzellan, Glas, Bücher, sakrale und bäuerliche Kunst bis hin zu Musikboxen (Jukebox) und Oldtimer-Zweiradfahrzeuge: Ein breit gefächertes Angebot erwartet den Liebhaber von Antiquitäten. Das ständig wechselnde Sortiment an originellen Gebrauchsgegenständen längst vergangener Zeit lohnt immer wieder den Besuch.
Sammlerstube Konschak, Oldie-Fundgrube, An- und Verkauf, Schlossstraße 3, 87645 Schwangau, Tel.: 0 83 62/8 81 10, Fax: 0 83 62/8 81 30; Internet: www.antikhaus-schwangau.de; geöffnet täglich 09.30–18.00 Uhr, Samstag 09.00–16.00 Uhr, Sonntag von Mai bis Okt. v. 10.00–16.00 Uhr, Montag geschlossen

Weißensee

Bei einem Ausflug nach Füssen unterbricht man gerne die Fahrt in **Weißensee** an dem malerisch gelegenen See. Das Freizeitangebot bietet hier Abwechslung für die ganze Familie. Angeln, Baden, eine Bootspartie oder ein Spaziergang in schöner Natur sind stets willkommene Aktivitäten. Für

Kinder gibt es zum Toben einen herrlichen Spielplatz am Freibadgelände. Ein kulturelles Kleinod ist die Kirche **St. Walburga** mit ihrem Scagliola-Altar von **Dominikus Zimmermann**.

Marktoberdorf

„Fachhandelspartner Nr. 1" auf dem Sektor Hausrat – diese Auszeichnung erhielt Firma **RÖSLE GmbH**, Johann-Georg-Fendt-Straße 38, 87616 Marktoberdorf, Postfach 1263, 87610 Marktoberdorf, Tel. 0 83 42/9 12-0, Fax 0 83 42/9 12-190; e-mail: info@roesle.de, Internet: www.roesle.de (siehe Herstellungsverkauf)

Wichtige Adressen und Telefonnummern

Füssen Tourismus und Marketing, Tourist Information Füssen, Kaiser-Maximilian-Platz 1, 87629 Füssen, Tel. 0 83 62/9 38 50, Fax 0 83 62 /93 85 20, Internet: www.fuessen.de; e-mail: tourismus@fuessen.de

Füssen Tourismus und Marketing, Tourist Information Hopfen am See, Uferstraße 21, 87629 Füssen – Hopfen am See, Tel. 0 83 62/74 58, Fax 0 83 62/ 3 99 78, Internet: www.fuessen.de, e-mail: hopfen@info.fuessen.de

Füssen Tourismus und Marketing, Tourist Information Weißensee, Seeweg 4, 87629 Füssen – Weißensee, Tel. 0 83 62/65 00, Fax 0 83 62/ 3 92 65, Internet: www.fuessen.de, e-mail: weissensee@info.fuessen.de

Ausflugsziel Bregenz/ Bregenzerwald

Bezau

Bregenzerwaldbahn-Museumsbahn

Bezau, Hauptort des Bregenzerwaldes, ist der attraktive Ausgangspunkt der 5 km langen Zugfahrt. Am 7. September 1900 stellte der Spatenstich am „Riedener Tunnel" den Beginn der Bauarbeiten für die Bregenzerwaldbahn dar. Am 15. September 1902 konnte die Bahnlinie mit einer Länge von 35,4 km eröffnet werden. An dieses große Ereignis erinnert die damals eingesetzte Dampflokomotive U 25, die 1992 vom Museumsbahnverein aufgearbeitet wurde und seither mit Zuverlässigkeit beim Wälderbähnle in Betrieb ist. 1999 hätten die Auswirkungen des schweren Hochwassers beinahe das Aus für die Bahn bedeutet. Doch der enorme Wille und ein immenser Arbeitseinsatz der Vereinsmitglieger trugen dazu bei, dass die Bregenzerwald-Museumsbahn in Bezau heute wieder ein Kleinod darstellt und zur Freude der Passagiere reibungslos verkehren kann. Man muss es erlebt haben. Wälderbähnle – das Erlebnis im Rhythmus der alten Zeit. Verein BWB, A-6941 Langenegg 39, Tel. +43/(0)6 64/4 66 23 30, Fax 00 43/(0)55 13/61 92-4; Internet : www.waelderbaehnle.at, e-mail : info@waelderbaehnle.at

Ausflugsziel Bodensee, Westallgäu, Württ. Allgäu

Salem

Affenberg

Es ist schon ungewöhnlich: Man spaziert durch ein fast 20 Hektar großes

Waldstück und darin tummeln sich frei über 200 Berberaffen. Keine trennenden Gitter oder Gräben – der Besucher ist gleichsam Gast im Heimgebiet dieser aufgeweckten Tiere und darf sie sogar mit speziell zubereitetem, gratis ausgeteiltem Popcorn füttern. Dieser hautnahe Kontakt mit unseren tierischen Verwandten ist nicht nur für Kinder ein Riesenspaß, sondern auch für Erwachsene ein höchst

eindrucksvolles Erlebnis. Man fühlt sich als Partner, auf Du und Du mit den Affen. Geschulte Mitarbeiter geben gerne Auskunft und machen mehrmals am Tag kleine Affen-Fütterungen mit Erläuterungen für die Zuschauer. Storchenweiher, Damwildanlage, Informations- und Filmraum, Affengalerie und Kinderspielplatz erwarten außerdem noch den Besucher. **Öffnungszeiten:** 15. März bis mind. 1. November täglich 09.00 bis 18.00 Uhr (letzter Einlass 17.30 Uhr). **Affenberg Salem/Mendlishausen GmbH,** 88682 Salem, Telefon 0 75 53 /3 81, Telefax 0 75 53/64 54; Internet: www.Affenberg-Salem.de; e-mail: Info@Affenberg-Salem.de

Brennerei und Weinkellerei Steinhauser, Kressbronn

„Der Wein ist unter den Getränken das nützlichste, unter den Arzneien

die schmackhafteste, unter den Nahrungsmitteln das angenehmste." Dies wusste schon Plutarch, und so ist es unter diesem Aspekt ein ganz besonderes Erlebnis, die alte Bodensee-Hausbrennerei und –Weinkellerei Steinhauser in Kressbronn zu besuchen.

Brennerei und Weinkellerei Steinhauser, Raiffeisenstraße 23, 88079 Kressbronn, Tel. 0 75 43/80 61, Fax 0 75 43/ 57 12; E-Mail: mail@weinkellerei-steinhauser.de, Internet: www.weinkellerei-steinhauser.de (siehe Herstellungsverkauf!)

Die Waldburg-Zeil Kliniken

Starker Gesundheitspartner in der Region

Prävention, Akutmedizin, medizinische Rehabilitation, Gesundheitsnachsorge, Altenhilfe ... das sind die Schwerpunkte des Leistungsspektrums der Waldburg-Zeil Unternehmensbereiche im Gesundheitswesen. Basierend auf einer fast 50-jährigen Tradition steht das Unternehmen mit bundesweit neun Rehabilitationskliniken, zwei Fachkliniken für Akut- und Rehabilitationsmedizin, zwei

Akutkrankenhäusern (eines im Management), einem Therapeutischen Bewegungszentrum und zwei Seniorenresidenzen für umfassende praktische und wissenschaftliche Kompetenz in der integrierten medizinischen Versorgung.

In Isny-Neutrauchburg im Allgäu sitzen die Zentrale der Waldburg-Zeil Unternehmensbereiche sowie drei der Waldburg-Zeil Kliniken – Argentalklinik, Klinik Schwabenland und Klinik Alpenblick – die medizinische Rehabilitation in den Bereichen Orthopädie, Rheumatologie, Kardiologie, Onkologie sowie Psychotherapeutische Medizin und Psychosomatik anbieten.

Das Spektrum in Isny-Neutrauchburg wird ergänzt durch die medizinischen Vorsorge-, Nachsorge-, Therapie- und Rehabilitationsprogramme sowie Refresherprogramme, auf die das Therapeutische Bewegungszentrum spezialisiert ist.

Auch die Waldburg-Zeil Rehabilitationskliniken bieten spezielle Gesundheitsprogramme mit professioneller medizinisch-therapeutischer Betreuung (z. B. ärztlicher Check-up, krankheitsspezifische Physio-, Sport- und Bewegungstherapie zur gesundheitlichen Vor- und Nachsorge) an. Hier kann der Patient ein attraktives Freizeitangebot in den schönsten Ferienregionen Deutschlands mit kompetenter medizinischer Gesundheitsvorsorge in den Waldburg-Zeil Kliniken verbinden: für mehr Wohlbefinden, Vitalität und Lebensfreude im Alltag. Weitere Informationen erhält man im Internet: www. wzk-portal.de oder telefonisch: 07562/ 71-1135.

Ausflugsziel Unterallgäu

Einkaufen

RAPUNZEL NATURKOST AG, Haldergasse 9, 87764 Legau, Tel. 0 83 30 /5 29-0, Fax: 0 83 30/5 29-1188; E-Mail: info@rapunzel.de, Internet: www.rapunzel.de
Mittagstisch im RAPUNZEL-Casino, Montag bis Freitag 12.00–13.00 Uhr, **Öffnungszeiten** RAPUNZEL Laden, Montag bis Freitag 09.00–13.00 und 14.30–18.00 Uhr, Samstag 08.30–12.30 Uhr (siehe Herstellungsverkauf)

Besondere Ausflugsziele für die ganze Familie

Kirchberg

Restaurant

Ritteressen im originellen Rittersaal zu Kirchberg

Einen außergewöhnlichen Abend erleben kann man beim Ritteressen zu Kirchberg. Hier taucht der Gast ein ins Mittelalter. Zu mittelalterlichen Tischsitten werden die Besucher unterhalten von der historischen Gruppe „Des Raben schwarzer Haufen" mit Musik- und Gauklerprogramm. Und während man das sechsgängige Menü genießt, kann man sich von Gauklern, Fakiren und Feuerschluckern aus dem Alltagstrott herausholen lassen.

Würzbrot und Griebenschmalz, Spanferkel und Schweinshaxe vom Feuer mit Brotknödel und Kraut nach

Raubritterart, Gebratenes vom Geflügel mit „Bodabira-Mus“, Bratapfel mit getränkten Waldbeeren – im Mittelalter wusste man sehr wohl, was gut ist! Verdurstet ist hier übrigens auch noch niemand: Ritter-Bier, edler Met und Hochprozentiges aus feinstem Obst waren schon damals beliebt.
Wer einen besonderen Anlass hat, etwas zu feiern, der ist beim Ritteressen zu Kirchberg an der richtigen Adresse. Die wissen, wie man Geburtstage, Familien- oder Betriebsfeste, Hochzeiten oder andere Festivitäten zum unvergesslichen Erlebnis macht – bis zu 200 Mannsbilder und Weibsbilder können hier gemeinsam zechen! Um Reservierungen wird gebeten.

PS: Wer sich schon vorab ein wenig informieren möchte, der kann im Internet unter www.Ritteressenzu-Kirchberg.de vorbeischauen.

Michael Geiser, Untere Gasse 4, 88486 Kirchberg, Telefon 07354/8279, Telefax 07354/2673

LEGOLAND® Deutschland: Garantiert ein Erlebnis für die ganze Familie

An der A8 zwischen München und Stuttgart gibt es ein Land, in dem Kinder die Könige sind und Erwachsene sich wieder in ihre Kindheit zurückversetzt fühlen – das LEGOLAND® Deutschland im bayerischen Günzburg.

Es ist die besondere Mischung aus Unterhaltung und spielerischem Lernen, aus außergewöhnlichen Fahrattraktionen und faszinierenden LEGO® Modellen, die gerade Familien mit Kindern so anzieht. Ob Erfinder, Abenteurer, Entdecker oder Schlauberger – im LEGOLAND Park sind kleine Helden voll in ihrem Element. Achterbahnen, LEGO Roboter, Live-Shows und eine Welt aus über 50 Millionen bunten LEGO Steinen warten darauf, von ihnen erobert und ausprobiert zu werden. Auch die Großen lassen sich von den faszinierenden LEGO Welten in ihren Bann ziehen und stürzen sich gemeinsam mit ihren Kindern in das Parkgeschehen.

2006: Das Jahr der Neuheiten

Im Jahr 2006 feiert LEGO seinen 50-jährigen Erfolg in Deutschland – und die Besucher feiern im LEGOLAND mit. In der fünften LEGOLAND Saison warten ab dem 8. April viele Überraschungen und vor allem 5 Super-Neuheiten auf die Gäste.

Der spannende neue **4D Film „Der Zauberschwur"** entführt die Zuschauer in die Welt der Ritter, Drachen und Prinzessinnen. Wasserratten kommen im neuen Spielbereich **DUPLO Wasserspaß** voll auf Ihre Kosten. Hier heißt es plantschen und toben nach Herzenslust. Die **Kanu X-pedition** führt mitten durchs Land der Abenteuer. In dieser aufregenden Wasser-Attraktion paddeln die Kleinen selbstständig vorbei an Dinos und wilden Tieren. Für alle Flugzeugfans landet der brandneue Airbus A380 am neuen Terminal 2 im **MINILAND Flughafen** und ermöglicht einen faszinierenden Blick hinter die Kulissen. Gleich zwei **neue Shows** gibt es in der LEGO Arena und im Affentheater, wo sich alles um Piraten und die Welt der Sphinx drehen wird.

Günstige Reisepauschalen mit Übernachtung:
Reisepauschalen, Übernachtungen in den LEGOLAND Partnerhotels und Spar-Tipps bietet der Reiseservice LEGOLAND Tours an unter www.LEGOLANDtours.de und Telefon: 0 18 05-990 290 (0,12 EUR/Min.).

Saison 2006: 8. April bis 5. November. Täglich von 10 Uhr bis 18 Uhr, längere Öffnungszeiten an Wochenenden, in den Ferien und an Feiertagen. Bitte besondere Öffnungstage im April, Mai und September beachten. Informationen über den Park, die Anreise und das Veranstaltungsprogramm unter www.LEGOLAND.de und Telefon: 00 49/82 21/700 700

Säntis – der Berg: Komm rauf, kannst runterschauen

Vom Gipfel des Säntis reicht der Blick rundherum über sechs Länder. Genauso grenzenlos sind die Möglichkeiten, die Säntis und Schwägalp bieten – das ganze Jahr über und bei jedem Wetter. Der Säntis mit seinen 2502 m Höhe ist das Wahrzeichen der Bodenseeregion und gilt als eine der schönsten Naturkulissen Europas.

Grenzenlose Freiheit auf dem Gipfel

Die Schwebebahn ist das ganze Jahr in Betrieb; die unvergessliche Fahrt dauert zehn Minuten. Der Gipfel des Säntis ist ein Ort der Begegnung – in den wettergeschützten Aussichtshallen, auf den großen Sonnenterrassen und bequemen Gipfelwegen treffen sich Menschen aus aller Welt. Zwei große Panorama-Restaurants, Shops und Ausstellungen empfangen die Besucher mit typisch Appenzeller Gastfreundschaft.

Entdeckungen und Erlebnisse auf der Schwägalp

Auch auf der Schwägalp am Fuß des Säntis gibt es viel zu entdecken: Der NaturErlebnispark Schwägalp/Säntis mit seinen Themenwegen zeigt die Schönheit dieser einzigartigen Landschaft. Direkt bei der Talstation liegen das freundliche Berghotel Schwägalp, das idyllische Berggasthaus Passhöhe, der Geologie-Steinpark und ein weites Netz von Wanderwegen. Die Alpschaukäserei Schwägalp zeigt die Herstellung der feinen Alpmilchpro-

dukte, die direkt im Laden gekauft werden können.

Viele attraktive Angebote

Der Säntis bietet jeden Tag viele attraktive Pauschalangebote. So besteht die Möglichkeit, ein Essen mit einer Schwebebahnfahrt zu Vorzugspreisen zu kombinieren. Geburtstagskinder fahren übrigens zum halben Preis auf den Gipfel und zurück. Und zum 70. Geburtstag der Schwebebahn am 1. August fahren alle zum halben Preis.

Der Säntis liegt ganz nah

Die Schwägalp liegt im Herzen der Ostschweiz, eine dreiviertel Autostunde vom Bodensee entfernt. Für die Zufahrt ist keine Autobahnvignette nötig. Bei der Talstation der Schwebebahn stehen viele Parkplätze zur Verfügung. Natürlich ist die Schwägalp auch mit öffentlichen Verkehrsmitteln bequem zu erreichen.

Ein Wanderparadies im Sommer und im Winter

Der Säntis liegt im Zentrum eines weiten Netzes von Wanderwegen. Ein Spaziergang oder eine Tour führen direkt ins Herz dieser unvergleichlichen Region, in der die Schweiz noch am urtümlichsten ist. Das Wanderwegnetz wird auch im Winter gepflegt und lädt zu einem ganz persönlichen Wintermärchen ein.

Nordic Fitnesscenter Schwägalp

Das Appenzellerland bietet als großer Nordic Fitnesspark ein weites und ausgezeichnet beschildertes Netz von Nordic Walking Trails. Die Schwägalp ist darin ein Nordic Fitnesscenter mit drei lokalen Trails in den Schwierigkeitsstufen Blau, Rot und Schwarz. Stöcke können übrigens im Berghotel Schwägalp gemietet werden.

NaturErlebnispark Schwägalp/Säntis

Staunen, verstehen, forschen und erleben – der NaturErlebnispark am Fuss des Säntis vermittelt die Natur, Kultur und Tradition dieser Region besonders eindrücklich. Er wurde von Schweiz Tourismus im Rahmen des Projekts «Schweiz pur», das besonders naturnahen Tourismus auszeichnet, mit dem begehrten blauen Enzian ausgezeichnet.

Spannende Themenwege

Die Themenwege im NaturErlebnispark laden zu Entdeckungsreisen ein. Ein Leitsystem führt zu den Sehenswürdigkeiten; interessante Stellen sind informativ beschriftet. Der Themenweg «Moor» führt durch die einzigartige Moorlandschaft. Der Themenweg «Alpwirtschaft» zeigt das Leben der Sennen. Der Themenweg «Wald» informiert über die Funktionen des Waldes als Erholungsgebiet und Bauernwald. Der Themenweg «Mensch & Umwelt» erläutert, wie der Mensch diese Landschaft prägt und bewahrt. Auf dem Themenweg «Geologie» wird Erdgeschichte zum packenden Abenteuer.

Geologie-Steinpark

Direkt beim Berghotel Schwägalp liegt ein spiralförmig angelegter Weg, der die Jahrmillionen Jahre alten Geheimnisse des Alpstein offenbart. Ein geologisches Lebensbild zeigt den damaligen Lebensraum samt seiner Bewohner – so werden erdgeschichtliche Zusammenhänge zum spannenden Erlebnis.

Romantische Vollmondfahrten für Geniesser

Das ganze Jahr über an jedem Vollmondabend veranstaltet die Säntis-Schwebebahn Abendfahrten – gekrönt von einem Vollmondbuffet und Musik auf dem Gipfel. Die Bergfahrten finden jeweils ab 18 Uhr statt, die letzte Talfahrt um 24 Uhr.

Sonnenaufgangsfahrten

Ein einzigartiges Naturschauspiel und ein reichhaltiges Frühstücksbuffet auf dem Gipfel an jedem Samstag und Sonntag im Juli und August: An den Wochenenden fährt die Schwebebahn im Juli bereits um 5.00 Uhr und im August um 6.00 Uhr. Frühstücken kann man auf dem Gipfel übrigens immer – das attraktive Pauschalangebot mit Frühstücksbuffet gilt täglich für Bergfahrten bis 9.30 Uhr.

Ein wahr gewordenes Wintermärchen

Auch der Winter auf Säntis und Schwägalp steckt voller Erlebnisse: romantische Winterwanderungen oder Nordic Walking, traumhafte Pferdeschlittenfahrten mit gemütlichem Fondue-Plausch oder auch Schneeschuhlaufen. Besonders beliebt bei Familien ist die 700 m lange Übungspiste mit eigenem Skilift. Im Winter werden an jedem Freitag- und Samstagabend beim Eindunkeln die Laternen auf dem romantischen „Laternchenweg" angezündet.

Ideal für Veranstaltungen aller Art

Gewiss, Veranstaltungsorte gibt es viele. Aber nur wenige können mit einer derart beeindruckenden Kulisse aufwarten. Für Veranstaltungen bieten Säntis und Schwägalp eine Top-Infrastruktur, leistungsfähige Gastronomie, exklusive Rahmenprogramme, spannende geführte Besichtigungen und ausgezeichnete Unterkunftsmöglichkeiten. Kein Wunder, dass der Säntis für Produktpräsentationen, Seminare, Kongresse, Tagungen, Betriebs- oder Vereinsausflüge äußerst begehrt ist.

Säntis-Schwebebahn AG Hotel, Gastronomie, Events, CH-9107 Schwägalp, T 0041 (0)71/365 65 65, F 0041 (0)71/365 65 66,www.saentisbahn.ch, kontakt@saentisbahn.ch, Automatischer Auskunftsdienst, T 00 41/(0)71 365 66 66

Wichtige Adressen und Telefonnummern

Kultur- und Verkehrsamt Altusried
Hauptstraße 18, 87452 Altusried, Telefon 08373/7051, Telefax 08373/ 7054, Internet: www.altusried.de, e-mail: altusried@allgaeu.org

Verkehrsamt Balderschwang
87538 Balderschwang, Telefon 08328/1056, Telefax 08328/265, Internet: www.balderschwang.de, e-mail: info@balderschwang.de

Gemeinde Betzigau
Rotkreuzstraße 2, 87488 Betzigau, Telefon 0831/575020, Telefax 0831/ 5750222, Internet: www.betzigau. de, e-mail: betzigau@betzigau.de

Gästeamt Blaichach
Immenstädter Straße 7, 87544 Blaichach, Telefon 08321/800836, Telefax 08321/26481

Verkehrsamt Bolsterlang
Rathausweg 4, 87538 Bolsterlang, Telefon 08326/8314, Telefax 08326/ 9406, Internet: www.bolsterlang.de, e-mail: info@bolsterlang.de

Tourist Info Buchenberg
Rathaussteige 2, 87474 Buchenberg, Telefon 08378/920222, Telefax 08378/ 920223, Internet: www.buchenberg.de, e-mail: anitakloepf@ buchenberg.de

Gästeinformation Burgberg
Sonthofener Straße 13c, 87545 Burgberg, Telefon 08321/787897, Telefax 787898, Internet: www.burgberg.de, e-mail: gaesteinformation@ burgberg.de

Verkehrsverein Dietmannsried
Rathausplatz 3, 87463 Dietmannsried, Telefon 08374/58200, Telefax 08374/582030, Internet: www.dietmannsried.de, e-mail: info@dietmannsried.de

Verkehrsamt Durach
Ellhardtplatz 3, 87471 Durach, Telefon 0831/5611924, Telefax 0831/ 61251, Internet: www.allgaeu.org/ durach, e-mail: gemeinde. durach@ allgaeu.org

Kurverwaltung Fischen
Am Anger 15, 87538 Fischen, Telefon 08326/36460, Telefax 08326/ 364656, Internet: www.fischen.de, e-mail: info@fischen.de

Kurverwaltung Fischen
Am Anger 15, 87538 Fischen i. Allgäu, Telefon 08326/36460, Telefax 08326/364656, Internet: www.fischen.de, e-mail: touristikinfo@fischen.de

Verkehrsamt Haldenwang,
Römerstraße 3, 87490 Haldenwang, Telefon 08374/93000, Telefax 08374/ 930040, Internet: www.haldenwang. de

Gästeinformation und Kurverwaltung Hindelang
Marktstraße 9, 87541 Hindelang, Telefon 08324/8920, Telefax 08324/ 8055, Internet: www.hindelang.net, e-mail: hindelang@allgaeu.org

Immenstadt
Touristikinformation Jungholz, Im Gemeindehaus, 87491 Jungholz, Telefon 08365/8120, Telefax 08365/ 8287, Internet: www.jungholz.com, e-mail: info@jungholz.com

Gemeinde Lauben
Rathaus in Heising, Dorfstraße 2, 87493 Lauben, Telefon 08374/58220, Telefax 08374/ 6488, Internet: www.lauben.de, e-mail: gemeinde@lauben.de

Tourismusbüro Missen-Wilhams
Hauptstraße 45, 87547 Missen, Telefon 08320/456 oder 228, Telefax

08320/268, Internet: www.missen-wilhams.de, e-mail: gemeinde@missen-wilhams.de

Gästeinformation Obermaiselstein
Am Scheid 18, 87538 Obermaiselstein, Telefon 08326/277, Telefax 08326/ 9408, Internet: www.obermaiselstein.de, e-mail: info@obermaiselstein.de

Kurverwaltung Oberstaufen im Haus des Gastes
Hugo-von-Königsegg-Straße 8, 87534 Oberstaufen, Telefon 08386/ 93000, Telefax 08386/930020, Internet: www.oberstaufen.de, e-mail: info@ oberstaufen.de

Touristinformation Oberstdorf
Marktlatz 7, 87561 Oberstdorf, Telefon 08322/7000, Telefax 08322/ 700236, Internet: www.oberstdorf. de, e-mail: info@oberstdorf.de

Verkehrsamt Ofterschwang
im Rathaus in Sigishofen, 87527 Ofterschwang, Telefon 08321/89019 und 82157, Telefax 08321/89777, Internet: www.ofterschwang.de, e-mail: info@ofterschwang.de

Kur- und Tourismusbüro Oy-Mittelberg
Wertacher Straße 11, 87466 Oy-Mittelberg, Telefon 08366/207, Telefax 08366/1427, Internet: www.oy-mittelberg.de, e-mail: tourist@oy-mittelberg. de

Gäste- und Sportamt Rettenberg
Burgberger Straße 15, 87549 Rettenberg, Telefon 08327/93040, Telefax 08327/930429, Internet: www.rettenberg.de, e-mail: tourist-info@rettenberg.de

Gästeamt Sonthofen
Rathausplatz 1, 87527 Sonthofen, Telefon 08321/615291 und 615292, Telefax 08321/615293, Internet: www.sonthofen.de, e-mail: gaesteinfo@ sonthofen. de

Gästeinformation Sulzberg
Rathausplatz 4, 87477 Sulzberg, Telefon 08376/920119, Telefax 08376/ 920140, Internet: www.sulzberg.de, e-mail: gaesteinformation@sulzberg. de

Gästeinformation Waltenhofen
Immenstädter Straße 7, 87448 Waltenhofen, Telefon 08303/7929, Telefax 08303/7930, Internet: www.waltenhofen.de, e-mail: gaesteinformation@waltenhofen.de

Tourismusbüro Weitnau
Hoheneggstraße 25, 87480 Weitnau, Telefon 08375/920241, Telefax 08375/920243, Internet: www.weitnau.de, e-mail: tourismus@ weitnau.de

Touristikinformation Wertach
Rathausstraße 3, 87497 Wertach, Telefon 08365/266, Telefax 08365/ 1538, Internet: www.wertach.de, e-mail: info@wertach.de

Amt für Kultur und Tourismus Wiggensbach
Kempter Straße 3, 87487 Wiggensbach, Telefon 08370/8435, Telefax 08370/379, Internet: www.wiggensbach.de, e-mail: info@wiggensbach.de

Verkehrsamt Wildpoldsried
Kemptener Straße 2, 87499 Wildpoldsried, Telefon 08304/92050, Telefax 08304/920520, Internet: www. wildpoldsried.de, e-mail: gemeinde@wildpoldsried.de

Kempten Regio Tourismus e. V.
Rathausplatz 24, 87435 Kempten, Telefon 0831/2525237 und 19433, Telefax 0831/2525427, Internet: www.kempten.de, e-mail: touristinfo@kempten.de

Die beste Lage um Rom zu sehen

Hotel Atlante Star

Genießen Sie den einzigartigen und panoramischen 360 Grad Ausblick über Rom vom Roof Garden Restaurant und der neueröffneten großen Terrasse des Hotels Atlante Star.

Im Herzen Roms, in direkter Nachbarschaft zu Vatikanstadt und Engelsburg, nur 10 Gehminuten von der Piazza Navona und 15 Gehminuten von der Spanischen Treppe entfernt liegt das **4-Sterne-Superior-Hotel Atlante Star**. Die kürzlich renovierten 15 Suiten und 70 Zimmer mit fantastischem Ausblick bieten jeglichen Komfort, um dem anspruchsvollen Gast den Aufenthalt zum Wohlfühl-Erlebnis werden zu lassen: Internet-Verbindung, Satelliten-TV, Klimaanlage, Hydromassagebadewanne, Haartrockner, Minibar und Telefon gehören zur Standardausstattung. Die Wandtapeten aus Stoff und eine geschmackvoll-elegante Einrichtung bilden die ansprechende individuelle Atmosphäre mit dem besonderen Etwas. Maxi Jacuzzi und Hydromassagebad und nicht zuletzt die freundlichen Deutsch sprechenden Mitarbeiter tragen zur Erholung bei.

Das Frühstück wird im Panorama-Roof Garden Restaurant „Les Etoiles“ serviert – der Eindruck von dieser Dachterrasse lässt sich kaum in Worte fassen: Ein wahres Feuerwerk an Emotionen erlebt der Gast bei diesem 360 Grad Rundumblick über die Ewige Stadt. Atemberaubend. Man wird es nie mehr vergessen. Kunden, die am Fiumicino Flughafen ankommen, können bei vorheriger Buchung den Gratistransfer bei Ankunft vom Flughafen zum Hotel in Anspruch nehmen.

Les Etoiles

Roof Garden Restaurant
Coffee Garden & Restaurant
La Terrazza
Paradiso Restaurant in plein air
La Grande Place du Soleil.

Im obersten Stockwerk des Atlante-Star-Hotels in Rom, „on the top of the world", liegt das einmalige Panorama-Roof Garden Restaurant „Les Etoiles" mit atemberaubender Rundumsicht über die Ewige Stadt, auf den Petersdom. Ein wahres Feuerwerk an Emotionen erlebt der Gast, wenn er vor dieser grandiosen Kulisse die raffinierten Kreationen mediterraner und internationaler Spezialitäten genießt. Engagierte deutschsprechende Mitarbeiter scheinen dem Besucher jeden Wunsch von den Augen abzulesen. Das Panorama-Roof Garden Restaurant „Les Etoiles" mit seinen 200 Sitzplätzen ist auch die perfekte Wahl für Gala-Diners, Hochzeitsempfänge, romantische Candle-Light-Diners oder geschäftliche Feiern. Mit seinem außergewöhnlichen

Ambiente und seinem grandiosen Ausblick schenkt es nachhaltige Eindrücke und versetzt jeden Gast in atemloses Staunen. Diese Faszination kann der Besucher während des ganzen Jahres täglich genießen – erlesene Gastronomie für die besonderen Momente des Lebens.

Hotel Atlante Star

Via Vitelleschi 34 –
00193 Roma,
Tel 0039 066873233,
Fax 0039 066872300;
e-mail: info@atlantehotels.com
Internet: www.atlantehotels. com

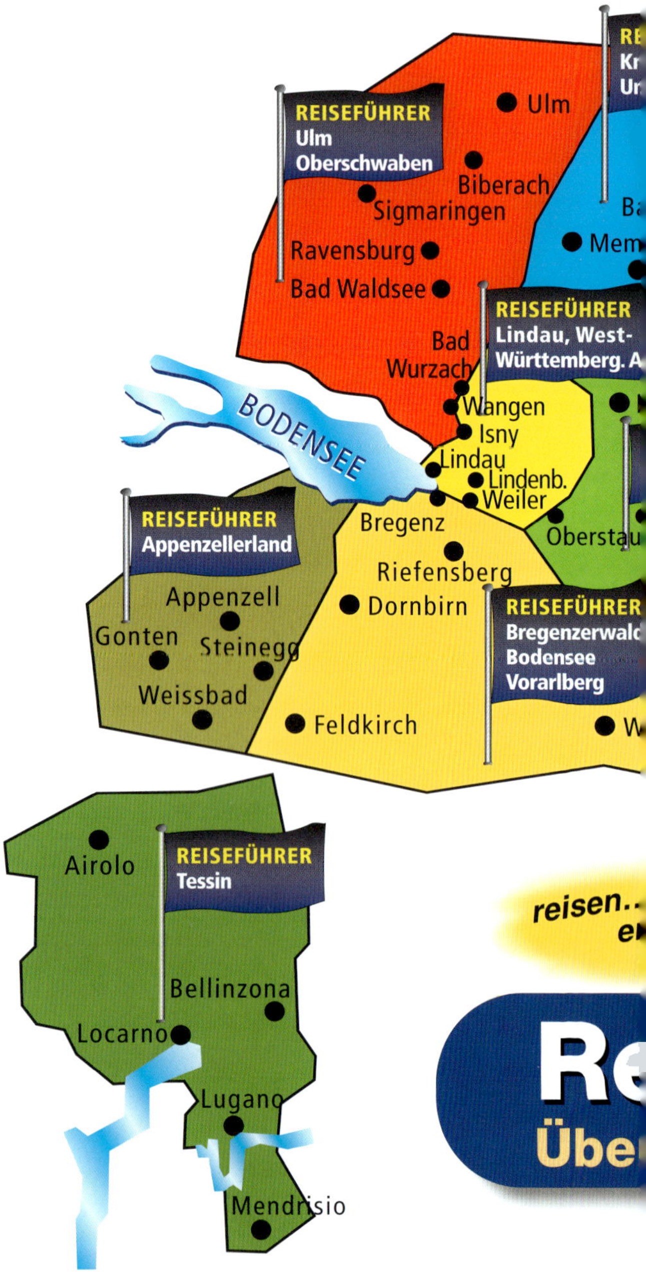
REISEFÜHRER
Ulm
Oberschwaben
Ulm
Biberach
Sigmaringen
Ravensburg
Bad Waldsee
REISEFÜHRER
Lindau, West-
Bad
Wurzach
BODENSEE
Wangen
Isny
Lindau
Lindenb.
Weiler
Bregenz
REISEFÜHRER
Appenzellerland
Riefensberg
Appenzell
Dornbirn
REISEFÜHRER
Bodensee
Vorarlberg
Gonten
Steinegg
Weissbad
Feldkirch
Airolo
REISEFÜHRER
Tessin
Bellinzona
Locarno
Lugano
Mendrisio

Übersichtsplän

Reiseführer...

Beschreibun

• Panoramakarten • Übersichtskarten • Straßenkarten

- **Geschichtliches**
  Interessantes aus längst vergangenen Tagen
- **Sehenswertes**
  Sehenswürdigkeiten, Museen, offizielle Führungen, Ruhepunkte (GärtenParks, Aussichtspunkte)
- **Kulturelles** – Ausstellungen, Bibliotheken, Festivals, Galerien, Kinos, Konzerte, Theater
- **Feste + Feiern – ein Blick in den Jahreslauf**
- **Bergbahnen & Schifffahrt**
- **Kurioses und Originelles**
- **Freizeit- und Sportmöglichkeiten**
  • Im Sommer • Im Winter • Ganzjährig
- **Wandern** Vom leichten Spaziergang bis zur ausgiebigen Genusswanderung
- **Hütten / Almen / Alpen**
- **Radfahren** Mit dem Fahrrad durch die Stadt
  Radwandertipps im Umland

arten

zahlreiche Farbfotos

...im handlichen Taschenbuchformat

er Gesamtregion

Highlights • Land & Leute • Brauchtum • Begegnungen

- **Gesund und Vital**
  Wellness-Urlaub und Traumkuren in der Region
- **Einkaufen** – Wo kauft man was?
- **Ausgewählte Dienstleister** –
  Wo wird uns das Leben erleichtert?
  Wer nimmt uns welche Arbeiten ab?
- **Kulinarisches** – Von der klassischen bayerisch-schwäbischen Küche bis zu internationalen Schmankerln, Cafés, Biergärten und vieles mehr
- **Ausgehen am Abend** – Tolle Tipps für Nachtschwärmer
- **Traumhaft schlafen** – Vom Luxushotel über die Pension bis zur Jugendherberge
- **Der gute Tipp** – Besonderes und Einzigartiges
- **Praktische Tipps/Wissenswertes von A–Z**
- **Ausflugsziele in der näheren Umgebung** –
  Highlights außerhalb der vorgestellten Region – alle in weniger als einer Stunde erreichbar

Kneippland Unterallgäu mit Memmingen

Babenhausen, Bad Grönenbach, Bad Wörishofen, Böhen, Boos, Buxheim, Erkheim, Ettringen, Heimertingen, Kirchhaslach, Kronburg, Legau, Memmingen, Mindelheim, Oberschönegg, Ottobeuren, Pfaffenhausen, Rettenbach, Sonheim, Türkheim,Wald

224 Seiten
Euro 7,00; sFr. 10,90
ISBN 3-934739-18-0

Landsberg und Umgebung

Ammersee

Schondorf, Utting, Dießen

Südlicher Starnberger See & Osterseen

Antdorf, Bernried, Habach, Iffeldorf, Penzberg, Seeshaupt, Sindelsdorf

Weilheim und Umgebung

Hohenpeißenberg, Pähl, Peißenberg, Polling, Weilheim, Wessobrunn

Schongauer Land an der Romantischen Straße

Altenstadt, Böbing, Hohenfurch, Peiting, Prem, Rottenbuch, Schongau, Steingaden, Wildsteig

Auerbergland

Bernbeuren, Burggen, Ingenried, Schwabsoien

Bad Bayersoien am See

Ca. 400 Seiten
Euro 8,95; sFr. 14,10
ISBN 3-934739-25-3

Südliches Oberallgäu:
Oberstdorf, Fischen, Obermaiselstein, Balderschwang, Bolsterlang, Ofterschwang, Sonthofen, Altstädten, Bad Hindelang, Bad Oberdorf, Oberjoch, Unterjoch, Burgberg, Blaichach, Gunzesried, Gunzesrieder Säge, Rettenberg, Immenstadt – Großer Alpsee, Missen-Wilhams, Weitnau, Oberstaufen

Nördliches Oberallgäu – Kempten
Altusried, Betzigau, Lauben, Buchenberg, Durach, Dietmannsried, Haldenwang, Lauben, Oy-Mittelberg, Sulzberg, Waltenhofen, Weitnau, Wertach, Wiggensbach, Wildpoldsried,

Kleinwalsertal
Jungholz-Tannheimer Tal
Außerfern

432 Seiten
Euro 7,95; sFr. 12,50
ISBN 3-934739-25-3

Ferienregion Königsschlösser:
Füssen, Schwangau, Eisenberg, Halblech, Hopferau, Lechbruck, Nesselwang, Pfronten, Rieden am Forggensee, Roßhaupten, Rückholz, Seeg, Wald.

Weitere sehenswerte Orte:
Kaufbeuren, Marktoberdorf, Buchloe, Irsee, Obergünzburg, Stötten am Auerberg.

376 Seiten
Euro 7,50; sFr. 11,60
ISBN 3-934739-20-2

Innerrhoden:
Appenzell, Gonten, Oberegg, Weissbad, Brülisau, Eggerstanden, Steinegg, Schlatt-Haslen, Schwende, Wasserauen, Weissbad.

Ausserrhoden:
Bühler, Gais, Grub, Heiden, Herisau, Hundwil, Rehetobel, Reute, Schönengrund, Schwellbrunn, Speicher, Stein, Trogen, Teufen, Urnäsch, Wald, Waldstatt, Walzenhausen, Wolfhalden.

Ca. 288 Seiten
Euro 8,95; sFr. 14,10
ISBN 3-934739-26-1

Tiroler Zugspitz-Arena
Bichlbach, Berwang, Biberwier, Heiterwang am See, Ehrwald, Lähn-Wengle, Lermoos, Namlos.

Tiroler Lechtal
Bach, Boden, Bschlabs, Elbigenalp, Elmen, Fallerschein, Forchach, Gramais, Häselgehr, Hahntennjoch, Hinterhornbach, Holzgau, Kaisers, Lechleiten, Madau, Pfafflar, Stanzach, Steeg, Stockach, Vorderhornbach.

Ferienregion Reutte
Breitenwang, Ehenbichl, Höfen, Musau, Lechaschau,Pflach, Pinswang, Reutte, Wängle, Weißenbach, Vils.

Tannheimer Tal
Nesselwängle, Haller, Grän, Haldensee, Tannheim, Schattwald.

Jungholz

Ca. 288 Seiten
Euro 8,95; sFr. 14,10
ISBN 3-934739-20-2

Ulm/Neu-Ulm
Oberschwaben

Ulm/Neu-Ulm, Blaustein, Blaubeuren, Illerstissen, Altenstadt, Altheim, Altshausen, Aulendorf, Bad Buchau, Bad Saulgau, Bad Schussenried, Bad Waldsee, Bad Wurzach, Baltringen, Biberach an der Riss, Ehingen, Gutenzell-Hürbel, Herbertingen, Laupheim, Mengen, Mittelbiberach, Munderkingen, Obermarchtal, Oberstadion, Ochsenhausen, Ravensburg, Meckenbeuren, Horgenzell, Riedlingen, Rot an der Rot, Sigmaringen, Schwendi-Orsenhausen, Weingarten, Warthausen, Wilfingen, Zwiefalten.

Ferienregion nördlicher Bodensee

Illmensee, Ostrach, Pfullendorf, Wald, Wilhelmsdorf

288 Seiten
Euro 7,00; sFr. 10,90
ISBN 3-934739-21-0

Westallgäu/Lindau

Bodolz, Gestratz, Grünenbach-Ebratshofen, Heimenkirch, Hergatz, Hergensweiler, Lindau, Lindenberg, Maierhöfen, Nonnenhorn, Oberreute, Opfenbach, Röthenbach, Scheidegg, Sigmarszell, Stiefenhofen, Wasserburg, Weißensberg, Weiler-Simmerberg-Ellhofen

Württembergisches Allgäu

Amtzell, Argenbühl, Bad Wurzach, Bodenegg, Grünkraut Isny, Kißlegg, Leutkirch, Schlier, Vogt, Waldburg, Wangen Wolfegg

Ca. 244 Seiten
Euro 8,95; sFr. 14,10
ISBN 3-934739-29-6

Reiseführer
mit Karten und Plänen
Brigitte Günther
Allgäu
Specials
preiswert + familienfreundlich
Das beste Preis-Leistungs-verhältnis
348 Seiten
Euro 7,95; sFr. 12,30
ISBN 3-934739-25-3
Reiseführer
Wintersport-Paradies
Allgäu
Außerfern
Tirol
Kleinwalsertal
mit Karten & Plänen
Oliver Sinz
Die besten Skiabfahrten
Die besten Langlaufloipen
Eissport
Rodeln
Après Ski
Ski alpin
Unterkünfte
Hüttenzauber
Kulinarisches
Wellness
Veranstaltungen
Pauschalangebote
288 Seiten
Euro 7,95; sFr. 12,30
ISBN 3-934739-25-3
Reiseführer
mit Karten und Plänen
Oliver Sinz
Allgäu
Specials
Highlights und Feste
Das Beste auf einen Blick:
312 Seiten
Euro 7,50; sFr. 11,20
ISBN 3-934739-20-2

Hinterstein-Schwarzenberg